云南省教育厅 2021 年学科建设引导资金（汉语国际教育）资助

语义波视角下高校外语教师课堂话语实践与信念探究

姚 洋 著

中国海洋大学出版社

·青岛·

图书在版编目(CIP)数据

语义波视角下高校外语教师课堂话语实践与信念探究 /
姚洋著 . -- 青岛:中国海洋大学出版社,2022. 11 (2023.10重印)
ISBN 978-7-5670-3310-8

Ⅰ. ①语… Ⅱ. ①姚… Ⅲ. ①英语－课堂教学－教学
研究－高等学校 Ⅳ. ①H319.3

中国版本图书馆 CIP 数据核字(2022)第 196685 号

出版发行	中国海洋大学出版社		
社　　址	青岛市香港东路 23 号	邮政编码	266071
出 版 人	刘文菁		
网　　址	http://pub.ouc.edu.cn		
订购电话	0532-82032573(传真)		
责任编辑	林婷婷	电　　话	0532-85902533
印　　制	日照日报印务中心		
版　　次	2022 年 11 月第 1 版		
印　　次	2023 年 10 月第 2 次印刷		
成品尺寸	170 mm×230 mm		
印　　张	22.75		
字　　数	349 千		
印　　数	601～1400		
定　　价	75.00 元		

发现印装质量问题,请致电 0633-2298958,由印刷厂负责调换。

总序（一）

　　中国海洋大学出版社将国内外国语言学及应用语言学博士生的优秀论文集中出版建立文库，对学界来说是件极好的事。目前中国海洋大学出版社已经出版了第一辑总计15本专著，引起了学界广泛的关注。现在，第二辑论文专著正在筹划与编辑中。希望挑选出来的优秀博士论文能够丰富该文库的学术内容，促进该领域的学术争鸣。

　　作为一门学科，外国语言学及应用语言学涉及的范围极为广泛，包罗万象。因此，要规划好第二辑论文主题，先要对该学科有个明确的范围界定，以期有的放矢地挑选相关的优秀论文。

　　外国语言学及应用语言学，顾名思义，是指与外国语言紧密相关的语言研究学说及用来解释语言问题的相关理论。这样界定似乎较为完整，但仔细分析发现，其中存在着概念界定模糊、内容划分不明等问题。

　　首先，学科名称"外国语言学及应用语言学"就值得商榷。外国语言学是个大概念，其他的语言学分支已包含其中，如心理语言学、社会语言学、应用语言学，不应把语言学和其分支并列作为学科名称。因此，外国语言学及应用语言学似有概念混淆之嫌。其次，语言学有国内国外之分虽也说得过去，但时常造成共性语言现象研究的归类困难。而且应用语言学因涉及领域过于广泛而很难界定其确切的研究范围。当然，现在外国语言学及应用语言学作为学科名称已约定俗成，人们心目中也已经有了一个大概的范畴，但鉴于中国海洋大学出版社要出版此学科的第二辑博士论文专著,理应对这一学科有一个理性的解读。

语言学的研究(无论国内国外),大致分为理论层面的研究和应用层面的研究。理论层面的研究主要集中于对语言的描述以及人类语言的普遍规律或语言与某一领域的结合,如语音研究有音位学,词汇研究有词汇学,句子研究有句法学,还有语法学;与某一领域结合起来的研究有心理语言学、社会语言学、神经语言学、计算语言学、系统功能语言学等。应用层面的研究又可以分为宏观、中观和微观三个研究视角。宏观研究视角主要与语言政策及语言教育政策的研究有关,如语言的地位规划、语言的本体规划、语言的习得规划以及教育上使用何种语言。中观研究视角大多关注语言在社会生活中的使用,如语言的翻译、语言的社会交际、语言的态度、专门领域中的语言使用以及方言、民族语言和外国语言的和谐共存与发展。微观研究视角与外语教育教学有关,包括语言课程、教学方法、教学大纲、课堂教学、信息技术与外语教学、教育技术与外语教学等。综上所述,外国语言学及应用语言学与语言的理论研究和应用研究息息相关,并涉及上述的方方面面。

可见,学科研究范围的解读界定了博士文库所包含的内容。第一辑的15本博士论文专著主要涵盖两个方面:语言本体研究与语言教学研究,符合学科的理论研究和应用研究这两个层面。即将出版的第二辑博士论文专著,除了涵盖第一辑的研究内容外,其研究焦点应集中在以下几个方面:语言和认知的结合、语言的普遍规律、语言的变化与发展(理论层面);语言政策与语言规划、课程开发与课堂教学、信息技术与语言教学、互联网＋语言教学解决方案(应用层面)等。

博士文库的建立主要是为了把相关领域的最新研究成果集中展示,供人参考、研究和借鉴。因此,博士文库必须体现文库的开放性、内容的完整性、论述的创新性以及研究的科学性。这样才能充分发挥博士文库应有的学术价值!

中国海洋大学出版社以先进的编辑理念和敏锐的学术意识策划并设计了外国语言学及应用语言学博士文库,为广大的优秀博士人才提供了展示自己学术研究成果的交流平台。相信博士文库的不断丰富和完善,必将极大地促进该领域的研究和发展。

陈坚林

上海外国语大学教授、博士生导师

《外语电化教学》主编

总序（二） ////////////

　　在我国外语研究中，语言学自20世纪80年代后期开始蓬勃发展，先是作为英语语言文学、日语语言文学、俄语语言文学等二级学科的一个研究方向，稍后外国语言学及应用语言学被列为外国语言文学一级学科下面的二级学科。当前，在外语语言学方面具有较强实力的院校一般拥有数个二级学科或一级学科。语言学蓬勃发展的另一个表现是研究生培养规模的扩大。20世纪90年代初，语言学硕士研究生还不多，博士研究生更是凤毛麟角。当时招博士研究生的只有北大、北外、上外、广外等院校，招生人数也是屈指可数。近些年，增设外语博士点的院校数量稳步增加，现在招收外语语言学博士研究生的院校已经超过40所，每年招生人数在200人左右，学制一般为3～4年，最长不超过8年。随着高校对外语教师水平和学历要求的不断提高，广大教师考博的热情高涨，20余人竞争1个名额已属常见。报考语言学的博士研究生一般需要对语言学有一定的兴趣和热情，硕士研究生阶段已打下较好的基础，其后经常研读相关学刊，最好有一篇或数篇较高质量的论文在外语类核心期刊上发表。被录取后，通常要刻苦钻研，潜心修炼，短则3～4年，长则5～8年。其博士论文要经过开题、预答辩、盲审、答辩等严格环节，所以论文往往具有较高水平，甚至能达到国内外的领先水平。对个人来说，博士论文也代表了学术生涯的一个高峰，其后要超越并非易事。正是因为博士论文的质量较高，对其加工出版能有效促进学术发展，国内外出版界也时常为之。这些以博士论文为基础的专著经常能为出版社赢得美誉。

　　在过去十多年间，国内几家出版社，如河南大学出版社、上海交通大学出版社、科学出版社、陕西师范大学出版社、中国海洋大学(简称海大)出版社出版了一系列外语方面的博士论文,其中有很大一部分属于语言学,产生了良好的影响。其中,海大出版社自2008年开始重视外语语言学研究,建立了外国语言学及应用语言学博士文库,共计15本,并通过多种方式进行推广,产生了良好的社会效益。

近几年,我因工作关系与海大出版社邵成军老师交往较多。2015年下半年,邵老师打电话与我商量,想对外语语言学博士论文进行新的策划,后商定为"外国语言学及应用语言学博士文库(第二辑)",以国内高质量的相关博士论文为对象,为专业性开放式学术系列,旨在为广大外语教师和研究生呈上丰盛的学术大餐。这套文库具有以下特点:① 加强策划——限定选题范围,请知名学者作序,统一开本、封面,加强后期宣传等;② 严把质量——对申请出版的博士论文呈送两位相关领域的专家进行指导,以进一步提高其学术水平;③ 精心编辑——由专业编辑对书稿进行高质量的编辑,确保其文字无差错,体例与规范等符合国家的出版要求;④ 立体推广——文库的专著出版后会通过书目推送、网络营销、会议赠送、撰写书评等多种方式向广大读者推介。

对广大外语教师和研究生来说,仔细阅读这套文库,将会在以下方面获益匪浅。

第一,能快速了解某一专题的国内外研究现状。博士论文要求有创新,前提是对国内外相关研究了如指掌。因此,通过答辩的博士论文的文献综述部分通常会对国内外相关论著进行梳理,并有的放矢地进行批判性评论。阅读这一部分可以使读者快速掌握某一专题的最新情况,为自己今后开展相关研究打下初步基础。

第二,了解所读专著的创新之处及创新思路。细读作者在对前人研究评论后所提出的研究内容、思路以及具体研究方法,可以窥见作者为什么选定某一专题的某个侧面,用什么理论框架及原因,研究方法有何创新等。了解这些内容并思考背后的原因能帮助读者提升在研究选题方面的功力,而好的选题对高质量研究而言是第一步。

第三,独立思考,发现其不足。阅读专著仅仅停留在吸收知识层面是不够的,还要对所读内容进行批判性思考。孔子也说过"学而不思则罔,思而不学则殆",强调了思考的重要性。我们阅读专著时,只怀着学习的态度是不够的,还要有质疑和批判精神。可以思考以下问题:选题是否有意义?理论框架是否能为研究内容服务?受试者是否有代表性?数据收集方法是否可靠?统计分析方法是否恰当?是否对结果进行了深入讨论?能否较好地解释所得出的结论?只有通过思考,发现所读专著存在的不足,我们才能在今后的研究中予以克服,加以超越,学术才能发展。就阅读方法而言,读者适当关注博士论文的最后一章往往有事半功倍之效,因为作者通常会在该部分指出其研究的不足,并对以后的研究进行展望。

第四,写书评与综述,并进行原创研究。读了一本专著及相关论文,有些收获,对某个专题产生了兴趣,这是非常难得的。此时宜趁热打铁,有所行动。比较容易入手的是针对所读专著撰写书评,写好后既可以向期刊投稿,也可以在网络上发布。此后,应进一步阅读相关文献,特别是最新论文,针对该专题撰写综述性论文。综述性论文要写好并不容易,首先选题要有意义,其次要具备全面性、逻辑性、批判性,若能适当采用一些新方法,如元分析、CiteSpace软件,往往显得不落俗套。前两步只是做学问的"练手"步骤,更重要的是做原创研究,这最能体现一个学者的水平和贡献。原创研究一般具备以下特点:选题新、方法新、结论新,但如何实现要靠自己琢磨与钻研,"纸上得来终觉浅,绝知此事要躬行"。

在海大出版社推出"外国语言学及应用语言学博士文库(第二辑)"之际,我应约作序,很是惶恐,同时也为这份信任所感动,遂不揣浅陋,与大家分享一点治学的体会。

蔡金亭

上海财经大学教授、博士生导师

《第二语言学习研究》主编

致 谢 ///////////

衷心感谢所有在我三年博士学习生涯中关心与支持我的师长、同门、领导、家人及朋友。如果没有导师郑新民教授的谆谆教诲、悉心关爱及毫无保留的指导与支持,本书便不可能完成。作为我学术之路的引路人,郑新民教授深厚的学术造诣、敏锐的洞察力和严谨的专业精神对我个人的研究经历及学术成长都至关重要。本书的研究思路、研究问题和研究方法均得益于我在上海外国语大学的求学经历,许多专家的课程与讲座为我带来了诸多灵感。

衷心感谢我的研究对象,是他们的支持使得本研究得以愉快而顺利地开展并最终完成。正是在他们的配合与帮助下,我才得以对他们的课堂教学与自我成长故事进行深度的解读与理解。他们在课堂教学中所表现出的敬业与创意,以及工作与生活中所表现出来的进取心和协调能力也不断激励着我。

本书的成稿离不开诸多同事与朋友的支持。衷心感谢郑新民教授科研团队以及上海外国语大学的同事与同学所给予的鼓励和帮助。此外,西南林业大学的领导与同事也给我的学习与生活提供了许多的支持、照顾与帮助,在此对他们表示感谢。

最后,我向我的父亲姚江、母亲彭国元表示最深切的感谢,他们不仅给予了我生命,更在我的成长中为我提供了丰富的精神食粮。他们教会我以乐观、善良与真诚的态度来应对学习与生活中的所有挑战。在我三年博士求学期间,我的母亲承担起了照顾我儿子的重任,我对此深表感激。我的妻子王敏给予了我极大的理解与支持,她的爱始终是我最重要的动力源泉,从多年前我硕士求学生涯伊始直至当下博士求学生涯结束,从未缺席。

　　谨以此书献给我的儿子姚舜与我已过世的祖父姚鹏,感谢你们在我生命中的陪伴,也希望你们看到我的努力与成长。

摘　要

　　我国外语界不断尝试引进、发展、融合不同教学法以促进英语教学,英语教学法经历了包括语法翻译法、听说交际法、任务型教学法、混合教学法等不同方法的发展过程。从教师角度出发的教学研究及教师教法探究将探索的重点从方法论细化到教师采取何行为,教师为何采取如此行为以及教师的行为对学生学习的影响方面,从教师的教学实践、教学设计、教学信念、教学态度、身份/角色认同等方面进行探究。言语行为理论认为,言语是富含意义的有声行为,体现着语言和经验世界的互动以及个体的认知。教师的个人教法,从语言学层面来看,通过其课堂话语进行表征。课堂话语作为教师执行教学计划的言语行为及重要工具,是课堂上各种信息输入输出的重要来源。外语教师课堂话语是外语教师通过扎根具体教学环境,采纳多元理论,由下而上个人建构的具体话语决策过程与实际话语行为,是从语言层面对其个人教法以及教学行为的呈现,体现出很强的个人特征而又反射出其所经历的社会文化背景。针对教师课堂话语所进行的研究是从语言学角度探究外语教育和外语教师学习与发展的重要研究思路和取向之一。本质性个案研究将话语视为教师个人教法在语言层面的具现,从语义波的视角描述、分析和阐释了云南省某高校三名英语教师在其大学英语精读课上的课堂话语实践,结合对其生活、教学、科研及教师学习经历的梳理及其个人教学设计与教学理念的挖掘,揭示其课堂话语信念的发展过程与影响因素,以及其课堂话语实践与课堂话语信念之间的互动与协商。

　　本研究在文献综述与前期调研的基础上形成具体的研究问题与理论框架,据此以大规模调查问卷、小规模叙事问卷、焦点小组的方式层层筛选出三位高校英语教师作为研究对象参与主体研究并以此收集到了研究对象的背景信息，再通过课堂观察、文本收集、网络志以及半结构式访谈的方式形成不同形式的数据，采取主题分析、语义波分析等多种方法对所收集到的数据进行汇总与分析，以对教师课堂话语实践与信念的特征、发展、变化、互动以及影响因素进行深度探索。本研究深度描述了教师课堂话语的特征，揭示了指导其课堂话语设计并最终形成其课堂话语实践的教师课堂话语信念及其背后的影响因素。本研究的主要研究发现如下。

首先，研究对象的教师课堂话语实践在语义波上呈现出模进式、递进式及跃进式三种不同表现特征，分别通过理论引领、分析讲解，自上而下解构知识；文本内容引领、以例带练，解构建构并存；体验引领、任务导向，情感驱动产出与理论引领、分析讲解，自上而下解构知识双重特性切换的表现形式体现在其具体教学活动中。教师的课堂话语也因此呈现出对概念功能、语篇功能与人际功能层面的不同关注。三位研究对象在教师课堂话语信念层面存在较大差异，可总结归纳为固守求变型、协调融合型及创新发展型三种类型，并具体体现在其语言观、教学观以及语言教学观层面，在语言的本体论及对外语教师身份理解上的差异是造成教师课堂话语信念差异的主要原因。

其次，外语教师的课堂话语实践是外语教师的语言观、教学观以及语言教学观在话语层面的直观反映，通过认知活动与社会及物质环境互动而得到发展，并逐渐内化形成相对稳定的信念体系。研究对象的教师课堂话语实践受到其教师课堂话语信念的引领，并在很大程度上受到个人因素、处境因素及宏观因素的影响，呈现出复杂、动态以及不断发展的特性。研究对象的课堂话语实践与信念源于自身过往的学习与教学经验，又在不同程度受到当下现实处境及宏观环境的影响。研究对象在教学环境中面临着许多不可预见的问题及挑战，包括国家政策、标准化考试、教学规定、同事教学风格、学校文化、教育技术、教学资源、学生的学习能力和态度、社会期许、自身身份认同、个人教学能力、个人教师知识等多方面因素，其课堂话语在信念、设计与实践层面也因此不断发生冲突与协调。教师通过对课堂话语的不断调整，在努力完成其外在话语实践与内在话语信念统一的同时适应外部环境的需求。一方面他们持开放态度，在个人、处境及宏观因素层面不断进行协商，形成新的课堂话语信念并指导课堂话语实践,对自己的课堂话语进行调整;另一方面,又因为自身固有的观念或是现实难题而在改变上存在一定的困难。

　　本研究具有一定的理论意义和现实意义。首先,本研究沿着前人从教学理论到教学法再到教师个人教法的探索路径,进一步将针对教师的研究细化到课堂教学话语层面,从更为微观的视角出发探索教学、教师与社会的互动关系,以语言为本位对外语教学及外语教师发展进行探索。其次,从合法化语码理论中的语义波角度探讨课堂话语是一个相对较新的前沿,本研究从语义波对教师课堂话语实践进行分析是对其理论在应用层面的进一步发展。再次,本研究结合多种话语分析方式,从社会文化理论出发,深度挖掘了教师课堂话语所呈现出的话语设计与话语信念,探索了其背后的社会文化影响因素,并尝试性提出了语义波视角下大学英语教学及大学英语教师发展促进模式,以及个人因素、处境因素及宏观因素的三维影响框架;从辩证和批判性的角度审视教师课堂话语这一动态实体,使教师、教育工作者以及教育管理者能够更好地理解课堂教学,并为教师发展提供更好的理解、支持与帮助,为课程改革及课程规划提供相关参考。

　　关键词:语义波;教师课堂话语;大学英语;信念与实践

目　录 //////////////

第一章

绪 论

1.1 引言

对过往文献与研究的回顾表明,针对我国大学英语教师课堂话语的研究在一定程度上存在深度不足、不够完善的情况。鲜有研究从教师课堂话语实践与信念结合的角度对教师课堂话语进行探究。本研究以三位云南省高校英语教师为例,从语义波的角度探索其教师课堂话语在具体教学情境中所呈现出的特征,分析教师针对课堂话语所做出的设计、决策、行动与改变,从而进一步挖掘不同个人背景与生活经历对大学英语教师课堂话语信念与实践生成及变化的影响,诠释其课堂话语信念与实践之间的协调与互动关系,以填补目前的研究空白。本章首先描述本研究的研究背景及笔者实施本研究的个人动机,接着对本研究的研究范围、研究目的、研究意义及研究方法进行陈述,最后概述本论文的整体结构与内容。

1.2 研究背景

1.2.1 课堂话语研究

根据不同类型的语言课程或是语言课程内各侧重点的不同,我国在英语教学方法上不断尝试引进、发展、融合不同策略。典型的教学法包括语法翻译法、听说交际法、任务型教学法、混合教学法等(徐蔚,1998;冯宗祥,王鹏,1999;Adamson,2004;Zheng,2005;Lam,2005;Zheng & Borg,2014)。这些教学法或采纳结构语言学与功能语言学的观点,侧重系统语法知识,培养阅读与翻译能力;或参考社会文化学,侧重课内外交际,强调自然习得。其具体的课堂设计也因此而呈现出不同的表征,有的重句子讲授与翻译,有的重句型操练,有的通过设计活动来完成学习,有的强调线上线下结合的合作学习(Zheng,2005)。总体看来,课堂教学活动在教育研究中扮演着十分重要的角色。过往研究从不同角度,运用不同的理论框架,主要集中在教和学的问题上进行研究(Salerno & Kibler,2014;Smith,2014)。而教师的具体行为模式与内容,教师行为的动因与影响因素,教师行为对学生学习所产生的影响,是从教师角度出发的教学研究必须回应的三个问题(Gage,1963)。教师课堂话语作为教师执行教学计划的重要工具,是各种信息输入的重要来源,在组织课堂教学和学习者的语言习得过程中起着至关重要的作用(Nunan,1991),英语教师课堂话语也是如此(刘永兵,林正军,王冰,2010)。教育中最实际的问题,从微观层面上来看,存在于学校和课堂,存在于教师与学生的交流和对话中,是课程中最重要的事情(Van Lier,1996),也是教育改革的核心(Hicks,1996)。从语言学的角度来看,课堂活动被表征为课堂话语,过往研究主要聚焦于课堂参与者之间的互动模式(Bannink & Van Dam,2006;Candela,1998;Shepherd,2014;Wells,1993)。但归根结底,宏观的课程论或是教学法最后都通过外语教师具体的课堂话语而落实在课堂中。外语教师课堂话语是外语教师通过扎根具体教学环境,采纳多元理论,由下而上个人建构的具体话语决策过程与实际话语行为;受到内部因素、外部因素以及情境因素的共同影响,是从语言层面对其个人教法以及教学行为的呈现,体现出很强的个人特征而又反映出其所经历的社会文化背景。Fanselow(1977)早在70年代就提出可以通过分析教师如何与学生交流来学习如何进行教学。课堂话语研究应成为外语教育与外语教师发展研究领域的重要研究路径。(转引自张莲,2016)

1.2.2　语义波视角下的大学英语课堂教师课堂话语研究

课堂话语研究包括对课堂话语结构、生成及教学功能的综合分析(Van

Dijk，1985；Cazden，2001；Walsh，2011），有望为外语教师学习与发展中理论与实践分离的问题带来解决方案（张莲，王艳，2014）。教师课堂话语在教学中起到组织和从事教学、执行教学计划、对学生进行语言输入的重要作用（Nunan，1991）。国内外学者针对教师课堂话语在语言教学中所起的重要作用而进行的研究包括课堂交互输入模式、输入的有效性与重要性以及意义协商促进下的语言习得（Long，1983；Allwright，1984；Ellis，1990）；或是从话语量、语速、词汇、句法和语篇等角度对教师话语进行分类实证性研究（Ellis，1994；赵晓红，1998；何安平，2003；胡青球，2007；黄焕，刘清堂，朱晓亮等，2013）；又或是从内化与功能角度，对教师话语的提问方式、交互调整及反馈方式进行定性定量研究或话语分析（Pica & Long，1986；Halliday，1994；周星，周韵，2002；李战子，2003；胡青球，埃德·尼可森，陈炜，2004；胥国红，2008；谢晓燕，2011；Van Dijk，2001a，2001b；Seedhouse，2004；Mercer，2004，2010；Lahlali，2007；Luk，2008）。

《大学英语教学指南》（2017 版）要求教师注重挖掘英语课程的人文内涵并在工具性和人文性方面实现有机统一。在其提出的教学要求中，明确指出学生要"能够较好地理解语言难度中等、内容熟悉或与本人所学专业相关的口头或书面材料，理解材料内部的逻辑关系、篇章结构和隐含意义；能够以口头和书面形式较清楚地表达意愿""能够对不同来源的信息进行综合、对比、分析，并得出自己的结论或形成自己的认识；能够以口头和书面形式阐明具有一定复杂性的道理或理论"。同时，在其提出的"语言单项技能的基础目标、提高目标以及发展目标"中，无论是针对听力理解、口头表达、阅读理解、书面表达还是翻译，"掌握中心大意""能读懂有一定难度的文章，理解主旨大意及细节""较好地理解其中的逻辑结构和隐含意义""能就广泛的社会、文化主题写出有一定思想深度的说明文和议论文"等关注与语言意义的理解与传递的理念得到不断强调。同时，《普通高中英语课程标准》（2017 版）也提出主题语境、语篇类型、语言知识、文化知识、语言技能、学习策略课程六要素为指导教师教学、评价教学效果的重要原则。可以看出，主题意义的探究与文化交际意识的培养已然成为当下我国英语教与学的重要任务。Maton（2014）也曾提及"知识缺位"（Knowledge Blindness）是当前教育研究中存在的重要问题，它指教育研究中对知识本身及知识建构的普遍忽视。目前鲜有实证研究从教师课堂话语的意义传递及知识累积入手对教师课堂话语进行探索。教师如何以主题意义引领课堂教学,并通过创设与主题意义密切相关的语境进行课堂话语与课堂活动的设计,以激发学生兴趣、调动学生已有经验、解构抽象概念、帮助学生建构和完善新的知识结构、深化教学主题的理解和认识并完成知识的累积与建构,达成英语有效课堂教学,是值得外语教育研究者关注思考的。因为"知识是教育作为社会实践而存在的基础——知识的创造,课程化,教学和学习使教育成为一个独特的领域"(Maton,2014:3)。

语义波(Semantic Wave)是实现累积式知识建构(Cumulative Knowledge Building)的前提(Maton,2013)。语义波的概念源于 Maton 的合法化语码理论(Legitimate Code Theory),该理论传承了英国社会学家 Basil Bernstein 的知识结构理论,总结出自主性(Autonomy)、紧密性(Density)、专门性(Specialization)、时间性(Temporality)、语义性(Semantics)五项原则,其中的语义性对语篇意义识读具有指导作用且与其关系最为密切(Maton,2013)。影响语义性的两个关键维度指标是语义引力(Semantic Gravity/SG)与语义密度(Semantic Density/SD)(Maton,2013)。语义引力指意义与其语境的关联程度,意义的生成越依赖语境,语义引力越强(SG+),意义的生成越脱离语境依赖,语义引力越弱(SG−)。语义密度则是意义在社会文化行为中的浓缩程度,符号浓缩的意义越丰富,语义密度越高(SD+),符号浓缩的意义越少,语义密度越低(SD−)(Maton,2013)。在知识建构过程中,当概念从具体语境或事例中被抽象提升出来时,它的语义引力是减弱的,但当抽象概念被具体化落地时,语义引力增强;当具体的实例与描述被建构为抽象的术语时,语义密度增加;使用具体的描述与实例来解构抽象的术语与概念时,语义密度减弱(Maton,2011)。以语义密度与语义引力为纵轴,时间为横轴,便可绘制出单位时间内语义密度与语义引力的变化情况,这种在象限上所呈现出的变化曲线便是语义波。总的来说,语义波是实现累积式知识建构的重要途径,语义引力与语义密度的变化是语义波形成的关键(Maton,2013)。

目前,已有许多教育实践研究使用合法化语码理论的理论框架,并将系统功能语言学理论纳入其中(Maton & Doran,2017a)。这些研究有的探讨了不同的教育背景和维度及其与知识的关系(Christie & Martin,2007;Christie &

Maton,2011；Hood,2007,2011,2012；Martin et al.,2010),有的侧重对教学实践的探索以及如何在学校和其他教学环境中的特定学科中构建知识(Macnaught,Maton,Martin et al.,2013；Matruglio et al.,2013)。然而,从合法化语码理论或语义波角度探讨课堂话语仍然是一个相对较新的前沿。国内目前与语义波相关的研究主要集中在语义波理论的诠释推介(朱永生,2015)、运用语义波理论进行文本分析(罗载兵,2017;罗载兵,蒋宇红,2015;罗载兵,杨炳钧,李孝英,2017)、运用语义波理论进行课堂教学研究(张德禄,覃玖英,2016;张宜敏,2017;杨诗雅,陈冬纯,2018)等。语义波理论不仅增加了教师话语分析的理论视角,也为学生的累积式学习和知识结构形成提供新的理论依据,并且为教师课堂教学的设计和效果研究提供新的研究视角(张德禄,覃玖英,2016)。但是,鉴于语义波理论被引入国内不久,当下借用语义波理论所进行的外语教学研究均有着较大的补充空间。一是针对教师的课堂话语进行分析停留在简单的举例,现有研究均没有大量的课堂观察数据以及语料支撑;二是针对教师的课堂话语研究仅停留在较为传统的交互分析路径(Flanders,1960,1970;Moskowitz,1971;Fanslow et al.,1977;Bellack et al.,1966)、话语分析路径(Seedhouse,2004)、批评话语分析路径(Halliday,1978,1994)以及多模态话语分析路径(Kress & Van Leeuwen,2001),鲜有研究从社会文化理论和 Vygotsky（1978）的语言作为一种文化和心理工具的理念出发,讨论语义波视域下具体的教育教学过程及其背后的影响因素。

1.2.3　大学英语教师课堂话语实践及课堂话语信念

英语课堂教学受到多方面因素的影响,Mercer（2004,2010）曾提出社会文化话语分析(Sociocultural Discourse Analysis)路径,视语言使用为一种思维的社会模式,一种用于教与学,构建知识,实现共同理解和合作解决问题的工具,与Vygotsky（1978）的语言作为一种文化和心理工具的观点相呼应。与语言学话语分析路径关注话语的组织结构不同,社会文化话语分析路径更关注话语的功能、内容以及如何在社会语境中逐渐形成共同的理解。二语课堂是一个非常复杂的情景,不断变化的教学目的和任务带来不断变化的课堂语境,教师课堂话语的实时性、话语意义的协商性、话语的动态发展等都不是用一种视角和方法就能够准确而全面地描述和解释的。

从内因方面来看,其中比较直接的影响因素就是教师信念(Borg,2003; Tsui,2003;Woods,1996)。学科文化,教师的学习、生活、教学、专业教育经历,教师的教学法、知识水平、自我反思、同事交往经历是教师信念的诸多代表因素(Freeman,2002;Woods,1996;Pajares,1992)。教师信念是教师语言观及语言学习观的深层次建构与影响因素,是动态的和不断发展的社会文化产物(郑新民,2004;郑新民,蒋群英,2005)。从语言学的角度出发,教师与学生的课堂活动被表征为课堂话语,教师话语作为教师执行教学计划的工具(Nunan,1991),影响其至决定着课堂教学的成败。本研究视教师的教学实践为一种知识实践形式(Maton,2014),即教师通过各种方法将某种知识传递给他人的社会活动,强调意义的传递以及知识的累积建构在这种社会实践中所起的作用。对教师课堂话语的信念与实践层面进行的深度探究,对明晰有效教学的标准及促进有效教学有重大的现实意义。

1.3　个人动机

作为一名从业近十年的大学英语教师,如何有效地进行大学英语教学一直是笔者在生活与工作中不断思索的问题。外语教育相关研究最大的两个研究方向便是外语教学与外语学习,学界对于外语教与学的探索已浩浩荡荡地跨越了世纪,诞生了许多理论与实践方面的真知灼见。受个人性格的影响,笔者在面对一个问题时会倾向于首先进行自省式的思考——我,作为英语教师,该如何完善自己的教学?我可以在哪些地方得以提升?又该如何提升?虽然在就读本科及硕士期间,接触了大量外语学习方面的研究,笔者还是不可避免地踏着所有哲学、语言学、教育学及心理学等领域先贤的足迹,开始拥抱外语教师发展这一领域。语言研究者的身份使得笔者试图从语言本身或是以语言为渠道来了解教学及教师发展的本质,至此,笔者从话语入手对教学及教师进行探索的想法已有雏形。

本研究的最初动机起源于笔者博士在读期间的一篇期刊论文。2017年10月,为完成博士攻读阶段与他人合作的一篇期刊论文,笔者就"英语教师课堂话语"为研究主题对十名中学英语教师进行了半结构式访谈,以了解他们在课堂上与学生的话语互动情况,以及他们借助话语在教学中构建支架协助学生提升语言能力的情况。也是在这篇文章的数据收集与写作过程中,笔者第一次在导师的指导下深入地领悟到了质性研究的魅力。之前虽有了解,但也仅停留在纸上谈兵的程度。囿于课堂观察数据的不足以及论文其他作者的意见,这篇文章最终以思辨类文章的形式见刊。因此也算是留下了一个小小的遗憾。在文章发表之后,考虑到该文实证数据的不足,同时也本着对继续研究该主题的兴趣,笔者设计了与该主题相关的问卷,以上述研究为基础与参考,向上海、浙江、安徽、山西、湖南、河南、西安、成都以及昆明等地发放了探索性问卷,征求教育工作者和基层教师的意见与建议,想试探性追求进一步深入研究的可能。由于笔者的主要研究领域为大学英语教学,因此此次数据收集主要针对上述地区的大学英语教师。在针对试点研究问卷反馈的研究中,笔者不断与导师以及同门探讨,并在前期数据与过往文献中不断求索。在这个过程中,教师如何通过自己的话语对知识进行传递,从而实现知识累积与建构引起了笔者的兴趣。毕竟,所有的教育都以传递某种知识为最初目的。于是笔者最终决定通过语义波理论的视角对大学英语教师在精读课上的课堂话语实践与信念的特征、互动关系及影响因素进行研究,并开始了进一步的先导数据收集及实地走访,以此征集并确定最终研究对象。研究至此便慢慢得以开展与成型。

1.4 研究范围

本研究从语义波视域切入,采用质性个案研究方法,深描高校非英语专业英语教师的课堂话语中的意义传递与诠释以及知识的累积及建构过程,呈现其教师教法;在挖掘出语义波视域下高校非英语专业教师课堂话语特征的同时,进一步探究其教师话语实践与信念之间的互动关系,并对其影响因素及背后的社会文化语境与认知思维过程进行探索。

本研究为期约 1 年(2018 年 5 月至 2019 年 7 月),以先导数据、课堂观察数据、访谈数据、文本数据、刺激回忆报告以及焦点小组访谈为主要数据来源。先导数据旨在通过针对在职教师关于教师课堂话语的前期问卷调查、实地走访、前期焦点小组为本研究最终研究对象的确定及对其开展的深度访谈所需问题提供基础,以便最终以案例形式深入地对研究对象的课堂话语信念与实践进行观察分析。析出三名最终研究对象之后,笔者对其进行了一系列深度访谈、课堂观察和文献分析。课堂观察的目的在于呈现自然状态下研究对象的课堂话语实践,探索研究对象如何以自身课堂话语来实现教学行为,并借助语义波对教师课堂话语中的语义变化及语用进行分析,进一步探索其意义传递及知识累积建构的过程,从而深层次呈现教师课堂话语的组织形式及作用,总结教师课堂话语所遵循的模式。深度访谈的目的在于了解研究对象的个人生活经验、个人看法及其对具体事件的阐释,得以深入研究对象的思维世界,帮助笔者对教师话语的信念层面进行深度探究。本着受访者情绪、配合度稳定以及数据饱和的原则,笔者针对每位研究对象进行八次课堂观察,四次半结构式访谈,同时还阅读了他们的个人笔记、教学日志、教案等文本资料作为三角互证。研究对象在研究期间正常进行教学以及科研工作,无异常情况导致本研究中断。

1.5 研究目的

基于上述论述,本研究提出具体研究问题如下:

(1)语义波视角下大学英语教师精读课中的教师话语呈现出怎样的特征?

(2)大学英语教师精读课中的教师话语主要受哪些因素影响?

问题(1)属于描述性问题,旨在呈现语义波视域下高校非英语专业教师在精读课程的具体教授过程中所呈现出的话语行为实践;问题(2)深入课堂话语行为的背后,探究教师课堂话语信念与实践的关系及其背后的社会文化影响因素。诚然,量化为主的研究一开始就具有明确固定的研究假设或研究问题,但质性为主的研究在设定研究问题时相对比较宽泛。其原因在于,质性研究的重点不在于对假设的证明或推翻,而是着眼真实情况,注重"理解"与"解释",通常会经由研究过程科学地建立起某种假设并推出研究结论,是一种带有互动取向的探究方式(Maxwell,2012)。整体而言,本研究采用"探索—诠释"范式(Grotijahn,1987),诠释主义范式认为个体行为会受到情境影响而随时间发生变化,带有情景化特征(Hammersley & Atkinson,1983),教师及其课堂所处的环境处于动态变化之中。本研究主要关注教师课堂话语信念与实践的发展经历,通过对其课堂话语实践的经验性解读,探寻教师课堂话语信念与实践的动态演进过程及轨迹。因此,本研究将通过实地观察与深度访谈深入研究对象的课堂教学及日常生活的各个方面;力求以诠释主义研究范式,在自然状态下对教师课堂话语的信念与实践进行探索,不对研究做出预设,是一项质的研究。本研究试图通过质性为主、量化为辅的研究设计,对教师在大学英语精读课上话语行为及话语活动进行剖析,分析大学英语教师与周围环境的互动经验,探索其话语信念与话语实践的形成、冲突、协调及变化。

1.6 研究意义与局限

本研究的意义体现在理论和实践两个层面。理论层面,本研究将语言学、心理学、教育学、社会学等学科的理论基础与实践方法汇通运用到本研究中,取得了具有一定创新性的研究结果,在一定程度上丰富了二语教师教法研究、二语教师发展研究以及二语教师认知研究理论。此外,本研究结合多种研究方法对中国英语课堂的教师课堂话语进行了实证性探究,拓展了话语分析的路径与成果。本研究在研究视角与内容方面也具有一定的创新,研究基于质性研究范式,以案例的方式从英语教师的课堂话语切入,以语义波的视角自下而上探究高校大学英语教师在精读课程教授过程中的课堂话语行为,从话语角度探析教师在动态情境影响下的教学反思与话语实践及其与情境的互动。

实践层面,本研究立足于教师的话语实践、教学实景及教师学习与发展轨迹,在促进高校英语专业教师专业发展上有一定的参考价值,也可为高校英语专业教师提高话语实践能力与教学能力提供实证参考。教师在处理课堂话语以及课堂教学中所采取的具体策略、行为、推理、调整及反思,可为教师审视个人教学带来一定的启示,帮助教师从个体层面实现其话语、教法及信念体系的重构,促进自身专业发展。本研究同时也为优化大学英语课堂教学提供了实证性经验,可在一定程度上促进有效性英语优质课堂教学。此外,本研究可以为高校教育管理部门、教师职业培训机构以及职前教师课程研发者提供参考,并在协助高校建立有利于教师专业发展的工作环境和文化氛围方面提供一定的参考意见。

本研究不可避免地具有一定的局限性。首先,数据的体系性存在一定的局限。本研究由于研究精力与个人研究倾向的原因,仅从教师角度对其课堂话语进行探究。学生的课堂话语也是课堂话语的重要组成,并对教师的课堂话语有着较大的影响,两者有着复杂的互动关系。未来研究可对这两个不同的层面的具体内容及互动关系进行更进一步的探究。其次,本研究以自然观察为主,笔者始终以"局外人"的身份进行观察与分析;整体研究带有描述性、探索性及阐释性研究属性,因此不可避免地在方法及数据收集上也存在一定局限。未来研究可适当增加必要的实验及干预措施,增加数据的丰富程度,并进一步巩固验证基于教师课堂话语研究的语义波课堂评价模式。同时也可尝试增加研究对象的数量、采用混合研究方法以及采用深入历时性研究的方式来对后续研究进行拓展补充。再者,本研究的数据分析过程存在一定的局限。在针对质性数据进行分析的过程中,笔者不可避免地过于固守一定的范式及其固有的分析框架,可能会遗漏掉数据中存在的其他重要元素。未来研究可引入更多的研究视角、研究范式及分析框架,以期更生动、完整地呈现教师课堂话语背后的教师信念与教学实践发展及互动的动态化、多样化特征。

1.7　研究方法

量化与质性研究构成了社会科学研究中最主要的两大研究范式,其分歧主要体现本体论、认识论、方法论上面(Cohen et al.,2011;Lancy,1993;陈向明,2000),在对客观性、效度、信度、真理标准、探究模式、证据形式以及研究者角色的认识上均存在较大区别(Walker & Evers,1999)。具体研究方法的选择遵循研究议题、研究目的以及研究问题本身的特征,但对具体研究方法的取舍却又与研究者对知识本身的认知息息相关(Corbin & Strauss,2014)。质性研究者通常认为现实具有多重意义属性,关注人的意义阐释建构,试图探究个体在不同情境中建构的意义与方法(Bogdan & Biklen,1998),以阐释社会互动以及对人类的经验进行深度描述和理解为首要目标,而较少关注对假设的验证或结论的推广性与普适性(Lichtman,2012)。总的来说,量化研究和质性研究在一定程度上存在着区别和互补,量化研究重预测控制、强调事实的客观实在性、注重经验证实,质性研究则重意义理解、强调对象的主观意向性、注重解释建构(郑新民,2004)。

本研究采取质性研究的适切性理据在于以下方面:① 教师课堂话语是基于教学行为和教师所掌握教学方法以及教师信念之间的互动,受多重因素影响;② 教师的课堂话语与行为的社会化过程受其教师信念的影响;③ 教师的课堂话语和教学行为发展受社会文化、教学情境,包括学生群体的影响。质性研究所遵循的阐释主义研究范式与框架能够帮助本研究对语义波视域下的非英语专业大学英语教师课堂话语背后的教师信念与教学实践进行深度描述和分析,帮助笔者更深入了解他们课堂话语的发展特点及背后的影响因素。本研究遵循"探究—阐释"范式,并以多重个案为研究路径的理据在于,关于教师课堂话语的研究本质与个案研究的研究属性存在契合之处。对教师课堂话语的特殊性和复杂性的探究如果借用多重个案来呈现的话,不仅在广度上具有一定的对比可能,更在深度上有着较大的诠释空间。笔者采取教学观察、深度访谈等不同手段进行数据收集,进而在多样化数据支撑的基础上深入探究教师课堂话语。因此,本研究采用多重个案研究方法,利用语义波具象化教师的话语行为并呈现出教师的课堂教法,从而进一步对教师的信念层面、备课层面、实践层面的互动关系进行深描,为建构英语优质课堂教学提供实证性依据,并对话语背后的英语教师信念进行拓展性研究。

1.8 论文总体框架

本研究由九章构成。第一章为绪论,主要就研究背景、个人动机、研究范围、研究目的、研究意义进行阐述并提出具体的研究问题。第二章为文献综述,主要对信念、教师信念、外语教师信念、话语研究、课堂话语研究、教师课堂话语研究、合法化语码理论以及语义波等相关概念内涵与过往研究发展进行了层层梳理,呈现了本研究主要涉及的概念及要素。第三章为理论框架,在第一章、第二章的基础上,进一步呈现并讨论言语行为理论、社会文化理论、信念系统理论以及语义波理论的概念与发展,阐释了上述理论对本研究的解释力及适切性,并以此建构出本研究采用的理论视角,提出本研究的概念框架,在为后续研究提供理论基础的同时,也为数据收集分析及讨论奠定基础。第四章为研究设计,该章对论文的整体设计进行了呈现,就研究范式、研究方法、研究场地、研究对象的选择依据、数据收集及分析方法、研究的信度效度、研究伦理以及研究方法局限进行了详细的阐释。第五、六、七章以三位研究对象各自案例的形式呈现本论文的研究结果,对三位教师各自过往经历、教学环境、课堂话语特点与影响因素进行呈现,并对其课堂所体现出的独具个人特色的教师教法及其课堂话信念与实践所产生的冲突及纠葛进行深描。第八章为讨论,该章以研究问题为导向,结合现有文献成果与本研究发现进行深度分析与讨论;在对本研究与已有研究进行对比讨论的基础上,提出本研究的主要发现,并在此基础上尝试性地提出内外因素共同影响下的大学英语教师课堂话语信念与实践互动模型。第九章为结语,对研究进行整体回顾与总结,阐释研究的主要发现并对研究问题进行回答。同时对本研究的意义与贡献进行了论证,并在此基础上指出研究尚存在的局限,对未来研究进行了展望。

第二章

文献综述

2.1 引言

在上一章中已经阐明，本研究旨在以质性个案研究方法及语义波的研究视角，深描高校非英语专业英语教师的课堂诠释性话语中的意义传递与诠释以及知识的累积及建构过程；在挖掘出语义波视域下高校非英语专业教师课堂诠释性话语的特征并呈现其教师教法的同时，进一步就其教师信念与教学实践的互动关系进行探究，同时对其影响因素及背后的社会文化语境与认知思维过程进行探索。上一章共五小节，分别介绍了研究背景、研究范围、研究方法、研究目的与意义以及论文的整体架构。本章在总结国内外关于教师信念与教师话语的研究现状，以及语义波理论的来源、概念与发展的基础上，对本研究的理论视角与研究问题进行界定，并呈现整篇论文的主体架构。

本章首先通过对文献的梳理与讨论对本研究的研究定位进行确定，并从理论视角、研究空挡、研究取向等方面探讨本研究的适切性和可操作性；以结合当下现有研究的发现，形成适合本研究开展的研究设计、数据收集以及数据分析概念框架。本章共六节，第一节为引言部分，在对上一章进行概括总结的同时对本章内容进行介绍引领；第二节综述教师信念研究的发展缘起与范式内容演变；第三节对教师教法的概念与研究发展进行综述；第四节综述教师话语研究的发展缘起与范式内容演变；第五节综述合法化语码理论及语义波的内涵及发展;第六节为本章小结,对本章内容进行概括并对下一章内容进行简介。

2.2　教师信念

人的动机、情感状态及行为更多是基于他们所相信的东西,而不是客观事实(Bandura,1997),深入探究教师的教学行为必会触及教师信念的探究,教师信念探究在教育研究中起着重要的作用。如班杜拉(1997)所言,信念比真理更能指导我们的目标、情感、决定、行动和反应。本节通过对教师信念研究的缘起、概念、范式以及演变的梳理,对教师信念相关研究进行较为全面的论述,以厘清其过往以及当前的研究趋势。

2.2.1　信念研究

教师信念的研究基于信念研究,信念可以被概念化为个人对一个命题所做出的正确与否的判断(Pajares,1992),或是一系列蕴含客观事物、人物与事件本身及其特征的概念表征(Hermans, Van Braak & Van Keer,2008)。信念关乎物质、社会现实以及自我(Rokeach,1968)。"信念"最早由柏拉图在《理想国》中提出,被定义为一个不属于知识范畴的相对低层级的事实表达。而后黑格尔及其继承者们进一步丰富了信念的内涵,"信念"开始不断在现代哲学研究中被提出。然而,由于关于信念的相关研究源自不同的研究人员、研究时期及研究主题,信念的定义变得十分复杂(Eisenhart, Shrum, Harding & Cuthbert,1988),包含着广泛的因素及概念。自20世纪70年代以来,西方学者便一直在对教师信念概念及内涵进行探索并提出不同观点(见表2-1)。

表2-1　西方研究者对信念概念的界定

学者	概念界定
Rokeach（1968）	提出"信念系统"假设,认为信念是聚合体
Green（1971）	有近似逻辑性、心理重要性和聚合性结构(Clusters)
Abelson（1979）	是特定目的或在必要情况个体操控知识的方式
Nisbett & Ross（1980）	是关于某一对象的合理明确的命题
Brown & Cooney（1982）	是行动的性向(Dispositions)以及决定行动的因素

续表

学者	概念界定
Ajzen（1985）	形成态度指导行动,创造了指导行为的价值观
Sigel（1985）	是经验性的心智结构（Mental Constructions of Experience）,随社会文化条件而变化
Bandura（1986）	是人们决策的最佳指标
Harvey（1986）	是个体对现实的表达,有效、真实地指导着思想和行为
Nespor（1987）	具有存在主义推定,交替性,情感性和评价负荷以及情节结构特征
Pajares（1992）	是混沌结构（Messy Construct）
Oliver & Koballa（1992）	等同于知识、态度或个人信念,反映一个人接受或拒绝一个命题
Mcleod（1992）	在性质上属于认知但在情感中发挥重要作用
Richarson（2003）	是一种心理概念,是人们信以为真的东西,是对世界的真实理解

可以看出,早期西方学者经常将信念与知识、情感以及态度联系在一起,对信念的概念做出诠释。Pajares（1992）也曾提出,在当时的研究中,信念往往被误认为是态度、价值观、判断、观点及意识形态等。不过也有学者认为信念相较于知识更具情感与评价成分,通过影响独立于与知识相关的认知而运作（Nespor,1987）。我国学者在对信念的概念进行界定的过程中,也提出了自己的观点（见表 2-2）。

表 2-2　我国研究者对信念概念的界定

学者	概念界定
武怀堂（1987）	是认识、情感和意志的集合,反映人的立场,支配人的行动
冯契（1992）	是对理论的真理性和时间行为的正确性的内在确信
叶奕乾,孔克勤（1993）	是支配个体行动的个性倾向
李德顺（1995）	是一种价值意识观念与精神状态,是思想和行为中被恪守的东西
俞国良,辛自强（2000）	是个体对于社会的理论观点与个人看法,反映行为及心理
王恭志（2000）	是一种个人建构,包括共享的文化继承
林一钢（2008）	是一种带有强烈的个人情感色彩的、对于社会的稳定认知结构

续表

学者	概念界定
徐泉（2012）	属于意识,又与知识紧密相关;是人们经验的心智结构;被社会文化因素塑造且不断演变

虽然国内外学者对信念的概念定义各异,Fives & Buehl（2012）也曾指出,给信念拟定定义具有很大的挑战性,他们认为学界并不应执拗于此;从众多定义之间找到一致性,以此建构出更具意义、更务实和更有保证的研究才是对这一领域的学者来说更具意义的探索。Rokeach（1968）曾指出,信念能通过个体行为及言语来进行判断,也能够在"我相信"这个词之后的句子里被推断出来。信念形成于个体的早期生活,并受到环境文化所制约,带有描述性（Descriptive）、评价性（Evaluative）以及规定性（Prescriptive）的特征,包含一定的认知成分、情感成分及行为成分。此外,Rokeach（1968）还提出信念理论系统,将知识也界定为信念的一部分,并且两者在系统内部可以互相转化;个体不同的信念可以合成为一个合集,这种信念的合集会呈现出个体的态度与价值观,而最终信念、态度及价值观共同构成了个人的信念理论体系。不过也有学者认为信念系统不需要就其信念的有效性和适当性达成一般或群体共识,个人信念甚至不需要与信念系统内部达成统一（Nespor,1987）。信念源于个人内心的潜在状态,受个人的表达意愿及准确度影响,准确地理解个体的信念成为一件艰难的任务,也正因如此,Rokeach（1968）认为观察不能作为判断个体信念的单一维度,要从个体所说、所计划以及所行动等多维度进行探究。

综合来讲,学界认为信念指的是个体信以为真的东西,或是个体的内心世界对特定内容的观点及看法,具有内隐外指性、个人主观性、社会文化性以及动态发展性。信念具有内隐特性,存在于个体精神层面,不具实体且无法进行直接观察,难以解释且不易验证,但信念是个体决策的源头,指导着个体行为并从其行为中得以显现;信念基于个体生活实践而产生,并在其发展过程中构建出个体的观点及看法,带有一定个体主观特性;同时,信念的产生与发展又基于与他人及社会的互动,蕴含着一定的社会文化特性;而随着个体与社会文化的互动,个体的信念也会不断发生嬗变,个体通过实践不断地将自身信念与外部环境进行协商,对自身信念系统进行整合更新,体现出动态发展的特性。随着信念研究的逐渐发展,当代心理学家及教育学家开始将信念的概念融入教学情境中,并对教师信念表现出了极高的研究兴趣。教师作为借助课堂来塑造人类学习经历及社会发展模式的个体,将其内隐或外显的信念,融入复杂的课堂环境、学校、社区之中,甚至是更宏观的国家、国际及多元文化层面。本研究将在下一节中对教师信念的相关研究进行综述。

2.2.2 教师信念研究内涵

教师信念是信念的一种,具有信念所有的特征。Clark & Peterson(1986)曾将教师的思维分为理论和信念、互动思想和决策以及规划三个层次,并强调教师信念在教师的思维过程中起重要作用。教师信念一旦形成便呈现出相对稳定且不易改变的特征(Brousseau, Book & Byers, 1988;Herrmann & Duffy, 1989),并且与教师的教学高度相关(Evertson & Weade, 1989;Martin, 1989)。教师信念是教师自身对学科教学较为明确的看法,包括语言观、学习观、教学观、课程观、学生观和教师观等(Borg, 2001);或是指在教学中,教师对于自身的想法、理论及对学生的教与学的观点(Richards & Schmidt, 2002);是影响课堂教学的直接因素之一(Borg, 2003;Tsui, 2003;郑新民,蒋群英,2005),也是教师研究中极具价值的内容(Kagan, 1992a;Pajares, 1992)。教师信念以显性或隐性的方式对教师知识、教学计划、教学决策以及一切课堂上所发生的事情产生深远的影响(Pajares, 1992;Williams & Burden, 2000),并以教师决策的形式深度影响教学实践行为,在教师教育与教师发展研究中受到高度关注(Cabaroglu & Roberts, 2000;Peacock, 2001;Borg, 2011)。在真实的课堂环境中,教师往往依赖于建立在直觉、自主和习惯层面的信念,以应对实践的需求。教师需要不断地评估学生的学习经历及理解程度,解读学生的学术及认知潜力并相应地针对学生个人和群体调整自身以提供不同层面的支持(Prawat, 1992)。教师信念对教师自身经验、决策以及行为起到过滤、建构及引导的作用,并以此促进或阻碍其教学实践(Fives & Buehl, 2017)。然而,无法对教师信念做出清晰明确的定义是造成教师信念研究的最大阻碍(Pajares, 1992),因此本研究将首先对教师信念的内涵及相关维度进行综述。国内外针对教师信念的过往研究众多,其中关于教师信念的概念界定的部分代表性文献及观点如表 2-3 所示。

表 2-3　教师信念概念界定

学者	概念界定
Clark & Peterson（1986）	是一种自身知识储备,影响着教师的计划、互动思维和决策
Pajares（1992）	是教师所持有的教育信念,包含教师职业、学生、所教学科、角色和责任等方面
Kagan（1992a）	是教师关于学生、学习、课堂和教学内容内隐的、不为主体意识到的假定以及特殊的、具有煽动性的个体知识
Clandinin & Connelly（1995）	是个人有意识或无意识的实践知识,从经验中产生并在实践中展现意义
Calderhead（1996）	是教师对教学、学习、学习者、课程、教师自我角色等相关概念持有的观点
Porter & Freeman（2002）	是教师对教学的取向,是教师对学生、学习过程、学校在社会中的角色、教师自身、课程、教学法、教育目的、教师责任以及学生能力等方面的看法
Borg（2003）	是教师在教育或教学领域的所想、所知及所信,是教师的精神生活
叶澜（1998）	是基于教师对教育工作本质的理解而形成的教育观念和理性信念
俞国良、辛自强（2000）	是有关教与学现象的某种理论、观点、见解及判断
赵昌木（2004）	是个人教育思想的高度概括、内在的精神状态以及专业素质的核心
林一钢（2008）	是教师对教育、教学的假定
郭晓娜（2008）	是一套价值体系,在实践中形成,是教师对教学本质的价值理解、对教学内容的选择、对学生发展与教师关系的看法、对教学目标的确定、对教学评价方式的使用与筛选原则、对教师角色的知觉以及对学生学习特点的掌握等
王慧霞（2008）	是教师对于教学有关的教育现象的个人认识
杨艳玲（2010）	是教师对于教与学的及其相关内容的内因认知
金爱冬（2013）	是教师在一定的历史文化背景下,对教学过程中相关因素所持的信以为真的观点、态度、心理倾向

综上所述,尽管学界在教师信念的定义方面也存在一定的分歧,但大多数

学者都认为教师信念指教师有意识或无意识持有的想法,反映着教师的价值观
(Borg,2001)。信念因此被看作教师课堂实践的源头,既是教师过往发展的结
果,又是教师进一步发展的动力。近年来,有学者对相关文献进行梳理,提出"教
师认知"(Borg,2003)的概念,以涵盖这一领域目前所出现的诸多术语。教师认
识与教师信念被不同的研究者采用,但在概念与意义上具有一定的互通,都指
教师对于教学各方面的个人理解与观念(Pajares,1992;Borg,2006)。近年来认
知科学蓬勃发展,认知科学中的"认知"与教师教育研究中的"认知"存在一定
差别,也难免会造成歧义。为明确学科属性,本研究决定采用"教师信念"术语
表达前述文献综述中所含概念。

2.2.3　教师信念研究动态

Rokeach(1968)曾指出,信念造就了"行动的倾向"。教师信念隐藏在教
师行为的背后,其抽象属性使它难以通过实验进行观察或调查,因而也很难通
过某一种研究予以清晰的界定(Pajares,1992)。在20世纪80年代之前,教育
研究通常依赖于针对学生的实证研究,改革的核心也主要针对教学内容本身,
这在很大程度上忽视了教师对学生学习的影响(Bauersfeld,1979;Lederman,
1992)。Elbaz(1981,1983)也曾指出当时的研究没有关注到教师在课程开发过
程中的复杂行为及决策。学界对于教学的研究逐渐开始超越之前对教学过程
以及教学产品本身的执念,并开始将教师行为与学生表现联系起来(Brophy &
Good,1986;Fenstermacher,1978),从教师的角度来审视教学活动。随着认知心
理学的迅速发展,研究者开始关注行为与认知之间的关系,从教师课堂行为到
教师行为背后精神世界的研究转向也开始发生,通过课堂观察及半结构式访谈
的形式来研究教师的教学行为及想法的研究方式逐渐增多(Clark & Peterson,
1986),教师信念逐渐成为研究的热点。Feinman-Nemser & Floden(1986)曾提
出,教师在教学中所展现出的智慧在很大程度上有待深入探究。Nespor(1987)
也曾强调,要从教师的角度理解教学,必须首先理解他们的信念。Clark &
Peterson(1986)进一步指出,早期关于教师信念的大部分研究都仅仅只是基于
教师行为和学生学习之间单向因果关系的探索,但当下的研究视点已经从可观
察的行为转向了有目的的行为,从教学活动的结果转向了教师信念带来的可能

结果;并认为教师的信仰是教学活动和学生学习行为的主要决定因素,教师的行为是由个人持有的信仰、价值观和原则体系引导并使之有意义。Grossman、Wilson & Shulman（1989）认为,教师的信念很大程度上影响着他们的教学。在此之上,Pajares（1993）进一步指出信念是个人行为的最佳预测因子,Borko & Putnam（1996）也认为教师的信念是其教学行为发生的主要决定因素。因此,教师信念通常被视为教师教学行为改变的关键,是能对其实践进行解释的首要因素（Skott,2009a）,如果我们想要改变教学者的实践,就必须关注其主观合理的教师信念（Fenstermacher,1978）。总的来说,学界普遍认为教师信念在教师发展与改变的过程中承担着过滤、解释和转换的作用（Bryan,2012;Grossman et al.,1989;Kagan,1990;Nespor,1987;Pajares,1992;Beyer & Davis,2008;Kagan,1992a;Liljedahl,2011;Lloyd,2005;Prawat,1992）,但也有研究认为教师信念对课堂教学并不起到直接的决定性作用（Fives & Buehl,2012;Lederman,1992;Wilson & Cooney,2002）。虽然许多教师教育发展项目都寄望于改变参与者信念,以让其符合当前的教育改革,教师已有的信念似乎难以改变（Richardson,2003）。教师的信念受到许多因素的影响,其中包括学科亚文化的影响,课堂上的职前体验质量以及反思职前经验的机会（Bean & Zulich,1992;Brousseau,Book & Byers,1988;Smith,Edelsky,Draper et al.,1989;Richards,Gipe & Thompson,1987）,即使教师在信念层面发生改变,其课堂实践也可能只反映出一些表面特征甚至其相背（Spillane,Reiser & Reimer,2002）。

可以看出,教学决策作为教师信念与行为的枢纽,是早期教师信念研究的主要关注点,旨在帮助我们理解在教学过程中教师为何采取某些行为（Clark & Peterson,1986）。然而随着研究的深入,学界开始发现基于教学决策的研究无法完全体现教师内在信念。模糊不清的教育信念受到宏观及微观等时代背景的影响并逐渐转化,才逐步呈现出清晰系统的特征并迈向成熟（叶澜,2005）。基于教师信念系统所呈现出的复杂性,许多学者开始倾向于开展实证研究,以对教师信念形成与发展及其影响因素进行探究,其研究方法多基于问卷调查、课堂观察或是教师教学日志、实习报告与深度访谈记录（Kindsvatter,Wilen & Ishler,1988;Pajares,1992;Mok,1994;Hativa,1997;Breen,Hird,Milton et al.,2001;Richardson,1996;吕国光,2004;郑新民,蒋群英,2005）,并取得了一定的进展。这其中有研究发现影响教师信念形成的因素包括教师自身学习经历、教学经历、性格、外部期望、教师教育经历及理论学习经历等(Kindsvatter, Wilen & Ishler, 1988);基于问卷调查的研究结果揭示出教师的工作投入、反思智力、批评思考倾向、工作满意度及教师效能感等因素对教师信念产生较大内在影响(吕国光,2004);程明喜,马云鹏(2018)通过访谈、参与式观察等方法发现,影响教师教学信念的主要因素有职前学习经历、校园文化、课堂实践及教学反思。教师信念和态度主要源于其生活经历、学校教育、教学体验及其所掌握的知识等(Richardson, 2003),其学习经历、专业教育和教学经历、进修和培训经历,以及工作的文化环境与个人反思直接影响他们信念的形成、变化与发展(Breen, Hird, Milton et al., 2001;项茂英,郑新民,邬易平,2016;殷宝媛,于纪明,2008)。教师在实习阶段的教学行为,在很大程度上受到社会文化以及个人就学经历的影响,其中关键事件及关键人物扮演着重要角色;学徒式受教经验比起其所接受的正规师范教育来说对其教育观念的形成有着更大的影响力(Pajares, 1992;郭晓娜,2008)。Joram & Gabriele(1998)发现实习教师的已有信念会阻碍他们的学习。Borg(2004)则通过研究证实学徒观摩期对教师信念的产生影响重大。也有研究发现除早期学习经历之外,工作中的试错可以弥补系统教学角色学习的缺失,形成良好的教学信念(Mok, 1994);郑新民、蒋群英(2005)基于访谈资料的实证研究证实了工作中的自我反思、同事互助以及师资培训对教师信念变化产生重要影响。此外,学生评价以及学校的工作任务与压力也在很大程度上影响着新任教师教学信念的形成和发展(Kyriacou & Kunc, 2007),良好的校园文化对教师信念的形成有着积极及重要的影响(郑新民,2012;程雯,谢翌,李斌等,2017)。课程改革、测试、传统文化观念以及学校类型等情境因素在很大程度上影响着教师信念的产生与发展(Zhang & Liu, 2014)。不过,在张凤娟、刘永兵(2011)针对全国十多个省及直辖市的中学教师所采取的问卷调查及访谈研究中,教师信念却与考核制度及学校类型呈现出负相关,与教育改革、校园文化、学校资源、教师激励制度、学生情况等呈现出正相关。近年来,也有研究关注教学行为与教师信念之间的关系以及教师信念与学科知识之间的关系(Moroney, Mckendry & Devitt, 2016;Calderhead, 1996)。徐泉(2011)对八所高校的教师展开问卷调查及访谈,发现教师个人知识、能力、人格及所处环境显著影响其教师信念。

在这诸多因素中,反思在促进教师发展以及教师信念与实践的改变上起到关键作用。自我反思是影响并促进教师信念改变的重要因素之一(Freeman,1996)。国内针对教师信念的诸多研究也进一步证实了该观点(吕国光,2004;郑新民,蒋群英,2005;解芳,2009;颜奕,罗少茜,2014;景飞龙,2018;王祥,2019)。Clarke & Hollingsworth(2002)认为教师的改变受诸多因素影响,这些影响因素构成一种循环交互的复杂系统,并因外部刺激及教师内部反思联系在一起,如图2-1所示。

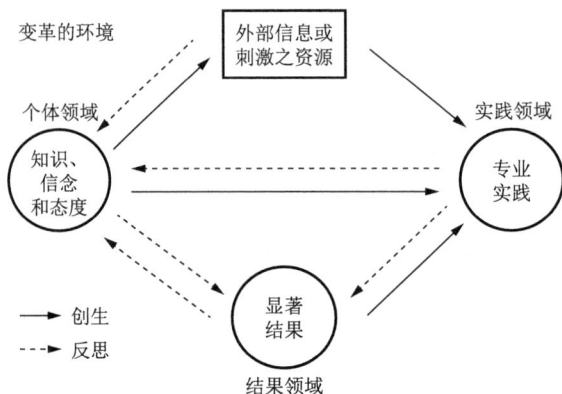

图 2-1 教师改变复杂系统

(Clarke & Hollingsworth,2002)

Clarke & Hollingsworth(2002)所提出的模型将教师改变因素分为外部领域、实践领域、个人领域以及结果领域,各领域互动互促共同导致教师的转变,改变在不同领域因反思而发生,并指出显著结果对教师信念中的自我身份认同与自我效能感有积极的促进作用。

综上所述,已有研究认为影响教师信念形成及改变的因素主要集中在教师过往及当下的生活经历、学习经历、教学经历、教学环境以及个人反思等方面。基于前人研究,我们可以看出教师信念产生及发展的主要影响因素包括以下方面:① 个人因素,主要包括年龄、性别、人格特质等个体特征,受其生活、学习、教学经历影响;② 处境因素,主要包括个体进行教学活动及促使个人反思的中观系统,主要影响层面为学校与工作场域文化以及家庭、社区、地区情况等;③ 外部因素,即整个文化价值体系,涵盖国家及国际层面的社会发展状况、意识形态以及法律政策规定等。教师的信念系统伴随着教师的个人成长及发展而不断建构并以教学实践的形式具象在课堂中,是教师个人及教学行为发展的原动力与深层次动因,在很大程度上影响着课堂教学。在课堂实践中,教师信念通过教师的个人教法、教学话语、教学组织计划等多种形式表征,这其中所体现出的教师对学生的期望以及教师关于知识获取本质的隐含理论会影响其个人行为,并最终影响学生的学习行为与学业成绩(Good,1987;Anders & Evans,1994;Hollingsworth,1989;Schommer,1994;Stoddert,1994)。

2.2.4　外语教师信念

教师信念研究在经历了 20 世纪 70 年代的初始阶段、80—90 年代的发展阶段以及 90 年代的巩固阶段之后,其研究焦点发生了从普通教师到外语教师研究的转向(郑新民,2004;郑新民,蒋群英,2005)。教师信念研究已经在近二十年来发展成为我国语言教师教育研究体系中最活跃的领域之一,在理论建构、研究取向以及研究方法上都取得了多元及长足发展,涌现出不少研究成果(辛涛,申继亮,1999;夏纪梅,2002;郑新民,2004;郑新民,蒋群英,2005;解芳,王红艳,马永刚,2006;王红艳,解芳,2009;战菊,2010;陈丽萍,曾苹,2011;徐翠,2009;陈冰冰,陈建林,2008;徐泉,2012;窦岩,2015;项茂英,郑新民,邬易平,2016;黄磊,蒋玲,张春梅,2017;朱彦,束定芳,2017;景飞龙,2018;王祥,2019)。在研究方法方面,基于文献分析的非实证研究为数不多,实证研究占主流地位。这些实证研究多采用访谈、问卷调查、课堂观察、日志分析、刺激回忆、教学实验方法展开探究。总体而言,由于教师信念具有内隐性不易被直接测量(Woods,1996),质性研究在针对教师信念的研究中占主流地位,单纯的量化方法较少,混合方法得到快速发展并开始被不少研究采用(项茂英,郑新民,邬易平,2016)。

在早期国外针对教师信念内容的研究中,教师对“教”与“学”的看法是外语教师信念研究的重点。有的关注教师和学生对外语教学的看法(Brown,2009),有的就教师对交际教学法的看法以及交际教学法的课堂实施情况进行探究(Orafi & Borg,2009),有的则针对职前教师语言学习信念进行考察(Busch,2010)。国内学者则在对外语教师信念的内涵及维度进行划分界定方面有着诸多不同声音。有的认为外语教师信念包含语言理论、语言教学、课程设置、教学重点信念、师生角色、课堂活动和教学资源应用的信念(郑新民,蒋群英,2005)。有的认为英语教师的教师信念包括语言、语言学习、学习者、教学侧重点、教学方法、课堂教学、课堂活动设计、课堂组织方式、教材及其他资源、师生角色等维度(解芳,王红艳,马永刚,2006)。还有学者认为,外语教师信念包括英语语言信念、英语学习信念、英语教学信念、英语课程信念和自身专业发展信念(徐翠,2009)。也有学者提出大学英语教师信念主要关乎外语的学习理念、课堂教学实践、师生关系和教育体制(战菊,2010),其信念主要体现在学生学习评价、教师工作评价、课程观和学生管理维度上(陈丽萍,曾苹,2011),囊括教师角色、外语教学与评估、课程设置、外语学习和语言等维度(窦岩,2015)。

"教师教育研究情景的复杂特性使得其研究中的变量具有不可操纵性" (张莲,2008:50),因此,外语教师信念研究者们特别关注教师信念与教学行为之间的关系,并开始立足课堂教学实践考察教师教学实践性行为与教师信念之间的相关程度。早期有学者经调查发现语言教师的信念与认知影响着教师教学实践与课堂行为(Burns,1992;Calderhead,1996),外语教师所持语言学习理论会在其实现既定教学目标时对教师行为发生作用(William & Burden,1997)。Johnson(1999)提出教师信念就像是过滤器一般,教师所有的教学判断和决策都经由其中体现出来;教学信念与教学行为密切相关并相互影响(王红艳,解芳,2006),教师的教学行为基本反映其教学信念(Farrell & Kun,2007)。但也有很多研究发现,教师的教学行为与其教学信念存在一定的脱节(楼荷英,寮菲,2005;解芳,王红艳,马永刚,2006;Lim & Chai,2008;陈冰冰,陈坚林,2008;Lee,2009;Phipps & Borg,2009;Jorgensen,Grootenboer,Niesche et al.,2010;Liu,2011;Mak,2011),他们的研究表明,教师虽然会积极从信念层面对其教学实践进行建构,但是他们在教学实践中依然会以原有的传统方式授课,其先进的教学信念及教学计划难以在教学实践中真正落实并得到实施,教学信念与课堂教学行为存在脱节现象。学生语言能力、学生配合程度、课程设置、课堂教学时间、教学管理、教学设施、教学改革、考试、教师知识、教师教学科研压力、教师情绪、自我效能感以及政策压力等因素都会在一定程度上造成教学信念和教学行为失调(Borg,2003;郑新民,2004;楼荷英,寮菲,2005;伏春宇,2011;项茂英,郑新民,邬易平,2016)。也有研究认为教学信念与行为不一致区别于教师调用的是核心信念还是边缘信念(Phipps & Borg,2009)。可以看出,早期研究认为教师信念单向影响并指导教师的课堂决策,两者呈现出简单的因果关系。但当下研究证实,教师信念具有复杂系统性特征。教师信念与教师行为之间相互影响(Thompson,1992;Richardson,1996;Borg,2003;Mansour,2009;Basturkmem,2012;项茂英,郑新民,邬易平,2016;黄磊,蒋玲,张春梅,2017;朱彦,束定芳,2017;景飞龙,2018;王祥,2019),两者之间的互动关系会因个人及情境的不同而呈现出差异性。教师信念在一定程度上促使并引导教学行为,但教师个体的经历及反思会在一定程度上对教学信念产生修正和反拨作用,信念与实践层面互为因果、互相补充、相互影响。但同时在教学实际环境影响下,某种教师信念也不尽然会引领某种教师教学实践(林一钢,2008)。

随着研究的进一步加深,学界开始进一步认可教师信念系统的复杂及动态特征,开始对外语教师信念形成与发展中复杂的影响因素进行探究。Borg(2003)提出教师自身学习经历(Schooling)、所受专业培训(Professional Coursework)、教学实践(Classroom Practice)以及环境因素(Contextual Factors)对语言教师信念产生主要影响。Golombek(1998)以及 Borg(2004)进一步发现,教师的语言信念、语言学习信念、教学信念在很大程度上受到其学生时期"学徒式观察"过程中所形成的内隐模式的影响。教师在观摩期所观察到的教学行为会逐渐内化,并在他们之后的语言教学中发挥重要作用(Bailey et al.,1996)。但也有学者指出教师培训对教师核心信念影响甚微(Peacock,2001)。不过,虽然在影响方式与方面存在一定的个体差异,教育培训课程对教师信念整体产生积极影响(Borg,2011;Yuan & Lee,2014)。Cabaroglu & Roberts(2000)的研究也显示培训课程使教师信念发生了变化,甚至是发生了重大改变。此外,部分研究还证实教师的教学信念和教学行为受各种外部环境因素的影响和制约(Orafi & Borg,2009;Zhang & Liu,2014)。Bronfenbrenner(1989)曾就教师信念及实践的关系及其支持和阻碍因素提出一个生态理论模型,如图 2-2 所示。

Bronfenbrenner(1989)提出,教师自身构成内部因素,环境则构成外部因素。其中内部因素主要包括教师的信念、知识、经历、自我反思以及自我知觉能力;外部因素主要包括课堂、学校以及国家层面的因素,而这些因素支持或影响

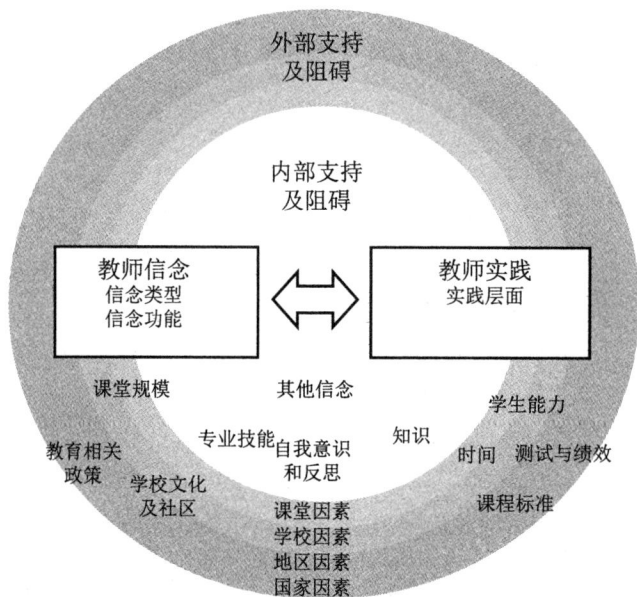

图 2-2　教师信念及实践生态系统
（Bronfenbrenner, 1989）

教师在实践中贯彻他们的信念。Orafi & Borg（2009）也认为造成教师信念与教学行为不一致的主要原因在于外部环境。因此,关于教师信念与实践及其影响因素的研究就要求研究者必须同时对教师个人认知因素以及教师所处的社会文化环境进行考量。除此之外,有关外语教师信念的研究还包括中外外语教师信念的对比研究（金爱冬,马云鹏,2013）,基于不同母语背景外语教师的信念差异及外语教师信念类型研究（Kissau,2014）,针对外语教师信念体系构建探索（肖正德,2013）,外语教师信念对外语具体教学方法的影响研究（Graham et al.,2013）,以及针对外语教师信念与课程改革整合的探索（Bellalem,2014）。

　　综上所述,我们可以看出,语言教师信念研究经过数十年的发展仍存在被忽视的问题。教师研究的最终目的在于促进学习者学习（Borg,2006）。Kagan（1992b）曾指出,教师信念能很好地预测与评测教师职业的成长,但大多数语言教师信念研究不关注学生的学习与知识累积建构,关于教师的自主信念、情感以及动机等相关问题的教师信念探究也较少有研究者涉及（Aragao,2011;Borg & Al-Busaidi,2012）。虽然外语教师研究是关于人的研究,但其教学实践过程中知识累积建构的过程及效果不容忽视。当下教师研究偏重教师信念层面剖析,在课堂教学描述方面存在一定的不足,离开课堂教学实景与实际教学生态脱节的教师信念研究在解释力及可信度上都存在一定的缺陷。教师教学实践与信念的关系所存在的动态复杂性要求研究者在进行研究时,不仅应考虑教师的个人认知因素以及教师所处的社会文化环境,更要积极探索教师在实际的课堂教学中对知识进行传递与累积、对意义进行结构与建构的独特方式方法,这些方法都离不开教师的话语。在下一节中本研究将针对教师课堂话语相关研究进行综述。

2.3 教师课堂话语

教师课堂话语是教师在开展课堂教学时所进行的话语实践行为。教师在课堂上同时承担着管理监控、辅导示范、信息呈现、技能训练以及梳理诠释等多重任务,其课堂话语不仅是传递信息的主要渠道,还是承载知识的载体,更是调控学生课堂行为及沟通师生感情的重要手段。教师语言行为在课堂教学行为中所占比重最大,是影响课堂教学有效性的关键因素(Bialystok,1978);针对教师话语的研究有助于了解课堂教学的真实情况,并为教师发展提供参考。教师课堂话语研究起源于话语(Discourse)研究,而与话语相关的研究和讨论由来已久。古希腊时期的古典修辞学家们就曾针对公共话语进行过探索(姚晓南,2008)。而系统性针对话语进行的研究,学界普遍认为当以瑞士语言学家Saussure 的《普通语言学教程》为开端(Van Dijk,1997)。语言研究在经历了语法研究、语文学研究、历史比较研究、结构主义语言学研究以及形式语言学研究后,进入了交叉语言学的研究阶段(岑运强,1994),话语研究也是如此。20 世纪50 年代,基于 Foucault 的哲学思想,一些学者开始脱离结构主义的传统研究理论与范式,试图将语言作为一种社会现象来研究,语言研究者们开始用"话语"及"话语分析"的概念对语言进行探究。语言研究和其他学科领域的界限至此开始逐渐淡化,逐渐呈现出跨学科属性。语言研究开始关注语言的功能与使用,各个学科的学者们开始从各自的研究视角对其进行探究,"话语"作为术语开始在语言学、心理学、教育学、社会学、人类学、文学以及哲学等不同学科出现

（Hymes & Farr，1982）。

2.3.1　话语研究

Fairclough（1992，2003）认为，话语是表达者从特定角度出发对事物进行的描述与阐释；话语既是表现形式，也是行为形式，人们以这样的形式与这个世界彼此产生作用。所以，当下的研究普遍认同"话语"拥有"存在"的特性，其核心内涵需要通过其在语境中的使用来揭示；话语并非单纯的词句组合，其背后隐藏着复杂的权力关系及运作逻辑，是带历史、社会和制度烙印的陈述及表达，影响着陈述与表达的主体、客体及内容，与权利及控制息息相关并受到制度、知识和理性的影响。话语相关研究与任何语言研究一样，经历了语法研究、语文学研究、历史比较研究、结构主义语言学研究、形式语言学研究及交叉语言学的研究阶段（岑运强，1994）。在结构主义之前的语言研究关注语言的形式与意义及其之间的关系，Saussure 在 1916 年提出"语言的语言学"和"言语的语言学"，并认为语言研究在面对二者时应选择前者，以不依赖于个人的、实质上是社会的语言为研究对象（Saussure，1966）。相比较而言，言语存在于个体心理及经验层面，具有特定而具体的使用情境。在此之后，Bloomfield（1933）开创性地在社会互动过程中对言语行为进行探究，从人与人之间的相互交往活动中来考察言语，构建出分析言语事件的框架：言语行为前的实际事项、言语以及言语行为后的实际事项；并进一步提出语言的功能在于人与人之间的刺激（S）—反应（R），同时将言语行为置于更广阔的社会互动空间进行探究。在此之后的言语行为理论（Theory of Speech Act）更明确地把语言视为言谈与互动行为，在互动中分析言语和行为；并将言语行为划分为说话行为（Locutionary Act）、施事行为（Illocutionary Act）和取效行为（Perlocutionary Act）三种类型（Austin，1962），用"以言行事"（Do Things with Words）的概念表达定义了话语的功能以及话语研究的对象。Harris（1952）则开启了话语分析的历史。

至此，话语与语言被视为一种互动行为，话语与语言研究发生了向其结构与功能之间的关系进行探索的转向。这个过程中，"系统功能语言学"（Systemic Functional Linguistics）（Halliday，1978）脱颖而出，将语言与话语概念与研究界定为语言作为（内部）系统、语言作为行为、语言作为知识和艺术三个方面。

Halliday（1978）曾用语域（Register）表征语言在不同语境下受不同情景因素影响所产生的基于使用的语言变化，他认为，决定语言特征的情景因素为语场（Field of Discourse）、语旨（Tenor of Discourse）和语式（Mode of Discourse）。语场指语言发生的整体环境，包括主题、说话人及整个活动；语旨指参与者之间的角色关系；语式则指语言表现形式，三者共同引起交流意义与语篇的词汇语法变化（Halliday & Hasan，1985）。语场与语义系统中的经验意义有关，语旨与人际意义有关，而语式与语篇意义有关（常晨光，陈瑜敏，2011）。20 世纪 60 年代中期，在 Austin 和 Halliday 的基础上，Sacks、Schegloff & Jefferson（1974）提出以会话分析作为一种分析社会互动的路径，更进一步强调语言与话语作为互动行为的属性。会话分析强调语言和话语作为言谈与互动行为的意义，其分析目的在于诠释自然发生的人类交互行为所具有的社会组织结构特性（Pomerantz & Fehr，2011）。语言研究者们开始更关注互动参与者"做了什么"而不是在互动的过程中"说了什么"，这些"所做"通过人们之间的言语互动得以组织和实现。至此，学界对语言本质的认识开始得到进一步加深，语言与话语研究的内容与重心也发生了改变。学界开始意识到并认可，语言与话语不仅是用来描述事实与传递信息的符号系统，更是人类实施行为的工具。语言与话语研究同时也是关于人类行为的研究，言语互动对人类的行为和活动进行解释。在此基础上，机构性话语研究开始出现，此类关注对参与者的身份、角色及语境的理解，对人们如何在所参与的机构中的语境下使用语言进行活动及完成任务进行探究（Drew & Heritage，1992），并将语言与话语理论引入了"是否得体"的分析维度。

学界在此基础上进一步开始将语言与话语视为一种知识体系或社会认知，在更抽象的上层空间对语言与话语现象进行探究。Foucault（1971）的研究将话语与政治领域中的权力、意识形态及社会议题相互关联起来，并令"话语"这个术语逐渐运用于社会理论和分析之中。在 Foucault 研究基础之上，Fairclough（1992）建立起"文本—话语实践—社会实践"的话语分析框架，并得到广泛应用。之后，Van Dijk（2001）进一步把话语视为一种"社会认知"（Social Cognition）与心理模型（Mental Models），这种认知或模型借助文本和言谈而得以表达，并提出了围绕"话语—认知—社会"的社会认知话语分析模型

（见图2-3），试图从话语对心理模型做出推测。

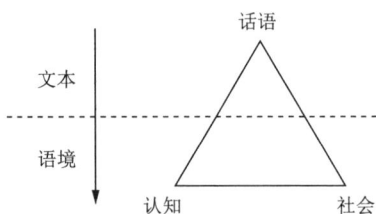

图 2-3　社会认知话语分析模型
（Van Dijk, 2001a, 2001b）

　　Lakoff & Johnson（1980）也曾提出，语言作为人类用来交流的基础，是刻画思考和行动概念系统的重要证据来源。从一定程度上来说，Foucault 的话语研究重点在于将"话语"视为"隐喻"（Metaphor），以此探究支持话语实践的社会情境。Lakoff & Johnson（1980）认为隐喻可以用来形容人们日常语言和思维，人类借助隐喻来理解和体验。语言研究开始从最初的语言分析逐渐演变成行为分析最终指向了语境分析，更着眼于话语背后的社会实践。不过，Foucault 虽赋予了话语至高无上的地位，却未提出针对社会互动的具体性研究方法，其分析缺少一般意义上的语言材料（黑玉琴，2013）。之后，语言与话语的概念本身也相应得到扩展。研究者们开始通过话语来理解知识、态度和意识形态，话语的概念范围也进一步得到扩充。多模态话语分析将所有能够承载意义的符号及表达都看作话语，包括文本、语言、语调、音色、表情、手势、姿势、图形、图像等（Halliday，1989；Kress & Van Leeuwen，1996；Lemke，2002；Norris，2002；韦琴红，2009；张德禄，2015）。学界开始逐渐认可话语包括所有能够承载意义的符号或表达，并将知识、态度和意识形态也看成是话语。正如 Sapir（1921）所提出的一样，语言学是社会科学，语言是"社会现实"的向导和文化的符号向导，每一种语言都是整个文化的一方面。Van Dijk（1997）也曾指出，语言与话语研究并不是简单地以学科交叉的视角和其他研究领域互动；作为一项社会科学，语言与话语研究不单以话语为中心，更以问题为导向将话语的多重属性组合在一起进行研究。Fairclough（2005）更认为应当以"超学科"（Transdisciplinary）的视角来看待语言与话语研究。话语研究因此开始跨越语言学早期的边界，开始产生跨学科及跨领域的研究。语言因此也被赋予了符号系统、行为、知识和艺术等属性,人类学、文学、哲学、心理学、文化学等不同领域都从自己的角度对语言的属性进行差异性探究(Halliday,1978)。基于此,课堂教学中的语言与话语现象也逐渐开始成为教育教学研究的重点。在下一节中,本研究将对课堂话语研究进行综述。

2.3.2　课堂话语研究

话语研究经过发展之后逐渐呈现出跨学科属性,开始高度关注在不同语境下的话语使用,和其他学科领域的界限开始逐渐淡化。各个学科的学者们开始从各自的研究视角对其进行探究,教育教学研究领域也开始将话语纳入课堂教学研究。除了话语研究之外,现代的课堂研究也是课堂话语研究发展的源头。国外学者从 20 世纪 50 年代便开始针对有效教学的构成展开积极探索(Allwright & Bailey,1991)。Bellack（1963,1966)就高中课堂交流中的意义进行了探索,并提出"语步"(Moves)的概念,将师生话语的每次互动类比成一"步",话语的每一"步",都有着不同的教学目的及教学功能(Bellack et al.,1966);他们认为课堂话语包括四类语步:建构(Structuring),引发(Soliciting),应答(Responding),回应步(Reacting),语步使课堂话语研究的方法与对象都得以结构化、系统化。之后一系列研究得以开展,为后续课堂话语研究奠定了基础。这些早期研究从师生两方面对课堂话语进行探索,Barnes（1969)在其针对中学课堂话语的研究中提出不同层次学校教育的课堂中存在话语差异;Snow（1972)针对母亲同婴幼儿交流的话语量和方式的研究引发了课堂话语研究中的输入研究和简化语研究;此外还有针对师生互动话语网络的研究(Riley,1977),针对授课话语中师生互动的语轮研究(McHoul,1978),以及关于如何运用话语分析促进教学成效的研究(Gremmo et al.,1978)。随着研究的进展,课堂话语分析涌现出了诸多研究路径,如交互分析、话语分析、人种志、会话分析、系统功能语法、批评话语分析、多模态话语分析法以及社会文化话语分析。这些研究路径在具体的研究模式及分析方法上均有差异。

交互分析(Interaction Analysis)主要以行为心理学(Behavioristic Psychology)的理论基础和研究范式为基础,也被称为系统观察法(Systematic Observation),

发端于 1960 年代中期（Mercer, 2010）。交互分析法强调客观地对可观察行为进行分析以及对教学实践的指导，以探索可以实现最佳教学目标的课堂方式及原则（Kumaravadivelu, 1999）。该研究路径主要采用分类系统来对教师与学生在课堂上的语言交互（Interaction）进行描述，从而挖掘教师与学生课堂行为及学习效果之间的关系。该类研究通常基于研究问题对课堂进行初步观察进而为课堂话语建立一套分类系统，然后依据观察数据对课堂话语按照系统进行分类，接着对其进行量化统计与分析，试图在某种课堂话语类型的发生频率与学生学习效果之间建立起一定的相关性（Luk, 2008）。研究者们提出不同的分类系统对教师行为进行分类分析，这些系统体现出他们所认同的教师课堂语言行为模式。较早的课堂交互分析系统最初用于第一语言教育研究，以 Flanders Interaction Analysis Categories（FIAC）（Flanders, 1960, 1970）为代表。在其之后大量交互分析系统陆续涌现（Chaudron, 1988），并被应用于第二语言教育研究，这其中比较有代表性的有 FLINT（Moskowitz, 1971）、FOCUS（Fanslow, 1977）及 Bellack et al.（1966）的分析系统。交互分析虽然具有系统可迁移，利于开展复制性研究，同类研究结果之间便于比较，便于在短时间内处理较多的数据，量化得到的相关性结果具有概括力等种种优势，同时也存在一定缺陷。其缺陷主要在于预先框定的系统分类无法对归入系统的话语做出深度分析诠释，单一的交互系统难以涵盖所有课堂话语使用类型及情况，难以做出全面详尽的分析，作为局外人的观察者分析时没有考虑被观察教师的主体因素，编码的客观性和准确性存疑，系统分类根据语言表层形式归纳而成，难以对课堂话语活动中所呈现话语意义的多功能性、发展性和协商性进行客观准确的反映（Walsh, 2001; Mercer, 2010）。

话语分析（Discourse Analysis）通常针对话语的语言学特征进行分析，就宏观层面而言，话语分析没有确切的定义，不同学科采用的语言分析路径和方法也各有差异（Mercer, 2010）。语言学研究背景下的话语分析路径源于描写语言学对超句结构的分析以及人种志和社会语言学对言语交互结构的研究，主张使用语言学典型的原则和研究方法，从结构—功能的角度全面对课堂话语进行分析。通常通过确定课堂话语中的言语行为（Speech Acts）及语步（Move）的序列，总结出话语构成规则，进而得出整个课堂话语结构的等级系统（Chaudron, 1988）。基于 Bellack et al.（1966）提出的建构（Structuring）、引发(Soliciting)、应答(Responding)、回应(Reacting)的语步概念及分析方法，Sinclair & Coulthard（1975）提出了包含行为、语步、回合（Exchange）、交易（Transaction）以及课程（Lesson）五个递进层级的课堂话语等级系统用于分析课堂话语，其中的"教师引发 I（Initiation）—学生反应 R（Response）—教师反馈 F（Follow-up 或 Feedback）"课堂会话 IRF 结构是教学方面最重要的发现之一（Seedhouse，2004），得到广泛应用。话语分析路径对教师在课堂教学目标和情境下的交互模式、教学策略以及二者的关系进行了详细描述，具有显著的描述性（Kumaravadivelu，1999），且被课堂交互研究广泛采纳（Seedhouse，2004）。与仅以频率统计为基础的研究路径相比，话语分析研究路径更能对课堂实际情况及其背后的原因进行深度描述，因此在研究意义理解方面具有更大贡献（Luk，2008；Mori & Zuengler，2008）。Sinclair & Coulthard（1975）的模型不仅能够分析课堂话语的言语行为，而且在较高的话语结构层面具有更强的分析力（McCarthy，1991），其不同层级之间的理论关系也更加合理。不过，IRF 的教学交互模式相对比较僵化，强调教师在课堂交互中的控制，限制了学生对学习的参与（Christie，2002）。随着教育的发展，该模型也在一定程度上忽视了课堂话语活动中言语的多样性及多功能性，难以简单地套用在当代纷繁复杂的课型、课堂环境、教育层次、教学目标、课堂师生权势关系以及教学理念方法之上。Levinson（1983）与 Seedhouse（2004）曾提出，话语分析很难反映出现实课堂话语中相同形式的话语由于角色关系、语境及社会文化特征不同而导致的功能上的差别。

批评话语分析（Critical Discourse Analysis）发端于 1970 年代末的批评语言学，主要探索在社会和政治语境下对社会权力的滥用、控制和不公，探究话语和言谈如何实施（Enact）、再现（Reproduce）和抵制（Resist）社会权利（Van Dijk，2001a）。批评性话语分析将语言看成权势关系的实施手段，认为语言影响着社会身份、社会关系以及知识与信念系统（Lahlali，2007）。批评话语分析视角下的课堂话语包含着各种形式的权力操控和不公，具有社会性、政治性和历史性。批评性话语为话语的理论、分析和应用提供了不同的研究视角，但没有统一的理论方法体系。Haliday（1978，1994）的系统功能语言学理论是批评话语分析最主要的理论方法体系。但同时批评话语分析也积极采用其他各种理论体系的研究方法,如 Lahlali（2007)在针对摩洛哥课堂的批评话语分析研究中采用了话语分析、会话分析、系统功能语言学等多种分析方法。正因如此,批评的视角被广泛运用于语用学、会话分析、叙事研究、修辞学、文体学、社会语言学、人种志以及媒体分析等不同研究的话语分析中(Van Dijk,2001),对不同的语料进行复合层面的深度分析,挖掘课堂话语中所存在的隐藏意义和潜在联系。总的来说,批评话语分析吸收了多种理论观点和研究范式,具有很强的跨学科的特点。针对课堂话语的批评话语分析强调教师的转变(Transformative),致力于帮助教师对影响课堂话语的社会文化及政治结构进行反思、理解与应对,使其课堂角色由知识传递转向知识生成(Kumaravadivelu,1999)。批评话语分析认为,课堂话语分析应充分考虑参与者的价值观念、情绪状态与文化背景等潜在因素;教师在对课堂话语的理解与建构过程中,应当充分考虑学生的语言需求和他们的社会文化需求,并且具备必要的知识和技能来观察、分析和评价自己的课堂话语,进而反思促进自身的教学理论与实践水平提高,但没有统一的研究方向和独有的理论框架以及分析方法是其缺陷之一。该类研究的分析过程多为文本阐释,因此不可避免地存在一定的主观性甚至偏见(Widdowson,1995)。

随着 20 世纪 80 年代中后期科学技术的不断进步与发展,学界开始注意到话语的多模态特性。进入 90 年代后,多模态话语分析逐渐吸纳社会符号学的理论观点,至此单一面向语言的话语分析扩展为多模态研究(Thibault,1991)。多模态话语分析(Multimodal Discourse Analysis)的理论基础也是系统功能语言学,认为语言是社会符号(Social Semiotic)和意义潜势(Meaning Potential),接受系统理论、元功能假说(Meta Function Hypothesis)以及语域理论(朱永生,2007),关注多种符号系统在交际中对意义生成的作用(胥国红,2008)。多模态话语分析学者认为话语活动中的手势、表情、肢体语言,文本作品的排版、插图,乃至艺术作品中的音乐、舞蹈、服装等,都是不同的符号模态(Semiotic Modes),而多种模态共同实现意义的生成;所有的话语都具有多模态的特性(Kress & van Leuwen,2001)。多模态话语分析大多采用质化研究方法对多模态语篇进行转写和分析。总之,多模态话语分析整合了语言及其他相关的意义资源,使人们认识到社会交际的多模态本质,对话语意义的认识和解读更加准确全面。多模态课堂话语分析相关研究发现,优秀教师通常以语言模态为学生提供认知支架,以非语言模态提供情感支架;而教师手势以及身体距离等非语言模态可以在语言输入理解、课堂管理、师生情感交流、学生的自我评价以及学生自信心的培养方面产生重大影响(胥国红,2008)。多模态课堂话语分析通过了解课堂活动中的视觉图像、教室布置、手势动作以及师生的空间距离等非语言模态对于意义建构及传递所产生的影响,深化了对课堂教学的探索与认识。至此,学界开始认识到在语言教学中语言之外的其他模态也是教学过程中的有机组成部分(李战子,2003;李战子,陆丹云,2012)。但也有学者提出,多模态话语语法分析主观性较强,缺乏严格语法意义上的标记和线性关系(朱永生,2007)。并且,多模态话语分析难以对多种模态之间的互动关系和互补作用加以确定,其跨学科属性急需其他学科领域的理论方法对其进行补充。

在前人研究的基础上,Mercer(2004,2010)提出社会文化话语分析(Sociocultural Discourse Analysis)路径,专门用于分析课堂中的话语。该研究路径产生不久,研究成果也相对较少。社会文化话语分析鼓励将针对集体思维方式(Modes of Thinking Electively)以及在交互中的知识构建方式(Constructing Knowledge in Interaction)的探索与话语分析相融合(Sarangi & Candlin,2004)。该路径是一种综合性的应用语言学研究路径,吸收了多种研究路径理论基础与研究方法,同样可以用于职业性话语、组织性话语和机构性话语的研究。社会文化话语分析将语言使用看作一种智力活动(Intellectual Activity)及思维的社会模式(A Social Mode of Thinking),这种模式被用来构建知识、完成教与学、实现共同理解与合作。社会文化话语分析建立在社会文化理论之上并吸纳了 Vygotsky(1978)将语言作为一种文化和心理工具的理念,主张采用质化和量化混合的研究方法对教育过程和学习效果进行探究。Mercer(2004,2010)指出,社会文化话语分析中的质化分析重在审视语言交互的相互关系,生成假设;而量化分析重在考察关键变量的相关性,验证假设并形成结论。社会文化话语分析路径更关注话语的功能、内容以及如何在社会语境中所逐渐形成的共同理解,关注研究对象共同参与认知的过程(Processes of Joint Cognitive Engagement)与学习者学习的效果(Mercer,2010)。

综上所述,在各种课堂话语研究路径中,存在着数据收集及分析方法的分歧。例如,交互分析、话语分析、人种志、会话分析和系统功能语法在数据的收集和分析等方面有明确的分析框架,而批评话语分析没有十分明确的研究模式和方法。这其中除批评话语分析更多应是一种研究视角之外,交互分析、话语分析多采用量化方法进行研究,多模态话语分析多以质性研究方法为主,社会文化话语分析则质性研究方法和量化方法皆有。总体上,以量化研究为主的研究路径有着明确的分类系统及分析框架,通过变量之间的相关性特征得出概括性的结论。这类研究所得出的结论虽然具有较强普适性,但往往难以体现课堂话语的复杂与动态特性,忽视研究对象的视角,解释力也相对较弱。以质性研究方法为主的研究路径能够有效还原话语发生的具体情境,对其生成及嬗变进行详细描述,并兼顾研究对象的视角对话语交互进行深度解释,可以很好地体现出话语互动的动态特征。但同时也存在所研究的课堂话语量有限、难以形成概括性结论、语料的选取带有一定的主观性等缺陷。可以肯定的是,研究的方法和角度是多元的。近年来,多模态话语与社会文化话语分析等研究路径在很大程度上进一步对课堂话语的研究方法起到丰富完善作用,学界不应单纯采用一种方法或是简单地使用多种方法的组合对课堂话语进行探究。课堂话语分析是对课堂话语结构、生成及教学功能的综合分析(Van Dijk,1985;Cazden,2001;Walsh,2011),属于社会科学,它同任何语言研究一样,是社会现实的向导和文化的符号向导(Sapir,1921),带有社会文化的复杂属性。作为社会科学,语言与话语研究应当以问题为导向,将话语的多重属性组合在一起进行研究(Van Dijk,1997),应当具有"超学科"(Transdisciplinary)的视角(Fairclough,2005)。课堂话语研究也是如此,应当超越学科归属及研究方法的边界,产生超学科、超领域、超方法的研究。只有这样,才能在充分挖掘课堂话语作为符号系统、行为、知识和艺术的内涵属性的同时,对课堂话语如何促进教学、学习及教师发展进行深入的探索。课堂话语在课堂教学中扮演着知识载体、沟通交流媒介以及教学工具的多重角色,教师呈现话语方式对课堂教学效果有着深远的影响。随着研究的发展,教师课堂话语研究逐渐成为课堂话语研究的重心。下一节本研究将对教师课堂话语研究进行综述。

2.3.3　教师课堂话语研究

随着西方语言哲学转向以及系统功能语言学在语言学领域兴起,语言开始成为多学科的共同议题。语言教育教学研究也随之蓬勃发展并进一步细化,教师课堂话语研究由间接转入直接,逐渐成为课堂话语研究的独立发展分支与视角。可以说,教师课堂话语研究是伴随着课堂话语研究的发展而同步发展的,是教育教学研究发生教师研究转向的结果。基于不同的社会需求,怀有不同知识背景与研究兴趣的学者开始以各自的理论基础及研究路径对其进行探究。其中最为典型的研究路径为行为分析路径、话语分析路径以及教师发展路径。

　　20世纪初,教师话语研究吸收行为主义心理学的理论基础和研究方法,测量可观察的外显教师话语行为,对教师话语行为进行分析,开始了教师课堂话语研究的行为主义导向。这个阶段的研究大多将研究重心放在教师的提问上,发现教师的话语行为在整体课堂教学时间中占比较多,对学生提高学业成绩及培养学习态度具有重要影响(Stevens,1912;Miller,1922;Haynes,1935;Corey,1940;Curtis,1943)。此阶段的研究多止步于对教师提问的初步分析,相对没有严谨的分析论证体系;但对行为主义心理学的借鉴已经开始使教师话语研究摆脱了更早的自省式主观分析,逐步转向客观的实证性研究。受行为主义心理学"行为—心理"认识论的影响,这个时期的研究倾向于对教师话语的总体形象进行描述,从话语行为中挖掘教师内隐的人格与特性,并量化教师特征以作为教师培育、教学改进、教师评价的参考依据。Hotelling(1940)的研究发现"好教师"的言行一致且稳定,"差教师"的话语特征表现为讽刺、啰唆、霸道且古板。Roe(1943)提出,"好教师"的话语应有助于学生理解,并呈现清晰、简洁、有效、轻松、幽默等特征。也有研究发现教师课堂话语对其自身的效能感有着很大影响(Cassel & Johns,1960)。教师课堂话语的逻辑性有助于学生学业成绩的提升(Cogan,1958;Spandling,1963),教师课堂话语的清晰模糊与否直接影响课堂教学的有效性及学生的学业成绩(Solomon,Rosenberg & Bezdek,1964;Hilier,1971)。在此基础上,教师话语研究的目标取向进一步明确,学界对教师课堂话语的研究变得更加全面深入。Bialystok(1978)的研究发现,教师话语行为在课堂教学行为中所占比重最大,是影响课堂教学有效性的关键因素。Smith et al.(1970)将教师课堂话语行为分为情节话语行为和独白话语行为,这两种话语行为在课堂教学过程中相互交融而形成由定义、描述、指称、陈述、报告、替代、评价及观点,并以此构成的有序话语循环序列推进课堂教学。Bales(1999)

则运用 Amidon & Hough（1967）的分析系统（The Verbal Interaction Category System，VICS）将教师的教学话语在使用与功能方面分为认知性教学话语和情感性教学话语；其中认知性教学话语用于提供与索取信息、发表与征求意见、发布与请求指令等话语行为，而情感性话语用于表示同意或反对、支持或质疑、满意或不满等话语行为。

进入 20 世纪五六十年代之后，教师课堂话语研究变得愈加系统化、科学化、规范化。学界开始借助明确的量化分析模式对教师话语行为进行观察与分析，从而创立了最初的话语分析研究，话语研究至此也走向了更具实证主义的研究范式。Harris（1952）强调语言研究中针对自然话语的分析，就此建立起话语分析研究，并发展出一套教师语言研究的量化分析框架，为教师话语研究带来了新的研究视角与路径。其中最具影响力与代表性是 Flanders Interaction Analysis Categories（FIAC）（Flanders，1960，1970），该分析框架将师生话语分为 10 类并分别对其进行量化，通过各类话语出现频率及比例对课堂以及教师言语行为进行评价。Flanders 的分析框架得到广泛应用，并影响了一系列其他的课堂话语分析系统，包括 FLINT（Moskowitz，1971）、FOCUS（Fanslow，1977）以及 Bellack et al.（1966）的分析系统。Bellack et al.（1966）概括出美国中小学教师课堂 21 种课堂教学沟通类型，并提出了"语步"（Move）概念，明晰了建构步（Structuring）、引发步（Soliciting）、应答步（Responding）、回应步（Reacting）4 种类型的语步，同时指出"诱导—应答—反应"（SOL-RES-REA）模式为课堂教学沟通的主要模式（Bellack et al.，1966）。在此之后，课堂提问行为观察系统（Good & Brophy，1984）、课堂语言评价系统（Classroom Language Assessment System，CLASS）（Nystrand，1988）以及语言教学交际观察表（Communicative Orientation of Language Teaching，COLT）（Spada & Fröhlich，1995）等针对课堂话语分析的框架和工具开始不断涌现。计算机技术的发展使得电脑软件及工具的应用开始进入课堂话语分析之中，话语分析也进入了多模态的维度，同时质性研究方法也开始逐渐被用于教师课堂话语研究之中。有研究以社会互动理论为基础，发现教师的非语言行为也对课堂教学效能产生极大影响（Mehrabian，1968；Birdwhistell，1978）。此后，随着宏观语言研究范式下非语言研究的不断开展（Woolfolk & Brooks，1983），学界对语言及言语的认识得到进一步拓展，教师课堂话语研究也逐渐开始关注教师课堂话语的多模态特征。

为弥补单纯量化研究的不足，教师课堂话语研究开始吸收社会学、民族学以及人类学的理论概念及研究方法，将学生话语与教师话语结合起来进行研究，对教师课堂话语及师生互动进行描述和解释。Barnes & Shemilt（1974）的研究发现过长过快的教师课堂话语不利于学生理解。Sinclair & Coulthard（1975）提出师生双方所使用的语词、语句之间的差异是阻碍学生理解的可能因素。Riley（1977）基于前人研究构建了师生互动话语网络。也有研究针对授课话语中师生互动的语轮（McHoul, 1978）、教师的描述话语能力（Coulthard & Montgomery, 1981）、教师话语的即时运用能力（Erickson, 1982）以及教师课堂话语中的简化语（Sinclair & Brail, 1982）进行分析。有研究发现，教师在语音、句式、语法层面的简单化语言调整对促进学生的理解并无显著作用（Gaies, 1977, 1979; Henzl, 1979; Long, 1983; Long & Stato, 1983; Chaudron, 1988）。还有研究关注语言本体，从语言学角度对教师课堂话语的语音、词汇、语法层面进行分析（McCarthy, 1991）。Christie（2002）以语域理论为框架与视角，将教师课堂话语分为讲授型语域（Instructional Register）和管理型语域（Regulative Register）两类，并指出讲授型语域包括讲授话语和提问话语，管理型语域包括课程开启话语、讲授过程控制话语、内容衔接转换话语及评价反馈话语等。Cazden（1972, 2001）的研究则将课堂话语分为课程话语、控制话语和个性话语，并指出课堂话语具有命题性功能、社会性功能和表达性功能，教师课堂话语不仅仅是沟通的工具，更隐含着丰富的社会内涵和文化意义。

遗憾的是，该阶段研究大多依然局限于教师课堂话语本身的形式分析，针对教师课堂话语研究依旧停留在表层，忽视了社会文化因素对课堂话语的重要影响。随着批评话语分析与系统功能语言学的发展，教师课堂话语研究开始也转向了批评话语分析的研究路径。这个阶段的研究吸收了系统功能语言学的理论基础及研究范式，将语言视为社会符号，并发生了从语言内部向外部的研究转向。在前几节已经提到过的 Fourcault（1971）的话语及权利、意识形态及社会的研究、Fairclough（1992）的"文本—话语实践—社会实践"话语分析框架以及 Van Dijk（2001）的"话语—认知—社会"社会认知话语分析模型的基础上，佐藤学（2003）通过对教师课堂话语中用"老师"代替"我"的话语行为，发现教师课堂话语造成的非主体化现象,师生对话中第一人称的缺失内化了其权力关系特性。Bloome et al.(2005)采用民族志方法对课堂话语进行研究,揭示其中的身份、种族、性别及权力关系的联系,发现话语施受主体的变化会产生的话语量及理解差异。批评话语分析的研究视角与取向为教师课堂话语分析带来了更为多元化的研究视角,更深入地对教师课堂话语之外的社会文化因素进行了解读,揭示出了教室课堂话语作为社会实践的本质及其社会建构属性。同时也存在着理论框架、研究方式和分析方法不统一的缺陷,且由于其批评性倾向过强,通常对课堂教学本身及教学效果有一定程度上的忽视。

我国教师课堂话语起步较晚,带有学术性质的探究大致起源于 20 世纪七八十年代。其中研究英语教师课堂教学语言的数量最多,其次是针对其他语言教师的研究;也有研究其他学科(如数学、物理、化学、生物)教学语言的(郭林花,2005;李燕,2006;胡启海,2010;肖红武,笑姣娣,2010),研究范围遍及各个教育层次。早期研究多以语言学理论框架对教学语言做语音、词汇、语法各要素上的静态描写及评价,从话语修辞手段上进行解析(过传忠,1982;边振华,1989)或是理论推介。进入 90 年代之后,我国教师话语研究在继承过往研究路径的同时(张锐,朱家钰,1991;陈涵平,2004;杨欣,2009;毛亚玲,2010;廖肇银,2010),也出现了许多新的研究路径。有的研究侧重于探究语言的艺术性,从修辞学出发对教学言语的加工及表达进行阐释(郭启明,赵森林,1998);有的从语言修养(李如龙,1993)、口语技能培养(李珉,1993)、教师口语研究与课程设置(张锐,1994)以及教学中语言表达层次(凌步程,1997)的角度对教师话语进行探索。到了 90 年代末期,从话语的功能、风格、特征来研究教师话语的专著和论文开始逐渐增多(宋其蕤,冯显灿,1999;黄明明,2003;李默涵,张峰荣,2003;马晓琴,陶相荣,2010);有的侧重探究语言技能(唐树芝,2000)及语言行为(吴康宁,程晓樵,吴永军等,1994;李海涛,2004;康金旭,2013);由语言的静态分析转向动态的言语运用阐释(蒋同林,崔达送,2001)。此后,我国教师课堂话语研究才逐渐引进西方相关学科理论体系、研究方法以及研究经验,开始在研究视角、研究内容及研究方法方面形成突破并获得较大的发展。其中有研究从言语交际的角度借助心理语言学及生成语法等理论来研究教师课堂话语的感知、获知、动机及意图等,并提出形成言语动机、产生言语意图、制订言语计划和执行言语计划四个话语生成阶段(吴本虎,1992);有的研究考察教师课堂评价话语(杨海燕,2003;韩平平,2012);有的研究针对教师与学生的互动话语进行探索(高巍,2009);也有研究从语用学视角分析教师在提问、反馈、话语预设、适应语境、话语量、话轮转换等方面的语用策略(罗国莹,2007;刘娜,2009;黄淑琴,2009;王蓉,2014);还有的研究从社会学视角出发关注教学言语交际中的话语角色及话语主体等问题,对教师课堂角色、教师话语地位以及教师话语权力进行了深入探讨(吴康宁,程晓樵,吴永军等,1994;刘云杉,1997)。进入 21 世纪之后,人文学科呈现出理论与方法的多元化,我国学者开始不断借鉴话语分析及言语行为理论及其研究方法开展教师话语研究。其中有的学者注重对话语进行描写与解释,从话语结构单位层面对课堂话语语篇、话轮操控与转换模式、师生互动话语、教师提问与反馈话语以及课堂中的话语修正等方面进行分析,以此揭示教师课堂话语语篇构成、建构以及互动规律(顾泠沅,周卫,1999;李森,2003;汤燕瑜,刘绍忠,2003;刘世清,姚本先,2004;陈小英,2005;欧阳林舟,2005);有的学者致力于不同教师课堂话语的比较研究,探讨教师专业发展的成长问题(叶立军,2011;王佳,2010;韩平平,2012),也有的学者从性别角度对教师课堂话语差异进行比较(黄媛媛,2009)。在此基础之上,学界开始将教师课堂话语研究推向深层分析及批评分析层面,以超语言视角探究话语与其所处外部语境的关系等(邢思珍,李森,2004;徐辉,谢艺泉,2004;张晓凤;2015)。除实证研究之外,不少学者也开展了针对教学语言研究理论、课堂话语研究路径及方法的综述性研究。黄小苹(2006)就教师课堂话语研究中的会话分析、微观民族志交际、功能语法等研究路径进行了综合性的评述;董晓敏(2007)针对教师语言研究理论及成果进行了全局性的综述;冯江鸿(2012)将教师课堂话语研究的路径及方法概括为话语分析、交互分析、批评话语分析、多模态话语分析以及社会文化分析五大类。

总之,当下国外教师课堂话语研究整体而言同课堂话语研究一样,都在前人研究的基础上,开始纳入社会文化话语分析(Sociocultural Discourse Analysis)(Mercer,2004,2010)的理论方法及研究路径,并以 Vygotsky(1978)将语言作为一种文化和心理工具的理念为基础开展研究。教师课堂话语研究也因此开始不断超越自身学科所属及早期研究方法。社会文化理论视角下的教师课堂话语研究与传统的课堂话语研究开始分道扬镳,转向了教师课堂话语与教师发展、教师学习以及教师信念等关系的研究。研究者们进一步开始对教师课堂话语如何促进教师自身的学习与发展进行深入探索。本研究将在下一节中对教师课堂话语及教师发展相关研究进行综述。

2.3.4　教师课堂话语研究与教师发展

20 世纪 80 年代前后,经过了对教学内容、教学方式以及教学对象等教学元素的不断探索,学界的研究兴趣逐渐转向教师本身,教师自身专业素养对课堂教学的影响开始得到学界关注。教师话语研究逐渐与教师专业标准、教师学习、教师能力、教师知识以及教师个人教法等研究关联起来,进入教师专业发展的视域之下。此阶段的研究开始大量借鉴以教育学、心理学为代表的其他相关领域的理论基础及研究范式,对教师话语的内部结构及其所隐含的社会文化意义进行探究,试图超越传统的话语分析理论框架对教师话语研究的束缚。Bachman（1990）从认知心理学角度出发对教师话语意识进行了探究。Johnson（1999）则采用阐释学视角,结合理论分析与案例将教师语言特征概括为解释性、情境性和推理性三种类型。教师由于具有一定的语言优势,因而主导着课堂话语的模式、质量和方向,在很大程度上影响着教学与学习的有效性（Walsh,2011）,这种影响同时在宏观与微观层面体现。教师能否正确识别最近发展区（Zone of Proximal Development, ZPD）并及时提供有效支架（Scaffolding）对促进教学以及教师自身发展有着重大影响（Mercer,2004,2010）,而关注教师具体如何以课堂话语为学生提供支架并促进教学的实证研究显然有着重大的意义。课堂话语的相关设计、实施及信念,是教师认知的一部分也是教师发展的重要方面。

系统的教师教育和发展研究始于 20 世纪 60 年代。教师行为的描述与解释、其行为的影响因素以及教师行为对学生学习的影响是大多数教学研究致力的重点（Hativa,2000）。60 年代至 70 年代的研究主要针对教师行为特征开展（Gage,1978;Shavelson & Stern,1981）;到 80 年代学界逐渐形成教师认知（Teacher Cognition）概念并对其展开了一系列相关研究（Elbaz,1983; Clark & Peterson,1986; Freeman & Richards,1996; Woods,1996; Borg,2006; Johnson,

2009），并延续至今；同一时期，教师专业化运动和关于教师专业发展的议题也不断提出并引起众多研究者的关注（Schön，1983；Shulman，1987，2000；Evans，2002；叶澜，2001；吴一安等，2008；张莲，2011）。不难看出，理解语言、互动与学习间复杂的关系能够帮助教师改善教学实践（Walsh，2011）。过往关于教师发展的相关研究虽已针对教师认知与行为进行了较为系统全面的探究，但其理论与实践一直存在脱节问题，教师教育实践在有效性上一直存在不少问题（张莲、王艳，2014），单纯的理论输入难以改变教师的信念与实践（Zhou，2011；袁燕华，2013）。教师课堂话语研究使教师发展研究得以实现理论层面的情景化解构与重构，有望弥合其理论与实践之间的鸿沟（Rymes，2009）。

　　近年来，已有的国内外相关研究都已积累了丰厚的成果，形成了理论与方法上的共识（Kumaravadivelu，2012；张莲，王艳，2014）。教师发展视域下的教师课堂话语研究关注外语教师在课堂上如何借助具体的话语行为影响教与学，从而适配当下学生的语言学习、知识累积建构以及整体认知发展，实现有效教学。因此，教师发展视域下的教师课堂话语研究也逐渐产生了该研究路径主要关切问题：教师的课堂话语结构呈现怎样的特征？这些特征如何影响教与学？这些特征如何建构并经历嬗变重塑？又是如何受教师认知所包含的各种因素的影响？如何在教师课堂话语研究路径中探索教师持续性专业发展之路？总体而言，教师发展视域下的教师课堂话语研究将研究视角从整体课堂语境聚焦于课堂话语的主导者，是对传统课堂话语研究路径的发展与深入；同时又为教师发展研究引入了教学真实情境以及实然的研究结果。从现有文献来看，结合教师课堂话语及教师发展的研究较少，系统性完善的实证研究更少（张莲，2016）。张莲（2016）综合相关文献将课堂话语结构及相关维度总结为话语量和话语量的分布（Distribution of Discourse）、话语过程和话语建构（Discourse Process and Construction）、角色关系（Role Relations）／参与模式（Participation Pattern）、话语主题和主题连贯性（Discourse Themes and Thematic Coherence）、认知水平（Level of Cognitive Capability）及话语效果（Effect of Discourse）（Cazden，2001；Green & Dixon，2002；Walsh，2006，2011）；并认为这些维度直接决定课堂话语的结构、特点和质量，有的可通过量化统计概括，有的则需要通过质性分析描述揭示。

　　教师课堂话语研究与教师发展研究的结合,不仅能够对话语与教育教学进行深度探索,解决教育研究中本体研究与应用研究的脱节问题;同时也能从语言的角度探索教师发展,强调教育研究及教师发展研究的语言研究属性。教师课堂话语作为教师执行教学计划的重要工具,是各种信息输入的重要来源,因而在组织课堂教学和学习者的语言习得过程中起着至关重要的作用(Nunan,1991),外语教师课堂话语也是如此(刘永兵,林正军,王冰,2010)。教育中最实际的问题,从微观层面上来看,存在于学校和课堂,存在于教师与学生的交流和对话中,是课程中举足轻重的要素(Van Lier,1996),更是教育改革的关键(Hicks,1996)。Fanselow(1977)也曾提出可以通过分析教师如何与学生交流来学习如何教书。学生通过教师课堂话语接受并内化知识及意义,而教师通过课堂话语将知识、经验与意义等进行具象化表达。基于教师发展视野的教师课堂话语研究不仅能揭示教学过程,更能帮助教师对教学进行反思与理解,助推教师发展。

　　教师课堂话语研究在经历了行为分析路径、话语分析路径以及教师发展路径的发展演变之后,研究视野从语言结构向着语言环境以及语言使用方面不断拓展。教师通过自身课堂话语执行教学计划,学生则借助教师课堂话语进行语言输入(Nunan,1991)。国内外学者针对教师课堂话语在语言教学中所起的重要作用进行了大量研究,包括研究课堂交互输入、有效输入的重要性以及如何利用意义协商促进语言习得(Long,1983;Allwright,1984;Ellis,1990);对教师话语进行分类,从话语量、语速、词汇、句法和语篇等角度对教师话语进行实证性研究(Ellis,1994;赵晓红,1998;何安平,2003;胡青球,2007;黄焕,刘清堂,朱晓亮等,2013);从内化与功能上入手,对教师话语的提问方式、交互调整及反馈方式进行定性、定量研究或话语分析(Pica & Long,1986;Halliday,1994;周星,周韵,2002;李战子,2003;胡青球,埃德·尼可森,陈炜,2004;胥国红,2008;谢晓燕,2011;Van Dijk,2001a,2001b;Seedhouse,2004;Mercer,2004,2010;Lahlali,2007;Luk,2008)。通过对过往文献的综述可以看出,目前国内外专题针对教师课堂诠释性话语的研究较少,过往教师课堂话语研究多从语言结构、语言功能、语言风格、角色身份及互动关系等方面对话语进行解构分析,少有学者对教师课堂话语的信念、设计及实践层面进行综合性分析探索。

　　Gadamer（1982）认为文本可能没有最终且确定的意义,理解预示着我们从那些环绕着我们的传统与文化以及那些更遥远的被我们自己尽力解释的历史中寻求诠释、收获以及归属。人类通过语言社会化,并借其理解自身和世界的意义领域;而人和人的对话、沟通及理解依赖着意义视域的融合。具身认知理论也主张人的认知根植于人与自然互动产生的感知、运动和内省经验,认为人类认知具有情境性、具身性、发展性以及动力系统性,关注模拟与情境性的行动和身体状态对人的心理和行为的作用,并以此为视角来探讨人类如何获取外部世界知识以建构自身内部概念系统（Barsalou,1999,2008）。德国哲学家 Dilthey（1996）也曾提出,理解人的存在就是要理解其表达,通过体验人的各种生活而理解人的历史和社会现实存在的联系。综上所述,教师课堂话语不仅体现着教师理解语言、理解文本、理解教学、理解自身以及社会文化背景的过程与结果,更蕴含着教师对自身、他者以及二者所处外部环境与社会文化背景的理解。针对外语教师课堂话语的探究可以挖掘话语背后教师对话语、文本、教学、自身、他者以及社会文化环境等的理解,从而更好理解教师、理解教学,助推外语教育及外语教师教育。教师话语基于教师自身对外部世界的解构与理解,归于学生对知识的理解、累积与建构,教师在教学活动中以诠释性话语来对知识、情感、信息等要素进行传递。因此,教师话语到底通过怎样的方式对知识进行传递并达成知识的累积建构且如何对教师课堂话语的动态演进进行描述分析自然成为研究的重点。澳大利亚社会学家 Karl Maton（2013,2014）的合法化语码理论（Legitimate Code Theory, LCT）提出累积式知识建构（Cumulative Knowledge Building）及语义波（Semantic Wave）,并认为语义波是实现累积式知识建构的前提。在下一节中本研究将针对合法化语码理论及语义波进行综述。

2.4　合法化语码及语义波

　　"波"原本是物理学概念,指振动在物质中传递能量的形式,常见的波包括电波、光波、声波等。Haliday（1978）曾借助"波"的概念研究小句,Pike（1982）和 Martin（2003）等也采用语义波的概念来表示话语活动中语义信息的流动。Maton（2000）提出合法化语码理论（Legitimate Code Theory, LCT）进一步推进了语义波的概念内涵,其目的主要在于科学地解释知识如何通过逐步积累而得到建构。Maton 的语义波概念主要源于社会教育学理论视角,致力于推动话语意义研究的发展;虽然其诞生受系统功能语言学源流的影响,在一些术语和概念上也有重合,但与系统功能语言学的整体理论框架并不完全匹配(Matruglio, Maton & Martin, 2013; Martin, 2014)。合法化语码理论传承发展了英国社会学家 Bernstein 的语码理论(Bernstein, 1971)与知识结构理论(Bernstein, 1999),也受到系统功能语言学的语法隐喻、技术性等概念的启发;系统功能语言学也一直与 Bernstein 的教育社会学理论有所互动(Martin, 2011; 张德禄, 秦双华, 2010)。本研究主要采取合法化语码理论框架下的语义波为研究视角,合法化语码理论认为语义性(Semantics)对语篇意义识读具有指导作用且与其关系密切,语义性的两个关键维度是语义引力和语义密度;以语义密度与语义引力变化为纵轴,时间为横轴,便可得到语义波(Maton, 2005, 2011)。语义波是实现累积式知识建构的重要途径,而语义波形成的关键则是语义引力与语义密度的变化(Maton, 2013, 2014a, 2014b)。本节将针对合法化语码理论中语义波的相关概念内涵以及语义波的相关研究展开综述。

2.4.1　合法化语码理论中的语义波

Maton(2000a, 2000b, 2003, 2004, 2007, 2011, 2013, 2014a, 2014b)发现,教育领域现有的知识理论离散而缺乏系统性,没有触及知识结构的深层指导原则以及知者(Knower)因素的作用;与教育有关的各种社会因素受到高度重视,知识本身作为社会教育实践基础的重要性却受到忽视。学界到目前为止关注的焦点多在于知识获得(Knowing)而不在于知识(Knowledge)或知者(Knower)(Popper, 1979, 1994)。为了解决这些问题,Maton 提出合法化语码理论(Legitimation Code Theory, LCT)。合法化语码理论属于社会学理论,合法化语码代表着实现社会文化行为合理化的组织原则,用于分析社会文化行为。合法化语码理论是一种综合的研究路径,它为社会学提供了新的研究工具与手段,同时也可以改变、塑造教学实践(Maton, 2013, 2014a, 2014b)。该理论广泛借鉴前人思想而发展至今,Bourdieu 的文化再生产理论(Cultural Reproduction Theory)及场域理论(Field Theory)和 Bernstein 的知识结构理论(Knowledge

Structure Theory)及符码理论(Code Theory)在其中起到最主要的贡献作用。

  Bourdieu(1993)的文化再生产理论认为社会不是一个无缝的整体,而是由许多相对自主的空间形成的组合体,每个空间为一个场域,每个场域拥有自己的价值观与调节原则。Maton(2004)认同 Bourdieu 的场域概念,也把教育视为一种场域,但也认为 Bourdieu 没有指出如何对场域结构及变化进行系统分析,难以对其进行概念化。Bourdieu 的思想对合法化语码理论的影响是隐性的,Maton 以再生产理论中的场域、习性和资本三个概念为基础,提出了一系列合法化语码。文化再生产理论中的场域概念有助于形成知识语码,并厘清不同学科对学生知识结构的不同要求,而习性和文化资本概念有助形成知者语码以及认识语码合法化的内涵与意义。而 Bernstein 的思想对合法化语码理论影响较为显性,如知识结构等许多概念都被直接引入合法化语码的理论框架之中。Bernstein(1999)对话语和知识不加严格区分,并认为简单的知识关联简单的话语,复杂的知识通过复杂的语言表述,并对人类的知识话语进行了分类。他认为知识结构理论确定了学科知识话语的类型和特点,以及教授这些知识的基本教学原则(Bernstein,1999)。Bernstein 通过知识形式将学科知识话语划分为横向话语(Vertical Discourse)与纵向话语(Horizontal Discourse)。横向话语由常识或共同知识为主要构成,为群体所共知并在日常生活中容易接触得到,通常是局部的,呈现分段式(Segmental)组织结构,语境依赖性强,所体现的知识点之间相关性不强;而纵向话语是需要在正规教育中学习的话语,有着连贯、明确、系统的结构。不同话语所包含知识结构及其特征也有所不同:属于理工科知识的层级结构(Hierarchical Knowledge Structure)具有连贯的明晰的系统规则,属于人文社科知识的横向结构(Horizontal Knowledge Structure)以专业语言形式产出和传递语篇(Bernstein,1999)(见图 2-4)。

图 2-4　知识结构

层级话语结构通过创造概括性的命题或理论,把不同层次的知识进行整合;而横向话语结构具有独特性,因不同学科知识而存在较大差异,有的更接近理工科,如数学、语言学、经济学,具有"强语法"(Strong Grammar)特征;有的则更接近日常话语,如人类学和社会学,相对具有"弱语法"(Weak Grammar)特征(Bernstein,1999)。然而,Bernstein 虽然对知识及知识结构的类型进行了研究,却没有就具体如何在教学中处理不同的类型的知识以得到最佳教学效果进行深入探索。Maton(2013)的合法化语法理论则从知识积累的角度对如何通过教学和学习积累知识的问题进行了一定的讨论。Maton(2007,2011,2013,2014)应用场域概念,从知识结构和知者结构出发对文理学科的差别进行了分析,并提出文科具有水平的(Horizontal)知识结构与等级的(Hierarchical)知者结构,而理科具有等级的知识结构与水平的知者结构,如图2-5 所示。

	文科	理科
知识结构	⊢┬┬┬┬┤ (水平的)	△ (等级的)
知者结构	△ (等级的)	⊢┬┬┬┬┤ (水平的)

图2-5 文理科知识结构与知者结构

合法化语码理论带有强烈的社会现实主义倾向,将知识视为客体,认为其真实存在并社会化地生成。它为研究者提供了多维研究框架,可用于分析作为合法化语码的实践基础的特定组织性原则(Maton,2014b)。Maton(2005)在此基础上进一步提出合法化语码的五项原则:自主性(Autonomy)、紧密性(Density)、专门性(Specialzation)、时间性(Temporality)、语义性(Semantics)。自主性指某社会文化领域是否独立于外部干预与影响,紧密性指社会文化领域各组成部分包含的单位数量(物质紧密性)以及社会文化领域各组成部分拥有的构成原则数量(道德紧密性),专门性指社会文化领域中的参与者及话语建构的特殊化以及借此获得地位的方法,时间性指在建构合理化社会文化行为中时间的划分、取向及其作用,语义性指实现合理化知识建构行为中语义密度与语义引力的作用(Maton,2005)。其中语义性对语篇意义理解具有指导作用且与其关系最为密切,它包含语义引力和语义密度两个关键维度,可以用于解释和指导教学过程,为教学过程提供指导框架(Maton,2005)。Maton(2013)认为知识和语境密切相关,失去语境的知识将失去意义。Maton（2005,2013）提出了一种知识处理模式,使学生既可以在语境中学习知识,又可以将浓缩的知识积累和储存,即"语义波"。合法化语码中的语义维度将社会实践视为与意义相关的语义结构,这些结构随着时间的推移或单独建构或不断累积。这些语义结构的组织原则可以概念化为语义代码,其中包括语义引力（SG）和语义密度（SD）。语义引力代表意义与其语境的关联程度,意义的生成越依赖于语境,语义引力就越强（SG+）;意义的生成越能摆脱对语境的依赖,语义引力就越弱（SG−）（Maton,2005,2013）。因此在社会实践中,语义引力可以通过被削弱或加强而产生动态变化,即在归纳与演绎、抽象与具象间转变。语义密度代表社会文化行为中意义的浓缩程度。符号浓缩的意义越丰富,语义密度就越高（SD+）;符号浓缩的意义越少,语义密度就越低（SD−）（Maton,2005,2013）。语义密度同语义引力一样,也是有着动态强弱变化的连续统。在知识建构过程中,当概念从具体的语境或事例中被抽象出来时,其语义引力减弱;而当抽象的概念被具体化时,其语义引力增强。当复杂的描述被浓缩为一个术语时,其语义密度增加;使用细节去丰富某个抽象的概念时,其语义密度减弱（Maton,2013,2014b）。语义引力与语义密度的强弱变化可以在语义平面或语义波图上以时间线性呈现。图 2-6 为语义平面,语义平面的拓扑空间内包含四种带有语义特征的语码

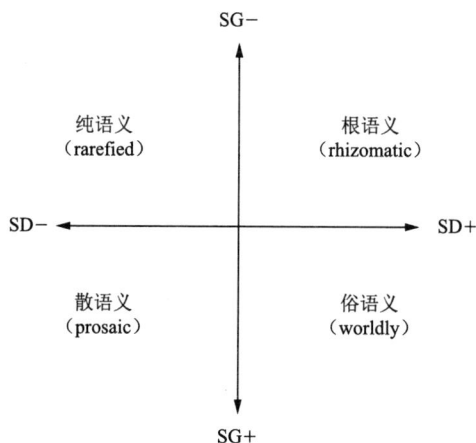

图 2-6 语义平面

模式。不同的语义语码特性呈现出不同的合法性;其中根语义语码(SG−,SD+)相对语境独立且具有复杂意义,散语义语码(SG+,SD−)相对语境依赖和具有简单意义,纯语义语码(SG−,SD−)相对语境独立且蕴含较少意义,而俗语义语码(SG+,SD+)相对语境依赖且具有浓缩的意义(Martin & Maton,2017)。语义密度与语义引力两个核心语码的变化形成直角坐标系。

之后,许多学者开始将 Maton 提出的语义平面运用在教师话语相关研究中(Martin,2013;Clarence,2014;张德禄,覃玖英,2016;张宜敏,2017;杨诗雅,陈冬纯,2018;刘运航,丁伟,2018),并进一步明晰了课堂话语视角下的语义平面,将语义密度与语义引力两个核心语码与教师课堂话语联系起来,如图2-7所示。

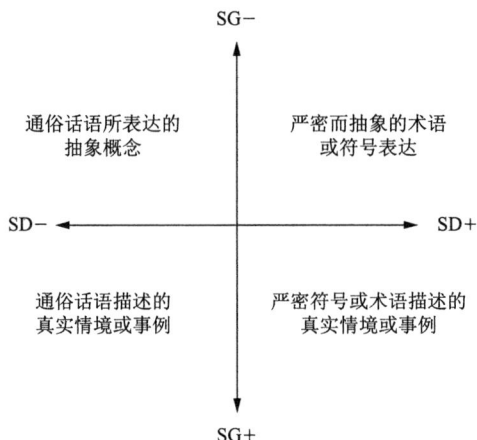

图 2-7　课堂话语视角下的语义平面
(修改自 Maton,2013,2014b)

图 2-8 为语义波图,合法化语码理论的语义波是其语义性原则附加上时间维度后的表征,是由语义引力、语义密度以及时间三个变量所呈现出的语义变化。知识建构伴随着语义引力与语义密度的变化在一定的时间范围内展开,语义波波动越大,说明语义引力与语义密度的变化幅度越大,从而指示知识建构的强度;理想的语义波动应当在语义引力和语义密度的强弱之间不断行走,从而使上下文依赖性及意义复杂度发生变化(Maton,2013)。常规来说,教育工作者都致力在教学中为学生进行知识的累积与建构,使学生能超越语境对知识进行迁移,让学生在一系列的背景下建立新知识,并将其与过去的知识相结合

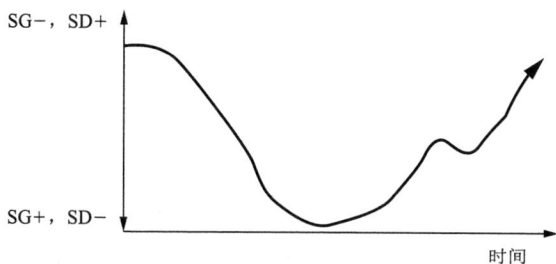

图 2-8 语义波

（Maton,2009,2013）。但也存在片段式的教学方式,教师在引入新概念后,利用过去的知识和简单而不复杂的含义对概念进行"解包"（Unpacking）,将其与上下文语境匹配,却没有在引入下一个概念之前对这个概念进行"重新打包"（Repacking）（Maton,2009,2013）。这种现象被称为"向下自动扶梯"（Down Escalator）或"语义下行序列"（A Sequence of Downward Semantic Shifts）,学生所获得的知识与所学知识的上下文语境紧密联系在一起,学生无法将知识迁移至另外的语境（Maton,2013）。该模式下的教学实践使用具体的例子和简单的语言对复杂概念进行不断"解包"以让学生获得理解,但教学过于片段化难以形成累积知识构建并"向上"发展。

系统功能语言学与合法化语码理论既有对话也各自发展（Martin & Maton,2017；Maton & Doran,2017a）,语义波的内涵也因此进一步得到拓展,如 Martin 与 Rose（2003）将语义波分为轻波（Little Wave）、中波（Bigger Wave）和大波（Tidal Wave）,并认为轻波指小句,形成机制为主位与新信息；中波指段落,形成机制为超主位与超新信息；大波指篇章,形成机制为宏观主位和宏观新信息（Martin & Rose,2003）。同时,Matin（2013）从系统功能语言学视角提出了"权力三项"（Power Trio）：权力词汇、权力语法和权力话语组织,为语义波的形成提供了语言学资源。此外,Coffin（2006）认为时间性也是推动语义波发展的机制,并提出时间性的六种表征形式：排序（Sequencing）、分割（Segmenting）、背景安排（Setting）、时长（Duration）、分段（Phasing）及组织（Organizing）。朱永生（2015）在此基础上提出空间性与语义波的形成也有着紧密联系。合法化语码理论及语义波为系统功能语言学研究知识建构提供了教育社会学视角,而系统功能语言学则从语言学视角为教育社会学研究课堂教学中的语义波提供了更为微观的维度。

综上所述,在前人研究重视教育中的社会因素的基础上,Maton 的合法化语码及语义波理论将教育研究的视角聚焦于知识本身,对前人未能触及的知识结构指导原则进行了探究。在理论层面,语义波理论在语言学历史上首次具象了语义的流动与发展;在实际层面,语义波理论有助于教育研究者了解语篇及话语意义发展的规律,语义引力和语义密度与时间维度相结合所生成的语义波可以用来对教学模式进行表征,对于教学理论与实践有着重大的意义。但同时,语义波中语义框架的构建目前缺乏客观性的识别依据,有待进一步发展;尤其是波峰与波谷移动的相对程度还尚处在主观性识别的阶段,语义波起伏及移动方向的判定也缺乏具体客观的量化标准(Maton & Doran,2017a)。Martin(2011,2017b)也曾指出具体量化引力与密度变化是极具挑战的问题。不过,语义波的形成是累积式知识建构的前提(Maton,2013),因此构建出合适的语义波能够促进语言知识的累积式建构。系统功能语言学也认为发展学生的意义潜势是语言发展的最终目的与结果。Maton(2013,2014a,2014b)也曾明确指出,合法化语码理论是一套适用工具(Toolkit),合法化语码理论及语义波强调语义性原则需要视具体情景语境做具体分析,将语义探究带入具体教育实践与知识实践之中,关注课堂互动中语义波的形成和累积式的知识建构。国内外也因此开始出现不少针对语义波的相关研究。下一节本研究将对其进行综述。

2.4.2 语义波相关研究

目前,已有许多教育实践研究使用合法化语码理论中语义波的理论框架,并将系统功能语言学理论纳入其中(Maton & Doran,2017a)。国外研究中有的探讨了不同的教育背景和维度及其与知识的关系(Christie & Martin,2007;Christie & Maton,2011;Hood,2010,2013;Martin et al.,2010),有的研究侧重于探索教学实践以及如何在学校和其他教学环境中的特定学科中构建知识(Macnaught,Maton,Martin et al.,2013;Matruglio et al.,2013)。也有研究进一步针对语义波中的语义引力及语义密度的概念内涵进行界定,Martin(2013)以生物教学中的专业词汇"Cilia"为例,列举了研究性出版物、学校教科书以及课堂话语中"Cilia"所表征语义密度的差异性,并指出语义密度取决于词汇

在不同语义结构中意义聚集的程度,与词的传统固有意义无关;Maton & Doran
(2017a,2017b)提出了语义密度的转化手段,并积极对语义引力的转化手段进
行探索。

　　除此之外,许多合法化语码理论基础下的语义波相关研究以学科进行分
类,对其所在学科知识结构的语义性、专门性或是累积与建构之间的相互关系
进行探究。Coffin(2006)对中学历史学科教学中语义波的时间性进行了探究,
认为时间性揭示了语义波的阶段性,并提出时间性的六种表征形式。Martin
(2002)与 Coffin 的观点一致,认为时间的打包是排序与背景安排的关键。
Matruglio, Maton & Martin(2013)也认为时间是语义波的重要影响因素,教师
的课堂话语衔接着当前现实与语篇中的历史世界,语篇所处的历史语境向当下
语境的时间转化能够促成累积性知识建构。Georgiou et al.(2014)采用质性研
究方法对大学生的物理作业进行分析,发现其中回答的合法性取决于具体的语
义依赖范围,并指出改善科学教育可以从知识组织原则入手。Morgan(2011)
采用语料库研究方法,以语义引力为视角对大学生学术写作中元话语与命题
的关系进行了分析,提出学术写作是写作者与读者及命题进行互动的过程,而
大学生普遍缺乏这种互动意识。Humphrey & Robinson(2012a,2012b)以语义
波理论为基础,为教师及学生提供了知识发展与学术识读的分析框架以对语
言学习进行评判。Blackie(2014)对化学课堂教学中语义波的构建进行了探
究,并提出语义引力表征具体概念的抽象化程度,而语义密度表征其复杂性程
度。Clarence(2014)采用个案研究方法对法律课堂教学的累积性学习与知识
构建进行探究,描述分析了该知识形式下语义波的特征及变化,并认为语义鸿
沟是法律专业学生知识迁移的主要障碍。Dong, Maton & Carvalho(2015)就
设计课程开展研究,发现对结构化知识组织原则的专注能够促进设计实践以及
累积性知识建构。Matruglio(2014)从合法化语码理论与系统功能语言学的对
话中获取理论框架,以语义性原则与评价理论的视角对高中人文学科书面语篇
的知识结构化与人际意义构建过程进行了分析。Martin(2012a,2012b)也结
合合法化语码理论与系统功能语言学的理论基础,从专门化、语义性以及评价
系统的角度对爵士乐语篇进行分析,将合法化语码及语义波研究带入多模态领
域。Vorster & Quinn(2015)对高等教育中学术发展场域知识的塑造进行了探

究,认为知识构建不仅需要波状塑造,更需要对不同模块的知识进行语义编织(Semantic Weaving)。

国内目前与语义波相关的研究主要集中在语义波理论的推介(朱永生,2015)、运用语义波理论进行文本分析(罗载兵,2017;罗载兵,蒋宇红,2015;罗载兵,杨炳钧,李孝英,2017)、运用语义波理论或以语义波为研究视角开展课堂教学研究等方面(张德禄,覃玖英,2016;张宜敏,2017;杨诗雅,陈冬纯,2018)。这些研究多从语义波视角对课堂话语进行分析诠释,语义波理论不仅增加了教师课堂话语分析的理论视角,也为学生的累积式学习和知识结构形成提供新的理论依据,并且为教师课堂教学的设计和效果研究提供新的研究视角(张德禄,覃玖英,2016)。

总的来说,鉴于语义波理论被引入国内不久,从合法化语码理论的语义波角度探讨课堂话语仍然是一个相对较新的前沿,而当下借用语义波理论所进行的外语教学研究也有着较大的补充空间。一是针对教师的课堂话语进行分析停留在简单的举例,现有研究均没有大量的课堂观察数据以及语料支撑;二是针对教师的课堂话语研究仅停留在以较为传统的交互分析路径(Flanders,1960,1970;Moskowitz,1971;Fanslow et al.,1977;Bellack et al.,1966)、话语分析路径(Seedhouse,2004)、批评话语分析路径(Halliday,1978,1994)以及多模态话语分析路径(Kress & Van Leeuwen,2001)对话语本身的结构与性质进行探究,鲜有研究从社会文化理论和Vygotsky(1978)的语言作为一种文化和心理工具的理念出发,深度探讨语义波视域下教师话语所呈现出的教育教学设计、话语实施过程及话语背后的社会文化影响因素。语言学的社会文化转向使得我们需要对一系列语言现象进行更具深度与广度的分析,从而挖掘其一致性和差异性背后的原因。教师课堂话语分析研究不仅可以借用语义波视角对过往话语分析研究进行扩展,揭示教师课堂话语如何以语义波的形式完成知识的累积与建构;更能以社会文化理论为基础,深度探究话语与知识建构背后的影响因素。这也符合Maton提出合法化语码理论的初衷,即解决学界到目前为止关注的焦点多在于知识获得而不在于知识或知者的问题(Popper,1979,1994)。

2.5 本章小结

本章通过对信念、话语、合法化语码及语义波等方面过往相关研究的回顾，对信念、教师信念、外语教师信念、话语研究、课堂话语研究、教师课堂话语研究、合法化语码理论以及语义波等相关概念内涵与发展进行了层层梳理，呈现了本研究主要涉及的概念原则及要素。在下一章中，本研究将基于文献综述尝试性地搭建本研究的概念框架，以更好地限定研究范围、厘清研究中各概念原则及要素关系、支持研究设计、提供研究路径及分析工具，从而解决研究问题。

第三章

理论框架

3.1 引言

任何实证性研究都建立在一个适切的理论框架（Theoretical Framework）（Anfara & Mertz，2006；Lunenburg & Irby，2008；Merriam，2009）或 概 念 框 架（Conceptual Framework）之 上（Miles & Huberman，1994；Maxwell，2012）。 然而，学界对理论框架及概念框架的定义随学科及研究范式的不同有着细微的差别。一般来说，如果研究运用了某个或者多个理论来对研究进行框定，则表述为理论框架；如果研究没有基于特定的理论而是用部分概念来对其进行框定，则表述为概念框架（Roberts，2010）。目前，关于理论框架的定义包括下列主流观点：① 理论框架是一个解释工具（Bell，2005）；② 理论框架是对研究的理论视角、方法及范围的界定，提供研究的理论起点及分析工具（姜秋霞，2009）；③ 理论框架是以文献回顾为基础而形成的一系列假设（文秋芳，俞洪亮，周维杰，2004）；④ 理论框架可以是一个理论，也可以是关于研究焦点的构念，或是一种研究视角（Roberts，2010）；⑤ 理论框架表征理论中各变量之间的关系（Miles & Huberman，1994）。本研究结合前人观点，视理论框架为以研究问题为导向、厘清研究中各概念原则及要素关系，支持研究设计，提供研究路径及分析工具并解决研究问题的解释性构念。其主要目的在于限定研究范围并引导研究的设计与分析，具有试探性以及待验证性特质。本研究选择从语义波的视角审视大学教师在精读课上的课堂话语,认为其课堂话语是动态发展的系统而非单纯静态的语言现象,且受到多重内外因素影响。在第二章中,本研究已对相关概念及文献进行了综述,本章将进一步讨论言语行为理论、社会文化理论、信念系统理论以及语义波理论对本研究的解释力及适切性,并以此建构出本研究的概念框架。

3.2　言语行为理论下教师课堂话语对教师教法的表征

3.2.1　教师教法

教师教法(Pedagogy)研究关注教师个人具体教学实践方法及教学目的理念,其概念内涵至今仍存在争议,但通常都被概念化为三个互相关联的层次:教师的信念(Teacher Beliefs)、教师的设计(Teacher Designs)和教师的实践(Teacher Practices)。在英美教育研究范式下,教师教法有时被等同于教学方法(Teaching Method)或教学法(Didactics),被视为课程及教学论研究的分支。但这样的理解显然没有将教师教法所具有的学科知识及传授原则包括在内;而在中欧教育研究范式下,教师教法包含课程以及教学法在内的相关概念(Alexander, Osborn & Phillips, 2000;Moon, 1998)。总的来说,教师教法作为教师实施教学的概念框架而存在,教师以该框架来检验其教学实践,而外界通过该框架理解其教学本质(Ireson, Mortimore & Hallam, 1999)。基于过往文献,本研究界定教师教法与特定课堂教学实际情况密切相关(Adamson, 2004);可以被定义为教师在准备、教授和评估课堂教学时信念与实践的互动表征(Zheng, 2015),主要由教师的教学实践、教学设计、教学信念、教学态度、身份/角色认同等经个人建构而成,是教学的关键影响因素之一。教师教法研究结合了教育哲学以及教育心理学的众多共同研究兴趣、研究主旨,认为教师在课堂上的活动组织以及行为方式对学习者的知识获取即学习行为会产生极大影响。也正因如此,教师教法研究致力于探究教师的教学信念与实践如何进行互动并有达成课堂教学的有效性。研究者们尤其关注教师个人教法如何在社会需求、教学需求以及个人的理性与自主性发展之间取得权衡,教师教什么,如何教,为何如此教,为什么而教的本质以及潜在的影响因素都是教师教法研究所关注的问题。

教师的课堂教学行为至此也成为教师教法的主要研究视角。

3.2.2　言语行为理论

谁掌握了语言文字,谁就掌握了人的命运(Vico,1725)。西方哲学在近代出现的语言转向视语言为人的根本属性以及哲学研究的中心问题(洪汉鼎,2010)。Heidegger (1962)曾提出,语言是存在之家,Gadamer (1982)也认为能被理解的存在只有语言。进入 20 世纪之后,Wittgenstein (1958)开始系统地借助语言来解决哲学问题,并提出语言与世界对应,语言即是现实的观点。他认为言即是行(Worte sind auch Tate/Words are also deeds),语言即是行为举止交织而成的活动,语言会不断地发展变化,为后来的言语行为理论打下了思想基础。在此之后,Austin (1962)提出言语行为理论,将言语视作行为,并认为言语行为(Speech Act)是富含意义的有声行为(Verbal Behavior)的基本单位;他强调话语发生时的语用因素,认为言语行为体现着语言和经验世界的互动以及个体的认知,并提出要致力阐释语境中的言语行为。言语行为理论使得针对语言的研究由语言活动本身转向了语言所富含的语境及语言使用方面,开始与现实生活场景结合起来。Austin (1962)的言语行为理论将所有言语都视为行为,并表现在三个方面:以言表意(Locutionary Acts)、以言行事(Illocutionary Acts)及以言取效(Perlocutionary Acts),这三种行为表达在实际生活中相互交织为一体。Austin 的学生 Searle (1960,1971)继承其思想,并追随着分析哲学、语言哲学以及心灵哲学的发展,不断对言语行为理论进行完善。他将研究的重点放在语言与社会的互动上,认为言语行为按语义系统的构成规则施行,并将 Austin 对言语行为表现的分类进行了扩充,将其分为发话、命题、以言行事以及以言取效,并在此基础上进一步提出间接言语行为,将研究拓展到言外之意。可以说,Searle 将语言研究的视野拓展至整个社会系统,为后人的研究提供了全新的理论视角。言语行为理论引起了语言研究的广泛关注,并继而为语言学,尤其是语用学所用。

3.2.3　教师教法的话语行为特性

西方哲学在近代出现的语言转向以及后续一系列语言研究的发展使得教

育研究开始关注与语言相关的命题。Bernstein（1971,1999）曾以教育话语的概念界定师生话语,且认为教育话语不仅传递知识更创造特殊秩序、关系与认同。教育作为一个社会系统,存在着多种话语关系,而课堂作为教育施为的主要场域,更是充满了各种话语行为。话语的丰富性、普遍性和外显性,不仅使其受到教育研究者的广泛关注,也让一部分语言研究者以及语言教育研究者加入了该研究队伍。Van Manen（1990）曾经指出,语言学取向的教育研究从教育情境的实践中获得启发,充满着活力。一切的教育行为都通过语言显现、表达、交互和反思,外语教学更是如此。教师课堂话语作为教师执行教学计划的重要工具,是各种信息输入的重要来源,因而在组织课堂教学和学习者的语言习得过程中起着至关重要的作用(Nunan,1991),英语教师课堂话语也是如此(刘永兵,林正军,王冰,2010)。有学者曾从社会学角度将身份建构的合法化机制称为话语述行(Performativity),强调话语在社会现实建构过程中具有以言行事的权力及创造世界的力量(Bourdieu,1987,1990)。Fanselow（1977）曾提出,我们可以通过分析教师如何与学生交流来学习如何教书。Halliday（1978）所提出的语域(Register)理论认为,语场、语旨和语式是决定语言特征的情景因素(转引自Halliday & Hasan,1985),语场与语义系统中的经验意义有关,语旨与人际意义有关,而语式与语篇意义有关(常晨光,陈瑜敏,2011)。教育中最实际的问题,从微观层面上来看,存在于学校和课堂,存在于教师与学生的交流和对话中,在课程中起到举足轻重的作用,也是教育改革的核心内容(Van Lier,1996;Hicks,1996),课堂话语研究应成为外语教育及外语教师发展研究的重要路径(张莲,2016)。教师教法背后隐含着复杂的社会文化因素,而课堂话语对教师的个人教法起到表征作用。教师课堂话语从语言层面表征着教师教法,对其进行的深度探究除了具有教师教法研究本身所具备的意义之外,更是加强了外语教学研究应有的应用语言学研究导向,对明晰有效外语教学的标准以及促进外语教师发展都有着重大的理论意义及现实意义。因此,本研究将课堂话语看作教师教法在语言层面的一种外显表征,即作为教师教法的教师课堂话语(Discourse as Pedagogy),并基于传统教师教法被概念化的三个层次将其同样划分为三个层次:教师话语信念(Teacher's Discourse Beliefs)、教师话语设计(Teacher's Discourse Designs)以及教师话语实践(Teacher's Discourse Practices),如图 3-1

所示。

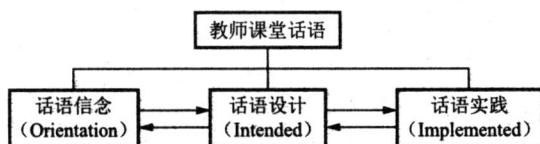

图 3-1 教师课堂话语的三个层次
（修改自 Zheng，2008）

因此，本研究在关注教师具体话语及话语实践的同时，更进一步关注教师针对其课堂话语所做出的设计及其话语信念。上述研究框架对语言、课堂、知识以及个体元素进行统合，同时强调话语、话语所承载的知识、话语所处教学环境以及教师本身。这种框架结构也意味着信念与实践之间的互动关系及影响因素需要被进一步诠释及厘清。在下一节中，本研究将引入信念系统理论，进一步丰富本研究的概念框架。

3.3 信念系统理论下的教师课堂话语信念与实践

在上一节中我们已经论证了传统教师教法被概念化的三个层次，以课堂话语研究角度切入可以表述为教师话语信念、教师话语设计以及教师话语实践。教师话语信念与实践之间所存在的动态复杂性要求研究者在进行研究时，必对其信念与实践之间的互动关系及影响因素做出更深层次的解释。信念系统理论（Belief System Theory）是用于理解态度、价值观和行为的组织模式及影响因素的框架；信念系统理论力求解释并理解信念与行为的相互关系，及影响其稳定与变化的因素（Rokeach，1968，1973；Ball-Rokeach et al.，1984）。

信念系统是个体持有的无数信念所构成的体系，与其所处特定环境中的物质与社会现实高度相关（Rokeach，1968）。无数的对于过去、现在及将来的图像，包括已经积累起来的对于自身及世界的认识构成人类的信念系统（Miller，Galanter & Pribram，1960）；信念系统中聚合着不同类型的信念，不同信念之间在逻辑与功能上相互关联，但不一定有严密的逻辑关系（Rokeach，1968）。信念系统具有"中心—边缘"结构及向心性（Centrality）的组织特点：系统中心的信念是个体完全认同的信念,而与个体认同不一致的信念会偏离系统中心,一种信念越与其他信念发生联系或交流,就越会对其他信念产生影响并因此而变得中心化,而特定信念的改变就会导致与其相关的信念发生变化;**核心信念的改变将对信念体系以及整体行为产生重大影响,并最终对行为产生影响,但不同信念的强度有差异,核心信念相对难以发生改变;个体难以意识到信念系统中不同信念之间的联系及其对行为的影响,复杂的信念系统可能会对自我认识系统造成一定的负面影响**(Rokeach,1968)。Green(1971)提出信念系统具有准逻辑性、心理中央性以及簇状结构;基本信念可以产生衍生信念,中心信念较为强烈而边缘信念容易改变,信念是以簇状形式聚合且结构之间不一定有联系,甚至会出现冲突。Abelson(1979)认为信念系统是个人经验的结果,带有个人倾向性,依赖情感和评价成分,会包含脱离实际的理想情景,并不一定能获得所有人认同。Pehkonen(1999)将系统的信念分为意象、信念和构想三类,其中意象与信念带有情感因素,构想带有认知因素;并认为信念有深层信念与表层信念以及自觉信念与不自觉信念之分,它们相互并存且不断发生变化(Pehkonen,1998)。

　　早期的信念系统理论受同时期社会心理学理论影响,认为人类的信念和行为之间具有一致性。但随着研究的开展,研究者们开始发现信念系统与行为之间并不是单纯的一致性关系,信念系统本身也处在不断的动态变化之中。信念系统理论认为态度(Attitude)是较为边缘化信念,态度的数量与个体遭遇的情境数量相当且存在时间较短,只会影响与其相关度较高的行为;而价值(Values)则在信念层面相对稳定并显示出层级性,价值超越具体的目标与情境存在,是个人需求及社会需求的共同表征,比态度更中心化(Rokeach,1980)。信念系统中最核心的信念是自我概念(Self-conceptions),自我概念指个体所定义的针对自我的认知,具有情感内涵,是对“我是谁”的问题所做出的回答;所有的信念与行为都围绕着自我概念进行并不断对其维护和增强,自我概念的变化影响着整个信念体系的变化(Rokeach,1973,1979)。因此,人们因不同的生活情境而在在各个信念中进行选择,从而导致边缘的信念消失而常用的信念不断加强并进入信念系统的中心。自我概念是信念产生及发展的基础。

　　综上所述,信念理论系统对于探究教师课堂话语信念与教师课堂话语实践之间的关系具有良好的适切性与解释力。信念系统理论对信念与信念之间的关系、信念与行为之间的关系及影响因素提供了研究框架。对教师课堂话语信念与实践的探索,本质上就是对其话语相关的信念系统与行为之间互动关系及影响因素的探索。教师研究的最终目的在于促进学习者学习(Borg, 2006),教师信念能对教师职业成长起到很好的测量作用(Kagan, 1992b)。教师的教学信念和教学行为在各种外部环境因素的影响和制约下不断发展(Orafi & Borg, 2009; Zhang & Liu, 2014),教师课堂话语信念与实践也是如此。但如前文所述,信念系统与其所处特定环境中的物质与社会现实高度相关(Rokeach, 1968),是人类积累的对于自身及世界认识的体现(Miller, Galanter & Pribram, 1960),个人的信念与实践同社会现实之间所存在的动态复杂性要求研究者在进行研究时,不仅应考虑教师独特的课堂话语实践以及教师的个人认知因素,更要考虑教师所处的社会文化环境。这也正是社会文化理论的核心思想,在下一节中,本研究将对社会文化理论的内涵、发展以及适切性进行阐述。

3.4　社会文化理论下的教师课堂话语研究

3.4.1　理论内涵及发展

社会文化理论是由苏联心理学家、社会文化历史学派创始人 Vygotsky 提出。该理论源于 18—19 世纪的德国哲学理念(以 Kant & Hegel 以及 Marx & Engels 为代表)(Lantolf & Thorne, 2006),在一开始有采用"Cultural-historical Theory"的说法,但到最后被统称为"Sociocultural Theory"(Wertsch et al., 1995),其研究重点在于对人类思维功能与文化、历史和教学背景之间的关系进行解读,强调社会文化因素在人类认知发展中的作用(Lantolf & Thorne, 2006)。该理论思想在 20 世纪 60 年代才在西方引起关注而为世界所熟知。社会文化理论反对笛卡尔"思维—事物"的二元关系,认为人类并不直接与物质相关联,而是在生活环境中借助对文化工具的不断创新来使用文化产物,并在此过程中对自己与社会之间的关系进行调节;这其中,语言的使用、组织和构建是中介调节的首要手段;人类的认知活动也通过与社会及物质环境互动而得到发展,社会环境是学习语言的输入来源以及学习者认知能力发展的源泉(Vygotsky,

1978；Lantolf，2006）。社会文化理论虽在 20 世纪 60 年代开始受到西方心理学界的关注，但直到 20 世纪末才因为其将语言、认知与社会因素融合考虑进行探索的倾向而开始被系统化地用于语言及语言教学研究。

社会文化理论的核心内容包括中介（Mediation）、调控（Regulation）、个人言语（Private Speech）、内化（Internalization）、模仿（Imitation）、最近发展区（Zone of Proximal Development）以及心理发展研究方法（Genetic Method）等，主要理论贡献包括中介（Mediation）理论、内化（Internalization）理论、活动（Activity）理论、最近发展区（Zone of Proximal Development）理论及支架（Scaffolding）理论、对话理论以及情景学习理论（Vygotsky，1978）。其中，中介理论是社会文化理论的重要理论基础，中介理论认为人类心理与社会环境之间存在辩证关系，人与社会环境的互动决定着人类的高级认知发展，而这种互动通常通过语言与其他社会文化符号产物相互调节而产生，调节是中介的主要形式（Vygotsky，1978）。内化理论进一步指出人类受社会环境的影响而形成相对稳定的认知结构，个体所形成的新的认知与自己原有认知结合在一起构成一个统一的态度体系（Vygotsky，1978）。而活动理论认为人类的意识层面通过行为层次显现并使其得以被观察到，人类的高级认知功能经社会活动实践而发展，活动是观察和研究意识的框架（Vygotsky，1978）。活动理论把人的行动视为社会和个体相互动态影响的结果，关注人类在特殊情境下所采取的活动，而不只是关注其语言技能、信息处理以及概念应用（Lantolf & Thorne，2006），该理论认为社会活动是主体学习和发展的最重要形式（Leont'ev，1978，1981；Engestrom & Miettinen，1999）。活动理论提出共同体（Community）、劳动分工（Division of Labor）和规则（Rules）三个活动要素（Engestrom，1987，1999），主张研究从活动（Activity）、行动（Action）和操作方法（Operations）三个层面开展，其中，活动与具体情境相关，行动与目标相关，操作方法与完成活动的方式及条件相关（Wertsch，1985）。最近发展区理论与支架理论进而为个体学习及发展相关探索提供了理论基础与具体路径方法。最近发展区指学习者现有发展水平与潜在发展水平间的距离，而支架指成人对儿童或者专家对新手的指导及帮助行为，或是同伴间的互动以及集体间的互动（Vygotsky，1978；Lantolf & Thorne，2006，2007；Wertsch，2007）。 在 此 基 础 上，不少学者开始对社会文化理论进行发展。其中 Bakhtin 的对话理论进一步提出语言自然形成但需通过社会互动学习,该理论认为所有的言语都有说者和听者,视一切言语都有对话性,人类的一切语言与意识都具有动态及互动特性并依赖于环境(Bakhtin,1981)。而 Lave & Wenger(1991)提出情景学习理论,其核心概念为合法边缘参与(Legitimate Peripheral Participation)理论,该理论充分强调人、活动及社会之间的互动关系,将语言学习者看作特定社群的合法参与者,认为学习的目的在于获得社群的资源,为此学习者使用各种途径寻求社群成员的接受,语言学习就是个体与社会互动并融入社会文化中的过程。除此之外,社会文化理论还与复杂理论(Complexity Theory)、混沌/复杂理论(Chaos/Complexity Theory)、动态系统理论(Dynamic System Theory)等相关研究密切相关,上述理论与社会文化理论在认识论与研究路径方面有许多共通之处。

3.4.2　社会文化理论之于教师课堂话语研究

社会文化理论认为语言同时作为认知客体(学习对象)与中介工具(调节学习)而存在,Swain(2006)曾使用言语活动(Languaging)来对其进行描述,认为所有关于语言的言语活动正是人类学习语言的方式。外语学习者在发展语言能力的同时认知能力也会得到发展(Cole,1996)。无论是语言的输入还是输出都是中介发生的过程(Krashen,1985;Swain,2005,2006)。语言教学是一项社会活动,这也凸显了以语言、任务或他人为中介的教学活动的重要性。因此,教师如何创设适合学生发展的活动系统,以及教师为何如此自然就成了教学研究及教师研究的重点。Negueruela(2003)的博士论文标志着 Vygotsky 的社会文化理论被系统地运用到外语/二语教学体系中(Lantolf,2008)。相应的,在二语学习与教学领域,也早有学者开始强调语言学习与教学背后的社会背景因素,呼吁将研究重点从语言认知转向与之相关的社会背景(Firth & Wagner,1997)。Firth & Wagner(1997)关注社会背景、身份、任务对语言使用和习得的影响,指出当下研究方法重本位(Etic)而轻着位(Emic),主要采取实验和量化方法开展研究,很少采取民族志及质性研究方法,并认为应当采用整体的方法观察语言和语言习得。自此,大量以社会文化理论为基础、从不同研究路径入手的语言教学研究开始出现(Lantolf & Peohner,2008)。

近年来,社会文化理论思想也开始在教师发展及教师认知研究领域得到体现,教师认知研究开始聚焦教师教学所处的具体情境及社会背景,提倡"情境观"(Situative Perspective)(Putman & Borko, 2000)。教师在具体教学情境中如何寻求利用中介资源、识别学生最近发展区、设计实施教学活动、实现学生知识累积建构与自身教学理论内化等都可以借助社会文化理论的研究框架进行探索与阐释,上述教学行为都是教师通过教师个人反思与周围环境进行互动协商的过程及结果。如前文所述,语言研究的社会文化转向将知识、知者与学习/认识过程三者看成一个有机统一的集合体;过往教学研究中对如何教的关注转向了对教师如何学习与发展的关注(刘学惠,2008)。教师的发展源于其所参与的社会活动(Johnson, 2009),受到其所处社会环境中诸多要素的中介调节,教师个体对外部信息进行内化并实现其话语能力发展的过程并非是线性的,而是通过活动不断与外部环境进行协商(Vygotsky, 1978)。教师所处的实践共同体也以协商互动的形式在教师学习与发展中起到作用(Lave & Wenger, 1991; Wenger, 1998; 姜美玲, 2008)。社会文化视角视教师为教学的学习者(Johnson, 2009)及反思实践者(Richards, 2008),关注教师的社会经历所造成的内化对其认知与发展的影响,注重描述教师学习教学活动的隐形特征,以此理解教师在自身、学习者以及教学层面的改变(Johnson, 2009)。与建构主义的理论视角强调个体如何主动调整个人心理活动以适应外部环境不同,社会文化理论视角强调从客体角度分析问题,关注社会文化环境对个体思维与认知产生的影响。教师课堂话语的信念、设计与实践伴随着教师自身学习与发展而成长嬗变,具有很强的社会化及情景化属性。就解释力而言,社会文化理论更有利于深入地理解教师独特的课堂话语实践及其背后的个人认知与社会文化因素。社会文化理论视角下的教师课堂话语研究强调教师话语发展的认知过程及社会化过程,以及教师的自我反思在其话语建构过程中的调节作用。同时,话语研究领域也发生着社会文化转向。在社会文化理论的影响下,Mercer(2004, 2010)提出社会文化话语分析(Sociocultural Discourse Analysis)路径,视语言使用为一种思维的社会模式,一种用于教与学、构建知识、实现共同理解和合作解决问题的工具。不断变化的内外在因素带来不断变化的课堂语境,教师课堂话语的实时性、协商性以及动态发展性用传统研究路径难以全面描述和解释。相对于传统语言学范式下的话语分析关注话语组织结构的特点,社会文化话语分析路径更关注话语的功能、内容以及如何在社会语境中逐渐形成共同的理解。

综上所述,社会文化理论通常反对从生理层面解释对心理现象进行自上而下的研究,也反对将心理复杂性简化成"社会性—解释性"这种自下而上的研究(Valsiner & Van der Veer,2000)。语言学习者受到其所处的社会文化背景的影响,其中包括文化、社会、历史等一系列动态因素(Skehan,2003),语言教师作为过往的学习者与语言教学的实施者同样如此。社会文化理论明确了人类认知和学习的社会活动本质,提出一系列全新概念与研究框架,从认识论角度帮助学界从社会的角度重新理解人类学习与发展的本质和过程,对教育教学研究起到重要的启示性作用。社会文化理论为语言教育教学提供了重要的理论依据,使其开始关心如何在教学中促进中介作用、识别最近发展区以及搭建支架、使教学活动转化为适应语言及认知发展的活动系统并有效地实现社会互动学习。在上一节中已有提及,教师课堂话语信念系统与实践受各种外部环境因素的影响和制约,具有动态复杂特性。以课堂话语为表征的教师教法背后也隐含着复杂的社会文化因素。社会文化理论及信念系统理论能从多维角度对教师的课堂话语进行深度探究,对其具一定的适切性和解释力,上述理论所形成的框架总结。

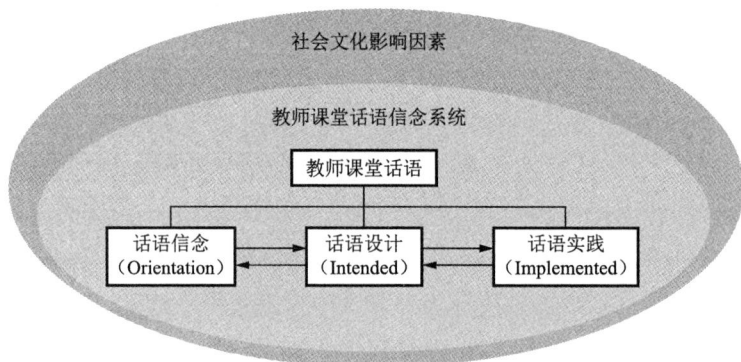

图 3-2　教师课堂话语的层次及影响维度

如图 3-2 所示,教师的课堂话语通过教师的话语信念、话语设计以及话语实践体现,其教师教法以此按话语的形式在课堂上进行表征;而教师课堂话语受到其信念系统的影响,其整体信念系统又受到更大的社会文化因素的影响。

在文献综述中已有提及,教育领域现有的知识理论离散而缺乏系统性,没有触及知识结构的深层指导原则以及知者因素的作用;与教育有关的各种社会因素受到高度重视,知识本身作为社会教育实践基础的重要性却受到忽视(Maton,2000a,2000b,2003,2004,2007,2011,2013,2014a,2014b);学界目前关注的焦点多在于知识获得而不在于知识或知者(Popper,1979,1994)。图3-2的框架中包含了知识获得以及知者的元素,但关于知识的部分稍有缺失。教师的课堂话语如何完成知识的累积与建构及其背后的影响因素值得我们关注。包含了知识获得、知识以及知者三个维度的课堂教学研究才是完整的课堂教学研究。正因如此,本研究以合法化语码理论中的语义波视角对教师课堂话语进行框定与分析,探索教师课堂话语如何完成知识的累积与建构。下一节本研究将针对语义波理论对于本研究的适切性与解释力进行论述。

3.5　语义波之于大学英语教师课堂话语探究

合法化语码理论的语义波主要从语义引力与语义密度对语篇意义识读及知识累积建构进行探究(Maton,2005,2011),认为语义波是实现累积式知识建构的重要途径且其形成关键为语义引力与语义密度的变化,语义引力、语义密度与累积式知识建构之间存在密切的关联(Maton,2013,2014a,2014b)。累积式知识建构使得学生能够借助已有的理解与认识基础,将已学知识迁移至未来语境(Maton,2013)。不同学科领域的知识与其语境高度相关,知识也只有在具体的语境之中才有意义(Christie & Macken-Horarik,2007;Wheelahan,2010)。因此,考虑到笔者的专业背景,本研究选取大学英语课堂为主题语境,对大学英语教师的课堂话语进行探索。因为话语行为在本质上是理解自我及外部环境的结果,教师通过课堂话语而社会化,其话语中包含着对自身、他者、语言(本体及应用)、教学、处境以及社会的信念。对大学英语教师课堂话语的探究能够更好地挖掘教师理解语言、理解文本、理解教学、理解学生、理解自身及其所处社会文化背景的过程与结果。同时,考虑到听说类课程以技能训练为主,诠释讲解相对较少,而读写类课程以知识讲解为主,教师话语量较多,课时安排较多;所以本研究选择以大学英语精读课(读写课)为例来进行探究,以增强数据获取上的丰富性以及数据分析上的多维度特性。

文献综述中已有提及,Maton(2013,2014a,2014b)提出用语义引力与语义密度两个关键维度对知识建构的模式进行表征,并根据其变化特征绘制出三种最基本的语义轮廓以对话语的实景进行记录、描述与分析。

如图 3-3 所示,知识建构以语义波的形式在一定的时间范围内展开,A1、A2、B 代表三类知识建构模式,A1 与 A2 的语义变化幅度相对较小。A1 中的语义密度高而语义引力低,表明知识较为抽象,但完全脱离语境;A2 中的语义密度低而语义引力高,表明知识依赖于特定的语境(对其进行诠释),相对没有那么抽象。B 中语义波变化幅度最大,表明知识在建构过程中不断在语境化,从抽象的概念演绎到具体的事例与语境,之后又从具体的语境中提取出来归纳成抽象的概念。在第二章中我们也曾提及,除了语义波图之外,语义平面也是表征语义波变化的重要工具。从本研究现已拟定的研究范围出发,大学英语教师在精读课上的话语语义平面可以表述为图 3-4。

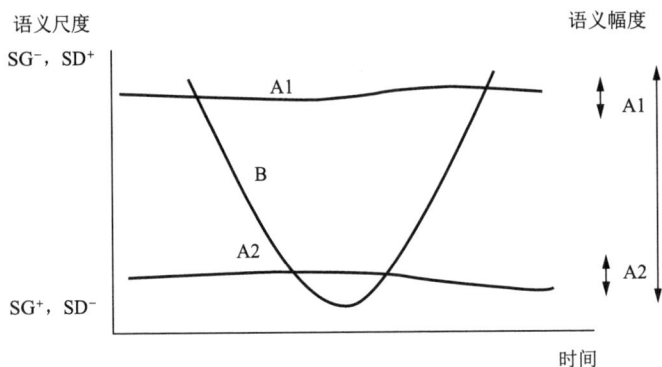

图 3-3　语义波变化
（Maton，2014b）

Maton（2013)提出,图 3-3 中 B 类型语义波是累积式知识建构的前提。在课堂教学中通常体现为教师在知识传授过程中将高度抽象、高度技术性的理论概念进行"解包",利用具体例子与语境对其进行解构后对知识进行建构,然后再将知识"重新打包",具体事例与语境所产生的知识不断累积再次抽象成浓缩的理论概念(Maton,2013)。知识在课堂教学过程中既从具体的客观世界中

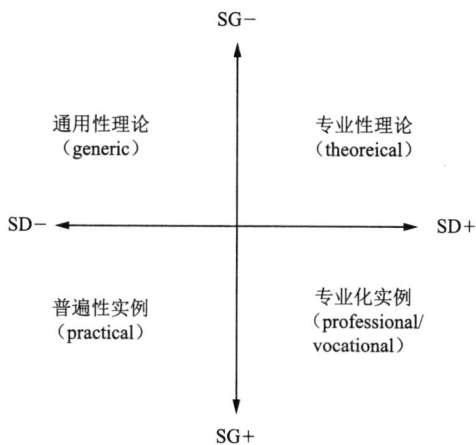

SG−

通用性理论
（generic）

专业性理论
（theoreical）

SD− ←─────────────────────→ SD+

普遍性实例
（practical）

专业化实例
（professional/
vocational）

SG+

图 3-4　大学英语教师课堂话语语义平面

（修改自 Maton，2016；Shay，2013）

归纳出来，又从抽象的概念层面演绎到具体的客观世界中去，这样才能获得合理化的知识建构行为并最终达成累积式知识建构（Maton，2013，2014a，2014b）。然而，现实中并非所有的教师都能很好地对其课堂话语语义波进行掌控，教师因个人教法的不同而呈现出不同的课堂话语语义波。社会文化理论认为教师的成长及发展历史与环境对其有着重大影响。教师作为社会化的个体，在社会认识与认知倾向上都有一定的职业特征与特殊性（Hasan，2005），同教师当下所处的社会文化处境一起，影响着教师课堂话语语义波的生成与发展，导致不同的教师有着不同的意义表达及诠释方式。也正因如此，本研究采取合法化语码理论框架下的语义波为研究视角与分析工具对大学英语教师在精读课上的课堂话语进行观察与分析，从语言角度对其教师教法进行具象化，以对其话语背后所蕴含的信念与实践的特征及互动关系进行探究，从而进一步探索其对自身、他者、语言（本体及应用）、教学、处境以及社会的信念，揭示其认知思维过程及其所处社会文化背景因素。基于语义波的这种特性与解释力，以语义波为视角探究教师课堂话语能够让我们更好地从知识获得、知识与知者的多重角度对教师课堂话语的实景进行记录、描述与分析。本研究还将结合叙事问卷、小组座谈、深度访谈以及刺激回忆等方式对课堂观察数据进行进一步的补充，具体的研究设计及流程将在第四章中进行详细陈述。

3.6 本研究的概念框架

研究框架包括影响因素、关键概念、重点理论、研究变量及研究属性等,并通过图形或文字对它们之间的关系以及与研究相关的主要内容进行诠释(Miles & Huberman,1994;Merriam,1998;Miles,Huberman & Saldaña,2013),对研究的进展起到指引性作用(Maxwell,2012)。本节拟合与研究有关的理论及概念,尝试性地提出本研究的概念框架(见图3-5),为后续研究提供指导。该框架将教师课堂话语视为教师教法的语言表征(Discourse as Pedagogy),探索教学实践过程中教师的课堂话语在内容与方式上由于信念与实践的互动而呈现出的不同类型的语义波;并对其所体现出的话语信念背后的多种社会文化因素以及信念与实践的具体互动过程进行深度探究。

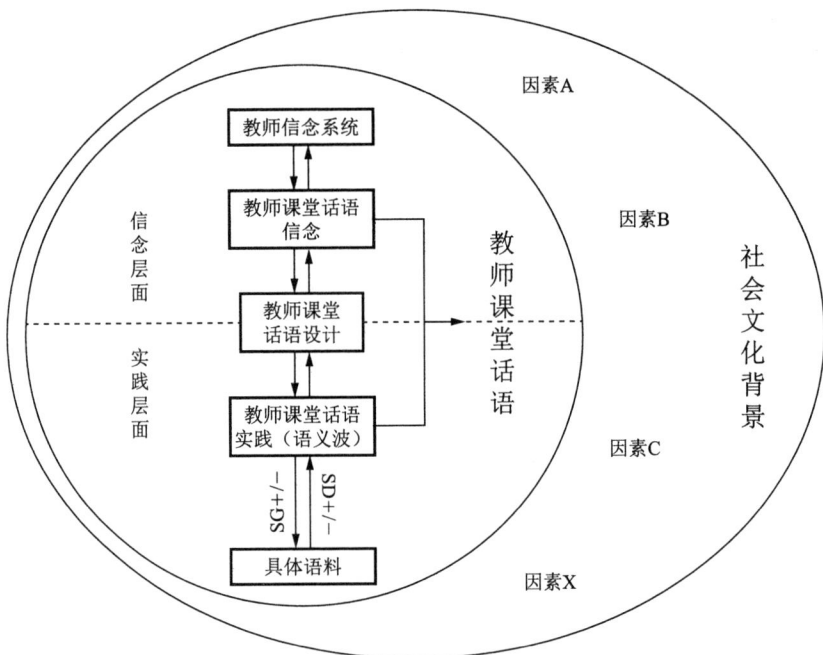

注:图中SD与SG分别代表语义密度与语义引力,是引起语义波变化的关键

图3-5 本研究的概念框架

图3-5的临时性概念框架呈现了本研究在第二章与第三章中所回顾陈述

的研究相关影响因素、关键概念、重点理论、研究变量及研究属性。教师课堂话语虽仅仅在有限的课堂教学语境下体现，但其形成以及发展受到个人的生活经历、教育经历、教学经验、校园文化以及社会文化因素等多种维度影响，其中包含着诸多具体情境化因素，个体在具体情境中通过与自我及外部环境不断互动协商而最终形成其课堂话语信念与实践。而具体到大学英语精读课教学中，英语教师的教师话语呈现出什么样的特征，哪些因素影响到教师课堂话语实践，教师话语的信念、设计与实践如何互动而发生变化以及它们背后究竟有哪些社会文化因素对其产生影响等问题有待进一步研究发现。

3.7 本章小结

本章基于第二章文献综述，对与研究相关的影响因素、关键概念、重点理论、研究变量及研究属性等进行了进一步的阐述，并通过概念框架的形式对他们之间的关系以及与研究相关的主要内容进行了诠释，以期对具体研究方法的选取、数据收集与分析方法的选择以及其他后续研究步骤起到一定的指导与引领作用。下一章将主要从研究方法的选择、研究对象的筛选、数据收集与分析方法的选择以及研究伦理、研究的信度（Credibility）与效度（Trustworthiness）等方面入手，对研究的整体设计进行呈现。

第四章
研究设计

4.1 引言

上一章基于文献综述对教师教法、言语行为理论、信念系统理论以及社会文化理论进行了梳理阐释,并在此基础上提出了本研究的研究问题及尝试性概念框架。本章将以研究问题的属性与概念框架的指引为基础,阐述本研究的研究设计。主要内容包括研究方法的选择及依据,研究场地及研究对象的选择,数据的收集与分析,研究的可信度、效度及其伦理。其中第4.2节主要对研究方法的选择及依据进行阐释。第4.3节主要对研究场地及研究对象的选择进行说明。第4.4节详细介绍了本研究的数据收集方法及流程。第4.5节主要对数据分析的方法及流程做出说明。第4.6节的主要内容是研究的可信度及效度。第4.7节就研究所设计的伦理问题进行了阐释。第4.8节对本章做出小结。

4.2 研究方法的选择及依据

研究者如何使用恰当的研究方法去研究自己的研究问题是其研究在学科领域内得到承认与信服的关键,其选择取决于研究者在本体论、认知论及方法论上的认识,以及他(她)对真理及知识的看法。这些认识和看法指导我们的思想、信念以及我们对社会及自身的假设,建构出我们看待周围世界的框架,在社会科学研究中被称为范式(Paradigm)(Schwant,2001)。Kuhn（1962）指出,范式是科学家在共同解决各自领域的问题时所共享的特殊思维方式,代表着一系列跨学科共享的承诺、信念、价值观、方法以及展望。范式是一种共享的世界观,代表一门学科的信仰和价值观,并指导着研究中问题的解决(Schwant,2001)。本节将对本研究所采取的研究范式及具体研究方法的选择与依据进行阐释,并对所选取的研究方法的合理性与适切性做出详细论述。

4.2.1 研究范式的确定

范式是描述世界观的方式,由关于社会现实本质的哲学假设(本体论——我们对现实本质的认识)、认识方式(认识论——我们如何知晓我们所知道的东西)以及道德与价值体系(价值论——我们相信哪些东西为真)而组成,引导着研究问题的提出以及进行系统研究所需适当方法的选择(方法论——我们该如何研究这个世界)(Patton,2002)。范式所涉及的这些方面帮助研究者产生对研究问题的看法、假设和信念,确定其进行调查的方式及其为了回答研究问题将采用的具体方法。特定的范式与特定的研究方法相关联,如实证主义范式通常采用定量方法,而建构主义范式或诠释性范式通常采用质性方法。虽然 Kuhn（1962,1970）认为相互竞争和对立的范式不可共存,一个旧范式会被另一个完全代替。但后来的社会学家们基本上都认为,不同的社会学理论范式之间也并不是非此即彼的关系,也没有适合所有研究的所谓"正确的"范式或理论框架,研究者通常从研究设计对研究问题的适切性出发选择更适合其研究属性的范式,注重范式间的整合及多元范式的使用。Ritzer（1975,1996）也曾指出社会学拥有着多重范式,并将社会学中的各种理论整合为三种基本范式:社会事实范式、社会释义范式和社会行为范式。周晓虹(2002)打破"宏观与微观"以及"自然主义与人文主义"之间的二元关系,将其视为"连续统",进一步归纳出四种社会科学的主要理论范式如下(见表4-1)。

表 4-1　社会科学主要理论范式

	社会事实范式	社会行为范式	社会批判范式	社会释义范式
目的	理解、预测和控制社会事实	理解社会行为及决定或影响人类社会行为的内外部因素	批判现实社会,强调知识的反思性及指导行动的意义	理解作为社会行动者的个人行动的主观意义,以及这种意义对行动者和社会现实的影响
假设	人的行为由社会结构而派生	社会行为受制于外部刺激因素与人的本能	事物的本质存在于对现实的否定之中	社会现实经由人有意义的社会行为而建构
方法	社会调查	实验	"历史—社会"分析	田野调查
理论	实证主义、结构—功能理论、冲突论	行为主义、功利主义、帕雷托最优、精神分析理论	历史唯物主义、辩证唯物主义、法兰克福学派	实用主义、社会行动理论、符号互动理论、现象学社会学、日常生活方法论等

如表 4-1 所示,社会事实范式、社会行为范式、社会批判范式以及社会释义范式是社会科学的四种主要理论范式,分别从不同的角度对现实世界进行探索和理解。具体到教育研究中,主要有规范性范式(实证性范式)、诠释性范式与批判性范式三种研究范式(Ellis,2012;Gregg,2006;Popkewitz,2012;Cohen et al.,2011),术语表述虽有不同,但其内核大致相近。规范性范式倾向于通过科学方法控制研究条件,如人类行为,关注在受控的条件下发现真理,以科学的方式观察。其优势在于结构清晰、较为客观(Cohen et al.,2011)。然而教育研究所处的复杂社会环境以及人的动态复杂属性使得研究者很难将人孤立起来,或是以某种形式的实验和定量的方式准确地控制自然现象和结果。于是,诠释性范式便试图通过识别关键影响因素以及因素间的相互关系与相互作用,来对教育教学及学习的某些方面进行描述和理解。如社会文化理论为诠释性范式下的研究提供了理论参考,将学习视为不是因教学而发生,而是在与教学所产生的

互动中发生。诠释性范式主要针对人类个体所具有的不同行为、观点和态度进行探究(Cohen et al.,2011)。其优势在于可以对事物或人进行更深意义层面的探索,但其对现象的解释具有一定的主观性,属于后实证主义范式的一部分,主张采用多种视角了解客观现实。Bernstein(1983)曾指出人文学科已经从寻找因果关系的纯理性模式转向了了解与解释的实际理性模式。实证主义范式下的探索让学界已经意识到寻求绝对客观的研究似乎是一件更难的事情,因此后实证主义范式强调数据分析中的逻辑推理,不避讳研究的主观特性,不强调研究结果的普适性。同时,教育现象本身所具有的复杂性也让教育研究难以具有普适特性。诠释性范式提倡采取不同视角、多种方案进行自然观察,并采取多种方法对数据进行解释,回答研究问题。批判性范式则考量影响教育研究的社会政治和意识形态的力量,也具有一定的主观特性。其主要目的在于对实践领域进行改善,用行动研究等方法改变当下形势。批判性理论与实证主义和后实证主义范式均有相关,会使用实证主义范式来控制环境并观察变化,或采用后实证主义范式来解释其中的对象及要素。

在上述三种与教育相关的主要研究范式中,诠释主义范式一般不采取预设,而是采用质性的方法,经由自然观察并扎根数据,对某一现象或行为背后的意义进行揭示(Cohenet al.,2011;Creswell,2013)。诠释是人类所特有的,包含着人类情感、态度和体验的经验性表达。诠释主义研究范式强调整体观和事物的相互联系,认为研究者不应只看到单纯的行为表现,而应理解人行为背后的意义并对其进行揭示,在研究对象、研究者以及读者之间达成共识性理解;这就要求研究者必须深入现场对研究对象进行深度观察描述与实际接触,在时刻对自己的研究方法进行深刻反省的基础上对研究对象的意义解释系统进行再现和建构。虽然看似和行为主义类似,诠释主义通常也会关注某些行为(如教学行为),但其根本的关注点在于人类活动。活动即有意义的行为,是个体经过设计、规划而为之,带有个体的认知特点,在社会文化因素影响之下,有未来导向。前序章节中已有提及,本研究主要关注大学英语教师精读课上的教师课堂话语实践与信念,属探索性研究。研究整体将采用混合研究设计进行探索,以质性研究为主(Creswell,2013)。质性研究从属于诠释主义研究范式,强调对研究对象在特定背景下的经历与历程进行探索(Maxwell,2012),旨在接近真实发生中的现实世界实景（不拘泥于实验室实验），通过分析个人或群体的互动、交流、经验等不同方式，从内部理解、描述和解释社会活动及现象（Flick，2008），以达到从内到外、以小见大的效果。质性研究方法试图对人们所做与其身边所发生的事情进行剖析，对人们与周围的世界互动进行深描厚述；通过实证研究提出相应的模型、类型及理论以描述和解释社会问题。

对知识与认知本质的认识是研究者在研究方法论的选择中必须厘清的问题（Corbin & Strauss，2015）。本研究旨在以质性个案研究方法及语义波的研究视角，深描高校非英语专业英语教师的课堂诠释性话语中的意义传递与诠释以及知识的累积及建构过程；在挖掘出语义波视域下高校非英语专业英语教师课堂诠释性话语的特征并呈现其教师教法的同时，进一步探究其课堂话语信念与实践的互动关系，同时对其影响因素及背后的社会文化语境与认知思维过程进行探索。具体研究问题如下：

（1）语义波视角下大学英语教师精读课中的教师话语呈现出怎样的特征？

（2）大学英语教师精读课中的教师话语主要受哪些因素影响？

问题（1）属于描述性问题，旨在呈现语义波视域下高校非英语专业教师在精读课程的具体教授过程中所呈现出的话语行为实践；问题（2）深入课堂话语行为的背后，探究教师课堂话语信念与实践的关系，及其背后的社会文化影响因素。诚然，以量化为主的研究一开始就具有明确的、固定的研究假设或研究问题，但以质性为主的研究在设定研究问题时相对比较宽泛。其原因在于，质性研究的重点不在于对假设的证明或推翻，而是着眼真实情况，注重"理解"与"解释"，通常会经由研究过程科学地建立起某种假设并推出研究结论，是一种带有互动取向的探究方式（Maxwell，2012）。整体而言，本研究采用"探索—诠释"范式（Grotijahn，1987），诠释主义范式认为个体行为会受到情境影响而随时间发生变化，带有情景化特征（Hammersley & Atkinson，1983），而教师及其课堂所处的环境正是处于不断的变化之中。本研究关注教师课堂话语信念与实践的发展经历，通过对其课堂话语实践的深度解读，探寻教师课堂话语信念与实践的实景特征、动态演进过程及多维影响因素。因此，本研究将通过实地观察与深度访谈，深入研究对象的课堂教学及日常生活的各个方面；力求在自然状态下对教师课堂话语的信念与实践进行探索,不对研究做出预设,是一项质的研究。本研究试图通过以质性为主、量化为辅的研究设计,对教师在大学英语精读课上的话语行为及话语活动进行剖析,分析大学英语教师与周围环境的互动经验,探索其话语信念与话语实践的形成、冲突、协调及变化。

4.2.2 个案研究的选择

本研究为诠释主义范式下的质性研究。质性研究包含扎根理论(Ground Theory)、批评理论(Critical Theory)、个案研究(Case Study)、实地勘察(Fieldwork)、参与观察(Participant Observation)、视觉分析(Visual Analysis)、论述分析(Discourse Analysis)、民族志(Ethnography)等多种研究方法及视角(Yin,1994;Creswell,2013;Cohen et al.,2011;Maxwell,2012;Corbin & Strauss,2015)。本研究为质性个案研究,其选择理据在于:当带有如何(How)或为什么(Why)属性的研究问题被提出,且研究者对将要发生的研究几乎不施加控制,同时研究聚焦于某些现实生活场景下正在发生的现象时,个案研究常常被作为首选策略(Yin,1994)。Rossman & Rollis(2003)曾指出,个案研究可以通过对具体微观实例的深入探究了解到更为广泛宏观的现象,具有描述性、整体性、启发性及归纳性。在质性个案研究中,研究者不仅对正在发生的客观事件和行为的"描述"感兴趣,而且对参与者如何理解事件和行为(参与者的解释或观点)感兴趣(Maxwell,2012)。质性个案研究的数据收集来源主要包括问卷调查、访谈、观察、录像、文件、档案记录和实物收集(Yin,1994;Cohen et al.,2011),且大多数优秀个案研究依赖多种多样的数据来源(Rossman & Rallis,2003)。学界多在个案研究的代表性和普遍性问题上对其提出质疑,但对个案研究代表性和普遍性的质疑实际上属"虚假问题"。个案所选择的样本与统计样本有着本质区别,并不具有统计意义,也不一定具备"科学—实证主义"范式所要求的代表性(Yin,1994;Creswell,2013;Cohen et al.,2011;Maxwell,2012;Corbin & Strauss,2015;陈向明,2000)。个案研究的价值并不在于寻求其之于整体外部世界的代表性和普遍性,而在于在一定程度上反映出现象中动态变化的影响因素、机制与互动逻辑,并通过对事件信息的深度追踪与解读来描述、诠释被科学实证主义研究所控制、排除或忽略掉的过程及细节因素。个案的意义在于对现象的重要特征进行集中体现与深度解读,个案所具备的典型性并不代表个案可以对总体进行再现。比起追求典型性与代表性,个案研究更注重对深度意义的挖掘并以此而衍生出其所具备的启发意义或比较意义。本研究主要以文本分析、深度访谈和课堂观察的方式收集个案数据,辅以问卷调查及焦点小组的方式进行先导数据的收集及个案研究场地与对象的选择。下一节本研究将详细论述研究场地及研究对象的选择。

4.3　研究场地及研究对象

4.3.1　选择依据及方式

本研究最终所选择的三位研究对象及其所处研究场地经由长期及严谨的筛选而得。2017 年 10 月,为完成博士攻读阶段与他人合作的一篇期刊论文,笔者就"英语教师课堂话语"为研究主题对 10 名中学英语教师进行了半结构式访谈,以了解他们在课堂上与学生的话语互动情况,以及他们借助话语在教学中构建支架协助学生提升语言能力的情况。在访谈的基础上,结合文献与思辨,完成了一篇期刊论文并最终发表。在文章发表之后,考虑到该文实证数据不足,同时也本着对继续研究此主题的兴趣,笔者设计了与该主题相关的问卷,以上述研究为基础与参考,向上海、浙江、安徽、山西、湖南、河南、西安、成都以及昆明等地的大学英语教师发放了共 300 份问卷作为试点研究,征求更多教育工作者和基层教师的意见与建议,探寻进一步深入研究的主题并为正式叙事性问卷编制提供参考。在针对试点研究问卷反馈的研究中,笔者不断与指导老师以及同门探讨,同时也开始与更多的文献进行对话,最终决定通过语义波理论的视角深度探究大学英语教师在精读课上的课堂话语实践与信念的特征、互动关系及影响因素。在对问卷进一步修改完善后,笔者发放了 80 份叙事性问卷(见附录)收集先导数据,并通过问卷开始征集最终研究对象。从 2017 年 12 月到 2018 年 12 月,笔者根据先导研究数据,通过实地走访、网络走访与焦点小组结合的方式,对全国各地的 30 名大学英语教师进行了初步走访。这 30 位教师的走访为笔者提供了丰富的教师课堂话语信念层面的信息,也从侧面让笔者了解到他们的课堂话语实践。在此基础上,结合对过往研究的梳理,笔者决定在观察的基础上对课堂采取全程录制,以更好、更深入地了解大学英语教师精读课教师课堂话语实践的真实场景,并将其作为案例研究的重要数据来源,深入地对其课堂话语实践进行探索。同时,笔者也决定开始进行深度访谈数据及其他文本资料数据的收集,以形成观察数据、访谈数据、文本数据三者之间的三角验证,进一步确保本研究的客观性。

前文已通过研究问题及研究的基本属性确定了本研究在整体上属诠释主义范式下的质性个案探究。而质性研究主要就研究问题进行深入的纵向探讨,不需要进行随机抽样且样本较小(陈向明,2000;Cohen et al.,2011;Maxwell,2012;Corbin & Strauss,2015);"更注重对意义的理解而非预测控制,更强调对象的主观意向而非事实的客观实在,更注重解释建构而非经验证实"(郑新民,2004)。综合实际考量研究深度与研究精力,本研究最终选取 3 名研究对象进行深入探究,主要理据如下。

(1)概率与非概率抽样是社会科学研究中的两种典型抽样策略(Maxwell,2012;Merriam,2009;Miles, Huberman & Saldaña,1994,2014),非概率抽样是质化研究中应用最广的策略,其所抽取的样本通常要求具有典型性而相对不具统计学意义;其中目的抽样策略(Purposeful Sampling)是常用的策略,其原因在于质性研究的重点旨在深度描述和理解人类经验,而不是对某种结论进行验证假设或者推广(Palys,2008)。

(2)在质性个案研究中选取 3 名参与者作为深度研究对象是相对较为常规的做法,在数据翔实的前提下足以产生富有洞察力的发现,选择相对承载更多丰富信息的代表性个案作深度研究,是个案研究中常用的抽样策略(Patton,2015;Silverman,2013)。

(3)目的抽样策略就是按照研究目的抽取为研究提供最多信息量的研究对象,研究对象数量一般比较少(Patton,2002)。研究深度是质性个案研究的关键,单个或少数个体的选择使得研究者有充分的机会确定主题(Creswell,2013:33)。此类最大差异抽样(Maximum Variation Sampling)注重选择变异多的小样本,在透过详细的描述对其关键经历进行反映的同时,从大量变异中所呈现的共同性探求特殊的意义与价值,从而了解个体生命历程的独特性与复杂性(Merriam,2009)。因此,本研究采用多种数据收集方法,研究过程持续一年以上，选择3名受试者更能够在数据饱和和研究可操作性上达到较好的平衡，实现"深描厚述"。

本研究在析出3位最终研究对象的过程中，不断对比大规模问卷及焦点小组数据，许多其他潜在研究对象的数据其实已经与研究对象的数据产生高度重合，主题的析出已经达到饱和程度，无法析出更多的主题，抑或是析出的主题与本研究主要内容无关。同时，3名研究对象的选择在保证数据充实的基础上，有利于在论文讨论部分进行跨案例对比，以提升讨论质量与深度。

综上所述，在综合分析前期数据，商谈课堂录制及访谈意愿，兼顾进场及数据收集难易程度，同时考虑到数据的饱和及研究的可操作性之后，本研究依据选择性抽样（Patton，2002）与便利性抽样（Cohen et al.，2011）的原则，选择同一所高校的3名教师作为典型个案进行深度探讨。本研究研究设计的历时发展如图4-1所示。

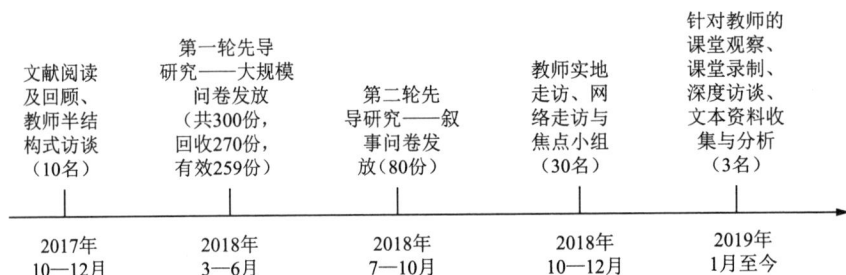

图4-1 研究设计的历时发展

总的来说，本研究中研究地点的选择不仅基于翔实充分的先导研究数据，以及研究场地所在省份、城市及大学的独特性，更考虑到进场及数据收集分析的现实问题。研究场地与研究对象的具体情况、选择、进场细节及接触研究对象的经过，以及数据收集过程与分析方法将在下面的章节中进行更为详细的阐述。

4.3.2 研究场地概况

研究所在场地为云南省S大学，该校为普通二本行业类院校。选择其作为研究场地主要有以下几个方面的考虑。首先，这一研究场地有利于获取进场机会,数据收集具有一定的便利性,有助于笔者顺利完成研究(Silverman,2013)。笔者因工作的原因,对该校英语教师群体较为熟悉,与该校管理部门领导的接触相对容易,可为确立研究对象、进场及数据收集提供便利。其次,该大学的院系条件、大学英语教学体系及师资队伍均已经过长时间发展,较为成熟完善并形成了一定的教学传统,适宜获取较为丰富的研究数据以供研究参考。再次,前期数据表明,该校外国语学院教师学习、学术及生活相关背景差异度较大,在教师发展上呈现出一定的分化情况。老、中、青教师在教学与科研相关的问题上呈现意见分歧,且笔者在该校所组织的焦点小组讨论十分热烈,前期数据收集及进场相对顺利,具有深度调研的潜质。同时,本研究属于针对云南省高校教师所进行的案例探究,该校在云南省高校中属中等偏上水平,具有一定的典型性的同时又相对不具有太多的极端特性。最后,相较于其他可能性研究场地而言,作为一名在研究场地所在地定居及工作多年的大学教师,笔者能够更容易地进入所选研究场地收集数据。相对较难以进入的研究场地会产生质性研究中的"看门人问题"(Gate-keeping Issues),使得研究者难以接近参与者以开展实际性的实地研究(Bogdan & Biklen,2007;Chaudhuri,2017)。此外,我国大学英语教学存在"费时低效"等问题,亟待进行改革(赵庆红,徐锦芬,2011;蔡基刚,2012b)。各地经济、文化、教育发展上存在较大不平衡(刘成,谈玉光,2003),因此高校间在学生水平、教育资源和教师质量方面也呈现出较大的差异(蔡基刚,2012a)。大学英语教学研究也是以东部与中部为中心,西部地区相对滞后(黄琳,2014)。就我国大学英语教学整体提升与进步来看,东部省份的领跑和中部省份的崛起固然重要,但西部地区省份作为发展中的"短板"反而应起到更为重要的作用。云南省作为西部地区省份的代表,能很好地体现出西部地区大学英语教育以及大学英语教师发展的真实场景。对该地大学英语教学以及教师发展中出现的问题及影响因素进行深入探索具有较强的现实意义。

该校具有硕士、博士学位授予资格,共设30个教学单位,含全日制在校生18 388人,教职工1 219人。该校全国招生,学生类型丰富,英语水平不一;大学英语课程授课对象含一本、二本、专科招生专业及专升本学生。也正因如此,该校实行大学英语分级教学制度,所有学生按高考英语成绩分班如下(见表4-2)。

表 4-2　研究场地大学英语分级教学情况

教学班级	描述
A1 班	含高考英语成绩 120 分以上学生（实验班）
A2 班	含高考英语成绩 120 分以上学生（教学进度较自由）
B 班	含高考英语成绩 120 分以下学生（正常教学进度）
艺术体育班	含艺术、体育类专业学生
少数民族班	含母语为少数民族语言的学生

该校所有大学英语及专业英语教师同属该校外国语学院,大多数教师都有大学英语课的授课任务。多数教师担任 A2 班、B 班的授课任务,少数教师担任 A1 班、艺术体育班以及少数民族班的授课任务。由于学生按高考英语成绩分班,因此每个教学班都会有不同院系、不同专业背景的学生,他们的英语学习情况有所不同,针对他们进行的英语教学也不同。该校外国语学院前身为大学英语教学部,于 2001 年独立建系。2008 年由系更名为学院。现下设英语系、法语系、东南亚语系、大学外语教学部、研究生外语教学部、外语教育发展与研究中心、外语应用能力拓展中心和外语语言实验中心;有英语、法语、泰语、越南语、商务英语以及汉语国际教育等专业;同时承担着全校研究生、本科生、继续教育学生的外语教学工作。根据其内部提供数据,该学院含教职工 85 人,其中具有高级职称的有 15 人;具有硕士(含在读)及以上学历的教职工有 83 人。超过半数教师拥有在国外进行学历学习、访问与文化交流的经历。

4.3.3　研究对象概况

考虑到前期数据、研究对象的课堂录制及访谈意愿、进场及数据收集的难易程度、数据的饱和程度及研究的可操作性,本研究依据选择性抽样(Patton,2002)与便利性抽样(Cohen et al.,2011)的原则,最终在所有潜在研究对象中,选择了韩老师、杨老师与吴老师(均为化名)作为研究对象进行深入探究。Maxwell(2012)曾指出,兼顾研究伦理的同时,与研究对象之间的良好关系以及收集数据的可行性是抽样时必须考虑的问题。3 名研究对象在前期问卷、焦点小组中均展示出了积极交流意向,生动地描述了他们工作、学习与生活之中的重大事件,且均有着丰富的学习教学经历,便于获得充足的数据以供分析讨论。同时,他们各具有不同的个性特征、成长轨迹、教学经验、研究兴趣,在教师课堂话语的信念与实践方面也体现出一定的差异性。此外,他们愿意积极配合研究,同意并认可本研究的数据收集、分析及处理办法,并且承诺会配合可能发生的后续数据收集及回访工作。在本研究时间跨度内,3 名研究对象的基本信息如下表所示(见表 4-3)。

表 4-3 研究对象基本信息

姓名	韩老师	杨老师	吴老师
性别	女	男	女
年龄	53 岁	34 岁	27 岁
学历	硕士研究生	博士研究生在读	硕士研究生
职称	副教授	讲师	助教

教师在性别上的差异不是本研究的主要关注点。但上述研究对象的选择也的确从侧面反映出了当前我国英语教师队伍中的性别不平衡,即女教师比例略高于男教师。忠实于社会现实状况,本研究最终选择了 2 名女教师和 1 名男教师作为研究对象,同时也考虑其年龄、教学年限、职称、学历、海外学习经历以及学校等因素。3 位研究对象中,韩老师是一位有着多年教学经验及工作经历的女性教师,杨老师是一位年富力强、发展势头迅猛的男性教师,吴老师是一位相对年轻、刚入职不久的女性教师。总的来说,本研究的研究对象在某种程度上呈现出了目前云南省乃至全国大学英语教师的一个横截面。

前文已有提及,本研究在最终确定 3 位研究对象之前,经由多种先导数据收集方式拟定了一批潜在研究对象。在所有潜在研究对象中,杨老师是最先接触的一批,也是最早确立的最终研究对象。在正式向杨老师发起请求并接触之前,笔者已联系了全部 30 名参与了实地、网络走访与焦点小组的教师,但经笔者说明研究具体事宜与要求之后,其中愿意配合参与研究的只有 8 名教师。多数教师因为本研究的随堂跟踪听课并录像的要求而拒绝参与本研究,也有一部分教师因无法确保数次跟踪访谈的时间安排而拒绝,更有一部分教师直接表示不希望自己的私人经历及授课细节被公布(即使是以化名的形式)。后经笔者反复协商并详细说明研究伦理事宜,又有 3 人表示愿意全力配合研究。于是,考虑到接触的容易程度,笔者根据这最初可能参与研究的11人的前期研究资料,首先选出与自己年龄以及经历相仿且在前期数据收集中配合度相对较高的男教师进行接触,杨老师便是其中之一。杨老师是一名34岁的男性讲师,本科毕业于某地方类院校,后赴海外攻读硕士,硕士毕业后回国工作,后继续在职攻读博士学位。他在前期走访与焦点小组中表现活跃,也提出了一些十分有特色的观点与想法。笔者与杨老师表达了想要邀请他做进一步的课堂观察及访谈想法后,杨老师欣然应允,同时也对本研究表现出极大的兴趣。杨老师作为教师与相对较成熟的研究者,可以为本研究提供一定的便利,而他的海归与在读博士身份也很好地代表了高校外语教师的部分群体,可以为本研究提供有价值的数据以揭示此类教师群体的课堂话语信念与实践。

与杨老师接洽完毕之后,第2名研究对象的寻找一直陷入僵局,笔者接触的大多数女教师都拒绝配合研究。部分教师以不习惯有人在课堂听课为由拒绝,部分教师对深度访谈比较排斥,以时间精力难以配合研究而拒绝了笔者。于是笔者向已经确定的研究对象杨老师求助,杨老师便向笔者推荐了自己工作后所参与的学院"传帮带"项目的导师——韩老师。韩老师作为导师在杨老师入职的第1年给予了许多帮助,也与他结下了深厚的友谊。因此,在笔者与韩老师接触并详细说明研究内容、目的及伦理事宜之后,韩老师表示愿意配合研究。韩老师是恢复高考后的大学生,本科毕业于师范类大学,后在职深造获硕士学位,是一位53岁的女性副教授。她的人生经历与教学经历均十分丰富。在本研究进行时,她已有20余年的英语教学经验,教授大学英语课程也已有10余年。同时作为一名英语学习者,她也亲历了我国英语教育的变化与发展。她对大学英语教学的相关政策要求、当前所使用的教材以及学校的相关政策都十分了解。在一次前期焦点小组座谈中,韩老师结合自己多年从事基础教育与高等教育的经验,对我国大学英语教学如何与中学英语教学接轨提出了十分有见地而又直率的意见。她的丰富经历在一定程度上代表了一代英语教育工作者,能够反映出这一部分人群所具有和经历的社会价值观、教学观、意识形态、学校文化等。韩老师有潜力帮助本研究揭示经验相对较为丰富的英语教师的课堂话语信念与实践变化的本质。

确定了杨老师与韩老师作为本研究的研究对象之后,笔者带着与两人交流沟通的经验,再次回到先导数据中进行排查搜索,在没有断然拒绝、可能进行接触的潜在研究对象中细细寻找。考虑到年龄、经历的离散性和代表性,笔者此次斟酌的对象主要放在新入职的青年教师身上,两位在前期走访与焦点小组座谈中表现活跃的新入职教师迅速进入了笔者的视野。与这两位教师进行接触的过程都相对顺利,两位教师均表示愿意积极配合研究。但后来其中一名教师临时接到通知,在本研究的时间跨度范围内将被下派云南省某地进行扶贫工作,期间将不担任教学工作,无法配合本研究进行课堂观察记录等工作。因此,笔者再次反复对比整理前期数据,基本没有发现其他可以进一步接触的潜在研究对象。如果想要确定更多的研究对象,需要再次开启大规模问卷调查,或是从别的研究场地入手重新开展实地调研。考虑到时间与精力有限,以及现阶段与后续阶段数据的可能饱和程度,笔者最终确定本研究以三名教师的案例为基础开展,并选择了其中的另外一名教师——吴老师作为最终的研究对象。吴老师是一名 27 岁的女性助教,接触英语时间较前两位研究对象早,高中便已有交换生经历,后继续在海外获得学士及硕士学位后回国任教。丰富的海外就读经历以及相对较轻的年纪使得吴老师与另外两位研究对象在课堂话语信念与实践上都有着较大的差异,同时也较好地代表了一批新时代青年大学英语教师。吴老师的人生经历及课堂教学能很好地帮助本研究揭示此类英语教师的课堂话语信念与实践变化。

总体而言,研究对象的接触与最终确定是一个持续动态的过程,在此过程中有着大量的斟酌与协商,并存在着一定的取舍。笔者面对各种情况需要不断地与可能的研究对象进行接触,并不时地进行反思与斟酌。然而,也正是这种人与人之间的交流赋予了质性研究最具信息丰富性、趣味性和洞察力的特点,确保了质性研究数据的翔实与分析讨论的深度。在下一节中本研究将就数据收集过程进行详细阐述。

4.4 数据收集

对在职教师关于教师课堂话语的前期问卷调查、实地走访以及焦点小组为本研究最终研究对象的确定及对其开展的深度访谈所需问题提供了基础,以便最终以案例形式深入地对研究对象的课堂话语信念与实践进行观察分析。析出 3 名最终研究对象之后,笔者对研究对象进行了一系列深度访谈、课堂观察和文本分析,以确保本研究数据的深度与广度,以及数据间的三角验证。本研究为期约 1 年(2018 年 5 月至 2019 年 7 月)。经研究对象允许,笔者对研究对象课堂进行观察并进行录像,同时还阅读了他们的个人笔记、教学日志、教案等文本资料作为三角互证。本着受访者情绪、配合度稳定以及数据饱和的原则,笔者针对每位研究对象进行 8 次课堂观察、4 次半结构式访谈。研究对象在研究期间正常进行教学工作和科研工作,无异常情况导致本研究中断。数据收集来源详见表 4-4,数据收集时间分布详见表 4-5。

表 4-4 数据收集来源概览

数据来源	描述
先导数据	采用问卷、走访、焦点小组(早期)的形式获取背景资料、析出研究对象
课堂观察	观察、记录教学过程及课堂话语
文本	研究对象的教学日志、反思日记等相关材料
访谈	以访谈提纲为引领的针对研究对象进行的半结构式访谈
刺激回忆报告	与研究对象一起看课堂观察录像并要求其进行刺激回忆报告
焦点小组(后期)	以焦点小组形式对 3 位教师、部分学生代表进行的座谈

表 4-5 数据收集时间分布

数据类别	研究对象	时间安排	主要目的
先导数据	3 位研究对象	2018.5—2018.7	了解背景信息、确定研究对象、拟定访谈提纲
深度访谈	韩老师	2018.10.20、2018.11.1、2018.11.15、2019.3.1	了解教师的个人经历与课堂话语信念,及其信念与实践的关系
	杨老师	2018.11.10、2018.11.12、2019.3.10、2019.3.25	
	吴老师	2018.11.24、2018.12.1、2019.3.29、2019.4.10	
课堂观察	韩老师	2018.10.8、2018.10.10	了解教师课堂话语实践
	杨老师	2018.10.8、2018.10.10	
	吴老师	2018.10.9、2018.10.11	

续表

数据类别	研究对象	时间安排	主要目的
文本资料	3位研究对象	2018.9—2019.7	了解教师教学处境与备课情况、三角验证
刺激回忆报告	3位研究对象	2019.4.30、2019.5.10	验证笔者对课堂观察数据的解读、获取教师对课堂话语的解读,进一步了解其课堂话语信念
焦点小组(后期)	3位研究对象及其学生代表	2019年6月26日、27日	三角验证

4.4.1 课堂观察数据

教师的课堂教学信念背后有着较为复杂的影响因素,有时与所观察到的实际情况会存在不一致(Borg,2006)。对于教师研究而言,不能单单调查教师陈述的理论层面的教学理念,还应该考察教师的实际教学行为。课堂观察在探究教学事件与教学互动上十分有效(Simpson & Tuson,2003)。本研究将课堂观察作为具体数据收集手段之一,通过记录课堂的方式,收集呈现自然状态下研究对象的课堂话语实践。观察数据从真实情景获取一手资料,能使研究者深入理解所探究的现象(Cohen et al.,2017),同时还能提供聚焦的教学片段为研究者后续开展刺激回忆访谈所用(Gass & Mackey,2007),为验证研究对象教学行为背后的理念以及进一步的探索所用。

研究者在课堂观察之前要与研究对象建立良好的关系,确保研究对象处于自然放松的状态(Grossman,1990)。在进行初期问卷调查、实地走访以及焦点小组座谈之后,笔者与研究对象进行了多次会面与网络互动,以此建立起互信关系,再提出课堂观察要求继而付诸实践。每次课堂观察实施之前,笔者会先根据前期走访所掌握的课程时间安排预先选择出可供征询选择的几个听课时间段,然后征询研究对象的意见并获得同意。笔者在获得研究对象首肯后,便做好观察前的准备工作,准备好课堂观察记录表与录音录像设备。在实际观察时,笔者提前20分钟进入教室,将录音录像设备放置在相对较为隐蔽而又能够保证声音及图像拾取质量较好的位置后,选择后排的空座落座。尽量以非参与者身份进入到研究对象的课堂进行观察记录,确保教师的教学不受干扰,力求对自然的状态下真实发生的课堂教学实践进行观察与记录。

4.4.2 访谈数据

深度阐释教学课堂话语背后所隐藏的认知因素和教学信念需要采用多种数据收集手段,仅从观察得来的数据无法对教师教学行为背后的认知因素进行推断(Breen et al.,2001),难以满足本研究需求。因此,本研究除课堂观察数据之外,还选取访谈作为获取数据的主要手段。基于本研究的主位本质(Emic Nature),研究对象的个人观点与解释能够帮助笔者对教师话语信念展开深度探究。访谈的开展能帮助研究者了解研究对象的个人生活经验,获取阐释性数据(Seidman,2013),并让研究者通过访谈的互动过程与研究对象产生共生知识(Co-creation of Knowledge),从而可以深入研究对象的思维世界,从研究对象的角度观察、理解、诠释各类现象(Yin,2013)。

访谈的具体实施过程分为两个阶段。第一阶段的访谈针对前期问卷与焦点小组访谈数据,进一步对研究对象的过往学习和工作经历进行了解记录。此阶段访谈属半结构式访谈,包含一定量的预先设计好的访谈提纲,访谈提纲由笔者结合过往已有文献、先导数据以及研究问题设计而成。访谈中笔者确保与研究对象的充分互动及互信关系,为第二阶段的访谈建立基础。第二阶段的访谈主要基于课堂观察数据与第一阶段访谈数据,围绕个人经历、教学信念、教学环境等要素对教师课堂话语实践的影响及作用等方面展开,深度探索教师课堂话语信念与实践的互动关系。第二轮访谈属于深度访谈,涉及较多的深层次个人信念的挖掘,笔者将做好充分准备应对以求达成最好的研究效果。具体而言,在选择访谈地点时,笔者会尽量提前与研究对象确定访谈地点。访谈地点通常根据研究对象个人取向的不同,选在校园附近的咖啡厅、茶室、操场或是笔者办公室与家中。同时,考虑到研究对象对访谈话题可能会出现一定的不适感,第二阶段访谈不拘泥于访谈提纲,通常借助日常聊天的形式展开,再逐步切入主题。所有访谈皆为面对面的形式,并进行现场录音。笔者在研究过程中会根据研究需要安排多轮追踪性课堂观察及访谈,反复对比已有数据,直至数据达到理论性饱和,开始出现资料重复为止。

4.4.3　其他数据

如4.4中所述,本研究的其他数据主要包括文本、刺激回忆报告及焦点小组数据。文本资料涵盖各种不同类型的数据,如官方或政府文件、大众媒体账户内容、年鉴、会议记录、教学大纲、教科书、书面及其他视觉形式的个人文件(Flick,2008),对其进行分析包括一系列不同的收集、分析和解释数据所涉及的程序(Schwant,1997;Payne & Payne,2004)。文本资料的分析允许识别决策中的空间、差距、事故以及错失的机会,并对决策主体在其间的作用与影响做出探究(Crump,1993)。本研究中涉及的文档资料主要包括教师授课所用的教案、课件、教学计划、教材等,同时还包括教师的日记(包括网络日记)、教师个人反思、学校教学计划及安排、教科书、学生作业、学校其他教学相关文件等各类文本资料。笔者对上述数据进行收集、整合及分析,以便更好地了解研究对象的日常生活情境,探索其所处环境的独特之处,为研究提供进一步参考。

口头报告(Verbal Reports)作为常用的内省方法之一被广泛应用于语言与教育研究之中,主要包括有声思维报告(Think-aloud Protocols)和刺激回忆报告(Stimulated Recall Report)两种形式。常被用于分析认知过程和策略(Abbott,2006;Cohen,1986),如翻译策略的使用(Kern,1994)、翻译过程(Enkvist,1995;Ronowicz et al.,2005)及翻译过程中的认知过程(Shlesinger,2000)。口头报告在语际语用研究中主要用于分析语言学习者在言语行为过程中所考虑的因素。在会话与话语研究中,实时的口头报告往往难以实现,因此追溯报告类型的刺激性回忆报告便起到了重要作用。有学者认为,用内省方法获取语言输出过程中的“思维”是十分有效的方式,对研究对象的认知途径探索起到关键作用(Corder,1973;Gass & Mackey,2000)。本研究中的刺激回忆报告在研究的后期进行,笔者根据已收集到的课堂观察数据及数据分析结果,就数据的诠释提出刺激回忆报告的主题问题。并要求研究对象观看自己的课堂录像,对自己的教学课堂话语实践做出元认知报告。笔者对其刺激回忆报告进行录音与转写、编码与分析,最终与已有的全部数据及研究发现进行比对,以此形成三角验证。

焦点小组(Focus Groups)最早由Merton & Kendall (1946)提出,他们认为该方法能够深度挖掘人们对特定事物所接纳的特定思想或行为的原因。焦点小组访谈通过对研究者拟定的特定话题,经由组员之间的交流对话而进行;研究者借由特定主题,对参与者之间的意见进行观察、发现、交谈和分析,进而得出一定研究结论(Merton & Kendall, 1946; Morgan, 1996)。本研究前期的焦点小组数据主要用于进一步了解教师的思想意识层面,确立最终研究对象。后期焦点小组数据在所有数据基本收集完毕的情况下开展,与刺激回忆报告一样主要起到对已收集到的数据分析与研究发现进行三角验证的作用。笔者就数据分析及研究发现列出焦点小组座谈提纲,并让研究对象就主题开展自由讨论。笔者对焦点小组座谈进行全程录音并在事后进行转写、编码与分析,并与已有的全部数据与研究发现进行比对,形成三角验证。同时,笔者还安排了针对三位教师的学生代表焦点小组,该焦点小组的座谈提纲主要依据研究对象在访谈中所自述的教学效果以及笔者对研究对象课堂观察资料的分析结果编制而成,主要目的在于验证笔者及研究对象对教学效果的评价,学生从教师课堂话语细节以及整体两方面,对研究对象的教师课堂话语实践进行评价,以此形成一定的验证性数据。

笔者最终将对得到的所有数据进行编码和整合。上述资料在作为补充数据为本研究进一步提供意义主题的同时,也起到对其他数据进行三角验证的作用。

4.5　数据分析

本研究主要采用质性研究方法,意味着笔者将在一定程度上做出主观的判断与诠释。质性研究通过对个体及情境进行丰富、详细、具体的深描厚述而理解现象、诠释意义(Denzin, 2001; Geertz, 1973)。然而,质性数据分析的挑战在于从大量非结构化数据中提取意义。这包括减少原始信息的数量、忽视意义不相关信息、识别重要的意义单元,以及构建出一个框架用以实现数据对研究本质揭示及研究问题的回答(Patton, 2002, 2015)。质性数据分析是对所收集的数据进行有序化、结构化和解释的编码过程(Marshall & Rossman, 1999)。收集的数据的多样性能够通过对人和地方丰富、详细和具体的描述向读者开放一个世界(Denzin, 2001),但研究人员如何理解这些数据可能是一个具有挑战性的过程。本研究中最主要的数据来源为包括课堂话语及访谈内容的转写在内的非结构化文本,非结构化文本材料往往以庞大而烦琐的语料形式堆积,不易分析(Bryman,2015)。多数质性数据分析采用编码的方式,对具有一定关系的一般性语句进行聚类、归档,以供进一步分析从而析出主题及意义。总的来说,本研究采用多重数据标注与分析方式对数据进行标注与分析。多重标注与分析方案指研究者综合各相关概念框架并灵活运用各话语分析方法、模型、技巧与手段(Green & Dixon,2002;Walsh,2001),对所收集到的课堂话语进行多角度切分及多次定义、分析与解释,以全面准确地对课堂话语进行描述(Loughran,2002;Mercer,2004,2010;张莲,王艳,2014)。下一节将针对数据的转录及分析过程进行详细阐述。

4.5.1 课堂观察数据处理及分析

笔者综合录音、录像及课堂记录表翔实记录下教师教学流程下的课堂话语表现,首先将每位教师的课堂话语依据教学具体发生的时间顺序转写成文字数据。之后笔者根据所转写的教师课堂话语文本,对其课堂话语、教师教法特征以及语义波角度进行归类编码。针对教师教法特征(功能)的分析主要采用主题框架分析法(Thematic Framework Analysis),从语义波角度对教师课堂话语进行的分析主要从语义密度与语义引力两个维度对话语进行多层标注分析。

需要说明的是,本研究未对教师课堂话语进行语言结构上的分析,是因为教师课堂话语的结构特征并不是本研究的主要研究方向。本研究将教师的课堂话语看成是教师实践教学行为在语言层面的表征,具有社会活动的特性。在本研究的第二章、第三章中已有阐述,话语分析不仅要了解话语的结构与表达,更要深入探究意义与行为,注重社会文化语境和认知的作用。话语由人类在社会文化语境中经互动产生(Pike,1954),与社会、认知密不可分(Fairclough,1992,2003,2005;Foucault,1971,1972;Hymes,1972,1982),教师课堂话语特点的形成与变化影响因素是本研究最为重要的主题,它难以从语言结构中得知也无法从计量数据中体现。

针对教师教法特征的分析主要采取主题框架分析,其主要步骤包括确定分析主题、资料标记、资料归类及资料的总结与综合等(李克东,2002;风笑天,

2009；Creswell，2014）。如第二章、第三章所述，教师课堂话语是教师个人教法的外显话语性表征，因此分析主题为教师各类课堂教学情景下具有教学属性的课堂话语。语域理论认为决定语言特征的情景因素为语场、语旨和语式，三者共同引起交流意义与语篇的词汇语法变化（Halliday & Hasan，1985）。语场与语义系统中的经验意义有关，语旨与人际意义有关，而语式与语篇意义有关（常晨光，陈瑜敏，2011）。因此，本研究以教师课堂话语下的整体教学流程及教学材料为语境，以教师课堂话语下的教学活动为语场，以教师课堂话语下的教师角色为语旨，以课堂话语的组织形式及作用为语式，对教师课堂话语的转写数据及课堂观察记录数据进行标记、归类、综合，总结出教师课堂话语所呈现出的教师个人教法特征。

　　基于上述分析，本研究进一步采用语义波理论中的语义密度与语义引力两个分析维度对话语进行标注分析。如第二章、第三章所述，针对教师课堂话语的语义波分析关注教师课堂话语中的语义变化及语用，探索其意义传递及知识累积建构的过程。笔者对经过主题分析后按教学情景归类总结的话语进行再次编码，标注教师课堂话语间语义密度与语义引力的变化（SG+/SG−，SD+/SD+）；并根据语义密度与语义引力的标注结果，将教师课堂话语转绘为语义波图，呈现出教师课堂话语在课堂教学情景下的语义波变化特征，从更深层次呈现教师课堂话语的组织形式及作用，总结教师课堂话语所遵循的模式。判定语义引力与语义密度强度的框架（Maton，2013，2014b）为连续统结构，如表 4-6 所示。

表 4-6 　语义引力与语义密度强度变化连续统

具体语言使用情形及背景知识实例	SG+　　SD−	日常会话，平直简单话语
针对实例的概括性阐述	↑　　　↑	关于基础知识及信息的举例与具体阐释
语言使用规则或文化背景知识	↓　　　↓	关于复杂或抽象概念的举例与具体阐释
语言学概念与其他学科概念	SG−　　SD+	基础性概念
术语		复杂及抽象概念

　　Maton & Doran（2017）曾指出,合法化语码理论强调作为潜在类型标志的实证特征(如 SG、SD)均依赖经验法则(Rules of Thumb)进行判定与描述,并仅使用"可能"和"典型"等术语来对其进行规约。因此,本研究在具体对教师课堂话语的语义引力及语义密度进行分析判断时,也采取此种经验法则或称拇指法则进行。经验法则是一种应用广泛的原则,虽并不意味着对每一种情况都严格准确或可靠;但合法化语码理论及其分支理论作为一套研究工具不在于探索将话语本身概念化,而是对话语中认识论层面的考虑进行概念化(Maton & Doran,2017)。本研究的目的也不在于对教师课堂话语的语言本体特征或规则进行探索,抑或是深入探讨语义波在本体论层面的特征与构成;而是在基于用语义波对教师课堂话语实践进行描述的基础上,从认识论及方法论层面揭示教师课堂话语信念。

　　总的来说,本研究采取多种方式对所收集到的课堂观察结果进行处理及分析。从语言的结构出发,触及语言的教学功能,最终通过语义波的角度分析呈现出教师课堂话语在课堂教学情景下的变化特征,以求从更新、更深层面对教师课堂话语的结构及功能进行探索与阐释。

4.5.2　访谈数据处理及分析

　　访谈数据的常用分析方法包括扎根理论、叙事分析、主题分析等方法(Bryman,2015),其功能各异,在选择上不存在绝对标准(陈向明,2000),研究者应根据研究目的和研究问题的需要进行合理选择(Cohen et al.,2011)。本研究基于扎根理论的分析方法对访谈转写数据进行三级编码,采取自下而上的处理及分析(Patton,2015；Corbin & Strauss,2015)。具体包括数据预处理、一级编码(开放式编码)、二级编码(轴心编码)、三级编码(选择性编码)等步骤(Glaser & Strauss,1967；陈向明,2000)。本研究中对三位研究对象的访谈包括正式访谈和非正式访谈;正式访谈分为结构式访谈与半结构式访谈,非正式访谈包括采用即时通信工具以及邮件进行交流的方法(郑新民,徐斌,2016)。笔者在对数据进行转写与处理的过程中按照研究对象的名称与数据获取的时间对文件进行编号,以方便后续的数据管理和引用查证工作。笔者通过对多种数据的整合分析,先就数据的概念化得出初步的框架,析出大致主题;再在各个主题中提取核心概念,并将核心概念与访谈原始资料反复对比检验,以保证其能够代表并概括某些观点;之后,笔者将所有核心概念进行合并交互分析与聚类,最终形成研究结果。整个过程中笔者确保在数据间不断进行对比互证,并随时与研究对象保持密切联系,邀请研究对象及相关领域专家对编码结果进行确认以尽力确保数据分析的客观性与一致性,在此基础上进一步对其进行修改完善。

4.5.3　其他数据处理及分析

本研究整合教师授课所用的教案、课件、教学计划、教材、教师日记(包括网络日记)、教师个人反思、学校教学计划及安排、教科书、学生作业、学校其他教学相关文件等各类文本资料,参考深度访谈数据编码以及从数据中所提升出的二级编码,进行三级编码,以获得对教师课堂话语信念与实践的进一步解释,帮助理解三位研究对象课堂话语实践与信念转变的原因。同时,对刺激回忆报告及焦点小组录音记录进行转写,参考深度访谈数据编码以及从数据中所提升出的二级编码,对转写的文本进行三级编码。并将上述所有数据编码与观察及访谈数据所得出的数据比对,进行三角验证。在上述数据处理及分析完成之后,根据扎根理论,再次将上述所有数据进行二次编码(遵循一级、二级、三级编码的原则重新编码),以确保数据已饱和,无更多主题意义溢出。

4.6　研究的可信度及真实度

科学研究关注信度与效度,信度是描述、结论、解释、解释或其他解释的正确性或可信度(Maxwell,2012),效度为研究人员所记录数据与自然环境中所实际发生的数据之间的匹配(Cohen et al.,2017)。在质性研究中,信度与效度通常被表述为可信度(Trustworthiness)及真实度(Authenticity)(Lincoln & Guba,1985)。研究者如果沉浸在环境中并采取参与者的观点,可能会对可信度造成威胁,因此进行质性研究的研究人员在分析与解释数据时必须保持局外人的怀疑态度(Dooley,2001)。质性研究通过一系列的方法对数据的可信度与真实度进行检测,包括三角验证(Triangulation)、成员检查(Member Checks)、同行检查(Peer Examinations)、对立解释(Rival Explanations)、反向 / 阴性案例(Negative

Cases），以及对研究者所带偏见进行监控（Monitoring Rresearcher Bias）等手段（Burns，1999）。三角验证是研究者使用两种或更多的数据收集方法（Creswell & Miller，2000；Cohen et al.，2017），质性研究通常通过检查经由不同数据收集方法获得的结果的一致性，或是使用相同方法检查从不同来源获得的数据的一致性，或是通过多个研究人员来重新评估观察发现，又或是在同一社区或文化的多个地点重复相同的研究，以及通过使用不同的观点或理论来解释数据的方法来体现三角验证（Patton，2002，2015）。本研究通过访谈、文本、课堂观察记录与录像等相关资料的分析等多种形式收集信息，以进行三角验证；并将数据分析与诠释发给本研究的三位研究对象，以寻求他们对研究结果的认可和支持（Lincoln & Guba，2000）。同行检查的实施程序与成员检查类似，笔者经常利用博士在读的机会与相关研究领域的质性研究专家以及博士研究生讨论笔者的研究，并以本研究为主题在自己的研究团队内以及其他学术会议等场合进行研究报告。通过这些报告，笔者向同行呈现了笔者的数据与发现的同时，也展示了笔者的体验与感悟，同行对笔者的数据分析的评论和意见增强了笔者研究的有效性和可靠性（Hitchcock & Hughes，1995）。必须承认的是，研究者特定的价值观影响着研究的实施和结果（Maxwell，2012）。研究者不可能完全消除自身的先入之见、固有信念以及价值观点，却可以通过反思来解释自身可能产生的偏见。本研究的研究想法和数据收集、处理及分析的决策基础都经过了与同事及同行专家的多轮讨论，以在合理范围提升本研究的客观性。

4.7　研究伦理

质性研究带有诠释性的本质，此类研究涉及研究者与参与者持续而深入的交互与体验。这也导致了质性研究过程中一系列的策略、伦理和个人问题（Locke，Spirduso & Silverman，2013）。在本研究中，笔者采用了一系列方法保持与参与者之间符合研究伦理的关系，其中包括签署知情同意书、确保保密事项、成员检查以保证数据准确性等方式。

质性研究通常通过要求参加者签署同意书的方式，表明他们已获得关于研究、其目的和过程及其潜在风险的详细信息，以及保密性和匿名性的保证

（Patton，2002；Klenke，2008；Creswell，2013a，2013b）。本研究也使用书面同意书作为获得参与者同意的一种方式，并在数据收集之前签署同意书，确保对研究对象期望的充分了解，同时帮助研究者提前阐明研究目的（Moss，2004）。本研究中的所有录音都是在研究对象允许并知情的情况下录制的。录制前向受访者介绍研究的目的、保密性和录音事项，并签署知情同意书。最终录制完毕后对受访者表示感谢并赠予小礼物，同时将录像及录音拷贝给受访者。鉴于本研究会收集大量研究对象的生活与职业经历相关信息，确保并保持保密性对本研究及研究对象来说都至关重要（Klenke，2008；Willig，2008）。为此，对原始数据的访问仅限于笔者本人。在数据收集开始之前，笔者就以假名（韩老师、杨老师和吴老师）标记每位研究对象，以确保不会泄露任何研究对象的个人或组织信息（Patton，2002；Saldaña，2009）。在质性案例研究中，研究对象的访谈数据都会经过整理重组。因此，确保重建后数据所呈现出的相关记忆与情绪能够真实反映研究对象的原始意义和意图，对质性研究来说至关重要。基于此，笔者兼顾课堂的实际情况以及研究对象的观点、陈述、情绪变化及临场具体表现对录像及录音进行转写，并交相关指导专家及受访者本人进行详细检查核对以保证数据的完整性与正确性。

4.8 研究方法局限

Patton（2002）曾指出，没有完美的研究设计。所有科学研究都不可避免地在研究设计与研究方法上有着一定的局限性，本研究也是如此。本研究的研究场地选在云南省的一所高校，经由前期先导数据的收集及实地走访，笔者发现由于资金和时间的限制，在全国范围内深入收集质性数据以进行案例探究具有极大的难度。诚然，中国幅员辽阔，各地区之间经济与教育发展不平衡，云南省的情况并不能代表整个国家的情况，云南省某一所高校的教师也不能完全代表整个国家的教师。但这所高校三位拥有截然不同课堂话语实践与信念的教师，以及他们所呈现出的个人教师教法特征，能够在很大程度上反映出我国部分教师的现实发展情况。研究对象来自同一地区同一所大学，这种针对地区及学校变量的控制，在一定程度上可以促进跨案例分析，发现他们之间更具意义的相同点和不同点。

学界针对质性研究有着不少的批评与质疑,这些批评与质疑通常都针对质性研究的样本量、样本选择、数据收集技术以及研究者主观偏见等方面提出(Bloomberg & Volpe,2012;Creswell,2013a,2013b)。擅长经验探索和深度描述的质性研究不可避免地倾向于选取相对较小的样本,而这也导致了学界对质性研究的可概括性(Generalizability)和可推广性(Transferability)提出了挑战(Patton,2002)。学界对质性研究中研究者的偏见也存在质疑,认为质性研究往往受到研究者主体性的限制(Bloomberg & Volpe,2012)。如研究者在对访谈数据的诠释中,可能会出现观点偏差以及扭曲结果等问题,同样的事情也可能发生在其他数据分析和解释阶段。虽然上述局限在质性研究中不可避免,但本研究通过大量的先导数据及实地走访数据,采用最大变异原则选取研究对象,并通过确保数据饱和和三角验证的方式,最大限度地降低这方面的局限性。此外,笔者确保所有观察过程为非参与式观察,以免干扰正常的课堂教学活动;并尽力确保深度访谈的非结构性与互动性,使研究对象在访谈过程中能够并愿意进行开放式陈述。

4.9 本章小结

本章对研究的整体设计进行了详细的阐述,说明了研究对象的选择、数据的收集、数据分析与阐释、研究的可信度与真实度、研究伦理、研究方法局限以及其他与研究设计相关的因素。本研究整体上属诠释主义范式下的质性探究,没有固定的研究预设,主要关注大学英语教师课堂话语实景,结合其成长、学习、教学经历及其课堂话语信念,对其课堂话语信念与实践的互动关系及背后的影响因素进行深度解读。本研究以个案研究展开,通过访谈、田野调查(课堂观察、个人观察)以及文本资料(教学教辅材料、日志)等途径收集数据,结合语义波理论及主题分析法对不同数据进行多维度分析。在接下来的第五章、第六章和第七章中,本研究将试图呈现三位研究对象的个人经历,以及他们是如何在课堂中完成其教师课堂话语实践,如何协调自己的信念和实践以促进自己的教学,以此实现对云南省大学英语教师课堂话语信念与实践情况的考证、分析

与解读。为了详细描述及方便比较的需要,以下章节按三位研究对象顺序依次
呈现。

第五章

韩老师

5.1 引言

基于第二章文献综述中所明确的研究问题、第三章中所提出的概念框架以及第四章所阐释的数据收集、分析和处理的具体步骤与方法,本章及第六章、第七章将对所收集的数据以个案形式进行呈现。本章试图通过探索韩老师的案例,对韩老师课堂话语的内容选择与呈现方式、其课堂所体现出的独具个人特色的教师教法以及其教师信念与实践所产生的冲突及纠葛进行深描。第 5.2 节对韩老师的过往经历进行了描述,包括她的个人生活经历、学习经历、教学经历和职业发展,旨在挖掘其教师认知,包括其语言观、教学观以及语言教学观的建构过程及影响因素,为诠释其课堂话语信念以及课堂话语信念与实践所产生的冲突、调和及妥协等提供必要的分析来源。第 5.3 节对韩老师的教学环境进行了描述,旨在了解其教学属性以及所处的具体处境,包括授课班级学生人数、层次,课堂具体环境及具体授课内容要求等,为分析其课堂话语实践以及其课堂话语实践与具体情境的冲突及协调提供分析来源。第 5.4 节根据第三章中所构建的分析框架,对韩老师的课堂教学进行了描述,旨在了解其教学过程中的课堂话语安排、内容、重点、组织、类型和来源,精准呈现其课堂话语实践实景,为分析其课堂话语实践及其实践与信念之间的冲突与调和提供分析来源。第 5.5 节对韩老师的访谈内容进一步挖掘,旨在对韩老师的课堂话语信念进行更深层次的呈现,重点描述韩老师的话语信念如何对其教学推理产生影响并进一步塑造其教学实践,且在实践中所产生的问题又是如何对其教师信念产生影响及改变的,以此厘清韩老师的课堂话语信念与实践之间的互动关系。

5.2 生于内乱、曲折成长:韩老师的学习与教学经历

韩老师于 1966 年 3 月出生于我国中部地区 H 省 B 村,从教 31 年,其中包括 12 年中学英语教学经历及 19 年大学英语教学经历。丰富的教学经验逐渐塑造了其独特的教学信念及教学方法,而这也在其课堂话语中充分体现。至本研究结束时止,韩老师已获校级教学成果奖 4 次,省部级教学成果奖 2 次,校级教学先进个人 7 次,校级教学比赛奖项 10 次;已主持完成校级教改项目 8 项,公开发表教育教学学术论文 30 余篇。下面本研究将对韩老师的个人经历进行简要介绍。

(1)生逢变革,断续求学。

韩老师的出生地 B 村地处我国中部地区 H 省,离县城大约 15 千米。据韩老师回忆,B 村地处山区,属丘陵地带,长期种植柑橘所以经济情况尚好,这也使得村里的交通比起周边其他村较好,有公路直通县城。县里甚至是省城的一些新鲜事物,如电器、衣服都在村里有所出现。韩老师生于 1966 年,在一定程度上,其早期教育受到了"文化大革命"的影响。在访谈中韩老师提到,当时的儿歌有很多都带有浓重的时代印记。不过在变革的社会中,韩老师的教育还是得到了保证。当时全国上下都在大力普及教育,扫除文盲。她所在的农村基本普及了小学教育,而像县城或者其他更好条件的地区都普及了七年教育。韩老师所在的村有自己的小学,除个别经济极为困难的家庭外,小学附近的农民子女都能就近上学。据韩老师回忆,当时的小学教育其实是断断续续完成的。而且,当时的小学教师多为知识青年,需要不时进行劳动记工分领生活费,难以保证系统地教学。她在访谈中说,当时大家的学习进度基本停滞不前,学习质量也欠佳,因此自己的教育底子是比较薄的,比不了现在的年轻人。基础教育上的这种缺失,使得韩老师在之后的学习过程中十分重视基础理论知识的建构以及知识体系的构建,同时她也认为教学需要以一定的理论和规章制度来规约实

施。韩老师认为制度和稳定是学生学习与生活得以维系的前提，方针乱就一切乱，没有正确的东西来引导学生是不行的。

（2）恩师引路，电视助力。

韩老师读到小学高年级时，内乱的时代一去不返。她在初中阶段遇见了自己的启蒙英语老师王老师，并在之后借电视机开始进行英语学习。韩老师小学快要毕业时，全国大部分地区的全日制中小学学制固定为 10 年，其中小学 5 年，中学 5 年，中学按初中 3 年、高中 2 年划分。当时各年级政治课和文化课时间，学工、学农、学军、"兼学"的时间都开始有了详细而严格的规定，韩老师的基础教育阶段也因此终于开始步入正轨。进入初中后，韩老师首次接触了英语学习。韩老师在接受访谈期间还专门带来了自己当时的课本与作业本，均保存完好，上面的笔记与批注也都清晰可见。当时韩老师所在学校采用的是《全日制十年制学校初中课本（试用本）英语》，全套共 6 本，由人民教育出版社于 1978 年—1980 年出版。韩老师翻着课本回忆到，当年她的英语老师其实并不是学英语出身，该老师早年学的是俄语，大学毕业后担任俄语教员，后来到华东地区某外国语学院进修了几年英语后改当了英语老师。也正因如此，这位英语老师的教学方式带有浓重的苏联风格，十分重视系统知识的传授，强调教师的主导作用，并认为教育是上层建筑的一部分。韩老师说，她的初中英语老师注重教师在教学中的权威性和主导性，在教学过程、教学内容、教学原则及教学方法上十分强调系统性与统一性，并认为语言与语言教育都是层层分级，语言学习需要各个击破。韩老师还记得，当时的英语课由老师带读单词开始，接着老师会对课文进行切合原意的翻译与讲解，然后是对课文中重点句子的结构进行分析，接着是语法项目练习与翻译练习，有时候会要求学生背诵课文。在所有的教学内容中，给韩老师印象最深的是老师经常会给他们布置的小段落翻译任务。韩老师记得，在每个单元学习的最后，老师都会要求学生对课文中的段落进行逐字逐句的翻译，还会要求学生对所翻译出来的材料进行英汉对比，要求学生分析英汉表达之间的差异。韩老师指着自己笔记本上的一行小字回忆说，当时老师经常说的一句话就是"语法为纲、自觉对比"，要求大家通过分析理解所学材料的内容及含义。韩老师认为，正是老师的教学方法为她打下了坚实的语法基础与写作功底。

进入高中后，韩老师在英语方面一直保持较高的学习积极性，成绩也一直是班上最优秀的。韩老师说，自己对英语的兴趣以及英语成绩能够得以保持，除了自身兴趣以及老师严格要求之外，与当时电视机进入千家万户也有着密不可分的关系。韩老师清楚地记得她刚上高中那年，隔壁家在国外打工的李叔叔买回一台电视机，电视机里经常播放很多有意思的节目，村里的小孩儿老是去这位叔叔家看电视，一待就是一天，家长来叫吃饭也不肯回。而韩老师那时最喜欢的节目是中央电视台播出的一个叫《跟我学》（FOLLOW ME）的情景会话英语教学节目，当时那位叔叔在家自学英语，常常会收看这个节目。韩老师除了教材外也基本没有别的教辅材料，因此便很有兴趣，常常去叔叔家跟着一起看。韩老师在访谈中提到，那是自己第一次通过电视这个窗口了解了外国以及外国人，第一次看到飞机、西装等，国外的一切让都她感觉十分新奇，而这种跟着电视学，不对句子进行分析的学习方法也让她觉得十分有趣。李叔叔后来还送了她几本配套的自学课本，她十分开心。韩老师说，这个节目在大大提高了她听力与口语的基础上，让她对英语产生了浓厚的兴趣，让她产生了报考英语专业的想法。

（3）投身师范，苦修本领。

和李叔叔熟络起来之后，韩老师得知李叔叔在国外工作 1 个月的收入非常多。而当时韩老师父母的工资，加起来每月也只有几十块钱。加上电视节目的影响，韩老师就开始单纯地觉得去外国打工十分美好。除此之外，韩老师在访谈中还提到，在当时中国开始向多个国家派驻留学生，"出国"这一词汇渐渐为社会所熟悉并接受，甚至是形成了一种"英语热"的风潮，很多人都开始自学英语、参加考试。韩老师也对于这个新世界跃跃欲试，想要借学语言有大发展，因此高考时选择了英语专业，并通过自己的努力考入了省城的师范大学。

韩老师提到，进入大学之后，学习比她想象中紧张得多。当时家里条件也并不富裕，她节衣缩食买收音机、磁带和一些习题集来不断提升自己的听力水平。据韩老师回忆，在大学期间印象最深的是她的泛读老师。泛读老师有两个特点，第一是要求学生们每周读完一本英文原版名著，第二是会当堂给大家做句子成分分析。直到现在韩老师还能如数家珍地背诵出很多名著选段，当时看过的内容至今烂熟于心。韩老师说，这种看似笨拙的严格教育方式，让自己养成了良好的学习习惯。自己在高中时的语法基础打得不错,上了大学后通过这种大量的阅读及句子分析训练,自己的英语水平进一步提升了。此外,韩老师还提到了自己大学时代所学习的教育学与心理学课程。据韩老师回忆,当时她所在大学英语专业的学生都是师范生,因此大家都需要修读教育学与心理学课程。韩老师说,当时觉得十分新奇,尤其是心理学,给人一种十分神秘的感觉,同学们都以为学了心理学就可以知道别人在想什么。通过这两门课的学习,韩老师了解了很多教学方面的理论与原理以及心理学方面的知识,她也在访谈中承认,在这两门课上所学的内容在很大程度上对她日后的教学反思起到了引导作用,也让她更倾向于借鉴理论层面的知识来对自己的教学进行设计。

（4）执教中学,学历提升。

通过自己的不懈努力,韩老师以优秀毕业生的身份从师范大学毕业,本可以分配到省城工作。但当时她父亲身体欠佳,还有个弟弟在上中学,家中时常需要打点照料。于是韩老师便申请回到离自己家较近的一所市级中学任教。韩老师说,当时中学英语教育有着很强的目的性和原则方针,需要为高考服务。因此,她的教学都是层层递进、步步为营,字词句段篇、听说读写译,力争逐步逐级提升学生英语水平,而这样的教学方式在当时也取得了很大成效,没过几年韩老师便成了英语教研组组长。由于教学能力强、学生成绩好,韩老师作为单位骨干,在中学从教十年后,不仅评上了中学高级职称,还得到了单位安排的进修机会。通过进修,韩老师进一步开阔了视野,加上当时进修班上的很多同学都开始攻读硕士,于是韩老师也萌生了读硕士的想法,联系了当时进修的几位老师。在几位老师的帮助、指点与自己的努力之下,韩老师最终得偿所愿,获得了硕士学位。韩老师回忆,自己在硕士阶段和导师接触并不多,在修改论文的时候才有了密切的接触。但通过在撰写与修改论文中反复查阅对比文献,她了解到了更多的教学理论知识。

获得硕士学位后,为了获取更好的平台进一步发挥自己所学,同时考虑到自身以及后代的教育需要以更好的环境为依托,韩老师调到 H 省 A 市内的一所师范学院担任大学教师,并在不久后通过中教高级转评为副教授。韩老师自己也承认,拿到这个副教授比起现在的青年教师来说相对更容易。在该大学任教期间,韩老师主要担任大学外语的教学任务。该校学生生源质量一般,学生进校时的英文水平普遍不太理想,韩老师因此想了很多办法。据韩老师回忆,当时她层层梳理初高中语言点,编制成教辅材料,并将其融入新生入学第一年的课堂教学之中,以巩固学生的不足。同时在大学二年级的教学中针对四、六级考试进行导向性分析及指导,坚持以考为导、查漏补缺、以考代练的教学方针。韩老师说,自己所带的班四、六级通过率都很高,领导也对她颇为赏识。之后,因丈夫工作调动,韩老师才调至目前所在的大学,即本研究所在场地。

5.3 韩老师的教学环境

上一节主要就韩老师的成长和教育经历进行了梳理,本节将主要针对韩老师所处的教学环境进行介绍。韩老师目前所在的 S 大学虽地处省会,但由于 N 省高等教育水平相较我国其他地区较弱,加上 S 大学本身属二本行业类院校,学生入校的英语水平依然欠佳。韩老师所教授的学生均为全日制普通本科学生,含本科一、二年级两个班共计 62 人。韩老师所在大学的大学英语课程主要分为精读课、听说课以及自主学习(借助网络自主学习平台)三个模块,并进行分级教学制度,将学生分为 A2 班、A1 班、B 班、艺术体育班以及少数民族班,其中 A2 班为实验班,A1 班为快班,B 班为正常进度班,艺术体育班只包含艺术类及体育专业的学生,而少数民族班仅招入母语非汉语的少数民族。韩老师的主要教学任务为 B 班的精读课程,两个班合计每周共 8 课时。实地观察及对所采集的视频数据均体现出韩老师的课堂主要以教师讲授为主,有一定数量的学生存在参与度不明显的情况。但韩老师在访谈中表示,整体上学生都能够跟上教学进度并在很大程度上完成教学目的。

初次进入课堂进行课堂观察时,笔者尽量以接近学生的穿着打扮(深色帽衫、牛仔裤、帆布鞋、棒球帽)入场,选择教室内倒数第二排最靠内的位置落座,视频录制及音频录制设备均采用具有高度便携性、高灵敏度的高清晰设备。加上班级人数较多,且该校精读课程每学期会有重修学生跟班学习,因此只有一两名坐在后排的学生注意到了笔者,基本对正常的教学无干扰。所有的课堂观察均在自然真实的环境下进行,教学环境、教学对象、教学内容及教学方式均遵循学校及授课教师的既定计划。

韩老师上课的教室含 8 排座位,每排 9 个座位按 2、5、2 的方式分开,前后开门、中间有 2 条过道供人通过,有配套的多媒体设备、扩声设备及黑板、粉笔等传统教学工具与耗材。教室可容纳 72 人,参与本课程的学生有 38 人,学生通常选择从讲台往下第三排开始陆续落座。教室内含固定鹅颈话筒 1 只,无线话筒 1 只,韩老师使用无线话筒进行教学。韩老师使用多媒体设备对部分文字、音频以及视频材料进行呈现,但在详细讲解时会使用黑板和粉笔进行板书。韩老师对教师话语的内容及方式都有着独到的理解,下一节将主要借助语义波理论的视角就韩老师的课堂话语实践与信念进行呈现。

5.4　自上而下、层层解构:韩老师的课堂话语

本节将基于第二章、第三章、第四章中所提出的研究框架与数据收集分析方式,从语义波理论视角切入,基于实地观察以及所收集到的教学视频数据,通过展现其独具特色的教师教法,对韩老师的课堂话语的内容、组织、方式等进行梳理呈现与分析。韩老师主要承担大学英语精读课的授课任务,主要书本内容包括两篇短文以及课前课后练习。韩老师计划在单周用 4 学时基本讲完书本 1 单元内容,用双周 2 学时的课程进行补充内容的授课以及起到机动作用,这样的话全部 6 单元的内容就可以在 12 周结束,剩下的第 13 周、第 15 周结合前几周学习以及网络学习中出现的情况进行针对性指导。

5.4.1　韩老师的教学计划

如前文所述,课堂话语属于教师课堂话语行为的一部分,体现了教师的课堂讲述与学习组织流程,以及该教师对学生学习反馈的理解与体悟。根据本研究所收集到的文本数据,韩老师在教授第五单元的时候,整体讲授计划如下(见表 5-1 至表 5-4)。

表 5-1　第 17 课——导入、单词与词组

第 17 课
1. 新单词及新词组讲解
2. 听写及更正讲解
3. 新单词及新词组造句及讲解
4. 单元所涉内容背景知识讲解（历史、文化、社会等）
5. 精读课文（Text A）整体段落大意讲解

表 5-2　第 18 课——精读、课文讲解

第 18 课
1. 复习第 17 课内容
2. 课文内容详细讲解
3. 课文长难句精讲
4. 课文选段重述练习与讲解
5. 课文选段扩写、续写练习与讲解

表 5-3　第 19 课——语法复习与练习

第 19 课
1. 复习第 18 课中出现的语言点
2. 详细讲解第 18 课中出现的语法知识点
3. 语法习题讲解（教师自选）
4. 翻译练习

表 5-4　第 20 课——课后习题讲练

第 20 课
1. 复习第 19 课内容
2. 课后习题逐题讲解（包含词汇词组单选、完形填空、阅读理解、翻译以及写作等常规题型）
3. 四、六级考点总结精讲（教师自选）
4. 单元整体总结收尾、答疑

　　从韩老师的教学计划以及教学日志的分析情况来看,韩老师习惯在新学期开始之前就对下学期的课程进行整体的备课与准备,大部分的备课任务都在此时完成。在新学期开始之后,韩老师会结合实际教学情况与进度,以单元为单位对一些习题与讲解进行必要的补充。

　　在下一节中本研究将以韩老师在第 19 课中的语法讲解为例,具体呈现韩老师的课堂话语如何体现在实际的教学活动之中。

5.4.2　韩老师的课堂话语

　　在上一节中,本研究根据收集到的数据大致对韩老师的教学流程设计进行了梳理。本节将具体呈现韩老师在教学活动中的课堂话语。在第 17 课词汇及词组教学中,韩老师参考教材对本单元词汇进行了汇总,经后期访谈得知,韩老师所总结出的单元生词表主要源于课文篇章所列生词、课后词汇习题考察生词、本单元词汇及语法讲解所涉术语,以及韩老师以单元话题为主题所另外搜集的小部分生词。除词汇及语法讲解所涉术语之外,韩老师对所有生词按词性进行了分类,其 PPT 中大致呈现如表 5-5（限于篇幅仅列举部分）。

表 5-5　韩老师 PPT 中的单词表

n.	ritual, conservation, statement, resource, conflict …
v.	conserve, replace, enable, distribute, intensify …
vt.	highlight, trap, broaden, consider, reach …
a.	strategic, subsequent, abundant, reliable, complicated …
adv.	mostly, competitively, properly, anxiously, extremely …

　　韩老师将所有生词呈现在 PPT 上之后,便要求所有同学拿出自己的单词记录本,自行选择不熟悉的或是印象中自己没有记录过的单词进行记录,而此时韩老师会走下讲台,检查同学们的记录情况。在后期的访谈中,韩老师提到,她会要求每个学生准备一个单词记录本,这个单词记录本中所记录的单词也是按照词性分开。

　　过了十分钟左右,学生基本记录完毕,韩老师便重新走上讲台开始分类逐一对词汇进行讲解,部分词汇韩老师只是采取讲出中文释义的方式带过。韩老师对生词讲解主要遵循"词性分类—定义讲解—用法讲解—例句呈现"的话语模式,针对动词的讲解较多,下面以及物动词的讲解为例来具体呈现其课堂教学中的话语(以下 T 为老师,S 为学生,后同)。

T:好,我们现在看下一个项目,及物动词。及物动词之前我们都说过的,英文中叫什么啊?

S:Transitive verb.

T:(转身 "Transitive verb" 两个单词写在黑板上)所以我们把它记做 vt.。

T:那么这里大家就要明白,这个及物动词的及物到底是什么意思,有没有哪位同学可以说一下?

S:(沉默)

T:杨某某,你来。

S:就是这个词后面可以接一个别的词。

T:哪个词后面不接别的词? 具体接什么东西?

S:(沉默)

T:好,你坐下,谢谢。应该是接宾语,记住了啊,英语中按动词后可否直接跟宾语,把动词分成及物动词和不及物动词。写下来,各位同学,不然之后又不记得。

S:(在记录本上进行记录)

T:这个"及物",顾名思义,"及"有从后头跟过来带上的意思,"及物"也就是说它需要带上一个"物"来完成这个动作,这个动作是有对象的,这个对象就是它后面要加的宾语。一般后面可直接加宾语的及物动词,有被动形式;而不及物动词不可以直接加宾语,是没有被动形式的,它的动作没有对象,只是表示某种状态。但我们一定要注意的是,很多动词既是及物动词,又是不及物动词。比如 begin、leave 这些词。有的词作及物和不及物的时候意义不变,有的意义是要变的,我们来看这个例子。

T:(转身在黑板上写下 "Shall I begin at once?" 与 "She began working as a teacher after she left school.")我们看这两个句子,哪个是及物哪个是不及物?

S:"Shall I begin at once?" 是不及物;"She began working as a teacher after she left school." 是及物。

T:对,很好,我先叫一位同学来翻译一下,王某某你来。

S:我可以立刻开始吗,还有另外一句是,她毕业后开始当老师。

T:嗯,请坐,谢谢你。那么这两个句子里的动词意义有变化吗?

S:没有。

T:好,我们再看另外两个。(转身在黑板上写下 "Wash your hands before meals." "Does these clothes wash well?")哪个是及物,哪个是不及物?

S:第一个及物,第二个不及物。

T:这两句话什么意思?

S:饭前要洗手。这衣服洗得好吗?

T:第二句不对,再想想。

S:(沉默)

S:(试探性地)这衣服经不经洗?

T:对,很好,谢谢你。

T:OK,我们回到主题,后面必须跟宾语意义才完整的实义动词,就叫作及物动词。一般有"主＋谓＋宾""主＋谓＋双宾""主＋谓＋宾＋宾补"的结构。(转身在黑板上写下 "He reached Paris the day before yesterday." "Please hand me the book over there." "They asked me to go fishing with them.")

T:划句子成分之前我们做过吧? 来三个同学划一下。(走到过道中点了三位同学上台)

S:(上台划完句子成分)

T:很好,谢谢你们。接下来我们讲讲大家经常会犯的错误,我在你们交的写作作业中发现,很多同学都出现"及物动词＋介词＋宾语"的这种错误(转身将公式写在黑板上)。我们要注意,所谓及物动词,就是谓语动词,它不必通过介词引荐宾语,而不及物动词是不带宾语的。不及物动词若要宾语,才要借介词的帮助,"不及物动词＋介词＋宾语"(转身将公式写在之前的公式下并划掉了前一个公式)是可以的。我们来看这个句子,(将 "Who will answer this question?" 写在黑板上)这里就要注意,不要写成 "Who will answer to this question?" 了。明白了没有?

S:明白了。

T：嗯，记住，及物动词不必靠介词，就可以带宾语。我们再看这个句子，（在黑板上写下"The students are listening the music."）这个句子对不对啊？

S：（沉默）

T："Listening"是及物还是不及物？ （停顿了一会）不知道的翻字典查。

S：（一番查找）不及物。

T：那这个句子对不对？

S：不对。

T：应该怎么改？

S：The students are listening to the music.

T：对，记住，不及物动词不接宾语，接宾语才要介词帮忙。

S：（点头）

T：好，最后我们来看看这个词法知识点中英文用法的对比，这也是大家容易受到影响的地方。我们要注意，有的动词在英语里只能用做不及物动词，而在汉语里可以做及物动词，如 arrive、agree、listen。英语里这些动词后面常接介词。（转身在黑板上写下"We arrived at the station."）我们到达车站，对吧。这里不能没有"at"。（转身在黑板上写下"Do you agree to the plan?"）这句什么意思？

S：他们同意这个计划吗？

T：对，这里的"to"也是要有的，明白了吧？

S：明白了。

T：很好，现在我们先来把表格里的所有及物动词读一遍。

S：（学生齐读，每个单词读两遍）

T：很好，我们看到第一个单词"highlight"，根据我们前面讲的规则，这个词可不可以直接接宾语啊？

S：可以。

T：记住之前说过的，一般来说，后面可直接加宾语的及物动词有被动形式，而不及物动词没有被动形式。

S：（点头）

T：好，我请一位同学来造个句，李某某。

S：I want to just highlight it for you.

T：Very good. Thank you. Please take you seat.

韩老师重复该模式逐个诠释完所列词性分类,并依次做完所有的生词释义及造句练习之后,便采用类似的模式继续对词组进行讲解。在词组讲解中,韩老师课堂话语的主要重点放在词组释义及词组搭配方式阐释上,所有的词汇词组讲解都在第 17 课预定时间内讲授完毕。经课间休息后,韩老师进入第 18 课的讲解。第 18 课开始,韩老师将第 17 课所教授完的所有词汇词组带读了一次。在带读的过程中,韩老师会偶尔停下纠正同学们的发音。

T：Mostly.

S：Mostly.（大多数学生最后的短音发成了长音）

T：Again. Mostly.

S：Mostly.（依然重复错误发音）

T：（转身在黑板上写上 [i] 与 [i:]）这个怎么读?（指向 [i]）

S：[i]

T：这个呢?（指向 [i:]）

S：[i:]

T：之前讲过的,要记住,这两个有什么区别啊?

S：一个长一个短。

T：还有呢?

S：（某个学生主动单独发言）短 [i] 比长 [i:] 的舌位要靠后,有一点点接近 [e] 的音。

T：Very good. Thank you, Mr Zhang. "Mostly" 意思是"主要的、多半"。

很快带读完所有单词之后,韩老师开始进入原定第 17 课进行的教材第五单元第一篇阅读文章的段落大意梳理。韩老师将整篇文章分为三段后,针对每一段的大意进行了梳理。之后,韩老师便开始对文章详细讲解,文章的讲解遵循文章本身的篇章结构逐段逐句进行。在文章讲解的过程中,韩老师的课堂话语主要集中在针对文章中较难词汇意义及用法的再次诠释以及长难句意义的诠释,其意义诠释及知识传递模式与第 17 课中的词汇讲授方法基本相同,采用"词句法梳理—意义阐释—用法阐述"的模式。在对长难句进行讲解的时候,韩老师的课堂话语集中在意义诠释，未做过多语法诠释。

在实际教学中，课文的讲解经第18课延至第19课。在第19课中，韩老师在将第18课的文章讲解完成之后，便进入语法知识专题讲解部分。其主要内容为主语从句概念、主语从句构成、主语从句相关例句及练习。此部分在教材及教师用书上均未有涉及，属于韩老师自行添加的内容。韩老师该部分教学中的课堂话语，同样遵循"理论梳理—用法阐述—例句呈现"的模式，首先对主语从句的概念、定义进行了详细的回顾，接着是对主语从句中的相关用法、易错点进行阐述，最后便呈现出例句与理论进行对比讲解。韩老师在此过程中，先用PPT呈现语法知识点的概念性内容，接着便在进行进一步诠释的同时，用粉笔在黑板上进行板书。韩老师首先对名词性从句的概念与定义进行了诠释，列举了名词性从句所包含的各类从句；接着对主语从句的概念与定义进行了详细诠释，从不同引导词的角度列举了主语从句的常见类型；然后借助例句，结合理论讲解，对具有不同引导词的主语从句的构成方法进行了详细诠释；然后对主语从句的语序、主语从句通常的结构与常见句型以及四、六级常考点与考试易错点进行了讲解；最后挑选了几位学生，针对所教内容进行提问，并以少量的课堂练习结束了该模块的讲解。总的来说，韩老师语法讲解部分的课堂话语主要以下表中的教学活动呈现。

表5-6 承载韩老师课堂语法教学课堂话语的教学活动

韩老师课堂语法教学课堂话语下的教学活动
1. 名词性从句概念定义诠释
2. 名词性从句类型阐述
3. 主语从句概念定义诠释
4. 主语从句类型阐述
5. 各类引导词用法及含义诠释
6. 各类引导词引导的主语从句例句呈现与讲解
7. 主语从句语序及通常结构梳理
8. 考点与易错点分析
9. 提问及课堂练习

具体而言,在韩老师讲授完名词性从句以及部分主语从句的类型之后,开始讲连接代词引导的主语从句类型时,她首先进行的课堂话语如下。

T:好,总结一下,刚才我们讲了主语从句的哪两种类型?

S:(翻看之前的笔记,齐声答)"that"引导的和"whether"引导的。

T:Good. 下面我们来看看今天最主要要讲的,用连接代词引导的主语从句。我们先来回忆下有哪些连接代词。

S:(零散自由回答)Who, which, what…

T:Good. 首先我们要明了,在"who""whose""whom""which""what""whoever""whomever""whichever""whatever"引导的名词性从句中,这些连接代词在句中起名词性作用担当一定成分。我们刚才也说过的,这是名词性从句的特点。我们来看几个例句。

经过一番例句讲解,韩老师开始对主语从句语序及通常结构梳理,其课堂话语如下:

T:现在我们来讲一下主语从句的固定用法和译法,接下来总结的一些公式希望大家可以记住。(转身在黑板上写下"It is + 名词 + 从句""It is + 形容词 + 从句""It is + 过去分词 + 从句")我们先来看这三个结构。名词、形容词和过去分词不用多解释了吧? 我们首先看名词,来,给我几个名词。

S:(零散回答)Fact, news, conservation, conflict …

T:Good. 那么套上刚才要你们记下的结构。我们就用这个"fact",来。

S:(齐声答)It is fact …(断断续续开始没有声音)

T:后面该加什么了?

S:从句。

T:从句前面有什么?

S:It is fact that …

T:对,不过应该是"It is a fact that"这样的结构,冠词不要忘了。这些结构考试肯定会有,希望大家可以熟练掌握。好,我叫一位同学来用这个公式完整造个句,李某某。

S:It is a fact that he is a good student.

T: Very good. Thank you. Please take your seat.

韩老师原定在第 19 课讲完的语法相关知识在实际教学中有所延后,因此原定第 20 课关于课后练习讲解计划时间遭到压缩。在第 20 课中,韩老师选择跳过了原定需要讲解的段落理解类题目,着重对词汇、语法、翻译类题目进行讲解。该部分教学活动中的课堂话语与前文所示基本无异。

综合上述数据可以看出,韩老师的课堂话语基本遵循着"理论梳理—用法阐述—例句呈现"的模式融汇在实际的教学活动之中。下一节将对韩老师教学具体流程中所呈现出话语的主要内容及关注点进行梳理呈现。

5.4.3 韩老师课堂话语的主要内容及关注点

上一节主要针对韩老师课堂话语下的教学活动进行了梳理。本节将针对其课堂话语的内容及关注点进行进一步的归纳。

从课堂观察以及教学视频数据来看,韩老师的课堂话语集中在篇章讲解与词汇语法讲解上。在总计 180 分钟的课堂教学中,韩老师的讲解几乎占了全部上课时间,其话语主要分布在词汇讲解、篇章分析、语法讲解以及习题讲解四个内容模块之内,且其课堂教学过程中的话语大多数为汉语,部分情况下会出现英汉混用。韩老师在访谈中对此解释说,在对理论以及方法进行阐释梳理的时候,汉语在效率上占绝对优势,学生的听说能力可以在听说课上着重辅导。通过对韩老师的课堂教学的观察以及对其教学视频数据的进一步深度分析,对比韩老师预先所做的教学计划,本研究发现韩老师虽然在教学计划中相对较为平衡地设置了词汇词组、篇章、语法以及翻译教学讲解,但在实际教学过程中,韩老师课堂话语的语量明显向篇章大意分析与语法讲解倾斜。具体而言,第 17 课原定讲授的单元所涉内容背景知识讲解并未出现,大部分时间用在了词意诠释及词汇使用讲解上;而第 18 课的既定讲授内容被延长至第 19 课,针对课文内容大意进行的诠释比原定计划超出 30 分钟左右;原本计划在第 19 课中讲授完毕的内容,韩老师同样花费了超过原计划 20 分钟的课上时间,在第 20 课的时间安排内继续对主语从句的语法相关知识进行了详细的诠释与讲解;第 20 课的授课计划也因此遭到压缩;在第 20 课中,韩老师选择跳过了原定需要讲解的段落理解类题目,着重对词汇、语法、翻译类题目进行讲解。具体如表 5-7 所示。

表 5-7　韩老师课堂话语时间分布

时间（分钟）	课堂话语主要内容及关注点
45	词性词意分析、词组搭配、词汇词组造句
75	段落大意讲解、篇章语句分析、背景知识诠释
35	主语从句概念、主语从句构成、主语从句相关例句及练习
30（拖堂五分钟）	词汇题、语法题、翻译题讲解
总计 185 分钟	

　　整体来看，韩老师的课堂话语集中在篇章讲解与词汇语法讲解上。在下一节中本研究将针对韩老师课堂话语下的教师角色进行进一步的分析与解读。

5.4.4　韩老师课堂话语下的教师角色

　　教师角色是指教师自身所期望能实现的职能类型、教师对学习发生方式的控制程度、教师在决定所教内容方面的责任体现以及教师对于学习者之间互动模式的发展（Richards & Rodgers，2001）。在本研究所观察记录的教学实践中，韩老师扮演了多重角色。在课堂上的大部分时间里，他都在诠释、提供信息，偶尔要求学生发言。与很多英语教师不同的是，汉语是韩老师在课堂上进行意义传递以及协助学生进行知识累积建构的主要媒介，担当较多元语言功能。前文已有提及，韩老师的课堂话语以篇章及词汇语法讲解为主，尤其当讲解特殊的语法术语以及难懂的单词时，汉语被用来帮助教师进行意义诠释以及概念构建。如上文数据所示，韩老师在自行设计的各个教学模块中梳理理论、阐述方法、呈现例句、组织练习，通过提问、补充、拓展、举例、等待等方式，遵循"教师启动—学生反应—教师反应—学生反映—教师评价"的课堂话语语步发展模式，详细对教学内容进行讲解。

　　韩老师在访谈中提到，她所教授的这个班有另外安排听说课程，因此她在教学安排中没有在精读课上安排太多的听说练习。韩老师认为，这种模块化学习虽然看似过时老套，但在应对考试的效率上是有着很大优势的，而通过四、六级是学生们面对的首要任务。因此在实际的课堂话语使用中，韩老师都立足于帮助学生理解语言要点以及课文中长难句的意义，同时还希望学生能够对自己所讲述的语言规则有一定的应用转化能力。从本研究观察记录的数据来看，我们可以看到韩老师对语法点的解释非常详细。例如在教授及物动词时,韩老师用英语在反复诠释了及物动词的定义及用法后,进一步对其中英文用法对比进行了阐释。

T:好,最后我们来看看这个词法知识点中英文用法的对比,这也是大家容易受到影响的地方。我们要注意,有的动词在英语里只能用做不及物动词,而在汉语里可以做及物动词,如"arrive""agree""listen"。英语里这些动词后面常接介词。(转身在黑板上写下"We arrived at the station.")我们到达车站,对吧。这里不能没有"at"。(转身在黑板上写下"Do you agree to the plan?")这句什么意思?

S:他们同意这个计划吗?

T:对,这里的"to"也是要在的,明白了吧?

S:明白了。

之后,韩老师便要求学生齐读所有被分类列举出来的及物动词,并挑出其中几个单词进行造句练习来检验学生的理解程度。课堂观察及教学视频数据显示,韩老师在这个过程中,和学生有一定的互动。韩老师在教室里来回走动,仔细听辨学生的发音,并会适时打断,给予学生必要的帮助与纠正。韩老师借助课堂话语,从语义密度高、语义引力低的语言规则入手,对其进行解包,使高度集中的概念再次进入具体的语境或事例中,使其语义引力增强,语义密度降低,形成一个又一个自上而下的语义波动。在对既定知识点进行讲解的同时,引导学生逐步达成理解、得出结论,并立即口头向她提供反馈。总体概括而言,韩老师课堂话语下所体现出的教师角色如表 5-8 所示。

表 5-8　课堂话语下韩老师所扮演的教师角色

韩老师的教师角色
1. 课堂组织与控制
2. 协助
3. 知识提供
4. 顾问
5. 记忆激活
6. 提示
7. 评价
8. 演示

此外,为了解韩老师对教学内容、教学处境、教学对象与教学方式各方面的权重,从而更好地理解其课堂话语背后的教学主旨,本研究在访谈中采用简易量表的方法,要求韩老师按五分制为自己教学中对这四个方面的注重程度来打分(5 分为最看重,1 分为最不看重)。结合同期访谈数据,所获数据整合后如图5-1 所示。

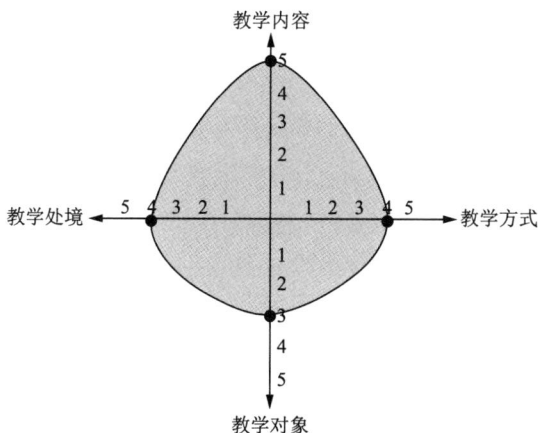

图 5-1　韩老师课堂话语主旨图

韩老师的课堂话语主旨倾向于教学内容的传递,在对教学处境有考虑的同时,兼顾对教学方式的权衡,而相对较不顾及教学对象。在下一节中,本研究将以语义波的视角分析阐释韩老师课堂话语的具体组织形式及作用。

5.4.5　本节讨论

本节基于前文所列举的韩老师代表性教学内容模块中的课堂话语片段,呈现韩老师的课堂话语在具体教学活动之中的语义波变化。

数据显示,韩老师的课堂首先以词汇讲解引入,借由词性对词汇进行分类。接着对词性的概念进行阐释讲解,进入知识解包阶段。在学生理解有关词性的概念之后,韩老师进一步采用将词汇代入例句的方式,对词汇用法进行阐释,进一步从概念向用法进行解包。在这个过程中,韩老师会不断对概念与用法进行反复对照阐释以巩固并评估知识解包的具体效果。之后韩老师会借由提问、布置练习题以及要求造句的方式,转向对更多实例的阐释。此外,根据实际课堂

117

观察数据,韩老师在针对词汇进行的讲解中,还包括带读、对语音知识的讲解以及词汇释义。综合来看,词汇讲解的语义密度及语义引力变化如表5-9所示。

表5-9　韩老师词汇讲解语义密度与语义引力变化

话语设计	话语实践示例	语义引力及密度变化	话语功能
对词汇进行词性分类并用PPT展示	"好,我们现在看下一个项目,及物动词。"	片段起始点	呈现、展示、提取
对词性的概念进行阐释	"这个'及物',顾名思义,'及'有从后头跟过来带上的意思,'及物'也就是说它需要带上一个'物'来完成这个动作,这个动作是有对象的,这个对象就是它后面要加的宾语。一般后面可直接加宾语的及物动词,有被动形式。"	SD−,SG+	解释
举例及对词汇用法进行阐释	"后面必须跟宾语意义才完整的实义动词,就叫作及物动词。一般有'主＋谓＋宾''主＋谓＋双宾''主＋谓＋宾＋宾补'的结构。"	SD−,SG+	解释、分类
不断对概念与用法进行反复对照阐释	"我们要注意,所谓及物动词,就是谓语动词,它不必通过介词引荐宾语,而不及物动词是不带宾语的。不及物动词若要宾语,才要借介词的帮助,'不及物动词＋介词＋宾语'是可以的。"	SD−,SG+	解释
提问、布置练习题以及要求造句并点评	"明白了没有？""这个句子对不对啊？""Listening 及物还是不及物？""好,我请一位同学来造个句,李某某。""Very good. Thank you."	SD−,SG+	检测、点评、要求、组织
带读发现语音问题并进行讲解纠正	"(转身在黑板上写上 [i] 与 [i:])这个怎么读？""有什么区别啊这两个？"	SD−,SG+	引导、检测
释义	"Mostly 意思是主要的、多半。"	SD−,SG+ 片段结束点	解释

118

　　根据文献综述及理论框架章节对语义波的描述,我们将韩老师词汇讲解的语义密度与语义引力变化进行分析处理,加上时间线性后,形成韩老师词汇教学片段语义波,如图 5-2 所示。

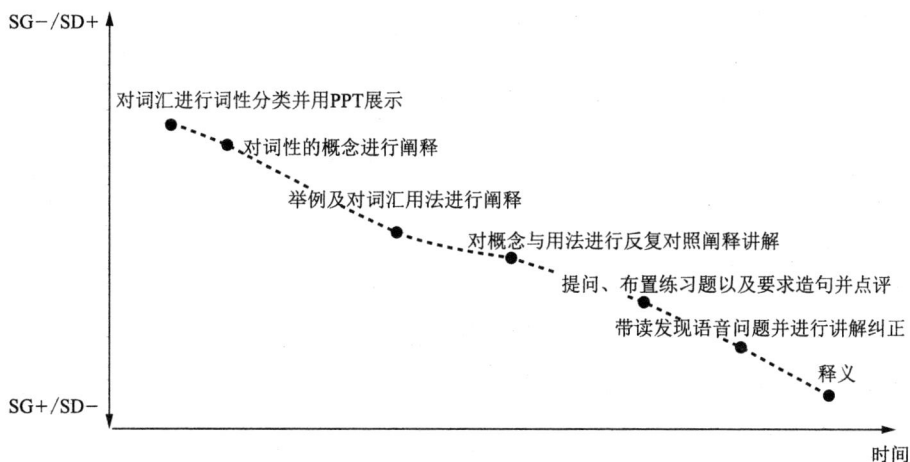

SG−/SD+

对词汇进行词性分类并用PPT展示
　　对词性的概念进行阐释
　　举例及对词汇用法进行阐释
　　　对概念与用法进行反复对照阐释讲解
　　　　提问、布置练习题以及要求造句并点评
　　　　带读发现语音问题并进行讲解纠正
　　　　　释义

SG+/SD−

时间

图 5-2　韩老师词汇教学片段语义波

　　课堂观察数据显示,在词汇讲解之后的文章的详细讲解中,韩老师遵循文章本身的篇章结构逐段逐句进行。其课文讲解部分的课堂话语主要集中在针对文章中较难词汇意义及用法的再次诠释以及长难句意义的诠释,并以此形成一个一个的教学片段。其意义诠释及知识传递模式与词汇讲授方法基本相同,采用"词句法梳理—意义阐释—用法阐述"的模式。此部分教学语义密度及语义引力变化如表 5-10 所示。

表 5-10　韩老师课文长难句讲解语义密度与语义引力变化

话语设计	话语实践示例	语义引力及密度变化	话语功能
展示呈现长难句	"好,我们现在看这个句子。It could replace oil as the strategic resource that triggers geopolitical conflicts. "	片段起始点	呈现

续表

话语设计	话语实践示例	语义引力及密度变化	话语功能
提取长难句中较为复杂词汇、表达与结构	"这个句子中首先比较难的是这几个词，strategic、triggers、geopolitical。""然后呢，还有一个从句的结构，从 that 这里断开。"	SD−，SG+	提取、分类
词法句法诠释讲解	"triggers 在这里是引发的意思，在这里做动词，做名词是枪上的扳机的意思。""that 后面这里是指它前面的某个东西会带来地缘政治上的冲突，geopolitical 是地理政治、地缘政治。"	SD−，SG+	解释
以提问、练习形式不断验证学习效果并反复	"那会引起地缘政治冲突的是什么？""到底是 oil 还是 oil 可能被 strategic resource 替代这个事？""strategic 刚刚才说的，是什么意思？"	SD−，SG+	检测、引导
整句释义	"所以这句话是说，它有可能替代原油成为战略性资源而带来地缘政治上的冲突。"	SD−，SG+ 片段结束点	解释、总结

采取与前文同样的方法将韩老师词汇讲解的语义密度与语义引力变化进行分析处理并加上时间线性后，形成的韩老师课文长难句讲解教学片段语义波如图 5-3 所示。

根据本研究所收集到的课堂观察数据，除上述教学模块中的教学片段之外，语法知识专题讲解部分在韩老师的课堂话语中占较大比重。韩老师对部分名词性从句概念、构成进行了讲解阐释并安排了相关例句讲解及练习。韩老师该部分教学中的课堂话语遵循"理论梳理—用法阐述—例句呈现"的大致模式，其语义密度及语义引力变化如表 5-11 所示。

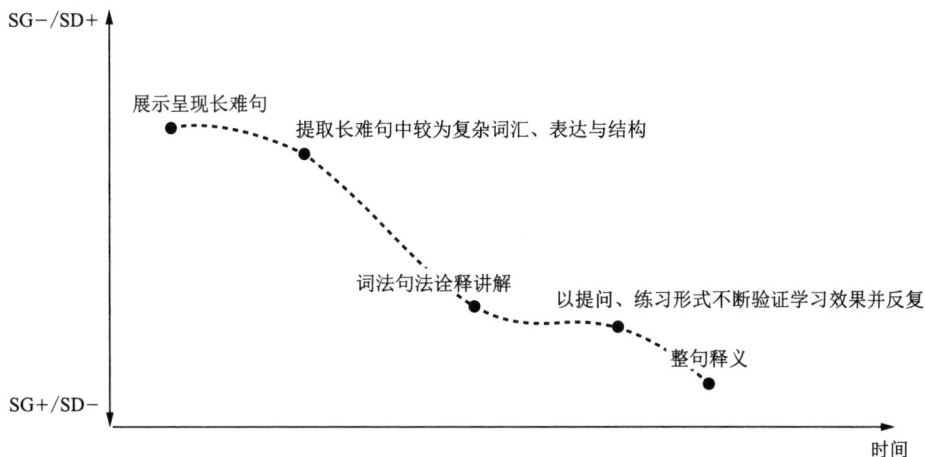

图 5-3　韩老师课文长难句讲解片段语义波

表 5-11　韩老师语法讲解语义密度与语义引力变化

话语设计	话语实践示例	语义引力及密度变化	话语功能
PPT 呈现包含语法知识点的句子	"好,我们现在看到这几个句子。(PPT 呈现出几个句子)"	片段起始点	展示、呈现
从不同引导词的角度列举从句常见类型	"刚才我们讲了主语从句的哪两种类型?""在 who、whose、whom、which、what、whoever、whomever、whichever、whatever 引导的名词性从句中,这些连接代词在句中起名词性作用担当一定成分。我们刚才也说过的,这是名词性从句的特点。"	SD−,SG+	分类、提取
从句概念、构成及例句讲解	"现在我们来讲一下主语从句的固定用法和译法,接下来总结的一些公式希望大家可以记住。(转身在黑板上写下 'It is + 名词 + 从句' 'It is + 形容词 + 从句' 'It is + 过去分词 + 从句')我们先来看这三个结构。"	SD−,SG+	解释、分类

话语设计	话语实践示例	语义引力及密度变化	话语功能
易错点易考点讲解	"应该是 'It is a fact that' 这样的结构，冠词不要忘了。""这些结构考试肯定会有，希望大家可以熟练掌握。"	SD−, SG+	解释、告知
以提问、练习形式不断验证学习效果并反复	"好，我叫一位同学来用这个公式完整造个句，李某某。"	SD−, SG+ 片段结束点	检测、要求

将韩老师词汇讲解的语义密度与语义引力变化进行分析处理并加上时间线性后，形成的韩老师语法讲解教学片段语义波如图 5-4 所示。

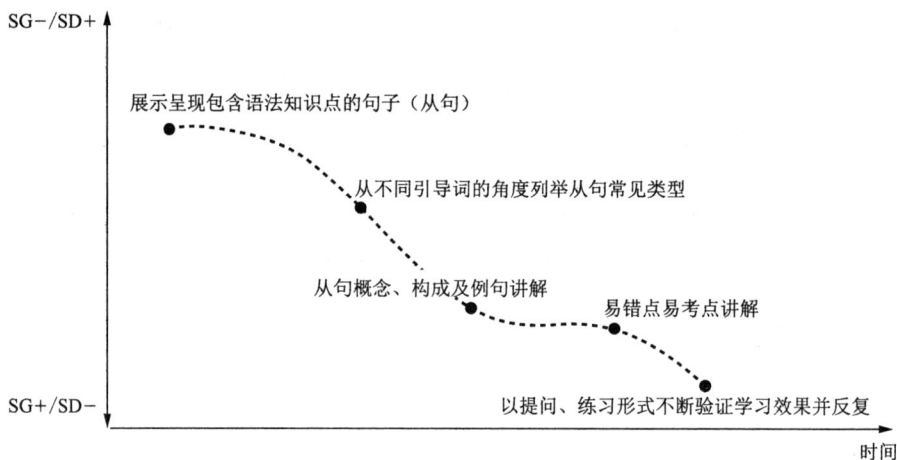

图 5-4　韩老师课文语法讲解片段语义波

综上所述，从整体来看，韩老师的话语在不同的教学模块及片段之间都遵循着"理论梳理—用法阐述—例句呈现"的模式，侧重系统性概念讲解、构成分析与释义。韩老师整体的教学安排与诠释流程主要依赖教材以及配套的教师用书，针对每一单元对该单元的授课目的进行有计划的分解及安排，从理论梳理与讲解入手，经由具体举例或是练习讲解自上而下地完成既定教学计划。韩老师会在课堂上对一个个经梳理后的知识点进行重新解构,从而对学生进行知识传授以及意义传递并实现为学生进行知识建构的过程。

可以看出,韩老师首先通过自己对既定知识点的理解与剖析,将教学材料中具象的语言表现形式浓缩成具有一定规约原则、术语化、模式化的语法条例或规则,此时复杂的描述被浓缩为高度集中的打包(Packing)概念,语义密度增加,同时语言被从具体的语境或事例中抽象出来,语义引力减弱。接着韩老师便会对该法则下所蕴含的知识(是什么)与规则(如何做)进行详细的讲解。在讲解的过程中,韩老师多使用具体的例句来对语义密度高的语法条例进行解包,高度集中的概念再次进入到具体的语境或事例中,其语义引力开始增强,语义密度开始降低。在学生获得初步的理解之后,韩老师会进一步让学生进行练习,不停对高语义密度概念进行解包从而使学生达到更好的理解效果。为方便在研究对象间进行进一步对比,其整体性课堂话语语义波可抽象总结如图 5-5所示。

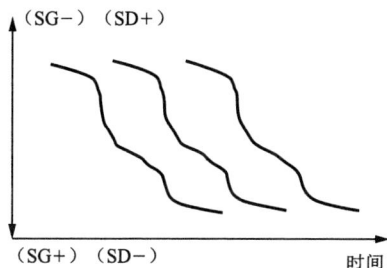

图 5-5　韩老师整体课堂话语语义波

图 5-5 中向下的曲线代表韩老师不同教学片段中的课堂话语语义波变化,在实际课堂教学中具体体现为词汇词组释义、课文长难句讲解、语法讲解、习题讲解等(详见前图)。在进行意义传递以及知识建构的过程中,韩老师首先会对知识点进行详细的理论分析。此时,韩老师的课堂话语在语义波方面呈现出语义密度高(SD+)、语义引力弱(SG−)的特点。在第二章文献综述中已有提及,语义引力和语义密度是话语语义性所包含的两个关键维度。语义引力指意义与其语境的关联程度。意义的生成越依赖于语境,语义引力就越强(SG+);意义的生成越能摆脱对语境的依赖,语义引力就越弱(SG−)。语

义密度指社会文化行为中意义的浓缩程度。符号浓缩的意义越丰富,语义密度就越高(SD+);符号浓缩的意义越少,语义密度就越低(SD−)。上图以语义密度与语义引力为纵轴,时间为横轴,体现单位时间内语义密度与语义引力的变化情况,即语义波。总的来说,韩老师将整个单元的学习分成明显的教学模块,模块与模块之间关联相对不明显,但诠释模式趋同。在不同教学模块的讲解过程中,遵循着"理论梳理—方法阐述—例句呈现",即"打包—解包—解包"的诠释模式,形成一个又一个自上而下的模进式语义波动,对意义进行传递从而达成知识建构。

5.4.6 小结

综上所述,韩老师借鉴教材以及教师用书的推荐授课内容及流程,结合自己的教学经验及对教学目标的解读,将整个单元的学习内容分成明显的教学模块。在不同教学模块的讲解过程中,韩老师遵循"理论梳理—方法阐述—例句呈现",即"打包—解包—解包"的诠释模式,形成一个又一个自上而下的语义波动,对意义进行传递从而达成知识建构,并希望以此能为他的学生在语法和语言上打下坚实的基础。实现课程知识与内容的传递以及完成课程目标的要求是韩老师课堂话语的首要目标,也是其教学的第一要务。其原因在于,韩老师认为学生所面临的最终挑战便是标准化考试,而四、六级等标准化考试都有着非常严格的测试体系,学生需要掌握既定的语法知识和语言点以达到考试通过水准;韩老师想让学生在大学英语精读课上尽可能多地获取教学文本下所蕴藏的语言知识,而不是拘泥于教学文本本身。为了让学生更好地对知识进行累积与建构,韩老师准备了详尽的自上而下的课程教学计划,并将其自上而下、高度结构性的课堂话语融入了教学计划的各个实践层面。韩老师的课堂教学话语实践并非无中生有,其教学实践受到其教师信念以及社会、文化等外部环境的影响。在下一节中,本研究将就韩老师教师信念与课堂话语实践的互动关系进行进一步的探讨。

5.5　固化中的挣扎：韩老师的课堂话语信念与课堂话语实践

（1）沿袭师承，辅以经验。

通过对韩老师的访谈，我们可以看出，20世纪60年代中期她在中学学习英语的经历以及当时的英语老师，在很大程度上影响了她对语言和语言学习的看法。她中学时期的英语启蒙老师非常重视语法教学，十分重视语言成分的准确性。韩老师认为自己从这种教学中受益匪浅，奠定了她语法层面坚实的基础，而这正是她后期语言学习过程中发展其他技能的关键。韩老师也承认，这些学习经历极大地影响了她后来的语言观与教学观。她认为针对语法的课堂话语是课堂话语实践中的基本及主要部分，并认为在这一过程中，教师应发挥主要作用。

注重教师在教学中的权威性和主导性在这个时代看起来似乎有点过时，但语言教学不同于其他学科的教学。我们所在省份的部分学生初高中英语基础很差，这样的学生交到你手上，你就要扶着他先走，即便再怎么强调自主学习、自立自强，也要有一个辅助的过程。我个人认为，四级水平都达不到的话，谈自主学习有点过早了。而且注重教师在教学中的权威性和主导性与当下所提倡的学生为中心、翻转课堂并不冲突。（韩老师访谈，2019.01.15）

韩老师承认，自己的教学流程设计在很大程度上是从自己的过往学习经历中与教学经验中提炼而来的，即教学的每一个步骤都遵循深入浅出、从理论到实践的原则。

我的教学设计基本都是遵循深入浅出的原则，也就是"理论呈现—教师讲解—学生练习"这样的模式……理论的引领十分重要，由于基础教育的原因，部分学生的发散思维并不强，因此在学习和理解知识的时候，一个纲领性、指导性的原则摆在那儿，对学生的学习会有很大帮助……我自己也是这么过来的……我承认这与现在所提倡的教学方法有一定出入，但学生的现实情况摆在那里，老师必须自行对现实情况进行分析并做出转变。（韩老师访谈，2019.01.15）

（2）教材为源，划分模块。

基于韩老师的教学计划以及教学日志的分析情况来看，韩老师习惯在新学期开始之前就对下学期所需要上的课程进行整体的备课与准备,大部分的备课任务都在此时完成。在新学期开始之后,韩老师会结合实际教学情况与进度,以单元为单位对一些习题与讲解进行必要的补充。韩老师在访谈中提到,她整体的讲解与诠释主要依赖教材以及配套的教师用书。

我一般都是依照教材上的单元教学设计来进行自己的教学设计,我觉得预先的教学设计很重要,要尽可能地详细、理论充实,这样上课讲起来才能言之有物。对于一些需要特别补充讲解与诠释的地方,如果我觉得教师用书讲解不够深入或是需要进一步诠释的话,我在参考教师用书之外,会根据实际情况加入一些我自己寻找的资料,这个一般根据课程进度与学生的学习情况提前一两个课时完成。这些课堂上补充性的诠释大多是源于我自己的教学经验或是一些考试辅导类书籍……我自己也参与过很多的教材编写,我们目前用的这一套教材很不错,从理论到实践深入浅出,刚好契合我常规的教学模式。但在实际操作过程中,我也发现教材中一些课堂活动以及口头练习不太符合实际,因此我选择性地做了删减……班级人数不少,有的活动不好操作……口头练习的内容我们是有专门的听说课的,放到听说课上来做可以做得更透彻。讲课就是一台戏,教师的备课材料以及讲稿就是教师的剧本与台词,没有剧本与台词的表演是不正规的。这也代表着教师的一种为人做事的态度。(韩老师访谈,2019.01.15)

整体来看,韩老师将单元教学分成明显的教学模块,模块与模块之间关联相对不明显,但诠释模式趋同。在不同教学模块的讲解过程中,遵循着"理论梳理—方法阐述—例句呈现",即"打包—解包—解包"的诠释模式,形成一个又一个自上而下的模进式语义波动,对意义进行传递从而达成知识建构。韩老师对此在访谈解释道:

我每次的备课还是花了大量心思的,现在的教材非常浮于浅表,很多关键性的知识都没有直接地涵盖在学习进度中……学生的实际水平与他们(教材编撰者)想象的相去甚远……学语言也好,学知识也好,没有任何的捷径,死记硬背该记的东西,并了解其之上的规则,无规矩不成方圆。(韩老师访谈,2019.01.15)

我觉得现在的课堂,尤其是一些年轻教师的课堂,有点过于泛娱乐化了,没有体系不成架构,就是带着学生一起玩……课堂是学习知识的地方,学习本就不是一件轻松的事情,教师对课堂要有一定的掌控能力,一堂课应该有着清晰的结构……关键是学完这堂课后,学生学到了什么,对于学习有什么提高没有。(韩老师访谈,2019.01.15)

课堂观察数据显示,韩老师在词汇讲解中采取分类并逐一对词汇进行讲解的方式,部分词汇韩老师只是采取讲出中文释义的方式带过,在访谈中韩老师对此解释说:

有的词汇难度不大,比如名词类的词汇,除非是有很多种考查义项,也就是一词多义的那种,我才花时间讲,以我的经验来看,考试中(这类词)考查不多,也不太是难点。(韩老师访谈,2019.01.16)

在对长难句进行讲解的时候,韩老师的课堂话语集中在意义诠释上,未做过多语法诠释。韩老师在访谈中对此解释道:

语法我之后会安排专门的时间来讲,更后面还有习题讲解进行巩固,所以我在这里没对句子的语法做过多的诠释,主要还是让学生先把握住句子的意思,更好地理解文章所要传递的信息。(韩老师访谈,2019.01.16)

此外,韩老师的语法知识专题讲解部分在教材及教师用书上均未有涉及,属于韩老师自行添加的内容,主要内容为主语从句概念、主语从句构成、主语从句相关例句及练习。韩老师在访谈中对此是这么解释的:

备课的时候,我发现这单元的练习中出现了主语从句……包含有形式主语结构这些,首先是在理解上有一定难度,二是从往年的考试情况来看,既是重要的考点,又是学生经常会出错的部分……好在我的初高中英语老师要求严格,所以我当时的基础打得比较扎实,对后来的学习很有帮助。但现在这些学生,大多数高中英语语法都没有一个基本的掌握,所以语法的专题讲练是非常有必要的。(韩老师访谈,2019.01.16)

而在第20课中,韩老师选择跳过了原定需要讲解的段落理解类题目,着重对词汇、语法、翻译类题目进行讲解。提到这样做的原因时,韩老师是这么说的:

通过之前对段落篇章的讲解,文章所包含的意义已经都传授给学生了……以我的经验来看,学生在这个层面大多不会出什么问题,所以一般段落理解类题目我都是在时间富余的情况下作为一个巩固加强的部分来讲述……你也看到了,我讲篇章花了很多时间和精力,练习题讲解的原定计划也因此被压缩……很多老师把大学英语理解成阅读教学,关于阅读真正需要什么能力,没有几个人好好想过。(韩老师访谈,2019.01.15)

从课堂观察数据中可以看出,韩老师课堂话语的语量明显向篇章大意分析与语法讲解倾斜,注重学生读写相关知识的累积构建与技能培养。韩老师的教学设计在很大程度上向读写技能倾斜,首先是受到我国大学英语课程结构的影响。韩老师认为自己所授课型为精读课程,除了本课程以外还有听说课程可供学生进一步巩固听说相关知识及技能。

另外的听说课有足够的时间给学生去传授在精读课上看起来"缺失"的东西,听说课也是我在上。我们看一堂课的时候,不能单单看这一节课或者这一个单元的设计,"课"和"课程"不是一个概念。我的听说技能和读写技能也是在不同环境下,以不同的进度发展起来的,我们学习母语的过程也是如此。一个课上听说读写译全部塞进去,德智体美劳全面都发展,现实吗? (韩老师访谈,2019.01.16)

(3)考试反拨,注重内容。

韩老师所在省份的生源状况以及现存的四、六级考试也对她的教师信念造成了一定的影响。韩老师认为,自己的课堂诠释以及教学方法符合大学英语教育所需要应对考试的现实状况。

现在五花八门的英语教学方法,考虑了考试因素吗? 教育是上层建筑的一部分,四、六级对学生的重要性就不用我多说了……虽然现在没有直接的语法题考查学生的语法,但语法词汇以及篇章理解是整个考试成功的关键。(韩老师访谈,2019.01.16)

显然,承载韩老师课堂话语的教学流程设计主要基于以下要素而创生与变化:自身学习教学经历、考试要求、学生需求、教材以及自身的学习与教学信念。通过简易量表,我们进一步了解到韩老师的课堂话语主旨倾向于教学内容的传递,在对教学处境有考虑的同时,也兼顾对教学方式的权衡,而相对较不顾及教学对象。韩老师也在访谈中提到了她这种课堂话语主旨的原因。

课的本质就是知识的传递,教师从某种意义上就是知识的传播媒介,学生能够学到既定知识的课堂才是最有效的英语课堂……我的教学模式是考虑了标准化考试的,在标准化考试的背景下,我觉得教学内容才是最为重要的,其他三个方面对我的影响不大,也不是我最主要考量的东西……我觉得现在有很多教学方法过分强调教学内容以外的因素了……从某种意义上来说,完备的教学内容就已经将其他因素纳入进去了。(韩老师访谈,2019.01.15)

（4）系统严谨,层层梳理。

韩老师所受的影响还体现在语言观维度。韩老师将英语的知识体系看成一个自上而下的系统,而自身作为英语教师,承担着知识结构梳理与知识传递的首要任务。在韩老师看来,有效的教师课堂话语承担着使学生对知识结构完全明晰,让所有需要传递的知识得到顺利传递的任务。学生因而达成知识的累积与建构,同时因此所建构起来的知识体系与原有的知识体系应保持一致。这也是一名语言教师所应该承担的角色。韩老师在访谈中也曾强调,教师课堂话语的结构要与所传授的知识本身相匹配。

语法知识是系统知识,语言整体也是如此。语言与语言教育都是层层分级,语言学习也需要各个击破,什么课做什么事。我们不仅在教学过程、教学内容、教学原则及教学方法上要强调系统性与统一性,教师在课堂上的话语也是一样。正是因为语法有着系统而严谨的结构,所以针对语法的诠释,也应该从上至下、层层梳理,并且应该以汉语为主。只有汉语才能以最高效率传递较为系统复杂的知识,我并不是说上英语课要说汉语,如果是技能训练等不需传递较多信息的课型,自然要以英语为主,甚至是全英文授课。(韩老师访谈,2019.01.16)

在实际的课堂话语实践中,韩老师也坚定地按照上述信念构建自己的课堂话语。韩老师认为,自己的课堂诠释都是源于自己对我国英语教育的深度理解以及自身受教育经历的高度经验总结,不仅代表了自己内在对外语教学的理解,更是对外部环境的适应。

进入大学后,大家都陷入了对考试开始忽视的状态。我也不是唯考试论,但这是大家都要面对的东西,教与学不能太理想主义……更何况我们的学生进校英语水平的确比较欠缺,性格上来说也比较闷,所以新式的那些教学法,或许适合发达城市、优质学校,但不太适合我们的情况……我认为语法讲解和篇章讲解是精读课程最首要的任务,当然这其中就包含了词汇讲解的部分,同时精读课的基础也是学好英语的基础,没有精读课打下的这些基础,在学校教育的范畴内谈学好英语就是空谈。(韩老师访谈,2019.01.16)

(5)尝试改变,适应处境。

韩老师提到,最近来学院讲学的专家教授都反复强调工具性和人文性的统一,所带来的教学指导经验也都与自己的教学方式有所出入。最新版《大学英语教学指南》明确指出,语言是文化的载体,同时也是文化的组成部分,学生学习和掌握英语这一交流工具,除了学习、交流先进的科学技术或专业信息之外,还要了解国外的社会与文化,增进对不同文化的理解,培养跨文化交际能力。教师要充分挖掘大学英语课程丰富的人文内涵,实现工具性和人文性的有机统一。韩老师也承认,这一变化对课堂话语产生了很大的影响,也让她感到些许的沮丧。

之前一位专家来我们学校讲学,听了几位老师的课,其中就包括我的课……我听得出,专家看在我是老教师了,说得很委婉,但言外之意就是我的课堂话语呈现方式比较陈旧,学生在课上的参与度不足,学生的可持续性发展态势不足,课堂的有效性也不明显……我现在其实开始理解这方面,也在试着慢慢做调整吧……毕竟现在所有的新方法、新工具都是我们读书那会儿没有接触过的,完全运用自如有一定难度,教着教着就走回自己的老套路了(韩老师访谈,2019.01.17)。

韩老师所在学院有很多青年教师积极参与教学研究、学术会议,少数青年教师还在职攻读博士。这些教师在积极对自己的课堂教学进行反思,利用课堂开展教学研究并申请科研项目,并将自己的经验带回,在教研会议上与大家交流。通过这个渠道,韩老师得以了解其他教师教室里发生的事情,以及省外英语教学研究和理论的最新进展。韩老师在访谈中承认,与同事的频繁互动和交流有助于自己从不同角度看待自己的教学,反思自己的教学设计。她认为,与年轻的同事建立密切关系对自己的工作是非常有益的。

我挺喜欢和这些年轻教师交朋友的,他们的思路的确很活,而且接受新理论并付之于实践的速度的确很快……经常与他们打交道让我能以最简单的方式了解到教学科研的前沿动向……而且这些青年教师们有很多比我的学生大不了几岁,多接触他们也可以让我多了解我学生这一辈人是怎么想的,他们到底想要什么、喜欢什么……年轻同事的课堂我有去看过,他们的课堂话语更为生动、风趣,学生相对也更积极地参与到课堂活动中……虽然我仍然认为我课堂话语呈现有我的可取之处,但我承认,有一部分学生在我的课堂上无法充分地参与进来。(韩老师访谈,2019.01.16)

随着访谈的深入,韩老师也开始谈起了自己在逐步改变的过程中遇到的一些难处与纠结。近年来信息技术迅猛发展,当下的英语课堂不仅鼓励教师使用多媒体设备进行多模态的教学诠释,更鼓励教师借助移动技术辅助教学。在青年教师以及专家教师的课堂演示中,韩老师见到他们结合新技术并采用各种方式对教学中需要传递的知识进行更生动的诠释,感到些许羡慕。

倒不是说羡慕年轻人的新花样,年轻人在技术方面学习能力确实很强,他们也能更快地接纳新东西……他们(青年教师)借助 QQ、微信,与学生的关系也更融洽,我也有 QQ、微信,但是在上面和学生交流比较少,大多是用来传文件和发通知,我还是喜欢面对面的交流。(韩老师访谈,2019.01.17)

此外,韩老师所在学院也将大学英语的授课形式改变得更为复合化,其所在学校的大学英语期末总评成绩由 4 部分组成:精读、听说课程平时成绩20% + 某网络学习 10% + 某网络课程 10% + 某网作文成绩 10% + 期末统考卷面成绩 50%。而这其中的网络课程、网络作文进度监督指导以及传统的课程授课都是由一名固定的教师负责。此外,学院的教学计划中明确要求任课老师要鼓励学生积极参与英语课外活动(如全国大学生英语竞赛、CCTV 杯英语演讲比赛);并积极参加全系与教研室组织的各种教研活动,深入研究与探讨教材、教法与教学中存在的各种问题;还要结合自身与学生实际情况,开展大学英语四、六级测试的各项研究以及大学英语教学改革的相关研究。而这些要求,都让韩老师感受到了一定的压力。

说实话,很多学院的教学要求,尤其是自主学习的监督之类的我没有太上心……不是说我觉得没用,而是我确实不太熟悉电脑操作,也没有年轻人那种整天坐在电脑前的习惯,所以很多时候我检查他们的自主学习都是让班长帮我检查后向我汇报,这样其实不太符合我的工作风格。(韩老师访谈,2019.01.17)

上述因素促使韩老师开始学习新的教学技术并采用新的课堂话语诠释方式,一方面这是韩老师对外语环境所提出的要求做出的调整,另一方面是韩老师在课堂话语行为上为了能更多地与学生进行交互所做出的尝试。在后期补充访谈中,韩老师虽然依然坚持自己的部分观点,但她也已经开始逐渐意识到自己教学中的不足,并开始改变。

> 我还是坚持认为语法阐释与篇章意义传递是精读课教学中最重要的东西,我是从中学一路教过来的,没有人比我更清楚中学英语教育的情况,我们学校大多数学生都是理科生,基础亟待在大学的第一年补好……这就好像是房子没修好,要返工啊……但我也承认,教师在课上对某些知识点进行讲解的方法可以多种多样,课堂中更多地结合一些文化要素阐释,对提高学生的综合素质也是有帮助的……适当的时候,我也会安排学生来讲一讲,这样也可以形成一种检测机制……教师在教学中的权威性和主导性其实也可以说是相对的。(韩老师访谈,2019.01.16)

首先是课时安排上的细微调整。韩老师所在的学院使用的教材本学期一共安排有 6 单元的课程内容,本学期的授课周数为 16 周。学院规定精读教程共 48 学时,视听说教程 16 学时,另含网络学习 32 学时。在针对读写听说的课时安排上,韩老师在开学初做出以下安排(表 5-12)。

表 5-12　韩老师教学课时安排

教学周	教学安排
1、3、5、7、9、11、13、15	4 学时精读课(课本内容讲解)
2、4、6、8、10、12、14、16	2 学时精读课、2 学时听说课

原本韩老师计划精读课程在单周花 4 学时基本讲完书本内容,双周 2 学时的课程进行补充内容的授课以及起到机动作用,这样的话全部 6 单元的内容就可以在第 12 周结束,剩下的第 13 周、第 15 周结合前几周学习以及网络学习中出现的情况进行针对性指导。但在意识到自己过于偏重词汇语法讲解时,韩老师决定将原计划进行针对性指导的第 13 周、第 15 周改为进行文化背景知识介绍,韩老师在访谈中这样说道:

> 我打算把原来准备进行针对性指导的两周用来做一些文化背景知识介绍,我会把课本中的文化背景知识集中一下,然后给大家讲讲,之前打算做的针对性指导放到前面的学时中去……但我对这个调整还是持谨慎态度的,先试试

看。(韩老师访谈,2019.01.16)

但这种改变并不顺利,由于韩老师其个人风格已经形成,并在长达数十年的教学生涯中不断重复强化,固定的教学模式已经深深地刻入了她的脑海之中。同时,学生层面的因素也对她的反思起到了一定的影响。在后期的小组座谈中,韩老师提到了这件事后来的执行情况。

最后集中课本的文化背景给大家讲解,讲的时候我自己还是很满意的,可是后来回家想了想,自己似乎还是在用讲词汇语法的方式在讲,还是以我自己为主导……教学风格的转变,不是一天两天的事……而且,我本来是打算用一些小活动来引导教学的,但后来发现,学生注意力最好的就是课上的前20分钟左右,一开始太松散的课堂,到最后根本难以为继,所以后来我还是按照自己原来的方式,先对较难的一些概念性的东西进行解读和诠释,然后再层层梳理相关知识。(韩老师访谈,2019.01.16)

在访谈中韩老师也提到了大班教学给课堂活动所带来的困境。由于全校所有专业都要修读大学英语,目前韩老师所在的学校无法做到小班教学。大班教学使韩老师觉得过分活跃的课堂会对教学进度的完成产生影响。

B班的人数不定,我教了两个班,你来听课的这个班40人左右,另一个班60人左右,无论哪个班都是大班的体量……这样的班,有时候很难进行一些课堂活动,毕竟教学计划要完成,不能一堂课一堂课地带着学生玩……课堂气氛也确实难以整体调动起来,总有学生缩在后面不听,这个我也没有办法。(韩老师访谈,2019.01.16)

我也尝试着将听说内容在精读上也进行一定的加强,但这样的话,我原有的精读教学就会被压缩,课本的内容可能就讲不完了。(韩老师访谈,2019.01.16)

为了应对这种冲突,韩老师尽量在教学计划上反映出其课堂话语"需要达到的平衡状态",而在实际的教学过程中,依然还是沿用自己固有的话语行为模式。但我们也可以看到,韩老师在认知方面已经开始发生变化,并在尽力寻求解决之道。

我也知道自己的问题,我现在先在教学计划上尽量做到一个"平衡"吧,学院领导也找我谈过一些教学的问题,总是给我提意见我也挺烦的,总得先做出来点东西来……平时和同事讨论课程设计的时候,我也会听听他们是怎么处理问题的,毕竟都在一个单位,大家面对的问题应该也差不多……我最近也在看一些书,了解一下其他国家和地区的教学方法,也会去看一些教学比赛的视频,观察他们的课堂话语以及诠释、传授知识的方式……同时我也会在每学期的末尾安排一点时间让学生对上课出现的问题进行汇总,看看他们是怎么想的。(韩老师访谈,2019.01.16)

5.6 本章小结

本章通过韩老师的案例对所收集的数据进行呈现,并对韩老师的课堂话语及教师教法进行深描,内容包括其话语内容选择与呈现方式、其课堂话语所体现出的独具个人特色的教师教法以及其教师信念与实践所产生的冲突及纠葛。首先,从韩老师的语言信念来看,在早年求学的过程中,韩老师将英语看作一种重要的工具,通过这种工具,自己可以了解外面的世界,学习现代知识,找到更好的工作和更高的薪水,甚至是出国获得更好的外部环境支持。但当她的角色从一名英语学习者转向一名英语教师之后,其视英语为工具的语言信念也开始进一步向着实际出发,她认为英语是一个最为重要的学习任务,是学生通过考试所要掌握的固定知识。从本质上来说,韩老师依然将英语看作一种工具,只是工具所指的任务和目的随着时间的推移以及自身角色的转变而发生了变化。

其次,在语言学习信念方面,从数据中我们可以看出,韩老师在很大程度上笃信语言学习与记忆大量词汇、厘清重要语法概念以及语言结构有很大关系,她坚信对上述知识的识记及掌握是在中国国情及考情下对英语进行掌握的最有效方式。同时,通过反思学校其他教师的创新教学,借鉴来校专家推广的教学方法,以及参加一些学术讨论,韩老师也开始更进一步地认可语言学习的交流属性与文化属性,并努力对自己的个人教法进行调整,最终体现在其课堂话语实践中。

再次,在语言教学方面,从数据上来看,韩老师认为语言教学的首要任务是词汇与语法教学。她认为,学生必须通过语法和语言要点的详尽诠释来掌握语言,在建立了坚实的语法和词汇基础之后,才可以谈其他技能的培养。韩老师并不否认听说训练的重要性,但认为读写是听说的基础,不能越过读写谈听说。同时就教学目的而言,韩老师认为四、六级是大学生面对的重要任务,这也是大学英语教育多要面对的现实性目标。也正因如此,四、六级考试对其课堂话语也产生了很大的影响。韩老师认为,她在教学中主要承担对所需掌握的知识与方法进行诠释与传递的任务,她认为自己针对语言点、语法和翻译研究,是帮助学生在考试中取得好成绩的有效途径。这样做也让她感到十分宽慰,她认为自己在帮助学生取得成功方面迈出了非常坚实的一步。韩老师承认自己的课堂教学在向现实需求妥协,她虽然看到社会在不断变化中对学生整体语言素养提出了更进一步的要求,但她认为标准化考试体系就如同横亘在学生与外部世界间的一座大山,学生必须通过她的帮助先越过这座大山才能看到外面的世界。韩老师在接触青年教师以及校外专家的话语诠释及课堂教学模式时,也不由地尝试着采用新的方法来满足学生需求、培养学生能力。显然,韩老师试图解决她的传统教学方法和新的教学趋势以及社会发展趋势之间的紧张关系。尽管她认为词汇语法教学依然是教学中的重点,但她在精读课的设计上开始向培养学生的口语能力、文化理解能力做出一定的倾斜,并开始通过增加学生发言阐释的机会,以淡化自己作为教师在教学中的主导性和权威性。这表明韩老师的教师信念与教学实践正在开始发生重大变化。但我们同样也可以看出,虽然她所持的传统教学模式已在其教学信念中有所松动,但要做出重大改变对她来说十分困难。就教学设计而言,韩老师参考了课本及教师用书中提出的教学方法和程序来备课,充分考虑了内容和重点、组织、活动、教师角色和学生角色以及材料的使用,通过对自己教学的不时调整,基本完成了既定的教学计划。但事实上,她在不同的教学模块中套用了固定的阐释模式来进行自己的课堂教学实践。从话语的表现特征来看,其所体现出的教学方法上的不同仅属于教学表征上的不同,在语言层面依然遵循着同一个既定的模式。总的来说,韩老师的课堂话语具有以下显著特征(见表5-13)。

表5-13　韩老师课堂话语特征

韩老师课堂话语特征
1. 汉语作为最主要的元话语被用来诠释新的概念性知识,以及对英汉语言本体上的差异做出比较性诠释
2. 呈现出自上而下进行诠释的规律,每个诠释模块之间关联不明显
3. 诠释性话语为规则性诠释,集中用来解释语法、语言要点、翻译目标语言
4. 以文本主题为中心,从教学材料中选取一些关键结构和句子,提炼词汇语法要点
5. 借助对句型和语法规则的讲解与呈现,对语言要点进行自上而下的诠释,然后通过例句分析和翻译练习进行实践
6. 偏重读写技能培养,要求学生对词汇释义、语法概念以及句型结构等进行记忆
7. 学生对教学材料的理解能力以及应试能力的提升是最主要的目标
8. 强调教师在教学活动中的主导型与权威性(已有一定的转变)
9. 受教学内容和教学处境影响较大,受教学方式和教学对象影响较小

此外,韩老师也提到社会、文化和政治因素对其教学信念、设计以及课堂话语实践的影响。

我们的社会制度、社会主旨思想和其他一些上层建筑在潜移默化影响着我们的语言学习与教学……我接受基础教育时……语言学习是政治任务,语言是战斗的武器……到后来随着中国改革开放,学习英语的目的变得更加务实。出国看世界、挣钱,语言学习是改变自己生活的途径,语言是求生工具……而现在,学习英语的目的进一步提升自己,语言学习成了培养个人能力与素养的要素,语言成为表达自身与理解他人的重要载体,成了个人素养的一部分。从宏观的角度来说,这些社会、文化和政治环境确实对教师的课堂话语有着很大的影响。有些话在课堂上应该怎么说,都带着时代的印记,这与教师成长时所处时代的思想导向有着很大的关系,并且有的思维方式一旦形成,要改是很难的……或许教学也存在"代沟"吧。(韩老师访谈,2019.01.17)

综上所述,韩老师的课堂话语从根本上讲是务实而单一的。虽然也有不同的体现方式,但她的课堂话语所体现出的个人教法的核心是以语法翻译法为导向的。她课堂话语的塑造受到微观个人因素、中观情境因素及宏观外部因素的共同影响,其中宏观外部因素,即曾经层级化、体制化的社会结构以及当下标准化考试的要求,对韩老师的课堂话语影响最大,同时也影响了她的教师教法。一方面,她认为自己必须将既定的知识传递下去,这是教师以及教育的根本义务,也是帮助学生最快适应当下考试要求的途径。另一方面,由于社会的进步,外部环境对学生能力的要求也越来越全面,她也开始意识到自己的教学应该向培养学生的口语能力、文化理解能力做出一定的倾斜,自己作为教师在教学中的主导性和权威性也应在一定程度上加以淡化。虽然她所持的传统课堂话语诠释以及知识累计建构模式在其教学信念与实践层面中有所松动,但对于韩老师来说,这种改变是渐进的,也是艰难的,短时间内做出巨大的改变对她来说十分困难。

第六章

杨老师

6.1 引言

本章与第五章一样,同样基于研究问题、概念框架以及研究设计继续对所收集的数据进行呈现。本章主要以案例的方式呈现第二位研究对象杨老师的相关数据,旨在描述其课堂话语的内容选择与呈现方式、课堂话语所体现出的独具个人特色的教师教法以及其教师信念与实践所产生的冲突。第6.2 节对杨老师的过往经历进行了描述,包括他的个人生活经历、学习经历、教学经历和职业发展,旨在挖掘其教师认知,包括其语言观、教学观以及语言教学观的建构过程及影响因素,为诠释其课堂话语信念以及课堂话语信念与实践所产生的冲突、调和及妥协等提供必要的分析来源。第6.3 节对杨老师的教学环境进行了描述,旨在了解其教学属性以及所处的具体处境,包括授课班级学生人数、层次,课堂具体环境及具体授课内容要求等,为分析其课堂话语实践以及其课堂话语实践与具体情境的冲突及协调提供分析来源。第6.4 节根据第三章中所构建的分析框架,对杨老师的课堂教学进行了描述,旨在了解其教学过程中的课堂话语安排、内容、重点、组织、类型和来源,精准呈现其课堂话语实践实景,为分析其课堂话语实践及其实践与信念之间的冲突与调和提供分析来源。第6.5 节对杨老师的访谈内容进行进一步挖掘,旨在对杨老师的课堂话语信念进行更深层次的呈现,重点描述杨老师的话语信念如何对其教学推理产生影响并进一步塑造其教学实践,且在实践中所产生的问题又是如何对其教师信念产生影响及改变的,以此厘清杨老师的课堂话语信念与实践之间的互动关系。

6.2 基础坚实、教研结合:杨老师的学习与教学经历

杨老师于 1984 年 6 月出生于我国西南地区 G 省 K 市,教龄 9 年,目前正在攻读外国语言学及应用语言学博士学位。杨老师基础教育阶段较为顺利但高等教育求学经历较为辗转,加上后来的教研结合经历,诞生了独具个人特色的课堂话语信念及实践。杨老师曾获校级教学比赛奖项 1 次;主持参与校级项目 7 项;公开发表教育教学学术论文 5 篇,包括 1 篇核心期刊论文(CSSCI);出版译著 1 部,参编教材 5 本。下面将对杨老师的个人经历进行简要介绍。

(1)家庭助力,打牢基础。

杨老师出生于我国西南 G 省 K 市,K 市属于 G 省某自治州下辖县级市,与邻省交界。杨老师出生于知识分子家庭,其祖父为中学校长,父亲为中学教师后转调公务员岗位,母亲为大学教师,家中另有不少亲戚也从事教育事业。与同龄人的家庭有所不同,杨老师家族中的祖父辈几乎全部接受过高中或中师(中等师范学校)教育,部分接受过高等教育,父辈全部接受过高等教育。其曾祖父十分重视子女的文化教育,杨老师的祖父辈也才因此全都在 20 世纪三四十年代就接受了高中或是中师教育,而杨老师的祖父作为家中长子也是最为优秀努力,读完高中后考上了省城的大学。后由于抗日战争原因,学校停办,于是他只上到大一便返乡。未能完成大学学业成为其一生的遗憾,也致使他对自己儿孙辈在学习上的要求更加严格。杨老师的父亲在这样的督促下,一直也成绩优异,加上天资也较为聪颖,"文革"后第一次高考就考上了临省的师大,毕业后便投身于教育事业。起初是做中学数学教师,后来经调任进入公务员队伍。杨老师的母亲则是从中师毕业留校任教,之后通过进修以及学历提升,取得硕士学位后从中师调至 K 市某学院任教。

K 市地处我国西南地区,教育水平较为落后。但因上述家庭背景,杨老师在基础教育阶段获得了当地相对较好的教育资源,得以就读于当地最好的中小学,并一直在当地口碑最好的班主任所管理的班级就读。杨老师的幼儿园老师

是母亲的学生；小学班主任是其祖父的学生，同时也曾是其父亲的班主任；中学班主任是祖父曾经的下属；高中班主任是父亲曾经的学生。因此，杨老师在求学的不同阶段均受到老师们的诸多关注，并被寄予了很大的期望。杨老师也因此一直在小学与初中阶段保持在班级前 5 名，年级前 10 名的成绩。除学校学习之外，杨老师的家庭也给予了他许多增广见闻的机会。杨老师清楚地记得，每到寒暑假，母亲的单位就会组织去外地旅游，有时候还会去北京、上海等大城市。每次旅游途中，母亲都会要求杨老师写旅游日记，以锻炼其文笔和叙述能力。而杨老师的父亲每次出差都会给他带礼物，小一点的时候是一些智力玩具，大一点以后便开始有很多书籍，《故事会》《童话大王》等都是杨老师小时候的最爱。见杨老师喜欢，他的父母除了通过各种渠道给他买书以外，也从自己工作单位的图书馆给杨老师借回许多故事书来看。除此之外，杨老师的父母还给他买了很多故事及歌曲磁带，杨老师说自己几乎是生下来就"泡"在这些磁带里面，听着里面的人讲阿凡提、巴拉根仓以及阿里巴巴的故事，常常是伴着故事醒、伴着故事睡。杨老师的父母工作忙的时候，便将杨老师送去爷爷奶奶家。杨老师在访谈中提到，爷爷家那几个巨大的书柜就是他童年的"宝藏"。玩玩具玩累了，他便会搬张椅子去书柜里找书看，最小的时候只能翻些老的连环画，或单纯地浏览书里的插图，爷爷会给他讲他看不懂的那些字。能识字了以后，爷爷便带着他看《古文观止》《史记》、四大名著等书籍。杨老师说，自己当时基本都是漫无目的地阅读，看哪本书里面有故事，或是哪本书里插图好看，又或是哪本书标题吸引人就看哪本。父母家的书柜也是杨老师喜欢的地方，母亲有很多关于心理学的书，上面有着漂亮的彩色插图。这一切让杨老师觉得无比新奇，经常抱着书一坐就是一下午，还告诉父母说自己以后想学医，做一名脑科医生。

杨老师回忆，当时他所就读的小学在学习之余会经常举办一些活动。杨老师很喜欢文娱类活动，尤其喜欢参加唱歌跳舞、乐器演奏、演讲以及写作大赛等活动。杨老师在访谈中也提到，父母经常鼓励自己参加这些活动，并给予一定的指导。当时，演讲比赛与作文比赛的稿子都是全家人一起审阅并给出修改意见。因此，杨老师在小学和初中阶段获得了许多演讲及作文比赛奖项，阅读、表达以及逻辑思维能力相应地得到了锻炼，自信心与成就感也获得了很大的提升。进入初中之后，杨老师成绩依然保持班上前 5 名，但数学成绩不算拔尖，有

时候只能考 80 多分。于是杨老师的爷爷每天给他布置大量的习题进行专题指
导。据杨老师回忆，爷爷家的阳台上靠墙支着一大块黑板，每天上面都有满满
一黑板的习题等着杨老师去做。杨老师回忆说，自己比较喜欢做擅长做的事情，
不顺手的事情会非常嫌麻烦，而且在不顺手的事情上会没有自信。但碍于爷爷
的严格，杨老师还是认真地做题。之后杨老师考入了 K 市最好的高中。

（2）时至高中，初尝压力。

进入高中之后，杨老师保持了阅读与表达上的能力，文科成绩优异，尤其是
语文与英语考试成绩在全年级都排第 1 名或第 2 名。杨老师就读的高中为保
持当地最好高中的声誉及大学入学率，设有文理科尖子班各一个，集中了学校
最好的文理科生源进行培养。杨老师因为文科成绩优异被选入文科尖子班就
读。文科尖子班的学生自然是提前将大多数精力都放在了文科课程学习上，杨
老师也是如此。虽然可以规避物理、化学、生物课的压力，全心投入文科学习，
但数学依然是杨老师的心头刺。杨老师在访谈中无奈地说起，自己一看到数字
就头疼，到现在依然不认同世界上所有的东西都可以用数字来表征与解释。但
杨老师也十分喜欢理科的一些知识。杨老师在访谈中提到，他很喜欢天文、医
学方面的东西，他清楚地记得小时候父母给他买的《十万个为什么》里的小故
事，还立志要考取医学院。就这样，杨老师每次摸底考试都会出现戏剧化的结
果，英语常年排名全年级第 1，语文以及其他科目也能排进前 5，但数学常年排
名全年级倒数。杨老师说，当时自己是最好的学生同时也是最差的学生，英语
老师和语文老师的鼓励让他振奋，但数学老师的冷眼又让他失落。到了高二，
杨老师所在高中需要按照成绩情况重新分成文理科班级，杨老师因此也面临着
最终选择文科还是理科的问题。杨老师回忆，当时按理智上来说自己应该选
择文科，但由于在文科尖子班的压力实在有点大，而且自己很多初中的朋友都
在理科班，因此杨老师最终执意离开文科尖子班去了一个理科平行班（非尖子
班）。

进入理科平行班后，虽然老师们没有像尖子班抓得那么紧，但教学以及指
导的重点全面转向了理科，杨老师也因此压力倍增。但本着想考医学院的理想，
杨老师苦苦坚持，家长也倾尽全力抓紧对杨老师学习的监督。杨老师在访谈中
提到，自己后来越来越无法在学习上获得成就感，甚至连自己本来擅长的科目

都无法给他宽慰,因为当时周遭弥漫的都是男生理科好才是真优秀的论调,文科一般都是女生考的;加上自己家中爷爷和父亲都是理科背景出身,自己数学不好也总是给人一种抬不起头来的感觉。就这样,杨老师大部分的学习和复习时间都花在了数学及理科综合上,英语的优势渐渐失去,心情也日渐焦虑。最终,杨老师高考分数十分不理想,只勉强够得上当地的一所市级学院。考上该学院在父母心中基本等于高考落榜,根本谈不上喜事,杨老师的家长劝说杨老师复读。杨老师在访谈中说,自己实在是厌恶高中学习的感觉了,所以没有选择复读,硬着头皮去了大学,只想着能逃离高中生活便好。

(3)大学就读,获得机会。

因为数学成绩不好,杨老师选择大学就读专业的时候没有太多选项。杨老师在后来的访谈中提及,自己选择英语专业完全是为了避开数学。杨老师曾就读的学院属于二本地方类院校,专业门类不算丰富,完全不接触数学的专业只有中国语言文学和外国语言文学两个专业。在与家人商量后,最终选择了当时自己较为擅长,看起来也更好就业、更有前途的英语专业。

杨老师就这样开始了自己的大学之旅,由于摆脱了数学以及其他理科课程的束缚,杨老师在大学里学得十分轻松,一开始顺风顺水,不仅在学习上保持班上前几名,也常常受到老师的关注与表扬。杨老师还积极参加各种活动,包括演讲比赛以及各类文娱活动,高考失利的阴影似乎一去不返。然而好景不长,大一的第二个学期考试,杨老师英美文学、阅读等几门科目险些挂科。杨老师在访谈中也承认,自己那段时间感觉自己终于逃离了高中的黑暗生活,突然就放松了,加上到了一个新的环境,结交新朋友、接触新事物,很多事情应接不暇,学习方面确实没有花太多功夫。虽然自己高考备考时花在英语上的时间也不多,但进入大一后花在学习上的时间更少了,加上英语专业的学习不像以前只需要考核相应的听、说、读、写技能,还有一些语言学、文学及文化背景知识需要识记与理解。杨老师的老师也找他谈过很多回。因为他成绩不理想,杨老师所参加的系辩论队也曾怀疑杨老师是否能同时兼顾活动与学习,并考虑将其分去二队。在所有谈话中对杨老师影响最大的是他与班主任的谈话,当时他的班主任叫欧阳,在杨老师就读的学院毕业后留校。据开学典礼时的领导介绍,欧阳老师在校期间表现优异,不仅是学生干部,还积极参加各类活动,并且各科成绩都在 85 分以上。欧阳老师的一句话让当时的杨老师印象深刻——"高考完了放松一下也不是不可以,但你不止如此,我能看到你身上的潜力"。欧阳老师还与学院分管学生的领导们力争,让杨老师留在辩论一队,并自己立下军令状保证杨老师的学习在之后会有改善。欧阳老师虽然不担任教学任务,却经常询问杨老师的学习情况,甚至以自己要考研为理由,让杨老师帮忙整理资料或是与他一同讨论许多专业上的问题,还经常借一些自己读书时的心得笔记给杨老师。就这样经过一学期,杨老师成绩在班级继续保持前列,同时也拿下了两场辩论赛的最佳辩手,系辩论队也在全校辩论赛中夺冠。杨老师在后来的访谈中提到,自己的职业期许应该也就是在那时慢慢开始发生变化,之前想当脑科医生的梦想自然是无法实现了,但是想做一名大学教师的梦想开始萌芽了。杨老师也将自己关于未来职业的规划与同是大学教师的母亲交流,母亲表示了极大的支持,但也告诉他现在进大学可至少要硕士学历这个现实情况,稍微好一点的大学甚至只招博士。这让杨老师也开始产生了考研的想法,并开始着手准备。

杨老师临近毕业时,学校启动了与欧洲以及东南亚部分大学的留学合作项目,定期遴选优秀在读生或应届毕业生前往国外进行交换或攻读硕士学位。杨老师努力争取,成功获得前往东欧某国攻读应用语言学硕士的机会。杨老师回忆说,那两年的留学经历进一步开拓了自己的眼界与学识,学习习惯也开始进一步养成。在国外的那两年,可获取的资源更多、时间上也更自由,杨老师因此阅读了很多的书籍,有语言学专业方面的,也有心理学、教育学及社会学等其他专业的,不断累积自己在语言学、心理学以及教育学方面的知识。杨老师读完两年硕士后本打算继续申请攻读博士学位,当时他的导师也鼓励他申博并已在当地孔子学院为他安排好工作以补贴生活。但杨老师考虑到当时在国内凭硕士学位想要谋一份大学教职越来越难,况且读博估计需要花 5 至 8 年的时间,毕业后不知就业市场是否会进一步紧张,因此他便决定边找工作边申请博士。临近毕业时,杨老师基本敲定了工作事宜,决定先回国工作。杨老师在访谈中提到,自己当时虽然高兴,却也有一份失落,因为放在手边的博士生涯就这么溜走了,也不知道之后还会不会有机会。

（4）在职读博,教研结合。

杨老师硕士毕业后成为一名高校英语教师,主要负责大学英语教学,也承担部分英语专业及商务英语专业的课程教学任务。在教学过程中,杨老师也渐渐开始意识到一些问题。前文已有提及,杨老师所在的S大学所属省份整体生源、师资、教育水平都与东部、中部地区有一定的差距。非专业学生的四、六级通过率以及专业学生的专四、专八通过率均未超过50%。杨老师所在的外国语学院的部门领导以及教师也经常为此感到头疼,经常会开展许多教学研讨活动以寻找对策。杨老师除了在实际的教学中积累经验之外,也会向自己的家人请教,一到放假回家,杨老师家的客厅就是小型教学研讨现场。虽然大家所教课程有所不同,但就教学方法、教学目的、教学设计、学习引导以及师生关系方面依然有着不少的讨论空间。杨老师从中也受益颇多,他在访谈中提到自己的这种非正式的家庭教学讨论让他好像"已经教了几辈子书一样"。杨老师认为这种间接性的经验对他起到了很大作用,不仅让他更常反思教学,还让他的教学理念在不同环境中遭遇挑战及认可,从而不断完善。除了家庭所带来的经验之外,杨老师所在学院还有"传帮带"制度,即每位青年教师入校后会被指派一名资历较深的教师作为导师。杨老师的导师是一名副教授,当时正在职攻读博士学位,给了杨老师很多教学以及学习上的建议。杨老师在访谈中回忆,第一次与这位老师见面,就收到了一份详尽的书单,仿佛又回到了硕士学习阶段。杨老师也借着这份书单向老教师学习、与老教师讨论,熟悉了教学并渐渐有了自己的思考。

工作之后,杨老师依然念着当时未能继续攻读博士的遗憾。虽然杨老师所在外国语学院博士较少,但其所在单位近几年招聘已经很少有专业还要硕士毕业生,绝大多数专业招聘教师的要求都是至少拥有博士学位。杨老师也开始感觉到了隐隐的压力。在评讲师的过程中,杨老师也发现评职称的要求越来越高,难度也越来越大。评副教授还要求需要有在核心期刊发表文章的经历,而杨老师所在的学院基本上没有老师有这种经历。杨老师在访谈中提到,虽然当时一切都还没有太多变化,但外界的一些信息让上至学院,下至普通教师都颇有"大厦将倾"的危机感,读博成了应对这种危机的最好方式。但杨老师同绝大多数同事一样,同时承担大学英语与专业英语教学,每周的课时量高达10余节甚至20余节,有时还担任着不同课型的教学任务,教学压力较大。加上杨老师已经成家,需要顾及家事,很难有时间潜下心来备考。杨老师所在学院考虑到这种情况,在力所能及的范围内经常邀请省外专家博导来进行讲学,杨老师便通过这个窗口了解了不少科研动态以及博导信息,并通过一次讲座的机会接触了一位博导,向其表达了报考意愿。这位博导也有心栽培杨老师,愿意扶持祖国西部的高等教育师资发展,给予了杨老师积极的回复,并与杨老师通过邮件保持着联系,不时布置一些阅读以及思考的任务给杨老师。经过与导师的不断交流以及与导师合作项目,杨老师获得了导师的认可,得到了在职攻读博士的机会。

通过博士学习,杨老师开始对外语教学有了更系统、更深入的了解。杨老师的导师是一位强调教学科研并重的博导,经常提醒杨老师要将教学与科研结合起来,要用教学促进科研、用科研反哺教学。杨老师在导师的引领下,结合自己的研究兴趣,将研究焦点定在了外语学习者的识读能力和口语能力(Literacy & Oracy)提升以及相应的教师教法与教师认知研究方面。杨老师在访谈中提到,自己的教学方式也因此受到了很大的影响,与自己早年的教学模式相比,现在的教学模式有了很大的变化。自己在经过了博士学习后,在教学中会有意地进行一些教学尝试来对教学进行探索,也会有意地去检验一些教学理论在实际教学中的有效性。

6.3 杨老师的教学环境

上一节主要就杨老师的成长和教育经历进行了梳理,本节将主要针对杨老师所处的教学环境进行介绍。杨老师与韩老师同在一所大学,该大学学生入校的英语水平相对欠佳,杨老师也经常思索自己的课堂教学如何更好地为学生服务。杨老师所教授的学生均为全日制普通本科学生,含本科一、二年级学生两个班共计 58 人。杨老师的主要教学任务为 A 班的精读课程,杨老师所在大学采用大学英语分级教学,A 班属于入校高考英语成绩较好(高考英语成绩 120分以上)的班。两个班合计每周共 8 课时。从课堂观察数据来看,杨老师的课堂主要以教师讲授为主,有一定程度的课堂互动但比例不大,绝大多数学生参与度较好。但杨老师在访谈中认为,整体上学生都能够跟上教学进度并在很大程度上完成教学目的。

笔者在课堂观察及课堂数据收集时全程以接近学生的穿着风格入场,选择教室内倒数第 4 排靠内的位置落座。视频录制及音频录制设备均采用具有高度便携性、高灵敏度及高清晰度的设备,避免干扰正常教学环境,全力保证所观察到的课堂在自然真实的环境下发生,教学环境、教学对象、教学内容及教学方式均遵循学校及授课教师的既定计划。

杨老师上课的教室有 8 排座位,每排 8 个座位按 2、4、2 的方式分开,前后开门,中间有两条过道供人通过,有配套的多媒体设备、扩声设备及黑板、粉笔等传统教学工具与耗材。教室可容纳 64 人落座,参与本课程的学生有 28 人,学生通常选择从第 1 排开始陆续落座。教室内含固定鹅颈话筒一只,无线话筒一只,但杨老师不使用话筒教学。杨老师使用多媒体设备对部分教学内容进行呈现,偶尔使用黑板和粉笔写下较难的内容或绘制框架图及导图。杨老师有着独具自我风格的教学方式,下一节将主要展现杨老师的课堂话语实践及其在语言本体、语言教学、学科属性、学生特点以及教材等方面的信念。

6.4　内容引领、任务导向:杨老师的课堂话语

本节将基于前几章所提出的研究框架与数据收集分析方式,从语义波理论视角切入,基于实地观察以及所收集到的教学视频数据从不同层面对杨老师的课堂话语进行梳理分析。在本研究课堂观察进行时,杨老师的教学进度与韩老师一样,也进入第五单元。

6.4.1　杨老师的教学计划

根据本研究所收集到的教学视频数据,杨老师在教授第五单元的时候,承载其课堂话语的整体教学流程如下(见表 6-1～表 6-4)。

表 6-1　第 17 课——导入、完成课前所布置任务

第 17 课
1. 话题引入,自由讨论(课前有布置任务)
2. 单元所涉内容背景知识讲解
3. 精读课文(Text A)内容复述(课前有布置任务)
4. 精读课文整体段落大意讲解

表 6-2　第 18 课——精读、课文讲解

第 18 课
1. 课文整体内容及文体分析
2. 课文关键人物及情节梳理分析
3. 课文关键观点梳理分析
4. 课文语言点精讲释义

表 6-3　第 19 课——练习

第 19 课
1. 课文人物、情节、时间线及观点回顾(问题导向)
2. 课文所体现的世界观与哲学观梳理讲解
3. 课文内容仿写演练
4. 仿写演练学生互评及教师点评
5. 布置单元中第二篇文章(Text B)阅读及课后习题任务(有选择性做)

表 6-4　第 20 课——课后习题讲练

第 20 课
1. 小组 PPT 呈现及汇报任务
2. 小组互评、教师点评
3. 单元整体总结收尾、答疑

　　基于杨老师的教学计划与教学日志以及对其的访谈,我们得以了解,杨老师习惯于在新单元教学开始的前一周对所需要上的课程进行整体的备课与准备。杨老师认为过早备课会介入太多主观和刻板印象。他更倾向于随着每一单元的内容、实际教学情况与进度以及最近所能接触到的学界相关信息,对教学设计进行有针对性的调整。

　　在访谈过程中,笔者将基于观察数据和教学视频数据所整合出的教学流程表提供给杨老师过目确认。杨老师对笔者所记录与列举的教学流程步骤予以肯定,表示该教学流程符合自己实际教学过程。总的来说,承载杨老师课堂话语的教学流程设计主要基于以下要素而创生与变化:自身学习教学经历、最新的教学研究及语言研究动态、课文所含文章内容以及自身的学习与教学信念。下一节将以杨老师的具体讲解为例,详细呈现其课堂话语如何体现在实际的教

学活动之中。

6.4.2　杨老师的课堂话语

在第 17 课前,杨老师参考教材对所授单元阅读材料的故事主线及情节发展列出了图表。经后期访谈得知,杨老师这样做是为了呈现阅读材料背景、人物关系、矛盾冲突以及时间线性等要素。杨老师认为这样有利于自己了解阅读文本的构成要素、内部关系及铺陈方式,从而提出问题以促成阅读反思。杨老师所整理的阅读材料主线及情节发展框架如表 6-5 所示。

表 6-5　杨老师所整理的阅读材料主线及情节发展表

故事主线	题目、作者、相关背景、主要矛盾
	相关人物(分主次)、关键事件(内容及时间标记)
	关键冲突矛盾、矛盾解决方式
情节发展	开端:故事开场、主题显现及引领性观点说明;时间、地点、人物、事物、事件、观念、冲突、悬念
	展开:主题的核心显现;观点的推进及转变;事件叠加及冲突的推移模式;事件的转折及悬念的揭晓;情节的高潮
	结束:信息的聚合及总结、观点的集合、事件及情节的结束、人物关系的转变、紧张及冲突的消解、主题的升华

基于以上故事主线及情节发展表,在完善了具体内容信息后,杨老师进一步按读前、读中、读后的分类方式列举出了一系列引导性问题,如表 6-6 所示。

表 6-6　读前、读中、读后过程性引导问题

读前	这篇文章的作者是谁?
	你之前读过该作者别的文章(书)吗?
	从标题来看,你觉得这篇文章会讲什么?你估计文章是什么文体?
	你觉得文章发生在何时、何地或以何为背景?
	你觉得会出现什么核心事件或观点?
	你为何会这么想?
	你对该文章相关话题了解多少?
	这个话题与你有关吗?如何有关?

续表

读中	这一段(一句)在说什么？
	这个词是什么意思？
	你觉得故事会如何结尾或最终的观点与陈述是什么？为什么？
	你觉得为什么某个人物(事件)会……？你对某观点是如何看的？
	如果你是该人物，你会有何感受？你会如何描述该事件？你会如何陈述该主题？
	文本材料中的故事、观点或陈述说明到目前为止进展如何？
读后	你的预测如何？对吗，还是错过了什么？
	你对人物的行为和决定如何理解？你对事件之间的关系如何理解？你对核心概念之间的逻辑如何理解？
	你对故事结尾或最终观点的看法如何？如果你是作者，你会如何结尾？
	如何用一句话来概括该阅读材料？
	你印象最深(最喜欢)的人物、情节、信息或观点是什么？为什么？
	如果可以，你最想改变该文章的哪个部分？你觉得哪个部分需要补充或删减？为什么？

　　杨老师两个教学班级共用一个微信群及教学邮箱，杨老师通过这两种渠道布置作业并在线答疑，学生也通过这两种渠道上交作业或提出问题。杨老师在访谈中也提到，很多学生都以微信的方式与他进行学习以及生活上的交流。杨老师将不含具体内容信息的单元阅读材料故事主线及情节发展表与引导性问题的读前部分整理好后制作成 Word 文档，通过微信群发送给所有学生，要求学生以此为框架对教学单元的阅读文本进行详细梳理及思考，同时要求学生将内容信息填入故事主线及情节发展表中以作业形式上交，读前引导性问题自行进行思考准备课堂上接受提问但无须以作业形式上交。文件下发之后，微信群中有少部分同学就格式、内容以及上交时间及方式做出提问，杨老师一一在微信群中做出了解答。

　　杨老师课堂教学话语大多数为英语，极少数情况下会出现英汉混用。正式进入到第 17 课的教学中时，杨老师首先开始呈现课本所给出的导入环节，并要求学生完成课本上的导入练习。该过程包括一段视频的播放，学生根据所播放的视频对课本中缺失的信息进行填空。在视频播放的过程中杨老师没有走动，站在讲台左侧（学生视角）；视频播放完毕后，杨老师留了1分钟左右的时间在学生间走动，检查他们的练习进度，确认所有学生基本填写完毕后，杨老师开始就导入视频要求学生念出自己的答案并汇报自己的想法。

T：Now I'll ask someone to share his understandings. Andy, how about you? What's your answer to the first one?

S：A water problem.

T：Very good. But could you say it more specifically? What kind of water problem?

S：A global water problem?

T：How do you know that is a global one?

S：Well it（the video clip）said that at least 2. 6 billion people lack adequate some … sorry that I didn't get this word … and 1. 1 billion people live without clean drinking water. That is a huge number of people，so it should be a global problem.

T：Can anybody tell Andy what the missing word is?

S：（几位同学零散地回答）Sanitation.

T：Thank you.

S：Thanks.

T：So，is there any important information or viewpoints in this video clip?

S：Humm … lack of water，that is the first one … and … water is very important.

T：Very good. Almost there. But how do you interpret the last sentence? Did you get it?

S：The problem is only 3% of that water is fresh water.

T：Uh-huh?

S：The water is many but the fresh water is not enough.

T：Very good. Thank you. Please take your seat.

接着杨老师继续叫了两位同学讲完了接下来的两道习题，同样采取追问、补充、等待等形式,要求学生以类似于"有声思维"的方式说出自己答案的推理过程,并要求学生回指原文中的关键语句。并且我们观察到,杨老师在对听力材料进行诠释时,明显偏向于诠释其所蕴含的内容信息而不是语言点。

杨老师按上述方式借用课本所提供的听力材料完成引入之后,便让学生翻到该单元的第一页。同时也打开了自己的 PPT,PPT 第一页的内容包括数张关于干旱、水污染以及环境污染的照片,杨老师以课本上的一段导言"Water is essential for almost every type of human activity. But in many parts of the world, water is becoming a problem, because it is running dry or because it is being polluted."开始,同时还配有一副框架图与课本上的句子进行对应,如图 6-1 所示。

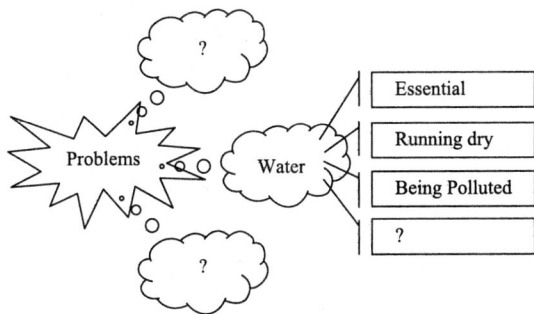

图 6-1 杨老师 PPT 框架图

呈现上述框架图后,杨老师叫一名同学对为预习准备的读前问题进行回答。首先的讨论围绕文章的主题展开。

T:What core events or views do you think will emerge in this unit? Amy?

S:Water?

T:Uh-huh?

S:Hmm …Water saving and protecting?

T:You mean water saving and protection?

S:Yes.

T:Good. Then are there any good ways to save or protect water?

S:Government should establish some policies and the water recycling system.

T：Anymore?

S：They should cut some industries to control the pollution.

T：Well how about yourself?

S：Humm … we should choose some "water saving" equipment and always remember to turn off the water tap.

T：（稍等了片刻，见学生没有补充后）Very Good. Thank you. Please take your seat.

接着杨老师又叫了其他几位同学就 water pollution、water saving 以及 water protection 进行陈述，并将自己的讲解诠释穿插其间，并最终以板书结合 PPT 的形式总结呈现了水资源目前所面临的问题、水资源节约及保护可能性举措以及人类所面临的除了水资源以外的问题。紧接着，杨老师进入到课文的体裁分析与诠释阶段，同样也是以提问开始。

T：Well，now from your understanding，what is the main topic of this unit? What form of literature do Text A use? Tommy?

S：It should be expository writing or argumentative writing.

T：Very good. But it seems that these two words are still not very clear for us to understand. Could you explain these two words to us?

S：说明文还有议论文。

T：In English please.

S：Hmmm …（努力思索并翻看自己的笔记本）sorry.

T：That's OK. Thank you. You may take your seat. Anyone else?

S：（Sam 同学主动回答）It means that an article explains something，or discusses some important things?

T：Good. Have you read any of them，could you please give us an example?

S：语文课上之前学过一篇《中国石拱桥》。That is an expository writing；and all of the scientific research papers are argumentative writing.

T：Thank you.

S：But I think Text A is in expository writing，not in argumentative writing.

T：Go on.

S：Because it explains some problems or issues about water.

T：Thank you. Please take your seat.

说到此处，杨老师呈现了一幅 PPT（见图 6-2）。

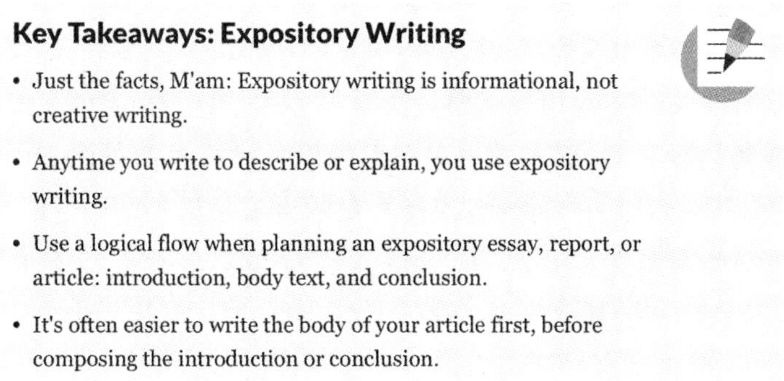

Key Takeaways: Expository Writing

- Just the facts, M'am: Expository writing is informational, not creative writing.

- Anytime you write to describe or explain, you use expository writing.

- Use a logical flow when planning an expository essay, report, or article: introduction, body text, and conclusion.

- It's often easier to write the body of your article first, before composing the introduction or conclusion.

图 6-2　杨老师 PPT "Expository Writing"

并进一步对其进行诠释。

T：Expository writing is used to convey factual information（as opposed to creative writing，such as fiction）. It is the language of learning and understanding the world around us. If you've ever read an encyclopedia entry，a how-to article on a website，or a chapter in a textbook，then you've encountered examples of expository writing. An expository article or report about a lake could describe about its size and depth，and its water quality could be included，depending on the audience. Expository writing is useful and informative. Clear?

S：（点头）

T：And by the way，argumentative writing is the process of writing an essay wherein you pick a stand about a certain issue，and discuss such stand as opposed to another stand on the same issue. It is a writing style which intends to persuade the readers to believe or consider a certain stand about a certain issue. Sam is right. The forms of literature of the text in this unit is expository writing. Well done，Sam.

可以看出，杨老师的 PPT 或板书并不是其话语内容的简单呈现或是重复，而是以另一种模态的形式,提供了与话语模态不同的信息。杨老师的课堂话语通常基于学生针对某意义主题进行陈述,而意义主题与课文内容及情节高度相关;其课堂话语呈现出"主题引导(内容信息)—补充诠释(支架)—示例总结"的模式。接着杨老师便按照同样的模式要求学生就其他读前问题进行回答、陈述,并给予反馈、评价以及诠释,进一步明晰了作者信息、文章背景、文章核心观点以及文章所涉及的其他相关话题。在第 17 课的尾声,杨老师在对课文整体段落大意讲解阐释之后,要求学生基于预习以及段落大意对课文内容进行简述。杨老师后来在访谈中也提到,段落大意的讲解是极具结构性的,这种结构从文本中来必须回到文本中去,所以要让学生了解段落大意后,用自己的话把段落大意还原成间断的故事或者陈述。

所有第 17 课预定进行的内容在规定时间内讲授完毕。经课间休息后,杨老师进入第 18 课的讲解。第 18 课主要是针对课文整体内容进行讲解,与其他老师线性讲授的方式不太一样的是,杨老师并未拘泥于文本本身所外显出来的结构或行文顺序逐字逐句进行精读教学,而是就关键人物、关键情节、关键观点、关键冲突以及关键语言点的逻辑框架对整篇文章进行反复梳理,借由这些主题框架在文章中进行穿插讲解。第 18 课一开始,杨老师首先要求学生根据自己的阅读,上黑板以框架图的形式呈现出文章的主题线索,然后总结性展示出自己所整理出的主题线索(见图 6-3)对学生的呈现进行纠正补充。

图中的主题线索为基础脉络,杨老师开始进一步诠释课文内容,他在讲到课文的第一个情节(观点)时,具体的课堂话语行为如下。

T: So that's the main points and sequence of the text, now let's track some specific plots or viewpoints. The first plot, as we discussed before, is a story of the author's daughter. What's the story about? Time? Characters? Things? Viewpoints?

S: It's in 2007, the author's daughter …(学生们开始各自随意回答)

T:(向后排扫视一圈)Jack, what's your opinion?

S: The story happened in 2007, the daughter was 7 years old back then.

T: Yes, and?

S: And They were brush their teeth, and they thought that they should save water?

Chronological Sequence of Text A

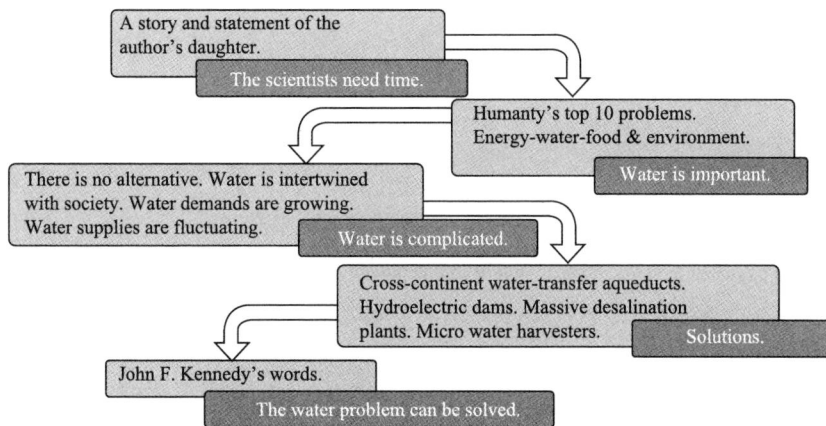

A story and statement of the author's daughter.

The scientists need time.

Humanty's top 10 problems. Energy-water-food & environment.

Water is important.

There is no alternative. Water is intertwined with society. Water demands are growing. Water supplies are fluctuating.

Water is complicated.

Cross-continent water-transfer aqueducts. Hydroelectric dams. Massive desalination plants. Micro water harvesters.

Solutions.

John F. Kennedy's words.

The water problem can be solved.

图 6-3　杨老师 PPT "Chronological Sequence of Text A"

T：So，what happened?

S：The author didn't turn off the water fast enough，and the daughter got mad.

T：What did she say?

S：Turn off the water，Daddy. The scientists need time.

T：Why did she mad about this?

S：Because they have this rules in their family.

T：What rules?

S：To open and turn off the faucet（学生此处读错）quickly.

T：You mean to turn off the faucet（杨老师刻意放慢这个单词的语速，并加重语气）after wetting their brushes and turn it back on only to rinse，right?

S：Yes，the faucet（学生读的正确读音），yes.

T：Why bother?

S：To conserve water.

T：Very good.

　　就这样，杨老师开始对第五单元第一篇阅读文章进行详细的呈现与讲解，中间穿插不少的 PPT，基本都如上文中所示的一样，用来呈现文章整体脉络与观点的框架。文章的讲解与诠释并未严格遵循文章本身的字词句段结构而逐字逐句进行,杨老师的课堂话语也主要集中在对文章的脉络以及文本所承载的观点进行诠释,其意义诠释及知识传递模式与上述示例中基本相同,采用"主题引导(内容)—脉络梳理(支架)—诠释总结"的模式。在对课文进行讲解的时候,杨老师的课堂话语集中在文本意义、脉络以及观点诠释,并未过多诠释词法、句法以及语法内容。

在实际教学中,课文的讲解在第 18 课还剩 15 分钟左右的时候已经基本完成。在此之后,杨老师对本单元的语言点进行了专题讲解。其主要内容为主语从句相关概念。此部分属于杨老师在教科书之外自行添加的内容。杨老师该部分教学的课堂话语同样遵循着"主题引导(内容)—脉络梳理(支架)—诠释总结"的大致模式,依然基于给学生布置的任务以及学生的陈述展开。在实际教学中,杨老师首先列出 10 个句子,其中包含课本中的句子和一些课外的句子,具体课堂话语如下。

T:What are the common points of these sentences?

S:They all have a "It—That" structure and a clause.

T:OK,what are you going to teach me about these sentences?

S:主语从句。

T:Yes. The subject clause,right?

S:Yes.

T:Anyone who can tell me more about that? Tom? Could you?

S:Yes. The word "It" here is a pronoun for the content mentioned later. "It" allows the opinion at the beginning of the sentence and the statement of fact at the end of the sentence … in a clause … where it receives emphasis.

T:OK,but why do we call it subject clause? I still feel a little bit puzzled as your student.

S:"It" plays as a subject placeholder here.

T:Very good. And what is a subject?

S:The subject is the person or thing doing, performing, or controlling the action of the verb. And it can be a sentence or clause.

T:Thank you. Please take your seat.

T：So，the subject clause is a clause that is the subject of a sentence. To find the subject is the key for understanding the whole sentence. For some sentences，it is easier to identify the verb first，and then ask yourself "Who or what is doing this action?" or "Who or what is in this condition?". For example，"It is a wonder that Fred can do such a good impression. " We first find the link verb "is"，in "is a wonder"，right?

S：Yes.

T：And what should we do?

S：To see who or what is in this condition.

T：Yeah?

S："Fred can do such a good impression" is a wonder.

T：Very good. Let's do some more exercises.

从杨老师与学生的课堂交流可以看出,杨老师首先会列出一系列的句子,要求学生做好标记。再给予学生一定的时间去总结这些句子包含什么语言点。他会要求学生把自己当成老师,想象自己要辅导学生,从而思考其中的语言点。之后,杨老师会叫几名同学陈述自己所找出的语言点,并要求学生以说课的形式来对语言点的内容、讲授方式以及如此进行教学设计的原因进行陈述。在学生陈述时以及陈述完成后,杨老师会视情况为学生提供支架以及反馈,并最终进行总结。总体而言,杨老师语法讲解部分的课堂话语主要通过表 6-7 中的教学活动呈现。

表 6-7　承载杨老师课堂话语的教学活动

杨老师课堂语法教学课堂话语下的教学活动
1. 从文章中寻找语言点
2. 语言点主题分类
3. 按主题模拟讲解语言点（学生）
4. 教师反馈点评
5. 重要语言点总结性诠释
6. 课堂练习检测

杨老师原定在第 18 课讲完的内容在既定课时内结束,第 19 课按正常进度开始。在第 19 课中,杨老师再次对第 18 课中所梳理过的课文人物、情节、时间线及观点进行了回顾,回顾的方式依然遵循向学生提问、学生回答陈述、教师协助、教师补充诠释的方式。除此之外,杨老师还要求学生根据第 18 课对课文的梳理,在自己的草稿上以"story map"与"plot diagram"的形式可视化课文内容及观点;并通过整理主题、聚合同学们所整理的离散的观点,进一步提炼文章所蕴含的世界观及哲学观。同时要求学生自由列出自己所想表达的思想观念,通过在课堂上仿写课文某些段落的形式对这些思想观念进行表达陈述。所有的练习都会经过学生互评与教师点评。接近第 19 课尾声时,杨老师布置了本单元 Text B 的阅读任务,并提出下节课会要求学生针对 Text B 进行小组汇报。同时,杨老师还选择性地布置了一些课本上的习题要求学生在下节课之前完成。在布置习题时杨老师选择跳过所有段落理解、阅读理解类以及写作类题目,大多布置语法、翻译类题目。

在第 20 课中,学生主要就第 19 课布置的 Text B 的阅读进行了小组呈现。学生的整体呈现基本都遵循了杨老师的要求,对 Text B 的文章脉络以及观点进行了结构化、可视化的梳理;并以有声思维的方式,向全体同学汇报小组是怎样具体理解与实施阅读理解及 PPT 制作的。同其他任务一样,所有的小组呈现都会经过学生互评与教师点评。在第 20 课的最后,杨老师对整个单元的内容进行了总结。

综合来看,杨老师的课堂话语更关注教学材料的具体内容而不是语言点,基本遵循着"主题引导(内容)—脉络梳理(支架)—诠释总结"的大致模式,杨老师的话语具有一定的多形式、多模态特征。下一节本研究进一步归纳杨老师课堂话语的主要内容及关注点。

6.4.3　杨老师课堂话语的主要内容及关注点

上一节主要针对杨老师课堂话语下的教学活动进行了梳理,本节将针对其课堂话语的内容及关注点进行进一步的归纳。

通过对杨老师课堂教学的观察以及对其教学视频数据的进一步深度分析发现,杨老师在实际教学过程中基本遵循了他的教学设计。在 4 节课共 180 分钟内,杨老师并未完全自行进行讲授,学生的课堂练习及呈现占了课堂整体时间的很大部分,不计入杨老师课堂话语所占时间。因此,杨老师的课堂话语时间分布具体如表6-8所示。

表6-8　杨老师课堂话语时间分布

时间(分钟)	课堂话语主要内容及关注点
25	背景知识阐释、整体段落大意诠释、学生表现点评
35	人物、情节、时间线、观点及语言点分析讲解
25	课文内容回顾、课文观点总结诠释、学生活动点评
20	学生活动点评、单元整体总结
总计105分钟	

整体而言,杨老师的课堂话语集中在篇章讲解及学生活动点评上。在下一节中,本研究将针对杨老师课堂话语下的教师角色进行进一步的分析与解读。

6.4.4　杨老师课堂话语下的教师角色

根据课堂观察数据来看,杨老师在课堂上扮演了多重角色。在课堂上的大部分时间里,他都以学生的陈述及回答为基础提供信息并对信息提供诠释,同时还会要求学生在课前、课中以及课后完成不同的任务。杨老师的课堂话语以篇章脉络观点梳理及学生活动点评为主,英语是在课堂上进行意义传递以及协助学生进行知识累积建构的主要媒介。如上文所示,杨老师在自行设计的各个教学模块中梳理脉络、设置问题、引导发言、呈现示例、组织练习,通过提问、反复、补充、拓展、举例、等待、总结、梳理等方式,遵循"教师启动—学生反应—教师协助—学生补充—教师补充"的课堂话语发展模式,详细对所设计的教学内容进行讲解。

由于杨老师所教授的班有另外的听说课程安排,因此他在精读课教学中没有安排太多的听力练习。有关于听力的练习仅出现在整个单元的导入部分,所占时间很少。杨老师在访谈中提到,课堂上基本都要求学生用英文进行交流,自己也是用英文作为授课语言,因此整个课堂教学与学习过程本身就是在练习听力与口语表达,语言技能通过这些得以锻炼。在教学中,杨老师的课堂诠释立足于帮助学生梳理课文脉络、理解课文意义以及总结课文观点,他希望学生能够在深度理解文本的同时整体提升阅读的能力。杨老师的课堂话语借助"主题引导(内容)—脉络梳理(支架)—诠释总结"的模式,由语义密度低、语义引力强的层面向语义密度高、语义引力弱的层面移动,将一个个语义波片段通过课文的整体内容观点或故事情节紧密联系在一起,不断起伏并层层递进,最终实现知识的传递及累积建构。总体而言,杨老师的课堂话语所体现出的教师角色如表 6-9 所示。

表 6-9　课堂话语下杨老师所扮演的教师角色

杨老师的教师角色
1. 课堂组织与控制
2. 引导
3. 协助
4. 知识梳理
5. 能力培养
6. 顾问
7. 记忆激活
8. 提示
9. 评价

　　为了解杨老师对教学内容、教学处境、教学对象与教学方式各方面的权重,从而更好地理解其课堂话语背后的教学主旨,本研究在访谈中采用简易量表,要求杨老师按五分制为自己教学中对这 4 个方面的注重程度来打分(5 分为最看重,1 分为最不看重)。整合访谈数据后结果如图 6-4 所示。

　　杨老师的课堂话语主旨倾向于对教学方式的完成及呼应,相对不表征过多单纯内容信息,兼顾教学处境的同时,充分关注教学对象因素对整体教学的影响并随之调整自己的课堂话语。

　　在下一节中,本研究将以语义波的视角分析阐释杨老师课堂话语的具体组织形式及作用。

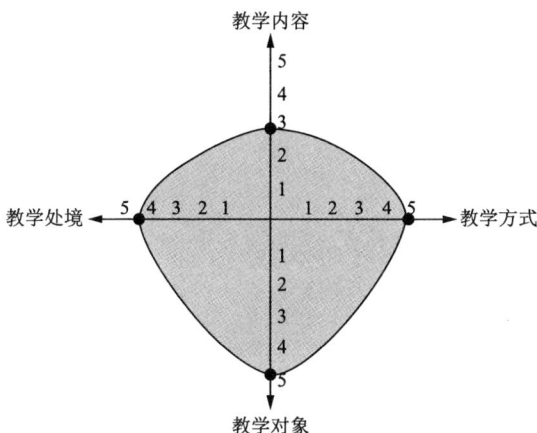

图 6-4　杨老师课堂话语主旨图

6.4.5　本节讨论

本节将基于前文所列举的韩老师代表性教学内容模块中的课堂话语片段，呈现韩老师的课堂话语在具体教学活动之中的语义波变化。

数据显示，杨老师的课堂话语主要以英文为主，极少数情况下会出现英汉混用，且具有多模态特征，包括其课前对课文故事框架的解构以及课中所呈现的视频及图表。也正因如此，杨老师的单元导入是以课前任务的形式开始的，杨老师的课堂话语也从课前就已经开始进入设计与实施环节。杨老师通过PPT或板书以另一种模态的形式传递信息。其课堂话语基于学生针话语而引发，并紧扣课文内容及意义主题，呈现出"主题引导（内容信息）—补充诠释（支架）—示例总结"的大致模式。在杨老师的课堂上，他要求学生完成的课前、课中及课后任务明显较多，许多教师话语都是基于学生任务完成的过程而产生与推进。其课堂教学首先以单元所设定的话题进行引入，要求学生进行自由讨论并以此为基础对单元所涉内容的背景知识进行阐述讲解；接着通过对课文进行内容复述的教学活动，结合讲解补充，对单元所涉信息及知识进行解包，并以此为基础进一步对课文整体段落大意进行讲解。值得一提的是，杨老师的课堂没有安排专门的词汇讲解，词法及语法讲解也整体较少，大多数教师课堂话语都是基于对课文内容的阐释与讲述，只在第18课才对课文的一些语言知识点进行了精讲。本研究对杨老师课前任务环节的语义密度及语义引力变化进行呈现，如表 6-10 所示。

表 6-10　杨老师课前任务环节的语义密度与语义引力变化

话语设计	话语实践示例	语义引力及密度变化	话语功能
采用文字、表格方式预先对故事进行梳理	杨老师所整理的阅读材料主线及情节发展表	片段起始点	展示、呈现、分类、建构事件脉络
针对课文提出问题，学生网络提交完成	读前、读中、读后过程性引导问题：如"你印象最深（最喜欢）的人物、情节、信息或观点是什么？为什么？"	SD−，SG+ 片段结束点	提取、检测、情感交流

　　在第 17 课正式进行过程中，杨老师首先进行导入，该环节依托教材的视频听力练习任务进行。杨老师要求学生看视频并完成课本上的导入练习，之后便要求学生念出自己的答案并汇报自己的想法。杨老师的教师课堂话语实践行为也因此开始进行。根据前文所呈现的数据，杨老师课堂导入环节的语义密度及语义引力变化如表 6-11 所示。

表 6-11　杨老师课堂导入语义密度与语义引力变化

话语设计	话语实践示例	语义引力及密度变化	话语功能
以视频片段进行导入	呈现视频片段	片段起始点	呈现
提问视频片段主要内容	"Now I'll ask someone to share his understandings. Andy, how about you? What's your answer to the first one?"	SD−，SG+	提取、总结、引导
在学生回答的基础上进行追问	"But could you say it more specifically? What kind of water problem?"	SD−，SG+	点评、规约、建构事件脉络
继续追问	"How do you know that is a global one?"	SD−，SG+	建构事件脉络、引导

话语设计	话语实践示例	语义引力及密度变化	话语功能
在学生难以回答时引入其他同学进行回答	"Can anybody tell Andy what the missing word is?"	SD−，SG++	组织、解释
检测学生对部分句子的理解	"But how do you interpret the last sentence? Did you get it?"	SD−，SG+	提取、检测
追问	"Uh-huh?"	SD−，SG+	引导、要求
评价	"Very good."	SD−，SG+ 片段结束点	点评

从上述两个表格所呈现的教师课堂话语中可以看出,杨老师的教师课堂话语由单元所提供阅读材料的主要故事或内容为主线,他之后的所有教学模块也是由此形成一个连续的语义波动,教学模块及课堂话语之间没有明显的分界。相比较而言,杨老师的课堂话语没有韩老师课堂话语所体现出的明显片段化特征,而是具有连续性特征。根据文献综述及理论框架章节对语义波的描述,我们将杨老师课前任务及课文导入的语义密度与语义引力变化进行分析处理,加上时间线性后,形成该部分语义波片段如图 6-5 所示。

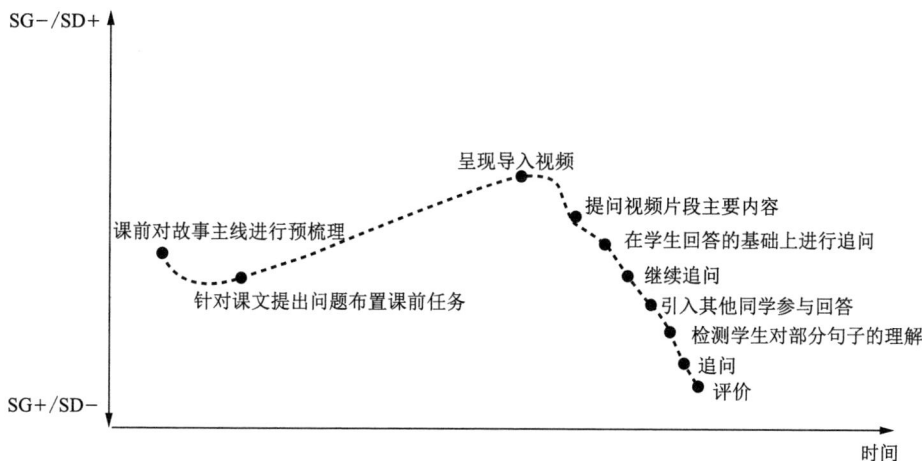

图 6-5 杨老师课前任务及课文导入片段语义波

杨老师之后采取同样的模式,要求学生基于预习成果对所教单元的内容进行复述,并对课文段落大意进行陈述。此教学片段中,杨老师的课堂话语基本仅起到组织协调作用,没有语义引力及语义密度的变化。紧接着杨老师进入到课文内容讲解环节,语义引力和语义密度又开始发生变化,该教学片段中的语义引力及语义密度变化如表 6-12 所示。

表 6-12　杨老师课文讲解语义密度与语义引力变化

话语设计	话语实践示例	语义引力及密度变化	话语功能
PPT 图片呈现	将课文导言化为结构图	片段起始点	呈现、分类
就文章主题提问	"What core events or views do you think will emerge in this unit? Amy?"	SD−, SG+	要求、总结、建构事件脉络
要求补充	"Uh-huh?"	SD−, SG+	引导、要求
纠正补充	"You mean water saving and protection?"	SD−, SG+	检测、提取、解释
进一步追问	"Then are there any good ways to save or protect water?"	SD+, SG−	提取、引导、体验交流
要求补充	"Anymore?"	SD−, SG+	引导、组织、检测
引发个人观点	"Well how about yourself?"	SD+, SG−	引导、要求、情感交流、体验交流
小结	以板书结合 PPT 的形式总结呈现了水资源目前所面临的问题、水资源节约及保护可能性举措以及人类所面临的除了水资源以外的问题	SD+, SG−	总结、呈现、解释、分类、构建事件脉络与知识谱系
对课文体裁提问	"What is the main topic of this unit? What form of literature do Text A use?"	SD+, SG−	提取、引导、构建知识谱系
要求学生对体裁进行进一步阐释	"Could you explain these two words to us?" "Anyone else?"	SD+, SG−	引导、要求、检测
要求学生举例	"Have you read any of them, could you please give us an example?"	SD−, SG−	引导、要求、体验交流
要求补充	"Go on."	SD−, SG+	引导、要求

续表

话语设计	话语实践示例	语义引力及密度变化	话语功能
对概念进行总结	呈现 PPT	SD+, SG−	呈现、总结
对概念进行补充诠释	"Expository writing is used to convey factual information（as opposed to creative writing, such as fiction）…" "And by the way, argumentative writing is the process of writing an essay wherein you pick a stand about a certain issue, and discuss such stand as opposed to another stand on the same issue …"	SD+, SG− 片段结束点	解释、总结、构建知识谱系

在后续引导学生对其他读前问题进行回答、陈述以及对段落大意的简述中，杨老师进一步遵循着与上述模式基本相同的话语设计进行课堂话语实践。将上述表格中杨老师课文讲解的语义密度与语义引力变化进行分析处理并加上时间线性后，形成的课文讲解教学片段语义波如图6-6所示。

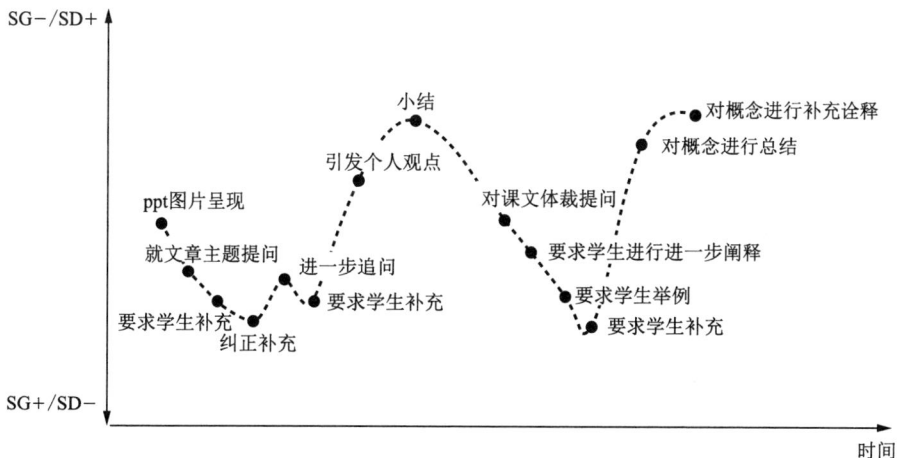

图 6-6　杨老师课文讲解片段语义波

在接下来的课中，杨老师的课文讲解与诠释并未严格遵循文章本身的字词句段结构逐字逐句进行,也未做过多词法、句法以及语法诠释,而是通过对课文具体情节的梳理,集中对文章的脉络以及文本所承载的观点进行诠释。在将课文内容梳理完毕之后,杨老师开始对单元所涉及的部分语法知识进行专题讲解,主要内容为主语从句。杨老师首先列出一系列的句子,再引导学生总结句子所包含的语言点,并要求学生把自己当成老师,以说课的形式陈述语言点的内容、讲授方式以及如此进行教学设计的原因。杨老师则视情况为学生提供支架以及反馈,并最终进行总结。该教学片段中的语义引力及语义密度变化如表6-13 所示。

表 6-13 杨老师语法讲解语义密度与语义引力变化

话语设计	话语实践示例	语义引力及密度变化	话语功能
给出含有语法知识点的句子	呈现 PPT	片段起始点	呈现、分类
提问,找出句子共性	"What are the common points of these sentences?"	SD−, SG+	分类、提取、引导
引出知识点	"The subject clause, right?"	SD+, SG−	提取
要求补充	"Anyone who can tell me more about that?"	SD−, SG+	检测、引导、要求
继续追问	"but why do we call it subject clause?"	SD−, SG+	检测、引导、要求
继续追问	"And what is a subject?"	SD−, SG+	检测、引导、要求
补充诠释	"So, the subject clause is a clause that is the subject of a sentence. To find the subject is the key for understanding the whole sentence. "	SD+, SG−	解释、构建知识谱系与逻辑体系
举例	"For example, 'It is a wonder that Fred can do such a good impression'. "	SD−, SG+	解释

续表

话语设计	话语实践示例	语义引力及密度变化	话语功能
提问检验学生理解	"And what should we do?"	SD−，SG+	检测、引导
追问	"Yeah?"	SD−，SG+	引导、要求
评价	"Very good."	SD−，SG+ 片段结束点	点评

　　将上述表格中杨老师语法讲解的语义密度与语义引力变化进行分析处理并加上时间线性后,形成的语法讲解教学片段语义波如图 6-7 所示。

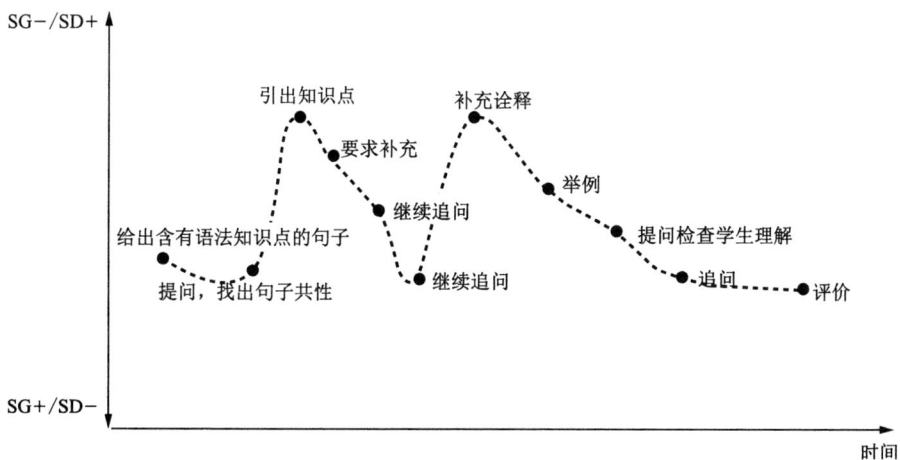

图 6-7　杨老师语法讲解片段语义波

　　综上所述,杨老师的课堂话语实践总体以问题及学生表现为引导,遵循"主题引导(内容)—脉络梳理(支架)—诠释总结"的大致模式,侧重篇章讲解及学生活动点评,注重培养学生对文本的识读及分析能力。杨老师的课堂话语更关注教学材料的具体内容而不是语言点,且其课堂话语具有多模态特征。杨老师的课堂话语以提问、追问、要求补充、要求举例、纠正、诠释总结、引发观点为主,以提问引发学生话语而又以此来推进自己的教师课堂话语。

　　可以看出,杨老师整体的教学安排与诠释流程以教材所提供的课文内容线

索为主线,从文本脉络梳理与观点解析入手,课堂话语既存在由文本脉络寻觅
更多文本细节的自上而下解构模式,也存在从文本内容析出文本脉络的自下而
上建构模式,并以此最终提炼出文本所含的观点及理念。数据显示,杨老师的
课堂话语语义波间构成递进关系,经梳理后的知识信息逐渐累积并对之后的信
息解读与知识传递提供协助。学生以杨老师课堂话语为支架,以课文的文本结
构梳理与意义传递为基础,以整体性的方式对课文内容、课文脉络、课文所含观
点以及语言点进行学习掌握,实现知识建构。杨老师首先引导学生对课文内容
进行归类解读,把课文中抽象离散的语言信息打包成文本脉络,使语义密度增
加,语义引力减弱,但此时课文中的具体语言表达并未完全从具体的语境或事
例中抽象出来。接着杨老师以梳理出的文本脉络为基础,进一步返回原始文本
寻找更多的文本细节,借助文本细节对语义密度较高的文本脉络进行解包,使
文本脉络进入到更为具体的语境中,增强语义引力,降低语义密度。学生经“内
容—脉络—细节—观点”的往复梳理,从内容进一步提升至观点层面,对文本获
得深层次理解。之后,杨老师循着文本的内在逻辑联系,借助对课文内容不断
进行打包与解包最终总结出文章的整体脉络框架,并以此提炼出课文所蕴含的
价值观及哲学观。为方便在研究对象间进行进一步对比,其整体性课堂话语语
义波可抽象总结如图 6-8 所示。

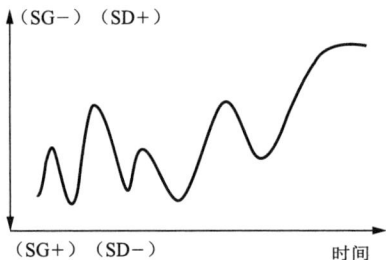

图 6-8 杨老师整体课堂话语语义波

　　杨老师课堂教学模块之间基于课文内容信息而高度互相关联。图中的语
义波片段通过课文的整体内容观点或故事情节紧密联系在一起并层层递进。
杨老师将整个单元的学习分成明显的教学模块,模块与模块之间的诠释模式趋
同且相互关联、层层递进。杨老师的课堂话语通常借助学生的陈述发起,而学

生的陈述又是基于杨老师所提出的问题。杨老师借助这种"内容引导—脉络梳理—细节回溯—诠释提升"的模式由语义密度低、语义引力强的层面向语义密度高、语义引力弱的层面移动,实现知识的传递及累积建构。在不同教学模块的讲解过程中,杨老师的课堂话语遵循着这种"内容引导—脉络梳理—细节回溯—诠释提升",即"打包—解包—打包"的诠释模式,形成递进式语义波动,识别学生最近发展区并提供支架,对意义进行传递并达成知识建构。

6.4.6　小结

综上所述,杨老师结合自己对文本的分析以及对教学的理解,以教材所提供的课文为基础,用文本脉络将整个单元的学习分成多个相互关联的任务与讲解模块。他以课文文本为主要脉络,但又不拘泥于文本。学生通过不同的任务对课文的内容、脉络、观点、信息进行分析,在学生分析陈述的过程中,杨老师遵循"主题引导(内容)—脉络梳理(支架)—诠释总结",即"打包—解包—打包"的诠释模式,为学生提供支架,形成不断起伏、递进发展的语义波动,对课文意义进行传递,完成能力培养,从而达成知识累积建构,并希望能使他的学生获得整体语言能力、理解能力、方法论以及逻辑思维能力的提升,这也是其课堂话语的第一要务。杨老师视语言能力的提升为语言教学与学习的最终目标,认为外语教学应充分考虑学生本身、教学处境乃至社会大环境的变量,厘清在外语教学中到底需要培养什么样的语言能力的问题。为了完成这样的教学理念,杨老师准备了详尽的教学计划,并借助自己的课堂话语使其实施在课堂教学的实践层面。可以看出,杨老师的课堂教学话语实践在一定程度上受到其信念以及社会、文化和政治因素等外部环境的影响。在下一节中,本研究将就杨老师教师信念与课堂话语实践的互动关系进行进一步的探讨。

6.5　教研间的互促:杨老师的教师信念与课堂话语实践

(1)家庭相助,学研互促。

通过对杨老师的访谈,我们得知他教学观的形成得益于早期学习经历中与家人的交流。但杨老师也承认,自己在早期教学中只是机械地模仿与摸索,没有太多理论基础,尤其是应用语言学的理论基础。其教学行为真正发生转变的原因是其博士学习经历及导师指导。杨老师认为,博士阶段的学习与科研经历在很大程度上影响了他的语言观与教学观。他的博士生导师十分强调教学观察及教学反思,重视教研结合。读博士期间杨老师得以系统性地了解所有第二语言教学的流派及方法,厘清这些方法之上的方法论、认识论以及哲学观,同时也获得与许多一线教师以及教学研究专家交流学习的机会。同时,杨老师的导师十分强调问题意识,杨老师认为这种学习与研究经历使他受益良多,不仅使他能不断反思教学、综合考虑教学中的多维变量,在教学理论层面奠定了坚实的基础,更使他对语言的本质有了更深入的理解与思考。

我最开始上课的时候虽然也有一套方法,但很多都是邯郸学步,照搬别人的东西……家人虽然都是老师,可以同我交流一些教学上的经验,但毕竟他们都不是语言教师,语言教学同其他教学还是有着本质的不同……博士阶段的学习才是我教学真正发生改变的开始,很幸运自己遇见了一个有着丰富英语教学及研究经验的导师,将我教学与科研的"任督二脉"打通,之前的教学经验使得我能更具象化地理解过往外语教学研究成果,而教学理论又使我能够从不同维度考虑实际教学。(杨老师访谈,2019.01.15)

杨老师在访谈中提到,自己在课堂话语的设计上主要依赖于自己的过往学习经历与现有的一些教学理论,并认为自己的课堂话语设计顺应了时代与社会对当下学生的要求。

得益于家庭背景,我自己一路学过来也没有太死记硬背,元认知的提升在很大程度上促进着语言的各项能力……所以语言学习不是单纯的知识灌输而是能力培养,我国学生知识储备能力其实很不错,但在逻辑思维以及认识论和方法论层面有很大的不足,高等教育与基础教育的差异我认为也是在这些方面体现出来的……过去的一些老观点和老方法必须做出改变。(杨老师访谈,2019.01.21)

杨老师在访谈中提到,他整体的讲解与诠释以教材与教师用书为基础,但实际讲解的脉络及步骤都是自己总结出来的。

教材对我来说是一个教学材料的主要来源,所有的讲解肯定都是围绕着课本内的主题来进行的,我会预先备课,视单元主题进行教学设计。但我不会逐字逐句地对课文进行翻译式的讲解,也不会完全按照教师用书进行教学设计。我更倾向于将课文内容按主题脉络及主要观点梳理出来,然后顺着这些去回溯原文中的细节,让学生通过这种方式了解到课文所要传达的信息与观点,我认为这是课堂上最重要的事情。传递知识是表象,其根本是一种语言能力的培养。所以我会对课本中原有的一些教学内容进行取舍。针对单元主题,我还会根据需要加入一些补充性的文化背景资料,这些资料来源于我数年的教学积累以及博士学习阶段的科研积累。课堂上所有的讲述都以学生的一些活动为基础,以学生的陈述来打开,我喜欢让学生以有声思维的方式来描述自己的思考和推理过程,这样能很好地培养他们的逻辑思维能力,也能让我更清楚地明白他们是如何理解文本的,从而针对性地识别他们的一些不足,并给予帮助。我的课堂话语的主题都是提前设计好并有着详尽的规划,但具体到实际课堂中会随着学生的反馈不同而变化,讲课就像是下棋,有着一定的游戏规则,师生各为一方。教师也必须做好充分的准备与规划,但具体的走法必须考虑对手以及整体棋局走向,并以此做出协调与改变,这也显示着老师的教学能力。(杨老师访谈,2019.01.20)

(2)文本为重,兼顾语法。

杨老师在对听力材料进行诠释时,明显偏向于诠释其所蕴含的内容信息而不是语言点。在访谈中杨老师对此解释说:

A班的同学相对来说基础是不错的,对简单的字词句理解不会有太大问题,有时候一些理解上的问题也可能只是因为单词不熟悉,这个我觉得带过就好了。其实现在的学生缺失的不是英语或中文能力,而是语言能力,这是一个很整体性的人文素养,通过大量的严肃阅读而实现。现在是个浅阅读的时代,基础的字词信息学生接触得其实并不少。而篇章所含的深层次结构和内容,在浅阅读的时候是难以受到关注的,有的浅阅读材料甚至必须淡化层次和内容以匹配良好的浅阅读体验。所以我觉得阅读课不是单纯的翻译课文、总结课文语言点,以我的经验来看,这些看似传统最注重的问题反而不是问题的关键。(杨老师访谈,2019.01.05)

在对课文进行讲解的时候,杨老师的课堂话语集中在文本意义、脉络以及观点诠释,并未做过多词法、句法以及语法诠释内容,整体采用"主题引导(内容)—脉络梳理(支架)—诠释总结"的模式进行。在访谈中杨老师对此进行了解释。

> 同学们的语法在高中阶段就已经学完了,现在更多的是一个巩固的过程。很多老师理解的巩固就是重新讲一次或者讲得再深入一点。我不这么认为,我觉得语法是存活在语言以及文本之中的。很多中国学生语法不好,其实就是语法的学习没有进入到实际文本之中,使用频率和阅读量都不够。语法的本质就是对文本内在逻辑的理解,语言逻辑的增强会深度促进语法认识。(杨老师访谈,2019.01.15)

在实际教学中,杨老师在课文的讲解之后自行添加了主要内容为主语从句的语言知识点专题讲解,此部分属于教科书之外的内容。杨老师在访谈中对此进行了说明。

> 其实我不太讲语法,因为大学英语不像中学英语,直接考语法知识点的题目基本没有,更多的是要求语法达到内化的程度。虽然我教的这个班大家基础都还不错,但毕竟整体而言,我们的学生在中学阶段的语法还是不太牢固。因此,我还是需要了解一下他们对于一些概念的掌握程度从而针对性地对自己授课做出调整。在语言点的备课方面,说实话我参考教科书以及别人的想法比较多。本来我博士研究的方向就是外语教学,因此要实际观察大量的课堂教学,搜集大量的备课材料,对很多老师进行访谈。而我们学院有很多教师在讲抓语法点上很有一套,我都会和他们请教并拿他们的教案来进行研究。这样既方便了自己备课,又为教学研究提供了一手资料。比如我发现很多教师在这一单元都会讲授主语从句这个语言点,参考大家的智慧,我也会留出一定的时间来对其进行针对性讲练。(杨老师访谈,2019.01.16)

在布置习题时杨老师选择跳过所有段落理解、阅读理解类以及写作类题目,大多布置语法、翻译类题目。杨老师在访谈中也提到了这么做的原因。

> 毕竟语法句法的东西要多练,我要求做的课后习题大多数都是比较针对单元的语言点,算是进一步巩固。不过我也了解到很多学生也有刷四、六级题的习惯,所以习题适当有一些就够了,这部分我的要求并不多。课上我比较强调语言能力的培养,课后我也希望他们把更多时间花在一些带有任务性和产出性的工作上。(杨老师访谈,2019.01.17)

（3）以文为源，培养能力。

杨老师认为自己的个人教法综合考虑了学生的实际发展情况与需求、社会现状与期许以及当前语言教育政策与要求。具体到精读课的课堂话语而言，杨老师认为以课文为基础的文本逻辑、脉络以及观点的梳理与诠释是教师课堂话语实践的主要构成部分。教师课堂话语基于文本而设计，不仅诠释文本内容，更起到引领学生、提供支架、深度诠释以及给予评价的作用，学生在课堂上的知识累积与建构应当以提升整体语言能力为目标。

传统的课堂教学十分强调知识的传授。但当下很多外语教学研究以及教育政策都认为，语言知识的掌握难以满足当前社会的需求。学生需要在掌握语言知识的前提下获得相应的语言能力并能够灵活运用这些能力……这些能力中包含着理解与分析文本的方法，我认为这是阅读课所需要做的事情……如果阅读课不梳理文章脉络、不思考文本逻辑、不提炼文章的观点理念，而花大量的篇幅讲解语言点的话，课文存在的意义是什么？阅读课的"阅读"二字又做何解？（杨老师访谈，2019.01.15）

通过简易问卷我们总结出杨老师的课堂话语主旨倾向于对教学方式的完成及呼应，相对不表征过多单纯内容信息；在兼顾教学处境的同时，充分关注教学对象因素对整体教学的影响并随之调整自己的课堂话语。杨老师在访谈中也进一步提到了这么做的原因。

离开语境的知识没有任何意义，也难以最终得到巩固……所以严格来说我的课程教授的不是知识，而是获取知识、理解知识的技巧、方法及能力，单纯知识的累积并不一定能使学生成功，不管他们是面对考试还是工作生活，语言能力的提升才是教学与学习的最终目标……传统教学过分强调教学内容，而忽视学生本身、教学处境乃至社会大环境的因素，而这些正是影响学生能力变量，值得充分关注……所有人都想在课堂里找问题，但其实很多问题都是在 45 分钟之外。（杨老师访谈，2019.01.15）

杨老师借助这种"内容引导—脉络梳理—细节回溯—诠释提升"由语义密度低、语义引力强的层面向语义密度高、语义引力弱的层面移动，实现知识的传递及累积建构。对于自己的这种教学方式，杨老师在访谈解释道：

教学发展到现在是一门实证性的科学，不能光靠经验……教师学习教育学和心理学的理论是非常必要的,同时还要对当下的社会有一定的了解……我个人认为,语言学习就是从文本中获得信息,这个信息包括语言本身更包括与语言连接在一起的外部世界。(杨老师访谈,2019.01.15)

信息是很难强塞给人的,教师在这里就起到一个信息引导员的作用……而在现在这个时代,学习的本质已经发生了转变,纯概念性的东西触手可及,对信息的解构、重组、理解以及提升的能力才是这个时代最根本的"知识",任何学科都是如此,"知识"这个概念本身是随着时代而变化的……但很多老师只是关注这堂课要讲些什么、考试要考些什么,没有想过其实考试中所要求的是什么样的基础能力,只有获得了能力,学生才能够离开老师自主学习,这才是教育的目的……我并不是不注重概念讲述,其实就是个怎么讲出来或者让学生怎么学到概念的问题,直接讲出来让学生记下来过于传统落后了。(杨老师访谈,2019.01.15)

(4)注重实践,整体提升。

此外,杨老师也提到社会文化因素对其教学信念、设计以及课堂话语实践的影响。

我们小时候刚好遇见了一个百花齐放的时代,那时候的中国似乎一夜之间发生了信息爆炸,新鲜的东西层出不穷……我们这一代人可以说是习惯了改变的一群人,也比较习惯于迎接改变……比起上一代政治性、务实性的外语学习目标来说,我学习英语一开始就是因为英语所承载的这些有趣的内容,想更进一步地获得这语言背后所承载的文化信息……英语所承载的一些文化符号和内容潜移默化地成为我理解世界并表达自己的东西……最早学到的几句英语,是从原版动画里学到的……而且我似乎也因此能更好地按照一种西方化的逻辑进行思考,这也是外语专业所必须具备的能力之一……所以我现在认为,语言应该在一种自然整体的情况下学习……课堂不应该是单纯地灌输语言点,而是借助语言材料学习厘清文本脉络与细节、了解文本观点提升自己的文本理解能力。(杨老师访谈,2019.01.21)

从课堂观察数据中可以看出,杨老师课堂话语基本以英文为主。杨老师在访谈提到,这么做是想让学生能尽可能地获得更多语言输入与输出。

外语学习中大量直接的语言输入是十分重要的,遵循二语习得理论我的课堂话语都以可理解性输入为基础,基本都是学生已知的语言成分,当然在适当的情况下会有一些略高于他们语言水平的成分,这一部分也会以进一步诠释的方式慢慢对学生进行引导使其理解……学生当然也被要求用英语进行作答,实在没办法表达的时候可以结合中文,当然我会从中提供帮助……不是说英语就要用英语,也不是说学生能用英语回答问题才是学到了东西。语言输出是语言学习的过程而不是结果,学生在课堂上呈现出难以表达的内容,教师以此为基础进行协助与诠释而形成支架,帮助提升其语言准确度的同时在具体的语境中加深对语言的理解……语言学习只有经过大量的语言实践才能内化。(杨老师访谈,2019.01.16)

　　杨老师的课堂话语虽然主要集中在文本逻辑、脉络与观点的梳理诠释以及对学生陈述的引导与评价之上,但也还是对语言点的讲解进行了单独的设计。杨老师在访谈中承认,这样教学设计在一定程度上受同事及所处教学环境的影响。

　　我本来不太主张在大学英语教学中过多讲解语法条例,受传统教学影响,很多教师将语法作为理解和学习语言的一个前提,但实际上没有一定量的语言输入,很难从本质上理解语法……语法规则基于语言实践而被人理解,很多老师课堂上的语法讲授效果一直都不太理想也是这个原因……但是不讲语法也不行,尤其是适应了传统教学的学生会觉得自己没有学到所谓真正的东西……和同事在交流备课的时候也发现大家的教学设计中都多少有讲语法的环节……之前督导来听课的时候,也提出我的课堂缺少一些理论性讲解……因此我就做出了一定的调整,在课堂上选择在对课文进行了分析解读并进行了大量相关的语言输出,最后讲一些语法点。(杨老师访谈,2019.01.16)

　　杨老师的语言观及语言教学观对其课堂话语产生一定的影响。杨老师将语言视为一个整体系统,他认为语言不应当被分解成语音、词汇、语法、句型等。这样对语言进行分割会使语言丧失完整性,语言能力无法被明晰地分解为听、说、读、写能力,因此在语言能力培养以及语言技能训练应该同时进行。

　　语言是一个整体,听、说、读、写应该同时教……维果茨基也曾经提到,人类靠置身于真实自然的、丰富的语言环境中习得语言,语言能力通过与他人进行言语交际与思想交流而得到发展……语言的这种特质就使得我们必须以整体形式来进行语言教学……如果语言学习没有承载具有一定社会文化背景的思想与观点,学到的东西就不是语言,而是语言学……所以教师的课堂话语要与社会文化相关、与学生的真实生活相关,要能够用英语分析、解读、思考并形成经验……教师课堂诠释、课堂师生言语交际与课文的语篇是一个整体,是以课文语篇为基础形成的语言交际事件……精读课的教学可以适当穿插一些细节性的语言点讲解,但要从"整体"开始,以"整体"结束。(杨老师访谈,2019.01.16)

因此,杨老师认为,英语课堂教学中的诠释应充分考虑学生因素,以学生为主体,同时兼顾适应外部环境的要求。

教师在课堂上说什么、怎么说,其本质都是交流,既然是交流就要注意交流的对象,充分考虑学生的需求、动机、目的、效能、能动性以及个体差异等因素……教师应多与学生进行个体互动,而不是站在讲台上自顾自地讲,要仔细观察学生的各种表现,尽可能了解学生水平并发现问题,然后采取相应的诠释措施……针对不同的学生采取不同的协助方式,有效地帮助学生进行学习……学生通过这种方式,置身于丰富的意义与文化语境之中进行语言学习,才能在借助英语获得输入的同时用英语进行产出。(杨老师访谈,2019.01.16)

(5)顺应考试,靠拢政策。

此外,杨老师也承认,自己的课堂话语设计在一定程度上有受到当下英语考试因素以及最新的语言教育政策的影响。

虽然没有了高中那样的压力,但作为学生,首先要面对的挑战就是各种考试,包括课程考试和四、六级考试。在某些程度上,我的教学也不得不考虑学生的这种实际需求……我发现一些学生虽然高考英语成绩不错,但实际英语应用能力较差,对于考试季英语学习都感到比较焦虑……所以我会安排一些课时就一些学生不太牢固的语言点、考点进行讲解,这也是以学生为中心的一种考虑……我会在讲习题的时候更多考虑考试因素,针对性地进行一些语法讲解……同时我发现学生习惯了以教师为主导的教学方式,这种教学模式有时候甚至可以起到安慰剂的作用,让学生感到安心……毕竟整体教学的这种模式不是一两个单元的学习就可以看到成效的,但传统的语法教学法可以。(杨老师访谈,2019.01.16)

我对教师课堂话语的理解及设计不仅基于一些理论,同时我也关注着当下的语言教育政策对教学提出的要求……大学英语教学指南里很清楚地指出语言作为文化的载体以及文化的组成部分这种双重特性,并要求教师充分挖掘大学英语课程丰富的人文内涵,实现工具性和人文性的有机统一……我也是基于此对自己在课堂上的诠释内容及诠释方式进行设计与改进……虽然新的尝试总会有一些困惑和挫折,但来自更高层面的声音让我受到鼓舞,让我能够更积极地做各种新的尝试与调整。(杨老师访谈,2019.01.20)

(6)关键他人,促进转变。

杨老师在访谈中也提到自己的教学设计在很大程度上受到自己近期科研关注及导师指导的影响。杨老师认为自己博士阶段的学习与科研对自己的语言观、教学观以及语言教学观都有着很大的影响,而这也最终影响了他的课堂话语。除了导师的指导之外,读博期间每周一次的研讨会也让他收获很大。

每周导师的团队都会召开讨论会,讨论会的主题基本都是大家最近所遇到的科研问题或是阅读文献的思考感悟。我们团队主要研究领域集中在外语教育,因此会就很多最前沿的外语教育教学的理论及案例在讨论会上进行讨论分享……还能第一时间获得最新的外语教育政策信息……由于大家具体研究方向不同,所以每个人都有机会从测试、学生、教师、教材以及政策等多方面审视外语教学,从而更好地对自己的教学进行反思……这也是导师一直要求的,教学促进科研,科研反哺教学……他人的教学研究经验时常给我带来新的课堂设计灵感,而这也使得我在课堂上寻求不同的诠释模式去呈现、讲解。(杨老师访谈,2019.01.20)

导师还有本科生的教学任务以及一些讲学活动,他与我们很亲近,因此我也能经常与他就教学进行交流……导师作为一名已逾不惑之年的专家博导,依然时刻反思自己的教学,精心对每堂课、每次讲学进行设计……导师经常会和我分享他最新教学以及讲学的课件,并详细地向我阐释其教学设计与理念,我也常去听导师的课……看着导师精心制作的课件,听他梳理自己的教学设计,我从他身上学到了许多,他也十分鼓励我将日常所学所想贯彻到自己的教学之中。(杨老师访谈,2019.01.20)

同时杨老师也提到自己工作单位的"传帮带"模式,即青年教师都有一位高级职称的老资历教师作为"导师",协助青年教师进行教学科研。杨老师通过这种模式进一步对自己的课堂教学进行"在地"审视与反思,在前辈的指导下利用课堂开展教学实验,并以教学研究为基础申请教研项目。教研项目申请的成功在很大程度上激励了杨老师,使得杨老师更醉心于对课堂教学进行尝试与探究。同时,杨老师所在单位也积极邀请专家来讲学或是开办工作坊,杨老师因此得以了解到更多专家团队的研究进展。此外,杨老师所在单位还会定期开展教研活动,新老教师一同就课堂教学展开探讨,这使得杨老师能够借鉴更多老教师的经验融入自己的教学设计之中。

除了读博的导师之外,我自己单位的那位"导师"给我的帮助也很大,我的第一个教研项目就是在他的帮助与指导下进行的,当时他在给我写的计划书中提了很多非常实在的建议,还帮我修改语句与结构……我们也经常就教学进行讨论……他在教学方面会考虑到一些我不太关注的点,并且经验也丰富很多,更了解学生以及学校和省里的政策……虽然我的课堂诠释方法经过了我深思熟虑,但肯定是有着不断加强与改进的空间,来自同一个单位的前辈的帮助更接地气,在一定程度上可以取得事半功倍的效果。(杨老师访谈,2019.01.20)

(7)改变处境,提高效能。

在进一步的访谈中,杨老师也谈到了在进行教学反思与改变中所遇到的困难与纠结。杨老师所遭遇的主要困难来自其所在单位教务处以及部分教学督导的不理解,教务处对全新的英语教学理论及方法不太了解,因此会诟病一些非传统的教学方法。

有时来听课的督导们以及教务处随机来检查的老师会对我的课堂教学提出意见……他们认为我在课堂上自己讲的比较少,都是学生在说,并认为这样显得一堂课不太充实……学院里的一些老教师在进行教研活动时也提出要针对性、分模块地对不同的语言能力进行逐个击破,该教的知识点一定要明确地讲授到位……这也让我感受到一定的压力。(杨老师访谈,2019.01.20)

杨老师认为包括自己在内有很多老师都有着要对自己的教学进行反思改进的信念,但苦于一些特殊的现实处境,难以真正实现。

很多老师都想了解更新的理论来充实自己，但我们所在的大学对科研支持相对还是不足……我们地处偏远地区，外出交流的机会不多，出差报销的程序也比较麻烦，很多老师因此不愿意出去参会交流学习……在申报项目上面，英语教育这个方向也相对有难度……学院及学校层面也没有什么论文撰写及课题申报的指导。（杨老师访谈，2019.01.20）

我们学院的英语老师大多同时承担着大学英语与专业英语的课程，教学任务较重，没有时间静下心来思考、做教研……有的老师一星期20多节课，这20多节课中还包含四五种不同的课型，基本很难有时间对大学英语教学进行精心设计……除了教学任务，很多普通老师还要承担班主任的任务……其他学校都是有专职的班主任来管理学生的，我们却需要任课老师来做这个事情，学生管理事无巨细，这让很多老师感到心力交瘁……因此大家也没有了改变的动力，我是比较幸运的。（杨老师访谈，2019.01.21）

上述因素促使杨老师用考博的方式对现实处境进行一定的改变，从而获得了进一步提升自己的机会与时间。杨老师认为自己一开始也并不是为了改变自己的教学而去读书，但求学经历使自己慢慢开始对教学有了更多的思考，也给了自己足够多的效能与条件将自己的想法付诸实践。

我是在第三学期之后开始回到原单位承担一些教学任务的，当然之前在读博的学校也参与教学……刚回来的时候也有点缩手缩脚，甚至觉得没有必要在教学上做出什么改变，就这么混着就好了……后来为写论文，我尝试性地将一些教学研究中的想法实施在课堂中，学生的反馈都挺好……学院这边给我的自由度也比较大，我现在的教学任务也不是太重，一周8节课……学院领导和我的导师都在一定程度上给予了我很大的支持，他们都很鼓励我在教学上进行尝试，我才得以坚持探索……我现在深刻地认识到，教学真的不能几十年一成不变。（杨老师访谈，2019.01.20）

在课时的具体安排上杨老师调整不大。按学院教学计划规定，一学期共有6单元的课程教学任务，必须在16周内完成，精读教程共48学时，视听说教程16学时，另含网络学习32学时。在针对读写听说的课时安排上，杨老师在开学初做出以下安排。

表 6-14　杨老师教学课时安排

教学周	教学安排
1、3、5、7、9、11、13、15	4 学时精读课（课本内容讲解）
2、4、6、8、10、12、14、16	2 学时精读课、2 学时听说课

　　杨老师在单周花 4 学时讲完课文内容,双周花 2 学时安排为课后练习讲解与查漏补缺,起到一定的机动作用,第 13 周、第 15 周结合前几周学习以及网络学习中出现的情况进行总复习与答疑指导,教学主题由学生在第 12 周投票产生。杨老师在访谈对此是这样解释的。

　　在理想的状态下,所有教学任务会提前一两周的时间完成,当然这个没法完全确定……所以我留出了几节课的时间,用于总结与查漏补缺……具体的教学主题,除了我自己在教学中的观察与考量之外,我要求学生在第 12 周的时候以邮件或私信的方式直接告诉我他们认为需要加强的地方……这样的话可以兼顾学生的意见,让我的教学设计不至于过于主观。(杨老师访谈,2019.01.20)

6.6　本章小结

　　本章通过杨老师的案例对所收集的数据进行呈现,并对杨老师的课堂话语及教师教法进行深描,内容包括其话语内容选择与呈现方式、其课堂话语所体现出的独具个人特色的教师教法以及其教师信念与实践所产生的冲突及纠葛。杨老师的语言信念成型于其早期教育阶段,但受其学校教育影响较小,受家庭教育影响较大。杨老师的家庭在这一时期虽然没有针对性地对他的英语进行帮助与指导,但为杨老师提供了优越的学习与思考环境,提升了杨老师的整体语言能力,尤其是识读能力。进入高中及大学阶段,英语成为杨老师的专长进而又成为其所学专业,杨老师开始从职业选择的角度对其有所期许,并在老师的鼓励下,通过参加各种活动提高了自己的整体语言能力与逻辑思维能力。之后的出国留学学习经历以及博士就读经历,更进一步地加强了他语言的整体观,让他对教学不断进行反思与改进。尤其在他的角色从一名英语教师转向一名外语教育及外语教师研究者之后,其关于语言及语言教学的信念也发生了进一步的转变,他试图通过语言及语言学习提高学生的整体语言认知能力。从本质上而言,杨老师将英语看成是一种实现能力培养的载体。

从数据中我们可以看出,杨老师的家人和同事、其所在学院与学校、博士生导师以及社会宏观环境都对其语言观以及语言教学观产生了影响。在语言教学方面,杨老师通过理论学习与教学研究反思教学,其博士学习经历对他的语言教学观起到了较大影响。他认为语言学习与文本识读、文本理解有很大关系。他坚信通过上述能力的培养能够从整体上带动学生的英语学习,且认为上述能力符合当下社会对英语学习者的期待。杨老师认为,他在教学中主要承担传授所需掌握的方法与培养能力的角色,具体的知识传授通过这两个角色的实现而同时实现。他认为自己针对文本脉络、内容及观点的梳理诠释,是帮助学生整体提升语言能力并在认知上得到进一步发展的有效途径。杨老师也承认自己的课堂话语设计在一定程度上向现实需求妥协,他积极借鉴其他老师的教学方法,在一定程度上考虑考试要求,努力对自己的个人教法进行调整并体现在课堂话语实践中。虽然看重对学生整体语言能力的提升,但他也明白标准化考试对于学生的意义与挑战,因此针对性地在教学中加入了一些语言点的诠释。杨老师通过博士期间的理论学习及教研,得以从不同的角度对自己的教学进行反思。但同时,杨老师也在试图解决他的教学方法和传统教学评价以及他所在学校教学管理部门的传统观点之间的紧张关系。尽管他认为阅读能力的培养是精读课教学的重点,但他在教学设计中开始向语法知识的讲解做出一定的倾斜,并在一定程度上增加教师话语量,以顺应教学管理部门对教师的要求与期待。整体而言,杨老师的语言教学信念始终在不断地转变,其课堂话语实践也因此不断做出调整,但他始终坚持以课本的内容与主题为基础,考虑学生特点及学习情况,通过梳理文章脉络、理解文章观点、析出文章中所蕴含的道理的方式,整体对学生的语言能力进行提升。虽然他的课堂教学也存在不同的教学模块,但教学模块之间互相关联且互为促进,其中的话语诠释模式也不尽相同。总的来说,杨老师的课堂话语具有以下显著特征(见表6-15)。

表 6-15　杨老师课堂话语特征

杨老师课堂话语特征
1．英语为主要语言,用来诠释新文本脉络、意义、观点及所含知识
2．强调并贯彻语言学习的整体性,不单独讲解听、说、读、写、译
3．以学生有声思维及陈述为基础,采取提问、重复、等待、补充、提示等多种策略引发学生进一步反馈,最后加以总结诠释
4．兼顾自上而下与自下而上的诠释规律,每个诠释模块互为关联
5．诠释性话语为内涵性诠释,集中用来诠释文本脉络、意义、观点及所含知识,同时用来引导学生、形成支架
6．以文本内容为中心,从教学材料中析出关键主题及情节,提炼文章观点
7．借助对文章的整体性阅读,厘清文章整体脉络及主要内容,然后通过仿写练习进行实践
8．偏重阅读能力培养,要求学生能够运用适当的方法与步骤对文本脉络、文本细节以及文本观点进行理解
9．学生对课文的解析能力以及语言能力的整体提升是最主要的目标
10．强调学生在教学活动中的参与,关注教学方式和教学对象

　　综上所述,杨老师的课堂话语具有极强的个人倾向与动态特性,其所体现出的个人教法是以整体阅读法为导向的。杨老师课堂话语随着他个人信念与外部环境的变化而不断发生变化,受到微观个人因素、中观情境因素及宏观外部因素的共同影响,其中个人信念因素对杨老师的课堂话语影响最大,同时也影响到他的教师教法。因个人特质原因,对于杨老师来说教学上的改变是常态,没有太多的纠结与困难。

第七章

吴老师

7.1 引言

本章同样以案例的方式呈现第三位研究对象吴老师的相关数据,旨在描述其课堂话语的内容选择与呈现方式、课堂话语所体现出的独具个人特色的教师教法及其信念与实践所产生的冲突。第7.2 节从吴老师的过往经历入手,包括其生活、学习、教学与职业发展经历,旨在对其教师认知,包括其语言观、教学观以及语言教学观的建构过程及影响因素进行挖掘,为诠释其课堂话语信念以及课堂话语信念与实践所产生的冲突、调和及妥协等提供必要的分析来源。第7.3 节对吴老师的教学环境进行描述,旨在了解其教学属性以及所处的具体处境,包括授课班级学生人数、层次,课堂具体环境及具体授课内容要求等,为分析其课堂话语实践以及其课堂话语实践与具体情境的冲突及协调提供分析来源。第7.4 节根据第三章中所构建的分析框架,对吴老师的课堂教学进行描述,旨在了解其教学过程中的课堂话语安排、内容、重点、组织、类型和来源,精准呈现其课堂话语实践实景,为分析其课堂话语实践及其实践与信念之间的冲突与调和提供分析来源。第7.5 节对吴老师的访谈内容进行进一步挖掘,旨在进一步呈现其课堂话语信念,并重点描述其话语信念如何对其教学推理产生影响并进一步塑造其教学实践,且在实践中所产生的问题又是如何对其教师信念产生影响及改变的,以此厘清吴老师的课堂话语信念与实践之间的互动关系。

7.2 体验促进、兼学中西:吴老师的学习与教学经历

吴老师于 1993 年 6 月出生于我国东部地区 H 省 S 市,教龄 2 年。吴老师虽然年轻,但成长经历较丰富,也使得其课堂话语信念及实践呈现出与众不同之处。至本研究结束时止,吴老师获校级教学比赛奖项 1 次;指导学生参赛获奖 3 次;参与校级项目 1 项;公开发表学术论文 2 篇;参编教材 1 本。下面本研究将对吴老师的个人经历进行简要介绍。

(1)资源丰富,多维发展。

吴老师出生于 H 省 S 市,S 市为 H 省省会城市。吴老师的父母都从事个体经营,均接受过高等教育。父亲从事教育培训行业,有海外游历经历,母亲从事咨询行业,有海外留学经历。吴老师的父亲大学毕业之后,分配在 S 市某国企担任外贸专员,经常出国游历,后发现英语培训业的商机,遂投身教育培训行业,主要从事出国英语考试培训、商务英语培训以及国内英语考试辅导等。吴老师的母亲大学本科毕业之后赴澳大利亚攻读硕士,硕士就读期间参与了多个非政府组织的志愿者工作,毕业后在世界各地游历一段时间后回国,回国后结合自己的留学经历创办了一家留学咨询公司,主要负责留学咨询及中介业务。吴老师因此家境相对殷实,从小也受到了良好的教育,幼儿园阶段便就读于当地最好的国际双语幼儿园,小学也是当地有名的私立中英文小学。吴老师在访谈中回忆,她的父母尽可能地给予了她最好的教育资源,但也并没在吴老师的学习上过于功利化。吴老师自幼比较乖巧,都很主动地完成自己的学习任务,因此回到家中,一家三口谈论的大多都是自己一天的见闻与感受,不会像很多家长一样追问学习及学校的情况。吴老师接触英语学习很早,据她回忆,自己就读幼儿园时就已经有外教课,不过每周只有一节,而且基本都是兼职的老师,经常更换,但到了小学就开始有固定的外教老师了。外教课一直是吴老师最喜欢的课,因为外教老师总是十分活跃也很和善,不会刻意让小朋友们去记单词,而是带着大家做游戏,有时候会带着一些自己制作的教具来教学,还带很多有漂亮图画的英语故事书给大家讲,一边讲还一边手舞足蹈地表演。吴老师在访谈中提到,自己现在在教学生一些单词或者是自己看到某个单词时,总能想起自己最早学习或者接触到这个单词时的场景,那些场景和单词融汇在一起印在

了自己脑海之中。吴老师也认为这是她语言学习的成功之道。吴老师小学阶段的英语学习更为丰富,她就读的中英文小学经常会组织很多的英语学习活动来提高学生的英语学习兴趣,让学生在体验中学习英语。其中最让吴老师印象深刻的就是英语话剧表演,学生会扮演各种角色,吴老师至今都还能背诵当时演出的台词。此外,当时的一些社区任务也让吴老师印象深刻,吴老师所在的小学经常会组织学生实施一些模拟的社区任务,比如有次老师要求学生带某位指定的外教老师吃自己最喜欢的一种食物,或者是向外教老师介绍一张你的家庭照片背后的故事,或是走访一位旅居中国的外国朋友。

据吴老师回忆,自己在小学时期成绩是比较优异的,所有科目都在 95 分以上。而且当时她所就读的小学并不强调排名,期末随成绩单会有一份致家长的信,就学生的考试情况进行一定的分析,并详细陈述学生这一学期来的努力与表现。吴老师的父母也不太注重分数,更注重配合她完成学校所布置的一些学习任务,关心她学习上的感受。吴老师在访谈中提到,每次放学回家的路上,母亲从来不会问今天学了些什么,都是问她今天在学校有些什么好玩的事或者是今天心情如何。然后她便会一路与母亲分享在学校里发生的新奇事情,母亲有时候也被逗得哈哈大笑。回到家后,一家三口在餐桌上也互相分享着一天发生的事情。每到周末的时候,吴老师并不像很多小孩需要参加各种兴趣班,除了去爷爷奶奶家之外,父母常带她去逛博物馆、看画展、听音乐会、看话剧或是歌舞剧等。

虽然吴老师幼儿园和小学都是读的私立学校,但当时吴老师所处的城市并没有很好的私立中学可以选择,同时考虑到高考因素,吴老师的父母还是决定让吴老师在小学毕业后进入公立的中学学习。由于幼儿园、小学以及家庭中所打下的基础,吴老师在小学毕业后英语能力已经在当时大多数学生之上,可以用英语进行简单的日常会话,用英语进行演讲、表演也没有太大的问题。吴老师的父母希望她可以保持这个水平,方便以后去国外读个更具专业特点的专业。综合上述情况,吴老师的父母为她选择了 S 市外国语学校。吴老师就这样开始了自己的中学生涯。

(2)乐读中学,赴美交换。

吴老师就读的外国语学校为该省的重点中学,不仅具有全国普通高校保送资格,更被许多高校授予优秀生源基地。该学校除开设常规课程之外,外语课程设有英、日、俄等多个语种,并常年聘有外籍教师。该校同世界各国 10 多所学校建立了校际友好关系,学校之间的教师和学生也经常进行互访交流。吴老师就读的初中部是该外国语学校最大的教学部门,对学生的语言能力及素质培养尤为重视。据吴老师回忆,该中学除了注重外语教学之外,还十分注重体育、艺术以及综合实践能力的培养,学校开设有各种不同的专项体育课程、艺术课程以及综合实践课程供学生选择。吴老师在访谈中提到,他们中学英语老师的业务水平很优秀,但是却不以培养传统的"优秀生"为目标,更多时候老师借助学校的课程与活动来帮学生了解世界、提升素养。老师很尊重也很愿意去挖掘学生的个性,注重培养独一无二的人格。五花八门的音乐、美术和体育课程中嵌入了英语学习,让大家在不断提升自己英语能力的同时也对自己的综合素养进行提升。吴老师在访谈中感动地说,如果没有经历这样的青少年教育,自己之后的很多决定都不会诞生。由于小时候基础打得不错,吴老师的初中伴随着有趣的英语学习体验,在轻松愉快中度过。到了初三,吴老师在学校的帮助以及家长的鼓励下,通过了美国某高中的面试,顺利进入了学校高中生交换学习项目,获得赴美国高中交换一年的机会。这段时光让吴老师体会到了美国高中的自由与创新,并最终助推了吴老师之后的海外大学申请。在美国高中就读的一年里,吴老师第一次深度接触西方世界。吴老师在访谈中提到,通过书本和电视了解西方和通过寄宿的家庭以及他们的社区文化去了解完全是两个概念,美国的教育、生活理念及模式都和国内有所不同。吴老师深刻地记得,为了完成一个社会调查任务,她穿梭于美国的大街小巷进行大量实地调查、问卷发放以及走访,这对她来说是语言表达能力以及自信心上巨大的挑战,后续的研究资料汇总和整理也在很大程度上训练了她的语言归纳与逻辑思维能力。这段经历使得吴老师的人际交往能力、独立能力以及情绪控制能力都得到了锻炼,并且让吴老师对跨文化交际以及语言与社会的关系开始产生浓厚的兴趣。

而提到高中生活的国内阶段,吴老师也认为收获颇丰。吴老师认为,虽然中美高中有着很大差异,但其所就读的外国语学校给学生的锻炼机会并不比美国的学校少,学校十分重视他们的英语学习。吴老师至今仍记得伴随她高中学习生活的英语广播,每天校园广播都会播放大量的 BBC、VOA 等英文音频。

此外,学校会经常组织学生参与接待外宾的志愿者活动,带领外宾参观校园甚至是校外访问任务。学生要用英语为外宾进行介绍、答疑。吴老师在访谈中提到,自己所经历的这些活动,不仅让她的听、说、读、写、译的能力得到了磨炼,更提高了她的综合素养和办事能力。吴老师还特别提到她所就读学校的社团及学生会活动,通过参加这些活动组织与协调不仅使她结识了更多志同道合的朋友,更提高了她的社交能力、领导能力与创新思维,也对她后来的海外大学面试以及留学生活有很大帮助。吴老师在访谈中提到,自己高中时参加了学校组织的模拟联合国社团并担任副秘书长的职务,后来还获得了去外省参加模联大赛的机会。在这个过程中,吴老师不仅认识了不少的朋友,还学到了很多知识。此外,吴老师所在的高中经常组织学生进行研究型学习。吴老师清晰地记得自己第一次自己做研究、查资料、做访谈,和小伙伴为了研究的计划而争得面红耳赤,但这种乐于钻研、同伴互助的学习形式为她之后的学习与教学打下了很好的基础。

经过了三年的高中学习,并借助着其中一年美国高中交换学习经历的历练与成长,吴老师怀着继续在海外深造的想法,选择直接申请美国的大学。吴老师的父母对她的决定十分支持,并尽力给予帮助。吴老师的妈妈充分发挥自己的工作特长,陪着吴老师一起收集分析大量的美国大学介绍进行对比。一开始在专业的选择上,吴老师与父母有一定的分歧。吴老师的父母希望吴老师可以学商科或者经济,将语言优势用在学习其他学科的知识上。但吴老师对语言学产生了浓厚的兴趣,想要进一步了解人类的语言与社会的关系。经过一番协商,吴老师的父母选择尊重其想法。最终吴老师顺利地进入了美国一所大学的语言学系,修读语言学专业。

(3)海外攻读,开阔眼界。

吴老师在美国所就读大学的语言学系建于 20 世纪 30 年代中期,是美国历史最悠久的语言学系之一。吴老师在这里学到了许多在国内大学少有开设的课程,她在访谈中提到,自己印象最深的是"语言,文化和思想"以及"语义学和语用学导论"这两门课。也正是这两门课让她对语言的看法发生了彻头彻尾的改变。吴老师说,虽然高中时她已经开始意识到语言其实还承载着许多社会文化因素,但还只是把语言当作一个承载其他东西的载体,一直认为语言就是一个技能、工具或是载体，大家把它学好无非是为表达自己、理解他人、完成任务、传递与承载信息等。但在进行了系统的语言学学习之后，吴老师说自己开始从主体视角审视语言，她意识到语言不单纯起到表征作用，其中包含着人类的自我认识、价值取向、现实体验与意识形态，其本身就是一种结构及意义主体。得益于青少年时期的教育以及对语言学的巨大兴趣，吴老师在海外生活并没有遭遇很大的困难或迷惘，她很快适应了海外的学习生活。吴老师在本科就读过程中不仅修读了自己应该修的课程，更积极旁听很多文学、翻译方面的课程与讲座。吴老师说，那时的自己只是对语言相关的所有事情都有很大的兴趣，但具体也没个主要的研究方向，只是不停地凭兴趣与激情吸收着知识。

大学三年级的寒假，吴老师回国休假。从紧张充实的海外求学生活中闲了下来。吴老师在访谈中提到，那段日子有些百无聊赖，加上临近毕业，自己对未来的规划也开始感到迷茫，整天忧心忡忡。吴老师记得有天晚上她母亲看不下去来找她谈，说她放假了还一副忧心忡忡的样子成天待在家中看书，问她想不想出去走走挣点零花钱。吴老师说自己当时也想找个事让自己忙起来，便问是什么事。她母亲说自己的留学咨询公司经常会有很多人来咨询，虽然公司有专门的员工进行接待，但效果不太好，且费时费力。所以现在公司计划做一系列宣讲活动，介绍部分国家的留学信息。希望吴老师作为在美国就读的学生代表，分享一下自己在语言、生活以及学习上的一些经验。吴老师清楚地记得，自己的母亲在说完之后还特别补充了两个字——有偿。吴老师回忆说，那会儿正想换台笔记本，于是便答应了母亲的要求。

吴老师就这样开始参加一些讲座，与想要出国留学的学生与家长进行交流。由于小时候便有很多积累，吴老师不论在表达能力、现场控制以及所需经验上均没有什么问题。据吴老师回忆，当时她都是用自己的亲身经历与切身体验同大家分享，因此也受到了听众的一致欢迎。每次讲座结束之后，依然会有很多的学生与家长将她团团围住，亲切地叫她小吴老师，问她各种各样关于在国外学习与生活的问题，她也总是耐心地留下来给大家解释。吴老师在访谈中提到，那个寒假过后，一颗小小的种子便开始在心里种下，可能是从那时候开始，自己真正地爱上了在讲台上与他人分享的感觉。通过这次经历，吴老师也发现，国内有很多学生在面对语言学习的时候，除了语言能力提升的难题之外，还面临着文化适应、其他专业知识学习、生活能力提升、学习方法以及思维方式转变等多方面的挑战。吴老师在访谈中提到，那时自己脑中便开始萦绕着一系列的问题，语言学习难道只是了解语言本身就够了？到底应该怎样学习语言？学习语言的意义何在？寒假结束回到美国之后，吴老师便开始看一些教育学相关的书籍与文献，尤其是语言教育相关文献，有时还会与自己的几位任课老师探讨这方面的内容。老师们都积极给予吴老师帮助，其中 B 教授尤其热心，不仅经常给吴老师提供推荐阅读的书单，更把自己带的研究生介绍给吴老师认识。吴老师在访谈中提到，从这些研究生身上她开始渐渐看到了一条越来越明晰的路，这条路的前方有着自己想要寻找的答案。临近毕业时，吴老师经常请教的一位硕士研究生问她是否有继续深造的打算，并鼓励她申请 B 教授的硕士。吴老师回忆，自己当时内心也十分纠结。一是自己没有太大信心可以走上科研这条道路，毕竟在美国申请硕士一般就意味着会顺势攻读博士。二是其实一个人在外面久了，多少还是比较想家，在能够找一份不错的工作的情况下，还是比较想开始工作。但同时，吴老师又对外语学习与外语教育产生了浓厚的兴趣，希望可以进一步对其进行探索。在向家人诉说了自己的纠结之后，吴老师的父母都表示会全力支持她继续求学，并给她分析了当下的就业形势——不管是在美国还是中国，语言学专业只有本科学历，就业的确受到一定限制。最终，吴老师选择了申请 B 教授的硕士，由于之前已和 B 教授有过许多交流与了解，加上本科时候的学习积累，吴老师顺利地成了 B 教授的硕士生。

　　硕士学习阶段，吴老师扩展了自己学术论文的阅读量，并开始形成自己对外语教学的理解。这段时间中，除了大量的阅读之外，吴老师还参与了导师的大量实验性教学项目、行动类研究以及教师访谈工作。为了更好地完成这些工作，同时也为自己的硕士论文数据收集做准备，吴老师走访了解了许多学校，观察了解了不同层次、不同社群的外语学习及教学情况。通过不懈的努力，吴老师顺利完成了硕士论文并通过了论文答辩。在进行硕士论文准备写作的时候，吴老师一边打听博士申请方面的消息，一边打听工作方面的信息。虽然可以留在美国找工作，但吴老师觉得自己所学专业似乎在国内更为受用，自己也能获得更好的发展。最终母亲那边传来消息，吴老师母亲在年轻时曾在西南某省的非营利性组织做过一段时间的志愿者，结交了许多当地的教师，也对那个城市颇有好感。在聊天谈到自己女儿的近况时,说起了吴老师工作的事情。当地一位教师马上提供了当地一所大学的招聘信息,并表示那所大学急需扩充外语人才队伍,接受硕士学历毕业生。在当时,很多大学都已经只招聘博士学历人才。权衡之后,吴老师决定先回国看看。

(4)初上讲台,不断调整。

吴老师为了考察,特地在面试之前提前一周来到应聘大学所在城市。吴老师回忆说,她小时候旅游就来过这座城市,虽然这座城市离自己的家乡很远,但这座城市的天气和景色给她留有很好的印象。经过各种测试环节后,S大学对吴老师给出了很高的评价,单独约谈了她并向她介绍了学校的整体情况。最终,吴老师决定接受这份教职。

就这样,吴老师成了S大学的一名英语教师,主要负责大学英语教学,也担任部分英语专业的课程教学。据吴老师回忆,第一年教学的时候,她花了大量的时间来备课,除了课本上的内容还搜集了很多的课外内容。为的就是尽可能地丰富学生的学习体验。吴老师认为,语言教学应当是与外部环境相呼应的,但现在的教材很多与现实生活不太挂钩。在访谈中吴老师多次提到精读课程的文本不够与时俱进,难以吸引学生兴趣,最重要的是无法给学生提供生活体验,而这正是语言学习的关键。吴老师认为,儿童以及在国外生活的人之所以能够在很快的时间内学习一门外语,其原因不是在于大家所讨论的语言环境,而在于基于某种语言的切实生活体验。吴老师在访谈中说,作为"网络原住民",他们这一代一生下来就接触互联网,而互联网正是一个多语社区。但很多人并没有在这个多语社区中获得语言学习红利,其原因就在于没有积极营造与外语相关的切实生活体验,没有用外语建构起来的生活体验及生活逻辑。吴老师认为自己的童年与青少年时光的学习使得自己获得了这样的生活体验,而现在自己的学生在基础教育阶段没有这样的体验,应该在学习中进一步加强。吴老师也认为这样的教学理念是从真正提高一个人的语言素养出发的,单纯强调语言技能及能力培养出来的外语人才无法面对即将到来的人工智能时代。吴老师在访谈中强调,人工智能最终会接管大量技术性工作并在一定程度上代替人类管理与储存知识,但人工智能最难以取代的就是人的生活体验,这是人类所独有的,也是人类所有知识及价值观的基础。在访谈中吴老师也提到,她会以教学内容促进与学生的沟通及共鸣。吴老师通过引入学生感兴趣的、时效性强的授课内容,安排多种课堂及课外活动,让学生能够真正地获得一种语言生活体验。在前期针对学生的焦点小组座谈中,我们也发现学生的确对吴老师的课堂评价较高。

不过吴老师承认,自己在教学过程中也渐渐开始遭遇到一些问题。吴老师逐渐发现,自己所任教的大学在整体生源、师资、教育水平上都相对较弱,自己过往的学习经验难以套用在目前的教学环境中。吴老师在访谈中提到,很多学生的基础不好,课堂教学中难以忽视这个重要因素。同时,吴老师也提到,学生们所面对的四、六级考试也是她作为英语教师不得不考虑的问题。因此,吴老师除了在实际的教学中不断摸索之外,也会向自己的同事与领导请教。在学院的教学研讨会上,吴老师总是积极地提出很多困惑和问题。但对于吴老师来说,似乎很多问题都无法在教学研讨会上找到答案,有的老师觉得吴老师提出的问题无解,有的老师只是坐着根本就不参与讨论,也有老师对吴老师的教学方式很不认同,认为她是在带着学生玩而已,吴老师也因此受到不少打击。不过吴老师在访谈中说,自己在生活中有问题就用搜索引擎搜一下,因为这世界上总有人和自己有着同样的困扰。于是通过网络搜索,吴老师找到了许多以论坛、微信群、QQ 群为组织形式的网络社区并参与其中。在这些网络社区里,大家都是带着想要寻求帮助或是与他人交流的心情,因此也显得十分积极,加上没有面对面的顾虑,很多时候更能畅所欲言。吴老师经常将自己授课的片段录制下来,与网络社区中的一些朋友分享、讨论,她的网友们也非常积极地给出建议,帮助吴老师改进自己的教学。吴老师在访谈中提到,通过这些网络社区,吴老师与一群朋友还建立起了专属他们的小型社区,现在他们自己的微信群里长期有一百多名大学英语教师在线,大家每天都会就大学英语教学与学习进行探讨。除此之外吴老师还加入了很多英语培训教师以及英语从业人员的微信群,从社会教育经验中吸取营养。吴老师认为上述交流对她的教学产生了很大影响,她同时认为,这样的平台起到了帮助自己超越当下教学处境的作用,让她得以补充现实处境中所存在的诸多短板。除了参与网络教学研讨,吴老师还与自己已经在攻读博士的几位同学保持着联络,积极吸取国外最前沿的教学研究成果。吴老师在访谈中回忆,与同门的讨论让她仿佛回到了学生时代,而有同门的帮助让她觉得没有什么问题是不可以解决的。

通过与他人的积极沟通与交流,吴老师获得了某种她所提出的有关与外语教学的"生活体验",并在教学上做出了较大改变,这也体现在了其课堂话语之中。在这种生活体验所给予的经验中,吴老师的课堂话语除了强调任务和活动对教学的引领之外,还适当加强了写作能力的引领与培养,将读写能力培养融合在一起,力求提升学生的整体读写素养。吴老师在访谈中提到,她的课堂话语与教学设计借鉴了最新的教学研究成果,也吸收了很多一线教师的参考意见。她认为精读教学除了要整体提升读写能力之外,更重要的是要思考学生通过读写达到了什么样的效果以及究竟通过读写去干什么的问题,这个问题的答案必然带有这一个时代甚至是下一个时代的特征。吴老师在访谈中强调,她始终认为教材是"过去式",过于依赖教材无法让学生适应生活中的"将来时"。

7.3 吴老师的教学环境

上一节主要就吴老师的成长和教育经历进行了梳理,本节将主要对吴老师所处的教学环境进行介绍。吴老师与杨老师以及韩老师同在一所大学,所教授的学生均为全日制普通本科学生,含本科一、二年级学生两个班共计 69 人。吴老师的主要教学任务为 B 班的精读课程,两个班合计每周共 8 课时。前文已有提及,该大学采用大学英语分级教学,B 为正常进度班。课堂观察数据体现出吴老师的课堂话语既通过课堂活动与任务体现,也借助教师讲授传递。有的教学模块中的话语体现出较强的课堂师生互动,学生参与度较好,而有的教学模块反之。整体而言,其课堂话语在不同教学模块体现出不同的内容特性及传递方式。吴老师认为,自己的课堂话语注重学生语言素养的培养,兼顾语言相关知识的传授。

笔者在课堂观察及课堂数据收集时全程以接近学生穿着风格入场,选择最后一排靠教室内侧的位置落座,视频录制及音频录制设备均采用具有高度便携性、高灵敏度及高清晰度的设备,避免干扰正常教学环境,保证所观察到的课堂在自然真实的环境下发生。教学环境、教学对象、教学内容及教学方式均遵循学校及授课教师的既定计划。

　　吴老师上课的教室每排 9 个座位按 2、5、2 的方式分开,前后开门、中间有两条过道供人通过,有配套的多媒体设备、扩声设备及黑板、粉笔等传统教学工具与耗材。教室可容纳 72 人落座,参与本课程的学生有 39 人,学生通常选择从讲台往下第一排开始陆续落座。教室内含固定鹅颈话筒一只、无线话筒一只,吴老师不使用话筒教学。吴老师较少使用多媒体设备对教学内容进行呈现,在需要进行教学内容呈现的时候,吴老师会将教学材料直接发送到班级微信群或用腾讯文档 App 实现在线协作,偶尔使用黑板和粉笔写下部分提纲式内容。在对具体概念进行诠释的时候,吴老师借助搜索引擎、在线文档、即时通信工具等互联网资源形成独具自我风格的诠释方式,下一节将主要从语义波视角就吴老师的课堂话语表现及其对于语言与语言教学相关的信念进行呈现。

7.4　讲练结合、双模协调:吴老师的课堂话语

　　本节基于本研究的研究框架,从语义波理论视角切入,基于实地观察以及所收集到的教学视频数据从不同层面对吴老师的课堂话语进行梳理分析。在本研究课堂观察进行时,吴老师的教学进度与另两位研究对象一样也进入第五单元。

7.4.1　吴老师的教学计划

　　根据本研究所收集到的教学视频数据,吴老师在教授第五单元的时候,承载其课堂话语的整体教学流程如下(见表 7-1 ～ 表 7-4)。

表 7-1　第 17 课——导入、完成课前所布置任务

第 17 课
1. 作业问题讲解(上一节课有布置任务)
2. 单词带读、讲解与听写
3. 单元相关话题最新信息
4. 精读课文(Text A)整体段落大意及内容讲解

表7-2　第18课——完成课前所布置任务、文章主要内容观点追溯

第18课
1. 水污染与环境污染专题报告（课前布置任务）
2. 针对专题报告的讨论
3. 分享观点
4. 观点回溯（在课文中寻找观点所指向的文本细节）
5. 布置作业

表7-3　第19课——练习、活动、语法讲解

第19课
1. "续述"课文
2. "你说我写他（她）译"
3. "你说我写他（她）译"学生互评及教师评价

表7-4　第20课——习题讲练

第20课
1. 习题精讲
2. 课文长难句专题讲解
3. 语法点总结及精讲
4. 作业布置

　　基于吴老师的教学计划与教学日志以及对其的访谈，我们得以了解，吴老师习惯于在新单元教学开始的前一周对课文内容进行基本的了解，并基于此选出新单元教学的主题，再根据主题设计出具体的教学活动以及需详细讲解的语言点，并在新单元教学的前三天在网络上搜索相关内容的最新信息，视情况进行补充。

　　在访谈过程中，笔者将基于观察数据和教学视频数据所整合出的教学流程表提供给吴老师过目确认。吴老师对笔者所记录与列举的教学流程步骤予以肯定，表示该教学流程符合自己实际教学过程。下一节将以吴老师的具体讲解为例，详细呈现其课堂话语如何在实际的教学活动之中体现。

7.4.2 吴老师的课堂话语

在第 17 课前,吴老师布置了关于之前单元的部分练习任务以及新单元的整体预习要求,并要求学生以新单元"the water problem"为主题进行社会调查,收集自己身边发生的水污染或环境污染相关资料,做好 PPT 准备进行课堂汇报。吴老师要求学生的 PPT 要有社会调查的详细步骤以及自己所收集的图文数据。在访谈中吴老师向我们透露,虽然是在中国做社会调查,但最后的 PPT 要求用英文呈现,因此学生不得不用英文对整个任务流程及内容进行思考统筹,从深层次来说,学生依然是在用英文完成任务。吴老师会要求学生在课前一两天的时间内将所有课前任务传送到两个教学班级共用的教学云盘中。在访谈中吴老师提到,除了沟通之外,文件传送她倾向于使用云盘,因为有时候交给学生做的任务所生成的文件较大,如音频、视频、图片集。同时,吴老师也提到自己也经常会将一些想要分享给大家的资料归类放在云盘中,方便大家自取。此外,吴老师还通过两个教学班级共用的微信群对所布置的作业及任务进行在线答疑,也有很多学生与吴老师互加了微信,采取私信的方式与她进行学习以及生活上的交流。

吴老师课堂教学过程中的话语多数为英语,但在进行语法讲解时会英汉混用。吴老师上周给学生布置了 2 篇课外阅读理解与 1 篇完形填空,均为吴老师在网上搜索改编而成,3 道题都是以中国所面临的社会问题为主题。正式进入到第 17 课的教学中时,吴老师首先讲解了这些阅读题。

T：Now let's check the first passage. What's your answer to the first question?

S：A.

T：Very good. How did you know that, Mary?

S：There's a sentence in the first paragraph：In particular, the growth rate combined with a population of over 1 billion has caused serious environmental problems.

T：And?

S：Well the first question is "What has caused serious environmental problems in China?", from this sentence we can tell that the growth rate and the population has caused the problem.

T：Very good, thank you.

以类似的模式, 吴老师继续检查学生的练习完成情况, 在学生没有出现错误的情况下, 吴老师的课堂话语更多集中在进一步对学生提问以确保其对阅读文本的充分理解。在学生出现错误时, 吴老师的课堂话语开始增加。

T：What's your answer to this one?（此时讲到第 2 篇阅读第 3 题）

S：B/C.（学生有不同意见）

T：Students who choose B, please raise your hand.

S：（小部分同学举手）

T：And C?

S：（大部分同学举手）

T：Lily, why did you choose C?

S：这里要我们填 The man "什么" helped you is Mr. White。然后填 C—that, 指代前面的人。

T：Thank you. Please take your seat. Lisa, what's your answer?

S：B.

T：Why?

S：我觉得这里的既然指人就应该用 who, 选 B。

T：Good, thank you. 我们来看一下, 这道题考察我们要在 "The man" 和 "helped you is Mr. White" 中间填上什么词才合适。主要容易混淆的选项就是你们选的 "that" 和 "who"。这里主要考察的是什么语法知识点?

S：定语从句。

T：嗯。这个是高中知识了啊。定语从句是在复合句中修饰某一名词或代词的从句。被修饰的名词或代词叫什么啊?

S：先行词。

T：对, 先行词。那定语从句前面这个词叫什么?

S：引导词。

T：对, 搞懂先行词和引导词的搭配是学好定语从句的关键, 我们的引导词主要有关系代词和关系副词两类。关系代词包括（转身在黑板上写下）："that" "which""who""whom""whose"。代人的有"who""whom""whose""that"；代物的有"that""which""whose"。刚才我们做的这个题，"The man who helped you is Mr. White"。"who"在这里代人，在定语从句中作主语。明白了吧?

S:(点头)

T:我们再来看一个例子(转身在黑板上写下):"That is the person（whom/who/that）you want to see."。这个句子中"whom""who""that"代人，在定语从句中作宾语，可省略。但再来看这个句子(转身在黑板上写下):"I'm not the fool（that）you thought me to be."。在这个句子里"that"用来代人，在定语从句中作表语。明白了吧?

S:(点头)

T:看这个句子(转身在黑板上写下):"A dictionary is a useful book which/that tells us the meaning of words."。这个句子中"which"或"that"代什么? 是什么句子成分?

Ss:(齐声)代物，做主语。

T:Good.

吴老师按上述方式,讲完了所有的练习题之后,便开始单词的带读与讲解。在这个环节中,吴老师对于词义进行阐释,并在帮学生进行纠正语音语调时对一些语言知识点进行诠释。

T:(逐个带读单词) Innovation.

S: Innovation.(学生将o发音为 /əʊ/)

T: In-no-va-tion.(以更慢的速度再读了一次,强调了 /ə/ 发音)

S: Innovation.

T: 这里大家要注意,我们专门来讲一下o在单词中的发音。大家都知道,英语不是汉语拼音,看见什么就读什么,同样的字母会因不同条件而发音不同。

S:(有的点头,有的静默)

T:o在单词中,最基本的发音有三种, /əʊ/、/ɒ/、/ə/。在绝对开音节中,发 /əʊ/,在重读闭音节中,发 /ɒ/,而在非重读闭音节中,发 /ə/。当然,还有o与其他字母组合的情形,这个我们遇见了再说。现在大家每人在自己的草稿本上写三个带有o发这些音的单词,一会儿我叫人起来回答,有困难的可以用手机上网查或是查查自己手头的资料。

　　S：（大多数学生拿出手机查询，部分学生在课本中先寻找）

　　T：Tina?

　　S：/əʊ/, no, toe, photo；/ɒ/, bob, shop, box；/ə/, pilot, computer, today.

　　T：Good. Thank you.

　　接着吴老师继续带读单词，并在学生发音不准的地方停下，就一些语音知识进行讲解并要求学生练习，在学生掌握后才往下继续，直至所有单词读完。在所有单词读完后，吴老师留给学生五分钟时间抢记，并当堂听写了 10 个生词。吴老师在访谈中提到，这个听力练习她回家会批改，成绩会计入学生的平时成绩。单词听写完成之后，吴老师引入了部分单元背景相关知识的讲解诠释。首先，吴老师播放了一段视频。视频为保护国际基金会（Conservation International）所创意制作的"大自然在说话"系列公益影片中的第一集。据吴老师介绍，该片视角及表现方式独特新颖，以大自然为"第一人称"讲述自然与人类的关系。视频共两分钟，吴老师采取在线的方式进行播放。播放完毕后，吴老师要求学生提炼其中的核心观点并表达自己看法，并就话题展开讨论。

　　T：What is the main idea of this video? Ted?

　　S：It about the nature.

　　T：What can we tell from this video?

　　S：People needs nature but nature doesn't really need people.

　　T：Yes. Very good. And why is that?

　　S：Hmmm …（看起来在努力回忆视频内容）Sorry.

　　T：OK. Thank you. Human beings are part of nature, we are totally dependent on nature to exist. Nature will go on, no matter what. But the question is, will it be with us or without us. That's what the video tells us. So, what do this question means? Amy?

　　S：It means that we should protect our mother nature or we will lose our surviving environment.

　　T：Good. What are your favorite lines in this video?

　　S：Well I don't know, how about you?

T：I specially love these lines："I have fed species greater than you, and I have starved species greater than you. My oceans. My soil. My flowing streams. My forests. They all can take you, or leave you."

S：Yeah, those are good.

T：OK, thank you, please take your seat. Well, this video has earned many supports from very famous actors or actress. Can you recognize the voice in the video?

S：（纷纷摇头）

T：It was voiced by Julia Roberts, anyone who knows her?

S：（一位叫 Mark 的学生主动回答）茱莉亚罗伯茨。

T：Good! Could you tell us something about her?

S：她是北美地区最具票房号召力的女星,根据通胀调整后数据她有 20 部电影北美票房过亿,而且这些电影都不是商业大片。我给大家发个链接……（在班级群中推送了部分关于该女星的票房数据）

T：Try to say it in English, Mark, thank you.

S：OK, OK. She is a very famous actress as you can know from the link that I gave you. And I like her film Notting Hill… 诺丁山 in Chinese… very much.

T：I like that film too, a romantic love story right?

S：Yes, it is. I wish I could be that leading actor, Julia looks so beautiful in that film.

S：（另一名学生插嘴道）Maybe you just want to date some actress.

S：（哄堂大笑）

S：（笑着回答）Who doesn't?

T：OK, thank you, you may take your seat. Let's move on.

吴老师接着按上述模式讲解了其他一些关于环保与污染的话题,在话题讨论的过程中,总会跳开本来的环保话题而就另外一相关话题展开一些讨论与诠释。不过吴老师总会在一定的时间内将话题转回到主要话题上。在这一教学流程中,吴老师的 PPT 或板书极少,但会采取微信群推送的方式不时与学生分享一些在线资料。在访谈中吴老师提到,这些资料并不都是她事前准备好的,现实教学中有时难以预料话题的走向,所以她会临时在网上搜索一些资料并就其向学生进行阐述讲解,同时组织学生进行讨论补充。吴老师的课堂话语通常基于学生针对某意义主题的陈述,该意义主题通常与课文内容及情节高度相关;之后会让这一意义主题在一定程度上发散,让学生从兴趣、经验以及感悟的角度就相关联的其他主题随意讨论。总体而言,其课堂话语呈现出"主题引导—交流诠释—评价"的基本模式。在第17课的尾声,吴老师对课文整体段落大意进行了讲解,并要求学生基于预习以及段落大意对课文主要内容进行了简述。

　　第17课预定的内容在规定时间内讲授完毕。课间休息后,吴老师便进入了第18课。吴老师并没有像前两位老师那样针对第18课的整体内容或是课文中所含的语言、文化知识点进行讲解。根据吴老师的设计,第18课主要用于完成课前所布置的任务,以及基于任务的完成,对文章主要内容及观点再次回溯并分享自己的相关生活经历。根据任务完成情况,吴老师会针对不同的知识与信息进行诠释,被诠释的知识与信息之间相对没有内容及逻辑上的关联,而是借助课堂活动不断涌现。第18课开始后,学生分小组开始陆续进行报告,在学生做报告的时间里,吴老师没有太多课堂话语行为,也很少打断,仅在适当的时候以面部表情或肢体语言回应学生。可以看出吴老师尽量避免打断学生的汇报进程,并且她在学生汇报时不断地在本子上记录下自己的问题与反馈。在所有学生汇报完毕后,吴老师开始就汇报进行提问。例如,她对其中一位同学提出:

　　T：Max，may I have a question?

　　S：Sure.

　　T：Just now you were talking about water pollution has some advantages，and that's very interesting. Could you say something more about that?

　　S：OK，as we all know，we made trash，and that is inevitable，and it should be dumped in one way or another… to burn it or to bury it is also do a lot harm too… so I was thinking that dump the trash into the ocean may help in disposing harmful materials… is not that expensive and we have a lot of oceans，right? Like 70％ or more?

　　T：Well，that's interesting. But It damages the ecosystem，the animals in the water will be suffered. And who wants to drink dirty water?

S：But don't you think that water pollution helps in avoiding other forms of pollution? Water pollution helps to free the land of harmful wastes. You just have to find a way to get rid of those things，one way or another.

T：（用手机查了下在线资料）I can't deny that, but check what I found online. It said that water pollution leads to eutrophication，and it will cause drastic impacts on the entire ecosystem.

S：I'm sorry, leads to what?

T：Eutrophication.（转身在黑板上写下，并问全体同学）Do you know this word?

S：（摇头）

T：Go find it, what are you waiting for? Use your smartphone!

S：（掏出手机开始查询）

S：（Max 拿着手机开始说）I got it.

T：Yes?

S：It is excessive richness of nutrients in a lake or other body of water，frequently due to runoff from the land，which causes a dense growth of plant life and death of animal life from lack of oxygen.

T：And in your own word?

S：There's too much nutrients in water，and let the plant in water growing too fast，and then harms the animals in water.

T：Very good. So，what do we do? It seems that the water pollution is not that good as you said before.

S：We need to keep our water clean so we can drink and the animal will live. Maybe we should find a way to transform those wastes.

学生就这样以小组的形式不断进行主题汇报，而在汇报的过程中，吴老师偶尔会打断并就一些话题与学生展开讨论。在讨论的过程中，吴老师注重培养学生的思辨能力、逻辑思维能力、资料搜索能力以及语言表达能力，同时也注重相关知识与信息的引入。初看上去吴老师这一部分的课堂话语似乎显得没有固定的主题与重点,但在整理所有资料的过程中我们发现,吴老师所引出的所有话题都与课文单元内容、现实客观环境以及社会文化息息相关。同时我们也发现,吴老师并未安排直接针对课文的讲解,无论是文本意义、脉络以及观点诠释,或是词法、句法以及语法诠释内容在吴老师的这一教学模块中都没有出现。

所有小组进行完主题汇报任务后,吴老师开始就汇报进行总结与点评。课堂观察数据显示,吴老师在点评过程始终不带有太多价值论断,也不过分强调对错是非,而是不断引导学生对自身的观点进行审视和挑战。吴老师认为,文化是不可教的,只能通过经验和感悟提高对文化敏感度以及意识,她希望讨论与辩论不是对错是否的二元纷争,而是可以让学生拥抱不同的知识内容、知识结构、文化背景以及价值取向。

此后,吴老师的课堂教学进入到观点追溯模块。在此模块中,吴老师要求学生将所有小组汇报中的观点汇总成表,并以这些观点回溯课文内容。

T:Kate,what did you get from our report?

S:Water is a very important resource.

T:Could you use some sentences in the textbook to justify that?

S:Yes. Page 98,Paragraph 3,Line 1 and 2. And Paragraph 4,Line 4,and Paragraph 5,Line 3.

T:Thank you. Now let put it together. Water is so important,because it can trigger geopolitical conflicts,and sit at the top of humanity's top 10 problems for the next 50 years. Right?

S:Yes.

T:Did I miss anything?

S:An abundance of clean water enables food production and protects the environment.

T:Very good. Bob,can you repeat what I said in Chinese?

S:水十分重要,因为它可能导致政治争端,它在十大人类五十年内将遇到的最严峻问题中排名靠前,还有就是大量洁净的水可以促进食物生产和环境保护。

T: Good. Thank you. 这个"geopolitical"我们讲生词的时候我应该提出来讲过的,我还讲到了东亚的一些国家,记得吗? 是什么意思啊?

S: (翻书)哦,哦。是地缘政治。

T: Good. Please take your seat.

按照这种模式,吴老师将课文整体梳理讲解了一遍,并就课文中部分知识点进行了诠释。在这部分教学中,吴老师将学生通过报告的形式汇总出的各种关于水资源保护以及环境保护的观点进行了集中梳理,并借这些观点自上而下与课文的具体内容进行呼应。根据课堂观察,第18课内容在既定计划内按时完成,此部分教学结束后,吴老师给学生布置了下节课的任务,主要任务是对课文进行"续述"。

第19课开始后,吴老师便根据上节课的安排,进行课文"续述"任务。吴老师要求学生将自己想象成作者,将课文想象成是没有完成的作品,继续从故事情节、观点陈述或是说明上对课文进行"续述"。虽然说是"续述",但实际上吴老师允许学生事先写好,然后在课堂上当场读出来。吴老师在访谈中也提到这主要是考虑到学生的实际水平和可操作性。该学生在进行续述时,吴老师要求所有学生进行记录。在这位学生读完之后,吴老师会当堂叫另一位学生根据自己所写下的笔记,对这位学生"续述"的内容进行英文复述。与此同时,还有一位学生被要求对这位复述学生的复述内容进行交替传译。整体小组任务完成后,所有小组要对其他组的工作进行互评。这就构成了"A述B写(复述)C译"的活动,吴老师在自己的教案及访谈中将其称为"你说我写他(她)译"。吴老师在学生小组评价的基础上,根据梳理学生在课文理解、观点阐释以及语言输入输出上所表现出的问题,针对性地进行补充评价与诠释。例如,其中一组负责翻译的学生在翻译中出现了一些问题,吴老师是这样对其进行评价、补充、诠释并使学生完成知识累积建构的。

T: Ada,刚才你们小组的任务中,最后一句是怎么翻译的?

S: (翻看笔记)这是我最后想要做的一件事情。

T: 好,你记下的原文是?

S: This is the last thing I want to do. 刚才 Mark 是这么说的。

T：Last 在这里你翻译成？

S：最后啊。

T：那可不可以请你回忆一下，刚才 Mark 的观点集中都在说些什么？

S：说很多人破坏和污染环境。

T：那么，这是他最后想要做的？破坏环境？

S：这个……

T：OK，thank you. Take your seat. 大家注意，这里的"last"确实是最后的意思，"last thing"表示最后想做的事。但这里我们要结合前文表达和文化背景来看。首先前面表示了对破坏污染环境的批评，但也说到人类生存着就在某种程度上影响着环境，体现了一种两难境地。同时，英语在表达时会借消极情形或极端情况加强否定意愿的表达，为的是使语气听起来委婉。所以这里应该翻译成"这是我最不想做的一件事"。比如："The last thing she needed was more money." 或者 "He's the last person I'd trust."。

T：（看向 Ada）明白了吗？

S：明白了。

T：来，翻译一下我刚才说的两个句子。

S：（思索了一会）她最不需要的就是钱，然后，他是我最不信任的人。

T：Very good.

课堂观察数据显示，吴老师在这个教学模块中会根据学生的任务完成情况，适当地加入翻译、写作以及部分语法知识的诠释。完成上述教学活动后，第19课结束。课间休息后，吴老师进入了第20课的教学。在第20课中，吴老师首先对课文中出现的长难句以及较难的语言知识点进行了总结讲解。通过访谈我们得知，该部分课堂的课堂话语都是预先进行过备课的。从课堂观察数据来看，吴老师该部分与学生的互动较少，基本以教师为主导，采取"摘取文章语句—诠释语言点—举例练习"的讲述模式。

此部分完成后，吴老师针对所有的课本习题做了讲解，并自行增加了部分四、六级真题进行补充。在讲解习题的过程中，吴老师会视情况穿插部分语法讲解。而第20课最主要的内容为系统的语法知识点梳理，这一部分的讲解放在了习题讲解的后面，主要内容是名词性从句，且之前的练习题也有很多是针对该语法知识点的。吴老师在访谈中提到,语法讲解部分的教师话语也是提前做好准备的。我们也观察到她在讲授的过程中一直拿着教案与讲稿作为参考。吴老师对主语从句的概念、定义进行了说明,对主语从句中的用法与固定搭配规律进行了阐释,并以例句的形式进行详细讲解,最后还对易错点进行诠释分析。吴老师在此过程中,未使用 PPT,很少使用黑板和粉笔。也没有单独对学生就所教内容进行提问,多数提问都采用自问自答或是提问所有学生的方式。总的来说,吴老师语法讲解部分的课堂话语主要由以下表中的教学活动呈现。

表 7-5　承载吴老师课堂语法教学课堂话语的教学活动

吴老师课堂语法教学课堂话语下的教学活动
1. 名词性从句概念定义诠释
2. 名词性从句类型阐述
3. 主语从句概念定义诠释
4. 主语从句类型阐述
5. 各类引导词用法及含义诠释
6. 各类引导词引导的主语从句例句呈现与讲解
7. 主语从句语序及通常结构梳理
8. 易错点分析

在这个教学模块中,吴老师的教师话语以中文为主,具体表现如下。

T:(对课文中的数个句子进行了成分分析后)刚才我们所列举的句子都是主语从句,主语从句的定义是一个从句如果在句子中担当主语,这个从句就叫作主语从句。主语从句在复合句中充当主语,通常放在主句谓语动词之前或由形式主语 it 代替,而从句本身位于句子末尾。这种句型一般包含两种情况,一是"it"作形式主语,二是"it"引导强调句。主语从句常用"it"作形式主语,常用句型为:It is +｛名词/形容词/不及物动词/过去分词｝+ 主语从句。例如,"It is still a question whether he will come or not."。在这个句子里,"he will come or not"可以摆到前面"it"的地方,是句子的真正主语。或者我们看另外一个句子,"It is strange that you should like him.",一样,"you should like him"可以替换前面的"it",变成"you should like him is strange",对吧?

S：（点头）

T：刚才说了还有个情况就是强调句，通常结构是：It ＋ be ＋ 被强调部分 ＋ that ＋ 从句，比如我们看这个句子，"It is the times that produce their heroes." 它是在强调主语，为什么呢？我们可以这样来看。告诉你们一个方法，就是把"that"以后的部分拿出来分析，看有没有缺成分，缺什么基本就是强调什么。你再把谓语动词后面、"that"前面的成分，带到刚才你判断出缺成分的地方，检验一下，如果放进去是一个完整的句子，意思也说得过去，那就更进一步说明，这个东西就是被强调的东西，这个句子也就是强调句。在刚才我讲的这个句子中，"that"后面是"produce their heroes"，单独看这个"produce their heroes"，少了什么？

S：主语。

T：对，什么造英雄嘛。对吧？什么造英雄啊？

S：（齐声回答，有的用中文有的用英文）Times/ 时势。

T：很好。

吴老师用这样的方式继续对"it"作形式主语的结构进行了进一步的讲解，同时还讲解了主语从句不可位于句首的情况。综观吴老师语法教学模块，其课堂话语基本遵循"例子引导—分析归纳—概念陈述—规则诠释—例子补充"的模式，从语法概念到语法规则到具体使用进行自上而下的讲解诠释。在第 20 课的最后，吴老师对整个单元教学进行了总结。

总的来看，吴老师在部分教学模块中十分关注语言的具体使用以及语言所承载的文化内涵，以学生为中心采用任务的方式提升学生的语言使用能力与逻辑思维能力；但在部分教学模块十分关注语言点，以教师为中心单纯采用讲述的方式对学生进行知识传递。也因此呈现出了双重的教师话语实践模式。在以学生为中心的专题报告、"你说我写他（她）述"以及导入等教学模块中，吴老师遵循"主题引导—补充诠释—情感交流"的基本模式，体现出更强的情感与经验交流特性以及多模态的表现特征；而在习题、词句、语法讲解中却遵循"例子引导—分析归纳—概念陈述—规则诠释—例子补充"的模式，相对不具太多情感及经验层面的交流，且模态较为单一。在下一节本研究将进一步归纳出吴老师课堂话语的主要内容及关注点，以进行更深入的分析。

7.4.3 吴老师课堂话语的主要内容及关注点

上一节主要针对吴老师课堂话语下的教学活动进行了梳理。本节将针对其课堂话语的内容及关注点进行进一步的归纳。

通过对吴老师的课堂教学的观察以及对其教学视频数据的进一步深度分析,吴老师在实际教学过程中基本遵循了她的教学设计。在 4 节课共 180 分钟内,吴老师并未完全自行进行讲授,学生的课堂练习及呈现时间占了课堂整体时间的很大部分,不计入吴老师课程话语所占时间中。因此,吴老师的课堂话语时间分布具体如表 7-6 所示。

表 7-6　吴老师课堂话语时间分布

时间(分钟)	课堂话语主要内容及关注点
18	作业讲解、单词讲解
16	背景知识阐释、整体段落大意诠释、学生表现点评
15	学生课堂活动点评
17	课文内容回顾、课文观点总结诠释
45	课文长难句讲解、习题与语法讲解、单元整体总结
总计 111 分钟	

整体而言,吴老师的课堂话语集中在语法讲解及学生活动组织与点评上。在下一节中本研究将针对吴老师课堂话语下的教师角色进行进一步的分析与解读。

7.4.4 吴老师课堂话语下的教师角色

根据课堂观察数据来看,吴老师在课堂上扮演了多重角色。在以学生为主的教学活动中,她的课堂话语都以学生的汇报及陈述为基础,提出问题并对学生的回应提供协助与反馈,就相应话题与学生进行情感交流,同时对必要的概念进行诠释。在这类教学活动中,英语是吴老师在课堂上进行意义传递、情感交流以及协助学生进行知识累积建构的主要媒介,教师话语量较少。而在偏重语言知识点的讲授中,吴老师的课堂话语以课文内容启动,引出语言知识点所含语法(词法)概念,梳理用法规则,并举例说明,同时在适当的时候提问学生以

207

检验学生的学习情况。在这类教学活动中,汉语是吴老师在课堂上进行意义传递、情感交流以及协助学生进行知识累积建构的主要媒介,教师话语量较多。

吴老师所设计的教学活动中融入了口语与听力的练习,学生听、说、读、写四项基本技能在其设计的教学活动中都得到锻炼。吴老师在课堂上要求学生尽量用英文进行交流,在课堂教学活动中以完成一定任务的形式获得一种语言生活体验来提升语言能力。同时吴老师在教学中提倡通过语言获取信息与咨询,强调语言背后所承载的知识。吴老师在课上并不太多使用多媒体设备或是传统教具辅助教学,而是提倡学生使用互联网、移动设备辅助学习,培养学生的信息搜寻、整合与理解能力。由于吴老师的课堂话语呈现出双重跃进模式,因此她也扮演着相对更为复杂的教师角色。总体而言,吴老师的课堂话语所体现出的教师角色如表 7-7 所示。

表 7-7　课堂话语下吴老师所扮演的教师角色

吴老师的教师角色
1. 任务提供与组织
2. 话题引导
3. 互动促进
4. 协助协商
5. 知识梳理
6. 信息整合
7. 提供体验
8. 记忆激活
9. 提示
10. 情感交流
11. 评价反馈

为了解吴老师对教学内容、教学处境、教学对象与教学方式各方面的权重,从而更好地理解其课堂话语背后的教学主旨,本研究在访谈中采用简易量表的方法,要求吴老师按五分制为自己教学中对这四个方面的注重程度来打分(5 分为最看重,1 分为最不看重)。整合访谈数据进行参考后结果如图 7-1 所示。

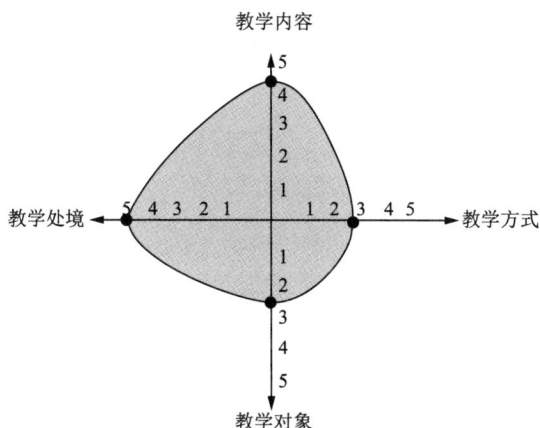

图 7-1　吴老师课堂话语主旨图

如图 7-1 所示,吴老师的课堂话语主旨倾向于对教学内容的选择与考虑,以及与教学处境的协商,相对忽略教学对象以及教学方式。在下一节中,本研究将以语义波的视角分析阐释吴老师课堂话语的具体组织形式及作用。

7.4.5　本节讨论

本研究基于前文所列举的吴老师代表性教学内容模块中的课堂话语片段,呈现韩老师的课堂话语在具体教学活动之中的语义波变化。

数据显示,吴老师的课堂首先以作业问题讲解引入,对课前所布置的作业进行讲解诠释,进入知识解包阶段。借由习题讲解中学生不明白或是出错的地方,吴老师穿插对语法及词法概念进行总结阐释,利用习题进入知识打包阶段。在学生理解语言知识点之后,韩老师进一步采用代入例句的方式,从概念向用法进行解包。在这个过程中,吴老师会不断对概念与用法进行反复对照阐释之后并借由提问的方式巩固并评估知识解包的具体效果。在讲解完练习后,吴老师对词汇进行带读,其中穿插对语音知识的讲解,但没有包含对词汇的释义。综合来看,吴老师该教学片段遵循"例子引导—分析归纳—概念陈述—规则诠释—例子补充"的讲解模式,其语义密度及语义引力变化如表 7-8 所示。

表 7-8 吴老师练习讲解语义密度与语义引力变化

话语设计	话语实践示例	语义引力及密度变化	话语功能
与学生核对课前练习答案	"Now Let's check the first passage. What's your answer to the first question?"	片段起始点	提取、检测
对练习答案进行提问	"Very good. How did you know that, Mary?"	SD−, SG+	检测、要求
追问	"And?"	SD−, SG+	引导、要求
转向核对其他练习答案	"What's your answer to this one?" "Students who choose B, please raise your hand."	SD+, SG−	引导、组织
追问	"Why?"	SD−, SG+	检测、引导
提炼出语法点	"我们来看一下，这道题考察我们要在'The man'和'helped you is Mr. White'中间填上什么词才合适。主要容易混淆的选项就是你们选的'that'和'who'。这里主要考察的是什么语法知识点？"	SD+, SG−	提取、解释、引导、建构知识谱系与方法技巧
对语法点进行阐释	"这个是高中知识了啊。定语从句是在复合句中修饰某一名词或代词的从句。" "搞懂先行词和引导词的搭配是学好定语从句的关键，我们的引导词主要有关系代词和关系副词两类。关系代词包括（转身在黑板上写下）：'that''which''who''whom''whose'。代人的有：'who''whom''whose''that'；代物的有：'that''which''whose'。刚才我们做的这个题，'The man who helped you is Mr. White.'中，'who'在这里代人，在定语从句中作主语。明白了吧？"	SD−, SG+	解释、呈现、分类、建构知识谱系

续表

话语设计	话语实践示例	语义引力及密度变化	话语功能
就语法点进一步举例	"我们再来看一个例子（转身在黑板上写下）：'That is the person（whom/who/that）you want to see.'。这个句子中'whom''who''that'代人，在定语从句中作宾语，可省略。但再来看这个句子（转身在黑板上写下）：'I'm not the fool（that）you thought me to be.'。在这个句子里'that'用来代人，在定从中作表语。明白了吧？"	SD−，SG+	解释、呈现、分类、建构知识谱系
继续举例	"看这个句子（转身在黑板上写下）：'A dictionary is a useful book which/that tells us the meaning of words.'。这个句子'which'或'that'代什么？做什么句子成分？"	SD−，SG+ 片段结束点	引导、呈现、要求、建构知识谱系

　　根据文献综述及理论框架章节对语义波的描述,我们将吴老师练习讲解的语义密度与语义引力变化进行分析处理,并加上时间线性后,形成吴老师练习讲解片段语义波,如图 7-2 所示。

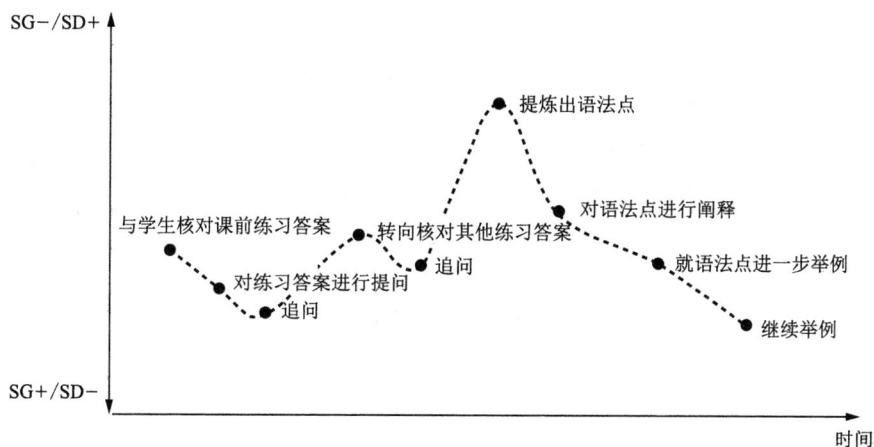

图 7-2　吴老师练习讲解片段语义波

211

课堂观察数据显示,在练习讲解与单词带读之后,韩老师首先进入部分单元背景相关知识的讲解诠释。吴老师该部分课堂话语基于学生针对某意义主题的陈述,该意义主题通常与课文内容及情节高度相关;之后会让这一意义主题在一定程度上发散,让学生从兴趣、经验以及感悟的角度就相关联的其他主题随意讨论。总体而言,其课堂话语呈现出"主题引导—补充诠释—情感交流"的基本模式。在这个教学片段中,吴老师首先以在线视频资料引入,要求学生提炼其中的核心观点并表达自己的看法。在就话题讨论的过程中,吴老师会跳开本来的话题而就另外一相关话题展开一些讨论与诠释。此部分教学中吴老师语义密度及语义引力变化如表 7-9 所示。

表 7-9　吴老师单元背景知识讲解语义密度与语义引力变化

话语设计	话语实践示例	语义引力及密度变化	话语功能
呈现在线多媒体资料	播放"大自然在说话"系列公益影片中的第一集	片段起始点	呈现、展示
对视频主要内容提问	"What is the main idea of this video?"	SD−, SG+	检测、总结、提取
对视频表达主旨提问	"What can we tell from this video?"	SD+, SG−	检测、分类、提取、引导
追问	"And why is that?"	SD+, SG−	检测、分类、提取、引导
补充诠释	"Human beings are part of nature, we are totally dependent on nature to exist. Nature will go on, no matter what. But the question is, will it be with us or without us. That's what the video tells us."	SD−, SG+	解释、总结
继续追问	"So, what does this question means?" "What are your favorite lines in this video?"	SD−, SG+	提取、要求、情感交流

续表

话语设计	话语实践示例	语义引力及密度变化	话语功能
就话题引申	"Well, this video has earned many supports from very famous actors or actress. Can you recognize the voice in the video?"	SD−, SG−	引导、告知、体验交流
就引申话题提问	"Could you tell us something about her?"	SD−, SG+	体验交流、情感交流
评价并回到原有主题	"OK, thank you, you may take your seat. Let's move on."	SD−, SG+ 片段结束点	点评、引导、组织、要求

　　采取与前文同样的方法原则将吴老师背景知识讲解的语义密度与语义引力变化进行分析处理并加上时间线性后,形成的吴老师该教学片段语义波如图7-3所示。

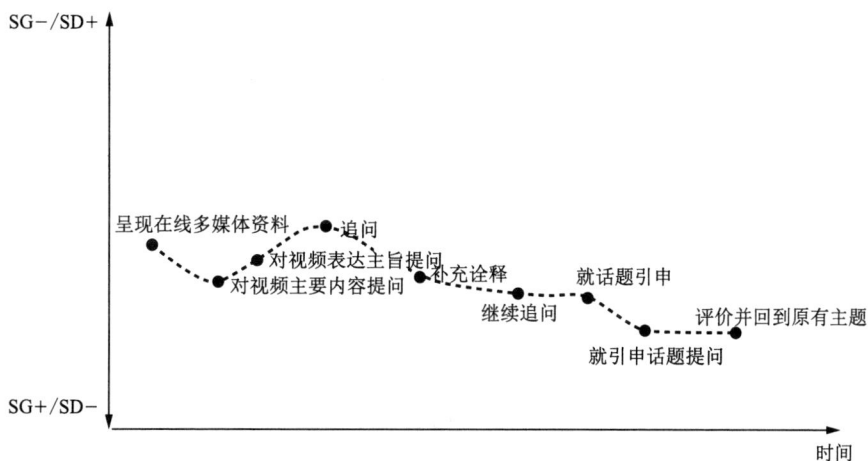

图 7-3　吴老师单元背景知识讲解语义波

　　完成单元背景知识及其他相关信息的讲解与阐释之后,吴老师在接下来的教学中进入对文章主要内容及观点进行回溯的环节,在这个环节的教学片段中吴老师主张学生按主题分享自己的相关生活经历。吴老师会针对不同的知识与信息进行诠释,被诠释内容不依赖书本,而是借助课堂活动不断涌现。在学生汇报分享的过程中,吴老师很少打断,仅以面部表情或肢体语言回应学生。在所有学生汇报完毕后,吴老师开始就汇报进行提问。在教学过程中吴老师并未安排直接针对课文文本意义、脉络以及观点的诠释,或是词法、句法以及语法的诠释,而只要求学生将所有小组汇报中的观点汇总成表,进行课文内容及观点的追溯。此部分吴老师会采取概括、转述、提问、总结、重复等方式,将语义密度进行一定的提升。在学生进一步陈述自己观点、对自己的任务进行深入解释之后,吴老师多会降低语义密度,引导学生根据具体情况对某些概念进行补充诠释,并以主观态度及观点的表达与学生进行情感上的交流。学生在此过程中沟通欲望因此有所增强,课堂气氛也较为活跃。最后,吴老师会有针对性地对课堂活动进行点评总结,此时的话语概括性略有加强,语义密度提升。但总体而言,该教学模块语义密度及语义引力的变化幅度不大,教师话语所包含的理论与概念较少,且高度依赖语境而存在,起到促进互动、话题控制、提供反馈、进行协商、情感交流等作用。此部分教学中吴老师语义密度及语义引力变化如表7-10所示。

表 7-10 吴老师课堂主题汇报及观点追溯语义引力及语义密度变化

话语设计	话语实践示例	语义引力及密度变化	话语功能
文章回溯及观点分享任务	要求学生回溯文章主要内容及观点并分享生活经历	片段起始点	组织、要求、提取、体验交流、情感交流
提炼学生观点并提问	"Just now you were talking about water pollution has some advantages, and that's very interesting. Could you say something more about that?"	SD−, SG+	提取、引导、要求
对学生观点进行辩证分析	"Well, that's interesting. But It damages the ecosystem, the animals in the water will be suffered. And who wants to drink dirty water?"	SD−, SG+	引导、分析、情感交流、体验交流

续表

话语设计	话语实践示例	语义引力及密度变化	话语功能
引入其他网络参考资料	"I can't deny that, but check what I found online. It said that water pollution leads to eutrophication, and it will cause drastic impacts on the entire ecosystem."	SD+，SG−	分析、呈现、引导
引导学生进一步理解资料内容	"Do you know this word?" "Go find it, what are you waiting for? Use your smartphone!" "And in your own word?"	SD−，SG+	检测、要求、建议
总结性探讨与点评	"It seems that the water pollution is not that good as you said before."	SD+，SG−	总结、解释
要求其他学生回溯前序汇报内容	"Kate, what did you get form our report?"	SD−，SG+	检测、组织、要求、提取
要求学生关联汇报内容与课本原文	"Could you use some sentences in the textbook to justify that?"	SD−，SG+	引导、要求、提取
进一步阐释	"Now let put it together. Water is so important, because it can trigger geopolitical conflicts, and sit at the top of humanity's top 10 problems for the next 50 years."	SD−，SG+	解释、提升
检测学生理解情况	"Right?" "Did I miss anything?"	SD−，SG+	检测、引导
要求学生进行句子翻译	"Bob, can you repeat what I said in Chinese?"	SD−，SG+	要求、组织、检测
检测句子中难词掌握情况	"这个 geopolitical 我们讲生词的时候我应该提出来讲过的,我还讲到了东亚的一些国家,记得吗?是什么意思啊?"	SD−，SG+ 片段结束点	提取、检测

依据上表将吴老师的语义密度与语义引力变化进行分析处理并加上时间线性后,形成该教学片段语义波如图7-4所示。

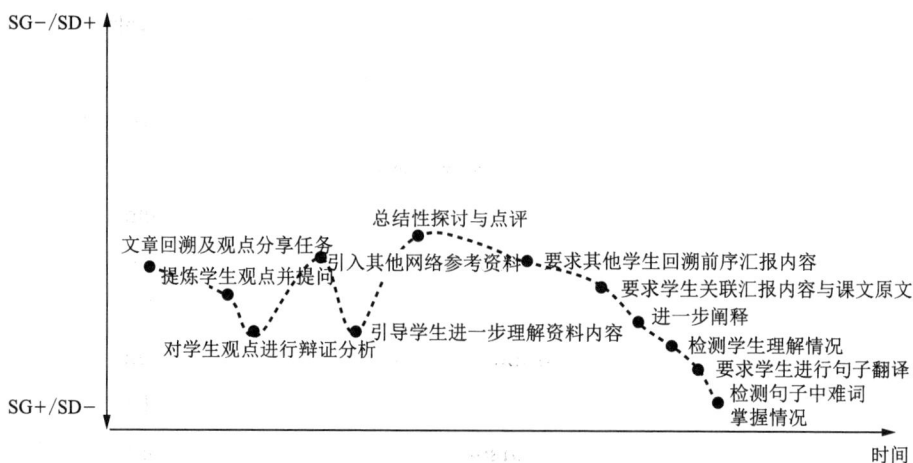

图 7-4 吴老师主题汇报及观点回溯教学片段语义波

在这之后吴老师的教学进入课文"续述"环节,及基于"续述"的"你说我写他(她)译"模块。吴老师要求学生从故事情节、观点陈述或是说明上对课文进行"续述"。在这一位学生读完之后,另一位学生需要根据自己所写下的笔记,对这位学生"续述"的内容进行英文复述。另一位学生被要求对复述内容进行交替传译。教学模块进行过程中,吴老师没有打断,没有体现出教师课堂话语实践。吴老师只在学生小组互评的基础上,根据梳理学生在课文理解、观点阐释以及语言输入输出上所表现出的问题,有针对性地进行了补充评价与诠释。此部分中吴老师教学语义密度及语义引力变化如表 7-11 所示。

表 7-11 吴老师"你说我写他(她)译"教学片段语义引力及语义密度变化

话语设计	话语实践示例	语义引力及密度变化	话语功能
"你说我写他(她)译"任务进行	要求三位学生完成课文"续述",学生发言复述,及复述内容交替传译活动	片段起始点	组织、要求、提取、提升、总结
提炼学生任务中出现的问题并提问	"刚才你们小组的任务中,最后一句是怎么翻译的?"	SD+,SG−	提取、检测

续表

话语设计	话语实践示例	语义引力及密度变化	话语功能
连续追问引导学生提炼知识点	"'Last'在这里你翻译成?""那可不可以请你回忆一下,刚才Mark的观点集中都在说些什么?""这是他最后想要做的?破坏环境?"	SD+, SG−	提取、引导、建构事件脉络与逻辑体系
阐释知识点	"大家注意,这里的'last'确实是最后的意思,'last thing'最后想做的事。但这里我们要结合前文表达和文化背景来看。首先前面表示了对破坏污染环境的批评,但也说到人类生存着就在某种程度上影响着环境,体现出一种两难境地。同时,英语在表达时会借消极情形或极端情况加强否定意愿的表达,为的是使语气听起来委婉。所以这里应该翻译成'这是我最不想做的一件事'。"	SD−, SG+	解释
举例	"比如:'The last thing she needed was more money.'或者'He's the last person I'd trust.'。"	SD−, SG+	解释
检测学生理解	"明白了吗?""来,翻译一下我刚才说的两个句子。"	SD−, SG+	检测、要求
评价	"Very good."	片段结束点	点评

将表中吴老师的语义密度与语义引力变化进行分析处理并加上时间线性后,形成其该教学片段语义波如图7-5所示。

在此之后,吴老师开始了针对所有的课本习题与四、六级真题的讲解,以及相关语法知识点的讲解与梳理。课本习题讲解与前文所描述的吴老师在课前首先进行的习题讲解模式趋同,在习题讲解的基础上,吴老师对主语从句的概念、定义进行了说明,对主语从句中的用法与固定搭配规律性进行了阐释,并以例句的形式进行详细讲解,最后还对易错点进行诠释分析。吴老师以课本中出现的句子为基础,对句子的规则及结构进行分析归纳,提升语义密度、降低语义

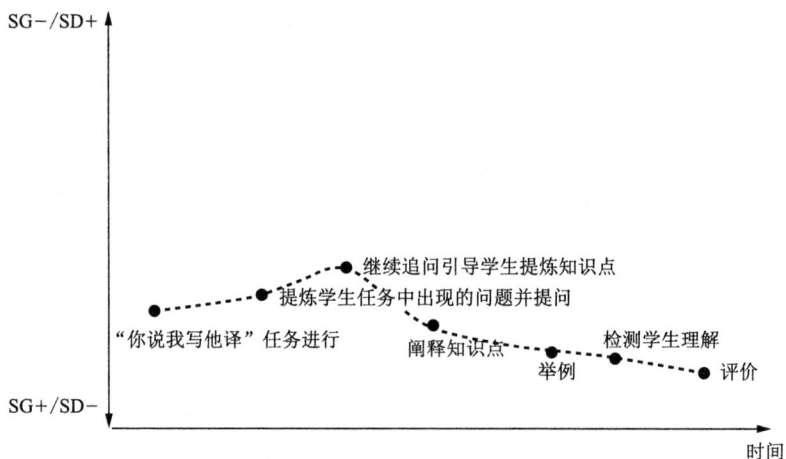

图 7-5 吴老师"你说我写他述"教学片段语义波

引力;通过梳理出的规律,引出具体的语言知识点,并对知识点进行陈述,此时语义密度达到高点;借助对语言知识点中概念的解构与诠释,引出相应的固定搭配及使用规则,降低语义密度、提升语义引力;最后以与生活相关的例句进行补充,进一步降低语义密度、提升语义引力。整个过程由自下而上开始再经自上而下结束,实现知识传递及累积建构。此部分教学中吴老师语义密度及语义引力变化如表 7-12 所示。

表 7-12 吴老师语法讲解片段语义引力及语义密度变化

话语设计	话语实践示例	语义引力及密度变化	话语功能
分析课文句子成分并提炼语言知识点	"我们可以看到,这里的这个从句如果在句子中担当主语""'it'在这里只是形式主语,真正的主语在后面""刚才我们所列举的句子都是主语从句"	片段起始点	提取、解释
提出知识点定义与概念	"主语从句的定义是一个从句如果在句子中担当主语,这个从句就叫作主语从句。"	SD+,SG-	提取、解释

续表

话语设计	话语实践示例	语义引力及密度变化	话语功能
阐释语法规则	"主语从句在复合句中充当主语,通常放在主句谓语动词之前或由形式主语'it'代替,而从句本身位于句子末尾。这种句型一般包含两种情况,一是'it'作形式主语,二是'it'引导强调句。主语从句常用'it'作形式主语,常用句型为:It is+｛名词/形容词/不及物动词/过去分词｝+主语从句。"	SD−,SG+	解释
举例并进一步说明阐释	"例如,'It is still a question whether he will come or not.'在这个句子里,'he will come or not'可以摆到前面'it'的地方,是句子的真正主语。或者我们看另外一个句子,'It is strange that you should like him.',一样,'you should like him'可以替换前面的"it",变成"you should like him is strange",对吧?"	SD−,SG+	解释、呈现
进一步总结语法规则及用法	"还有个情况就是强调句,通常结构是It+be+被强调部分+that+从句"	SD+,SG−	分类、解释
举例并进一步阐释	"比如我们看这个句子,'It is the times that produce their heroes.'它是在强调主语"	SD−,SG+	解释、呈现
传授学习方法	"我们可以这样来看。告诉你们一个方法,就是把'that'以后的部分拿出来分析,看有没有缺成分,缺什么基本就是强调什么。你再把谓语动词后面、'that'前面的成分,带到刚才你判断出缺成分的地方,检验一下,如果放进去是一个完整的句子,意思也说得过去,那就更进一步说明,这个东西就是被强调的东西,这个句子也就是强调句。"	SD+,SG−	解释、引导、建构知识谱系及方法技巧

话语设计	话语实践示例	语义引力及密度变化	话语功能
检测学生掌握情况	"在刚才我讲的这个句子中,'that'后面是'produce their heroes',单独看这个'produce their heroes',少了什么?""对,什么造英雄嘛。对吧?什么造英雄啊?"	SD+, SG+	分析、检测、引导

吴老师用这样的模式继续完成了该部分的语法教学,其课堂话语基本遵循着"例子引导—分析归纳—概念陈述—规则诠释—例子补充"的模式,从语法概念到语法规则再到具体使用自上而下进行讲解诠释。以上表中的代表性话语片段为例,将其中语义密度与语义引力变化进行分析处理并加上时间线性后,形成的吴老师语法教学片段语义波如图7-6所示。

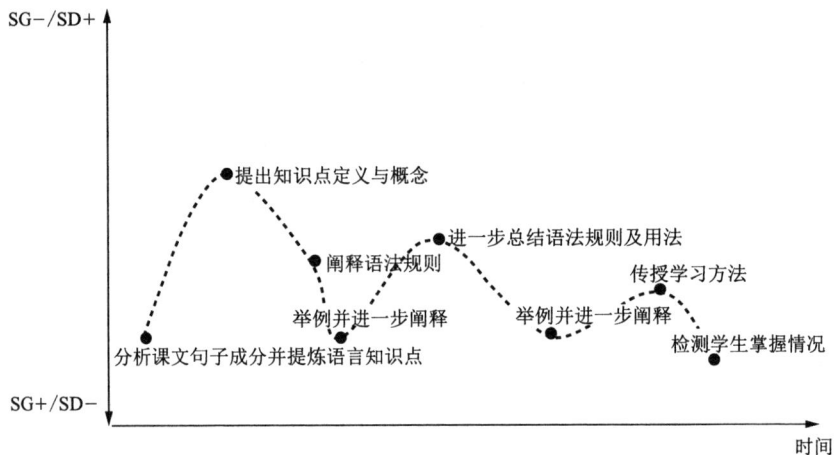

图7-6　吴老师语法讲解教学片段语义波

综上所示,从整体来看韩老师的话语在不同教学片段之间存在较为丰富的不同模式。吴老师针对每一单元对该单元的授课目的进行有计划的分解及安排,其整体的教学安排与诠释流程不完全依赖教材以及配套的教师用书。吴老师在部分教学模块中十分关注语言的具体使用以及语言所承载的文化内涵,以学生为中心采用任务的方式提升学生的语言使用能力与逻辑思维能力;但在部分教学模块十分关注语言点,以教师为中心单纯采用讲述的方式对学生进行知识传递。

可以看出在以学生为中心的专题报告、"你说我写他(她)述"以及导入等教学活动中,吴老师遵循"主题引导—补充诠释—情感交流"的基本模式,体现出更强的情感与经验交流特性以及多模态的表现特征;而在习题、词句、语法讲解中却遵循着"例子引导—分析归纳—概念陈述—规则诠释—例子补充"的模式,相对不具太多情感及体验层面的交流,模态较为单一。因此,吴老师的课堂话语语义波分段并呈现出双重特性。从整体来看,吴老师各教学模块所产生的课堂话语语义波间构成跃进关系,语义波之间相互关联不明显,不同形式的知识在不同的教学模块中以不同形式传递并累积。为方便在研究对象间进行进一步对比,上述叠加时间线性后吴老师整体课堂话语语义波可抽象总结如图7-7所示。

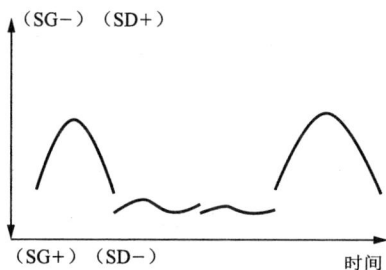

图 7-7　吴老师整体课堂话语语义波

吴老师课堂的课堂话语呈现出双重模式,其各教学模块语义波之间没有太大关联,且语义波变化的模式也各不相同。不同语义波片段以跃进的方式随着时间的推移而不断呈现,并使用不同的模式对知识进行传递、累积与建构。在部分教学模块中,吴老师坚持自己原本的信念,十分关注语言的具体使用以及语言所承载的文化内涵,以学生为中心采用任务的方式提升学生的语言使用能力与逻辑思维能力;但在部分教学模块,受其他因素影响而进行了调整,十分关注语言点,以教师为中心单纯采用讲述的方式对学生进行知识传递。吴老师将整个单元的学习分成明显的教学模块,模块与模块之间语义波表现出差异且相互关联度较小。

7.4.6 小结

综上所述,吴老师结合自身英语学习及语言生活体验,以教材课文主题为基础,设计整个单元的任务型教学活动来对学生的语言能力进行提升。同时以课文内容为基础,借鉴同事以及网络资源,提取语言知识点,设置专题讲解。在上述不同教学模块与教学活动中,吴老师的课堂话语呈现出双重模式。在以学生为中心的专题报告、"你说我写他(她)述"以及导入等教学活动中,吴老师遵循"主题引导—补充诠释—情感交流"的基本模式,十分关注语言的具体使用以及语言所承载的文化内涵,以学生为中心采用任务的方式提升学生的语言使用能力与逻辑思维能力;而在习题、词句、语法讲解中却遵循着"例子引导—分析归纳—概念陈述—规则诠释—例子补充"的模式,十分关注语言点,以教师为中心单纯采用讲述的方式对学生进行知识传递。吴老师希望以此能使她的学生在学习知识的同时,获得语言能力、资料搜索与整合能力、语言生活能力及整体语言素养的提升,这也是其课堂话语的主要目的。吴老师视语言的体验以及使用语言解决具体的问题、完成相应的任务为语言教学与学习的最终目标,认为外语教学是借助语言让学生充实情感、获得生活体验的过程。为了完成这样的教学理念,吴老师准备了详尽的教学计划,设计了新颖的教学活动,并借助自己的课堂话语使其实施在课堂教学的实践层面。但同时,吴老师的教师信念与现实处境以及宏观社会背景也发生了一定的碰撞,产生了一定的矛盾。从课堂观察及访谈数据也可以看出,吴老师的课堂话语因此做出了较大的妥协与调整。在下一节中,本研究将就吴老师教师信念与课堂话语实践的互动关系进行进一步的探讨。

7.5 协商下的创新:吴老师的课堂话语信念与课堂话语实践

(1)积极思考,摸索前进。

通过对吴老师的访谈,我们得知她教学观的形成得益于早期学习与生活经历;并且其教学观以及课堂话语信念依然在不断变化、成长、成型中,而实际生活中的思考、与同事的交流以及互联网上的教学交流也进一步丰富着她的教学理念。其课堂话语信念也正是遵循这些逐渐形成的教学观,进一步体现在实践层面。

我现在依然是在学习摸索中,感觉每过一段时间,自己的观念就会发生一定的变化,虽然有点迷茫,但应该算是作为教师的成长吧……毕竟我刚刚走上教师岗位,要学的东西很多,之前的一些观念也需要调整来适应现实教学情境……与同事们的交流使我学到很多,我会去观察并参考他们的课堂话语是如何设计并实施的……互联网更是我借鉴经验、解决问题、寻求帮助的重要渠道,在一些教师交流的网络社群里,有很多我这样的年轻教师,也有很多经验丰富的专家,每天都可以从他们那学到新东西,借鉴他们的经验。(吴老师访谈,2019.01.22)

虽然吴老师早期学习生活经历以及后来的留学经历,逐渐塑造了其教学观,但从本研究的数据中可以很明显地看出,作为一名新任教师,其课堂话语信念并未完全成型,其语言教学信念在遭遇真正的课堂实景时,与一系列外部因素发生冲突。因此,其课堂话语信念与实践也开始相应地做出调整。这种调整既在一定程度上坚持与呼应了吴老师原本的语言教学观,又在很大程度上回应着外部环境对吴老师作为一名大学英语教师的要求,这也给吴老师带来了很大的困惑和纠结。

我本来是很注重教学对象和教学方式的,但我现在不得不重点考虑教学处境与教学内容……老一辈的教学观虽然不直接影响我,但影响着他们对我的评价与看法……要顺应他们的教学观,自然在一些教学内容上要注意留心……现在很多教学研究都从教学本身、从教师身上找问题,但实际上我觉得个人问题好解决,集体的、固有的价值观念难以逾越……可能我的成长经历不能代表全部人吧。(吴老师访谈,2019.01.22)

(2)网络交流,互动设计。

在提到自己对授课的准备时,吴老师认为备课是一个持续的过程,最开始对课文的了解可以在教学之前很久也可以在教学前一两天,但主要的备课任务其实集中在对教学活动以及教学话语的设计上,同时与课文话题相关的最新资讯及观点的补充是一直贯穿整个课前备课时间的。吴老师认为对最新资讯的吸收与积累是语言教师的日常任务,会因具体的课文内容而呈现出一定的导向,但不应以授课为目的。同时,吴老师还在访谈中提到自己教学设计的过程是一个互动的过程,在这个过程中她会不断地与一些教师网络社区的网友进行交流,也会直接借鉴他人的教学设计;教材与教师用书只为她的教学提供基本话题及内容,其实际课堂诠释内容及方式在很大程度上不依赖课文。

　　教材对我来说是一个话题及内容来源,所有单元教学活动与任务的设计都是基于教材所提供的主题,同时教材文本以及练习会显示出需要强调的一些语言点,我会基于此安排我的语言点讲解,这也是我备课工作中最基础的内容。除此之外,我会针对性地设计很多具体的活动与任务,要求学生尽量脱离课本,对互联网上的海量知识进行挖掘、分析、总结并陈述。学生通过这些任务提升自己与语言表达相关的素养才是外语教育最重要的任务。(吴老师访谈,2019.01.24)

　　当然,语言技能的培养也贯穿其中,我会在适当的时候进行一些专题讲解。但所有教学活动以及教师的指导都应该围绕着"用英语做什么"而不是沉溺于"英语是什么"。所以我的教学中包含很多的任务,我要求学生针对这些任务要有一定的语言产出。(吴老师访谈,2019.01.24)

　　针对单元主题,我会补充一些相关话题资料,这些资料源于与课文话题相关的经典事例或是最新的网络资讯。课堂上我的讲述大多以学生活动为基础展开,我会观察学生的活动过程及结果,从中发现他们需要帮助的地方。(吴老师访谈,2019.01.24)

　　虽然我的课堂话语会按照活动设计及课文主题提前设计,但具体到实际教学中我会视学生情况而做调整,学生这个变量永远无法完全预测,过分的预测应该也是一种主观倾向,我认为不值得提倡。老师在课堂上就像是导游,有一定的线路规则与单纯讲解,但又要穿插许多主题活动让"游客"更深刻地体验与理解这场语言学习之旅,这其中的规划与掌控能力显示着老师的教学能力及个人特色。(吴老师访谈,2019.01.24)

　　(3)协商仿效,双模尝试。

　　总的来说,承载吴老师课堂话语的教学流程设计主要基于以下要素而创生与变化:自身学习教学经历、网络共同体、最新网络资讯、课文所含文章内容以及自身的学习与教学信念。课堂观察数据显示,吴老师在第18课、第19课中并未安排直接针对课文的讲解，无论是文本意义、脉络以及观点诠释，还是词法、句法以及语法诠释内容在吴老师的这一教学模块中都没有出现，她在访谈中对此进行了解释。

> 课文在上周就布置学生看了，基本的阅读任务，我希望他们在课前完成。我觉得课前的阅读或许能让学生更专注于内容与故事并沉浸其中，精读课教学过于强调语言本身，但语言只是一个载体，故事所包含的知识、观点、价值以及文化背景等才是关键。到了这一步都还不算，只有将上述所有东西融汇起来，描述自己所处的现实世界以及价值观点，这个时候才叫学会了使用某种语言。精读不是精细地去读，精读的精，从来就不在读中找，要在做中找、想中找、说中找。（吴老师访谈，2019.01.24）

但同时吴老师在第 17 课、第 20 课中还是安排了词汇、句子以及语法的讲解，吴老师是这么解释的。

> 语言点，如语法、词汇部分，我也考虑了。原来我的确不太重视这方面，但后来发现，学生的情况的确不是那么理想化，所以做出了一些调整。你也看到了，我现在单独辟出了大量的时间来讲语言知识点。这一点上我也请教过很多老教师、教学督导和领导，他们都给了我很多他们自己的经验。（吴老师访谈，2019.01.24）

> 通过与学生的交流，我发现他们在基础上的确有问题。所以我试着摸清他们的水平后，靠着自己的经验和理解，加上对考试考点的分析总结，在教学中加了这个部分……我的课堂里活动比较多，虽然我认为学生应该学到"活"的知识，但也经常有前辈、同事提醒我，"死"的知识也很重要，尤其对他们这个阶段来说……我也被督导提过意见，说课堂活动有点太多了，这些任务也不能放到课后做，还是需要老师讲一讲的……我参考了同事的课件对这个部分进行设计，他们在这方面比我擅长。（吴老师访谈，2019.01.25）

在数据呈现环节本研究已总结出吴老师课堂的课堂话语呈现出双重模式，其各教学模块语义波之间没有太大关联，且语义波变化的模式也各不相同。对于这种可观察到的课堂话语实践上的"割裂"，吴老师在访谈中承认，这样话语设计在一定程度上受同事及所处教学环境的影响。

> 常常有人说，教师不能做讲台上的"圣人"……可我觉得很多时候不是我

们教师的问题,大家都在适应着一些外力,这些外力使得教师变成或者不得不扮演一个讲台上的"圣人"……大家都喜欢用量化的指标来衡量课堂,教了几个单词、学了几条语法、记住了多少文本、考了多少分,但语言是人文学科不是理工科,人文学科是高度依赖语境、难以量化考核的……现在的一些考评体系不管是针对老师还是针对学生,都在剥夺我们对人文学科知识本来的冲动。(吴老师访谈,2019.01.15)

我个人是不太提倡花太多时间讲理论的,我喜欢用任务和活动来让学生能够"体验"英语学习,我始终还是认为语言学习应该是一种生活方式,语言本身就是生活……现在很多课堂太脱离于现实生活了……但来自督导还有一些同行的压力让我不得不对自己的实际教学做出调整……学生的实际水平有时也让活动很难开展……所以我只能是参考一下别人的东西,边学习边调整……但我也不愿意就这样摈弃自己的观点,我觉得学生对我这种"语言生活"的教学方式还是喜欢的。(吴老师访谈,2019.01.23)

(4)紧跟时代,关注体验。

吴老师认为自己的课堂话语综合考虑了学生的实际发展情况与需求、社会现状与期许以及当前语言教育政策与要求。

虽然不得不对自己的课堂话语进行调整,但我始终认为我的课堂话语设计是符合新时代的需求的……或许只是我所在的学校相对进步慢一点,我也必须适应这个步调……通过互联网以及一些专家讲座我了解到,其实外省的大学英语教学已经走在很前面了。(吴老师访谈,2019.01.15)

吴老师认为,自己的课堂话语设计上在很大程度上受到自己的过往学习生活经历的影响,自己年龄也与学生相近,她感觉自己以教学活动与任务为基础、注重情感交流以及生活体验的课堂话语实践更适合当下的学生。

现在的学生不比以前,我们都出生在互联网时代,信息量以及知识量对我们来说已经没有太大意义了,如何获得更有趣、有用的信息,如何整合信息并运用到生活中才是这个时代所需要具备的能力,是一个"获取—理解—运用"的过程……语言学习不是老师拿点知识过来展示给学生,而是引导学生寻求理解知识与运用知识的方法,除了培养学生的能力之外,还要提升学生对语言的体悟以及在语言运用方面的素养……能力最终会因时代不同而变得过时,体悟和素养不会……我课上、课下都很依赖互联网,也支持学生活用网络资源,语言学习离不开移动技术的辅助,万物相连是我们这个时代的特征。(吴老师访谈,2019.01.21)

从课堂观察数据中可以看出,吴老师课堂话语基本以英文为主。吴老师在访谈中提到,这么做是想让学生习惯于用英文表达自己的情感。

我在课堂上大多用英语来完成活动引导,与学生交流……我希望能用英语构建起一种情感描述和情感沟通的体验……学生在回忆起某个词、句子或者文章的时候,我希望他们想到的是自己的某种感受、某种生活场景,而不是字典上的解释和干巴巴的笔记……只有这样,语言才能内化。(吴老师访谈,2019.01.16)

吴老师将语言视为一种生活体验与情感的承载,她的这种语言观也直接影响着她的语言教学观及课堂话语信念。

语言其实就是我们的一系列生活场景……我相信想到苹果的时候没有人会去想这个概念的解释,而是想起苹果的样子甚至是与苹果有关的某个场景……语言学习的关键在于记忆,而记忆的关键就是与事件信息相联系……一个概念很容易忘记,一次经历会让人难以忘怀……语言教学应该能够引起学生的身心反应,唤起学生的情感,形成语言生活经历……为什么现在很多留学生的英文也不行? 就是因为没有用英语生活,没有由英语产生的情感与体悟……我的很多硕士同学都是这样,这是我切身的体会。(吴老师访谈,2019.01.16)

因此,吴老师虽然在课堂话语设计以及前文所提到的简易问卷中,将教学处境及教学内容选为相对较为重要的部分,但她在访谈中还是坦诚地表示,自己内心还是以教学方式与教学对象为主体,因此她保留了大量的任务型教学活动。

问卷是基于我现在的教学考量来填的,我也是按照这个来进行课堂话语的设计……但我内心还是认为教学方式和学生是最重要的,因为最终他们的收获才代表了课堂的有效完成,而不是老师教了什么……这不仅是和学生互动的问题,甚至互动可以少,但是学生的语言体会和产出不能少……新时代的课堂应该是一种语言生活的"虚拟仿真"……如果没有感情和价值观的交流,仅仅传递知识,那就不是语言课堂了,技能培训或许可以这样,语言教育不太行……所以,怎么教、被教的人需要什么才是最重要的……甚至我认为,语言是"带",而不是"教"。(吴老师访谈,2019.01.16)

(5)顺应考试,不断调整。

此外,吴老师也承认,自己的课堂话语设计在一定程度上有受到当下英语考试因素以及最新的语言教育政策的影响,并且这种影响是通过学院的教学要求以及学生的要求而实现的。

我第一年开始授课时没有考虑太多四、六级考试的因素,从某种意义上来说,我一路走来似乎都没有太在意考试的事,一切都是水到渠成……所以只是一心想让学生可以在课堂上"动起来"……但在教学例会以及很多教学文件上,我也感受到了学院在学生考试过关率上的焦虑,这种焦虑也开始渐渐转移到了我身上……我的教学不得不考虑去顺应这种教学要求……而且一些学生确实基础一般,他们也因四、六级考试而感受到压力……所以我现在也开始讲习题、讲词汇、讲语法……很多学生有参与社会培训机构的应试培训,觉得十分有效率,给我提意见,所以我也常常参考一些社会培训机构的教学设计和资料,学习他们的课堂话语,并适当地融入我自己的教学设计。(吴老师访谈,2019.01.16)

受到鼓励的是,我觉得我的教学理念是契合当下的语言教育政策对教学提出的最新要求的……现在很强调学科素养的培养……但是政策落地的确是需要时间的,尤其在我们这种西部地区……所以尝试与调整是十分有必要的。(吴老师访谈,2019.01.20)

(6)顺应情境,亦步亦趋。

通过更进一步的访谈,吴老师也开始敞开心扉谈到自己的一些失落和无力感。吴老师在访谈中提到,作为青年教师,她在教学上没有太多主动权。

学校督导意见、学院领导意见、学生意见、工作上的前辈的意见,都要去兼顾……很多教学上的想法,都没法在课堂中实现……和我同龄的很多年轻教师干脆已经放弃自己的想法,大家的沟通交流也越来越少……我觉得这是个恶性循环,教学本来实验性就很强,还是很希望学校和学院能给年轻教师尝试新方法的平台。(吴老师访谈,2019.01.20)

吴老师也提到自己工作单位教研活动在收效上的问题,她认为一些教研活动没有取得本质上的成果。

教学研讨其实不少,但研讨完之后大家都还是沿着老方法去做……专家教授也来了不少,讲的东西也都十分新颖,但很少有人真正用到课堂中……大家都好像在一种惯性中,没有人愿意做出改变……就像我之前说的,改变会遇到很多阻力。(吴老师访谈,2019.01.20)

吴老师在访谈中,进一步分析了她认为自己以及其他教师难以在实践层面真正做出改变的原因。

现实处境是最大的问题……国家政策是整体向前的,但中间环节似乎是有着太多困难,学院和学校层面整体更愿意按照成熟稳妥的方式来办事情……当然,我们自身也有很多不得不面对的问题,经济压力、繁重的教学任务、家庭重任、班主任任务、科研以及职称晋升压力,青年教师承受着很大的压力,的确很多人无暇顾及教学……教师主导的课堂,看起来教师讲得多,其实不需要太多准备,这或许也是大家有所倾向性的原因所在。(吴老师访谈,2019.01.20)

好几位与我同龄的教师一周20多节课,校外还有每周10节课左右的兼职……还有的做了妈妈一心扑在孩子身上……有的一心评职称,现在在学校评个讲师都要排队,还有各种文章发表和项目主持要求……谁还有精力在教学上花心思呢,我很担心我过几年也变成这样。(吴老师访谈,2019.01.21)

在课时的具体安排上吴老师调整不大。按学院教学计划规定,一学期共有6单元的课程教学任务必须在16周内完成,精读教程共48学时,视听说教程16学时,另含网络学习32学时。在针对读写听说的课时安排上,吴老师在开学初做出以下安排。

表 7-13　吴老师教学课时安排

教学周	教学安排
1、3、5、7、9、11、13、15	4 学时精读课(课本内容讲解)
2、4、6、8、10、12、14、16	2 学时精读课、2 学时听说课

吴老师在单周花 4 学时讲完课文内容,双周花 2 学时安排为课后练习讲解与查漏补缺,起到一定的机动作用,第 13 周、第 15 周结合前几周学习以及网络学习中出现的情况补充讲解一些语言知识,并进行四、六级考试专题辅导。吴老师在访谈对此是这样解释的。

我参考了学院其他教师的计划……其实大家基本都是按这个计划进行的，大同小异，毕竟学院的要求放在那……我留出了几节课的时间，考试专题辅导一般是讲一些真题……我想着既然我对教学这方面不太强调，就放在最后集中起来补一补……而且参考我的一些做社会培训的网友的意见，应试的训练放在一个集中时间段效率比较高。（吴老师访谈，2019.01.20）

7.6 本章小结

本章通过吴老师的案例对所收集的数据进行呈现，并对吴老师的课堂话语及教师教法进行深描，内容包括其话语内容选择与呈现方式、其课堂话语所体现出的独具个人特色的教师教法以及其教师信念与实践所产生的冲突及纠葛。吴老师的语言信念成型于其早期受教育阶段，但受其学校教育以及个人生活经历影响较大。吴老师的家庭为其提供了优越的学习与思考环境，并提供了一些行业上的助推和参考。吴老师的出国留学学习经历，加强了她对语言教学的了解，也奠定了她最后选择教师作为职业的基础。吴老师正处于一名英语教师的成长与转型之中，而这种成长和转型也给她带来了一定困惑与焦虑。从本质上而言，吴老师认为英语及英语学习应当承载生活体验、劳动产出以及情感交流。

从数据中我们可以看出，吴老师的同事、其所在学院与学校以及社会宏观环境都对其语言观以及语言教学观产生影响。比较特别的是，吴老师的语言观与语言教学观还在很大程度上受到了互联网信息以及网络共同体的影响，吴老师认为这是青年教师与当下学生所共有的特征。移动技术和互联网技术不再是简单的应用，而应渗入到语言学习和教学之中。吴老师通过自身经历、网络共同体的学习以及与同事的交流反思教学，学院及学校层面的教学督导机制对其目前的课堂话语设计影响较大，并体现在其课堂话语实践之中，但其课堂话语设计信念依然未改变。她认为语言学习与生活经验的获取、情感交流以及任务产出有很大关系。她坚信在课堂教学中对上述方面进行强调，能够从根本上提升学生的英语应用能力，且认为这种模式的能力提升带来的是语言素养的提升，符合当下社会对英语学习者的期待。吴老师认为，她在教学中既要承担任务组织、学生评价、语言生活体验引导以及情感交流者的角色，又要承担语言知识梳理与信息整合的角色。她认为自己针对单元话题所组织的课堂汇报等活动是帮助学生获得语言生活体验、提升语言能力并进一步提升语言素养的有效途径。但同时她也在一定程度上向现实处境妥协,积极听取督导以及领导的意见,借鉴其他老师的教学方法,开始考虑考试、学生现实水平、学生过往学习习惯等因素,努力对自己的个人教法进行调整并体现在课堂话语实践中,在教学中加入大量词句、语法讲授以及考试专题辅导。吴老师通过这种方式不断修正自己的课堂话语设计与实践,以此缓解自身课堂话语信念与现实处境之间的冲突,顺应教学管理部门以及学生对其教学的要求与期待。而也正因如此,吴老师的课堂话语信念也正在渐渐地改变。整体而言,吴老师的语言教学信念正在成型与发展之中,其课堂话语实践也因此做出调整。相对而言,其话语设计与实践层面改变较大,信念层面改变较不显著,与话语设计及实践层面存在较大分歧。总的来说,吴老师的课堂话语具有以下显著特征(见表7-14)。

表7-14 吴老师课堂话语特征

吴老师课堂话语特征
1. 英语为主要语言,主要用来促进组织教学活动、语言生活体验、交流情感、诠释讲解语法知识以及提供评价反馈
2. 强调语言生活体验与情感交互,有多模态特征
3. 引导学生参与并完成任务,以提升语言应用能力
4. 语义波兼顾自上而下与自下而上的呈现规律,小波与大波共存,波与波之间关联度及相似度不强
5. 词句、习题及语法诠释主要为规则性诠释,任务型活动中的话语主要为交流性话语
6. 受外部因素影响较大,与自身话语信念尚存较大分歧
7. 通过任务设计整体提升学生的听、说、读、写、译能力,再用教师讲解对语言知识点进行加强
8. 注重语言能力培养,要求学生能够运用适当的方法与步骤对文本脉络、文本细节以及文本观点进行理解
9. 学生的语言应用能力及语言素养提升是最主要的目标
10. 强调学生在教学活动所获的经验及情感

综上所述,吴老师的课堂话语具有双重、动态的特性,且在较大程度上受到

外界影响，其所体现出的个人教法的核心是以任务型学习法及语法翻译法为导向。吴老师课堂话语受到微观个人因素、中观情境因素及宏观外部因素的共同影响，其中中观情境因素对吴老师的课堂话语影响最大。对于吴老师来说，虽然有纠结与困难，但还是愿意改变。其改变在话语设计与实践上较为明显，在话语信念上相对不明显。

第八章

讨 论

8.1 引言

第五章(韩老师案例)、第六章(杨老师案例)与第七章(吴老师案例)对本研究的数据及发现进行了描述;在对三位研究对象课堂话语信念与课堂实践之间的互动关系进行详细解析的同时,勾勒出了他们话语及话语背后所蕴含的教师教法的显著特点。本章将以这三章的描述性研究发现为基础,结合文献综述中所回顾的前人研究,进一步对研究对象的教师课堂话语实践与课堂话语信念之间的深层次互动关系进行深入探讨,揭示其背后所隐含的个人、社会及文化影响因素。在本章中,第8.2节基于现有数据与研究发现对三位研究对象课堂话语内涵与表征进行跨案例对比及汇总分析,旨在更清晰地从总体层面对数据及研究发现进行梳理;第8.3节对研究对象的课堂话语信念与实践的影响因素及互动关系进行了进一步讨论,尝试性地根据本研究的发现及讨论结果,提出由内外因素共同影响的教师课堂话语信念与实践框架;第8.4节针对英语教师课堂语义波的评价及有效性英语优质课堂教学开展讨论;第8.5节为本章小结。

8.2 语义波视域下大学英语教师精读课课堂话语特征与内涵汇总分析

本节将首先对三位研究对象课堂话语特征与内涵进行跨案例对比及汇总分析，以便进一步对大学英语教师精读课课堂话语背后的影响因素及因素间互动关系进行解析。本研究所要探寻的教师课堂话语特征与教学情境高度相关，关系到语场、语旨和语式等决定语言特征的情景因素（Halliday，1978；Halliday & Hasan，1985），语场与语义系统中的经验意义有关，语旨与人际意义有关，而语式与语篇意义有关（常晨光，陈瑜敏，2011）。在第五章、第六章和第七章中，本研究已分别对三位研究对象的课堂话语进行了描述，现本研究将对其课堂话语实践、教学设计以及教学信念进行合并总结（见表8-1、表8-2和表8-3）。

表8-1 三位研究对象的课堂话语实践

	韩老师	杨老师	吴老师
语场(课堂话语下的整体教学流程设计)	导入、单词与词组(第17课)；精读、课文讲解(第18课)；语法复习与练习(第19课)；课后习题讲练(第20课)。教学材料主要为教材以及配套的教师用书，兼具少部分自行补充的语法知识及例句	导入、完成课前所布置任务(第17课)；精读、课文讲解(第18课)；练习(第19课)；课后习题讲练(第20课)。教学材料主要为教材以及配套的教师用书，但实际讲解文章的脉络及步骤是通过自己的总结	导入、完成课前所布置任务(第17课)；专题报告(课前布置)、文章主要内容观点追溯(第18课)；练习、听说读写活动、语法讲解(第19课)；习题讲练(第20课)。教学材料基于教材及他人材料，以此选出新单元教学的主题，根据主题自行设计教学活动以及所需详细讲解的内容

续表

	韩老师	杨老师	吴老师
语量（课堂话语的主要内容及关注点）	词性词意分析、词组搭配、词汇词组造句（45分钟）；段落大意讲解、篇章语句分析、背景知识诠释（75分钟）；主语从句概念、主语从句构成、主语从句相关例句及练习（35分钟）；词汇题、语法题、翻译题讲解（30分钟）	背景知识阐释、整体段落大意诠释、学生表现点评（25分钟）；课文人物、情节、时间线、观点及语言点分析讲解（35分钟）；课文内容回顾、课文观点总结诠释、学生活动点评（25分钟）；学生活动点评、单元整体总结（20分钟）	作业、单词讲解（18分钟）；背景知识阐释、段落大意诠释、学生表现点评（16分钟）；课堂活动点评（15分钟）；内容回顾、观点总结（17分钟）；长难句讲解、习题与语法讲解、整体总结（45分钟）
语式（课堂话语的组织形式及作用）	"理论梳理—方法阐述—例句呈现"模式，以讲解、翻译、提问、诠释的话语行为为主；将整个单元的学习分成明显的教学模块，模块与模块之间关联相对不明显；遵循"打包—解包—解包"的诠释模式，形成自上而下的模进式语义波动	"主题引导（内容）—脉络梳理（支架）—诠释总结"模式，教师讲解、提问一般学生的陈述发起，并引发教师进一步的补充、诠释及追问等话语行为；用文本脉络将整个单元的学习分成多个相互关联的任务与讲解模块；遵循"打包—解包—打包"的诠释模式，形成不断起伏递进发展的语义波动	"主题引导—补充诠释—情感交流"以及"例子引导—分析归纳—概念陈述—规则诠释—例子补充"的双重模式。既有教师主导的讲解，也有学生为主的任务型活动；教师在其中有诠释、归纳、演绎、提问、补充、追问、评价、情感交流、经验交换等话语行为；以教材课文话题为基础，设计整个单元的任务型教学活动与讲解模块；"打包—解包"与"打包—解包—打包"话语行为模式共存，形成波幅不同、跃进式的语义波动

续表

	韩老师	杨老师	吴老师
语旨(课堂话语下的教师角色)	倾向于教学内容,对教学处境有考虑,兼顾对教学方式的权衡,较少考虑教学对象;主要承担角色:课堂组织与控制、协助、知识提供、顾问、记忆激活、提示、评价、演示	倾向于对教学方式的完成及呼应,相对不表征过多单纯教学内容信息,兼顾教学处境的同时充分关注教学对象;主要承担角色:课堂组织与控制、引导、协助、知识梳理、能力培养、顾问、记忆激活、提示、评价	倾向于对教学内容的选择与考虑以及与教学处境的协商,相对忽略教学对象和教学方式;主要承担角色:任务提供与组织、话题引导、互动促进、协助协商、知识梳理、信息整合、提供体验、记忆激活、提示、情感交流、评价反馈

表 8-2　三位研究对象课堂话语设计

	韩老师	杨老师	吴老师
步骤	词汇讲解、课文讲解、语法讲解、练习讲解	话题导入、背景知识扩充、课文讲解(词汇、句法、语法讲解包含其中)、课文回顾练习、课后习题讲解	话题导入、课前任务完成、专题报告、文章内容观点追溯、练习、听说读写活动、语法讲解、习题讲练
重点	词法、句法、语法理论分析讲练,课文翻译	课文脉络梳理、课文观点呈现、学生阅读能力培养	专题报告、听说读写活动、语言知识点讲解
角色	课堂组织与控制、知识提供、记忆激活、提示、评价、演示(韩老师有些没有做到)	课堂组织与控制、引导、协助、知识梳理、能力培养、顾问、记忆激活、提示、评价	任务提供与组织、话题引导、协助、知识梳理、信息整合、提供体验、记忆激活、提示、评价反馈(吴老师刻意淡化了一些)
活动	语法词汇讲解、诠释、演绎、翻译、提问回答、口语练习	整体阅读、梳理、阐释、归纳、翻译、提问回答、讨论	梳理、阐释、归纳、翻译、提问回答、听说读写译整合练习、讨论

续表

	韩老师	杨老师	吴老师
来源	教材、教师用书、词汇语法参考书	教材、教师用书、科研论文、电影、流媒体、网络文本	教材、教师用书、网络材料、考试辅导类材料

表 8-3 三位研究对象的课堂话语信念

	韩老师	杨老师	吴老师
目标	掌握基础理论、学会演绎分析、适应考试要求	理解文本意义、了解文本脉络、理解文本观点、感悟文本所蕴含的道理、提升归纳能力、适应社会需求	培养学生兴趣、进行情感交互、交换语言经验、体验语言生活、提升语言素养、适应社会需求
重点	词法、语法解析、篇章意义讲解	篇章脉络解构、观点梳理、价值建构、归纳语言规律	基于内容的学生演示与讨论、文化背景知识介绍
角色	课堂组织与控制、协助、知识提供、顾问、记忆激活、提示、评价、演示	课堂组织与控制、引导、协助、知识梳理、能力培养、顾问、记忆激活、提示、评价	任务提供与组织、话题引导、互动促进、协助协商、知识梳理、信息整合、提供体验、记忆激活、提示、情感交流、评价反馈
组织	当以理论梳理引导学习;自上而下对知识进行梳理解构;教师课堂话语的结构要与所传授的知识本身相匹配	整体阅读教学,以文本解构引导学习,话语与教学文本高度关联;自下而上对文本脉络进行归纳,自上而下由脉络回指文本细节,再由细节自下而上建构价值理解;教师课堂话语是文本与文本理解之间的桥梁,为学生提供支架	当以语言生活体验、情感交互为重,让学生高度参与课堂,运用语言完成具体任务;丰富文化背景知识;让英语成为生活的一部分而不是学习的内容,从而使学生能够做到语言产出,并能达到终身学习的目的

续表

	韩老师	杨老师	吴老师
活动	以理论阐释解构知识并培养技能;要加强文化背景知识介绍;要有更多的学生参与度;希望将新技术引入课堂;过多课堂活动会对教学进度的完成产生影响	以课文的解构与建构完成信息的传递与能力培养;将词汇、句子、语法及文化背景知识讲解整体融合在课文梳理中;课堂活动以整体阅读教学为主,与最新的资料相结合	以任务为导向、以语言体验驱动语言产出;教学活动强调学生参与;移动技术及互联网资源未具体体现在教学设计中,但融入教学本身
来源	教材、教师用书、语言文化背景相关材料、考试辅导类材料	教材、教师用书、科研论文、电影	教材、教师用书、网络材料、考试辅导类材料

上述表格呈现出研究对象课堂话语的形式与内容特征,同时也展现了承载其课堂话语的教学活动场景。根据本研究所收集到的数据,三位研究对象在课堂教学中遵循不同的话语信念与设计所体现出的不同话语实践形式,在功能上也有所差异,其话语形式与功能汇总如表8-4所示。

表8-4　研究对象话语形式与功能特征汇总

话语形式	话语子功能	话语功能
展示、呈现、讲述、解释、提问、追问、重复、引申、举例、等待、停顿、补充、提示	点评、检测	评价
	解释、分析、分类、提取	阐释
	呈现、告知、展示	陈述
	总结、提升、建构事件脉络／知识谱系／方法技巧／逻辑体系	建构
	情感交流、情绪传递、体验交流	表达
	规约、引导、要求、组织、建议、授权、批准	指示

基于第二章文献综述中语义波的概念及分析方法,本研究已经在第五章、第六章、第七章的案例分析中以语义密度与语义引力为纵轴,以时间为横轴,绘制出了体现三位研究对象课堂话语中语义密度与语义引力变化情况的整体语

义波图(见图 8-1、图 8-2、图 8-3)。

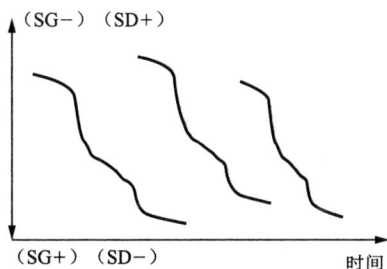

图 8-1 韩老师课堂话语语义波

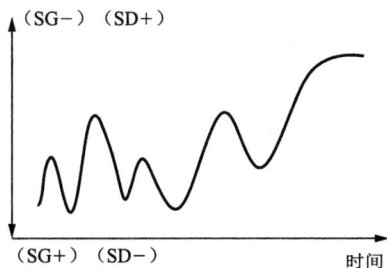

图 8-2 杨老师课堂话语语义波

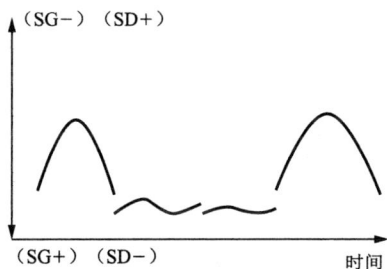

图 8-3 吴老师课堂话语语义波

　　如图所示,根据不同的语义引力及语义密度特征,教师课堂话语语义波呈现出不同的表现形式及层次。根据课堂观察数据,三位教师课堂话语的语义波都呈现出轻波、中波和大波的表现形式。三位教师通过不同表现形式的语义波,使得知识建构在一定的时间范围内展开。这与 Martin & Rose（2003)用于解释累积式知识建构所总结出的三种语义波轮廓（见图 8-4)相吻合。

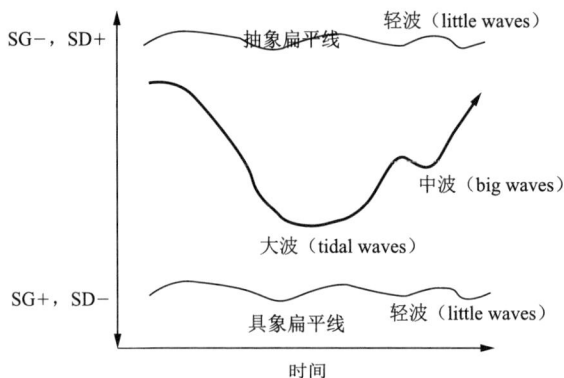

图 8-4　语义波轮廓与语义变化幅度
（Martin & Rose,2003）

Maton（2013,2015）曾指出,大波轮廓形成的语义波是累积式知识建构的前提。在教师课堂话语语义波的变化中,当 SG 与 SD 分别保持在较低与较高的水平,说明知识达到了一定的抽象程度,但完全脱离了语境;当 SG 与 SD 分别保持在较高与较低的水平,说明知识完全依赖特定的语境,还没有从具体的语境中抽象出来。当语义波轮廓中语义变化幅度加大,说明知识在建构过程中既能通过再语境化从高度抽象的概念演绎到具体的事物或现象中,又能通过再语境化从具体的语境中提取出来,形成抽象的概念（Maton,2013,2015）。本研究发现,在实际课堂教学中,只有杨老师语义波波动幅度较大且同时具有连续性特征。另外两名研究对象的课堂话语所呈现出的语义波由于教学模块的设置或是知识点的分割而形成离散的波,相对不具有连续性,互相之间关联不大。不同的波在课堂上以阶段性形式按时间线性展开,表征出不同的知识建构与累积形式。

在归纳三位教师课堂话语表现形式的基础上,将三位研究对象的语义波进一步合并,可以进一步窥见语义波视阈下其课堂话语的表现形式共性（见图 8-5）。

如图所示,就共性而言,三位研究对象的课堂话语语义波均通过归纳及演绎的不同话语表现形式引发不同的语义密度与语义引力变化,教师话语所呈现及主导的内容也因此在抽象与具象层面不断转换。虽在表现形式及所占比例上有所不同,但三位研究对象抽象层面的教师课堂话语均集中在语法概念、逻

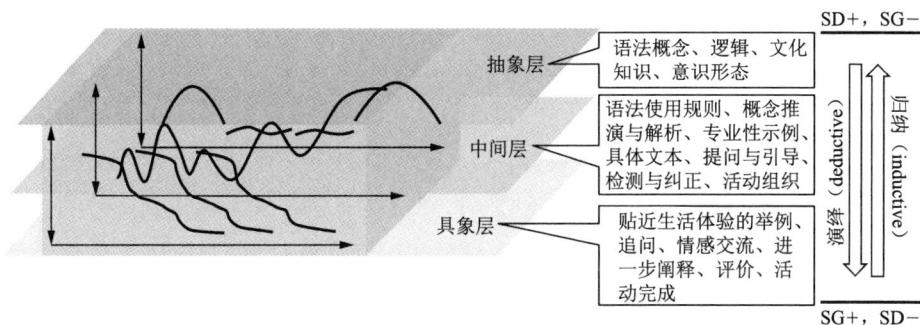

图 8-5 三位研究对象语义波汇总对比及课堂话语表现形式共性

辑、文化知识、意识形态方面；中间层面的教师课堂话语均集中在语法使用规则、概念推演与解析、专业性示例、具体文本、提问与引导、检测与纠正、活动组织方面；而具象层面的教师课堂话语均集中在贴近生活体验的举例、追问、情感交流、进一步阐释、评价、活动完成方面。而综合已有数据，对比三位研究对象的教师课堂话语特征，可以总结出其各自课堂话语语义波阶段性特征如下（见表 8-5）。

表 8-5 语义波视域下研究对象课堂话语特征

研究对象	阶段性语义波特征	关注重点	发展模式	功能
韩老师	理论引领、分析讲解，自上而下解构知识	以解构运用为中心	模进式	关注概念
杨老师	文本内容引领、以例带练，解构建构并存	以建构提升为中心	递进式	关注语篇
吴老师	双重特性：体验引领、任务导向，情感驱动产出；理论引领、分析讲解，自上而下解构知识	建构解构兼具，强调共情输出	跃进式	关注人际

研究数据显示，教师课堂话语语义波以阶段性形式按时间线性展开并不断发展。其课堂话语根据功能的不同，产生不同的话语范围、话语基调及话语方式。这也就最终导致片段性的语义波不仅本身具有一定特性差异，在其互相联结发展的时候，也呈现出不同的行进模式。具体而言，韩老师的课堂话语注重概念解释，语义波行进模式为模进式。她的课堂充分关注教学内容，注重理论

阐释,话语语义波片段间组织结构形式高度类似,且在从一段语义波过渡到另一段语义波时,没有体现出很高的相关性。构成其课堂话语的语义波沿袭着类似的波形(语义引力、语义密度变化形式)以及波幅(语义引力、语义密度变化程度)按课堂的时间线性规律性展开,下一段话语的语义波是上一段语义波形式上的重复。而杨老师注重概念归纳提升,语义波行进模式为递进式。他的课堂同样充分关注教学内容,但不同的是他更注重文本解读,课堂话语高度围绕课文内容。虽然他的课堂话语语义波片段间组织结构形式也有一定类似,但其课堂教学设计模块区分不明显,教师课堂话语语义波在过渡中与语篇之间的联系以及语篇内容的发展紧紧相连,下一段语义波在一定程度上依赖上一段语义波所传递与累积的知识。而吴老师课堂的课堂话语呈现出双重模式,不同语义波片段以跃进的方式随着时间的推移而不断呈现。她将整个单元的学习分成明显的教学模块,在部分教学模块中,吴老师坚持自己原本的信念,关注语言的具体使用以及语言所承载的文化内涵,注重情感交流与人际交互,以学生为中心采用任务的方式提升学生的语言使用能力与逻辑思维能力;但在部分教学模块,又受其他因素影响进行了调整,关注语言点,以教师为中心单纯采用讲述的方式对学生进行知识传递。吴老师课堂教学整体具有明显的尝试性倾向,不同语义波片段以跃进方式呈现。总体而言,三位研究对象在教师课堂话语在信念层面呈现出以下特点(见表8-6)。

表8-6　三位研究对象的课堂话语信念特点

研究对象	课堂话语信念特点	描述
韩老师	固守求变型	重视语法教学,重视语言成分的准确性;读写能力是发展听说能力的基础;英语的知识体系是自上而下的系统;教师在教学中应具有权威性和主导性;教学要符合考试要求以应对现实状况;教师的教学风格可以有一定的转变

续表

研究对象	课堂话语信念特点	描述
杨老师	协调融合型	认为语言最重要的属性是信息和意义传递属性，语言结构为信息传递的表征形式；重视对语言意义的理解，强调从中建构提升理论；归纳能力是演绎能力的基础；英语的知识体系是离散的意义集合；教师在教学中提供引导和帮助；不固定教学风格，实验性教学助推对教学的理解
吴老师	创新发展型	认为语言最重要的属性是交流属性，情感上的共通与共鸣是交流的前提，也是学习语言的原动力；重视培养学生的学习兴趣，强调以兴趣驱动学生自主学习，从体验中产出语言；师生关系是课堂得以有效进行的重要前提；教师在教学中带学生体验语言所承载的感受，感受文本所描述的空间，共情能力是文本理解的重要因素；教学计划受外在因素影响较大，尚在发展完善之中

综合上述研究发现可以进一步看出，教师的课堂话语实践与信念既存在差异也存在一定的共性。总的来说，差异主要以语义波的形式体现，即其课堂话语发展的模式、关注特点、主要功能以及承载话语的教学活动设计与安排有所不同；而共性则主要体现在他们均通过归纳及演绎的不同话语表现形式引发不同的语义密度与语义引力变化，且在高中低语义密度及语义引力所承载的内容方面也呈现出一定的共性：抽象层面的教师课堂话语集中在语法概念、逻辑、文化知识、意识形态方面；中间层面的教师课堂话语集中在语法使用规则、概念推演与解析、专业性示例、具体文本、提问与引导、检测与纠正、活动组织方面；而具象层面的教师课堂话语集中在贴近生活体验的举例、追问、情感交流、进一步阐释、评价、活动完成方面。通过对研究数据的进一步整合、梳理及分析，本研究发现三位研究对象在大学英语精读课中的教师课堂话语呈现出混合、复杂与动态的特征及内涵，上述所有的共性与差异与他们在个人教法上的差异一样，在不同程度上从多方面受到内在因素、外部因素以及处境因素的影响（Fullan，1991，2001；Wideen，1994；Davison，2001；Zheng，2005，2008），且每种因素以不

同形式、不同程度起着不同的作用,构成一个复杂系统。其中部分影响因素与过往研究相吻合:三位研究对象的教学基于其对语言、语言教育、语言课程的理解,考虑并努力适应国家评估体系及标准化考试的要求(Adamson & Davison, 2003; Calderhead, 1984; Doll, 1996; Goodson, 2003; Hargreaves, 1994),而这也直接表征在其课堂话语设计与实践层面。同时,三位研究对象在自己所处的具体教学情境中也面临着一系列挑战,他们需要应对国家、学校、学院以及学生层面的期望,适应学校文化、活用可用资源并与同事进行互动,并同时受到学生学习能力与态度的影响(Berman & McLaughlin, 1975; Fullan, 2001; Halsey et al., 1980; Hargreaves, 1994; Jarzabkowski, 2002)。由于教师所具有的反思型从业者特性(Dewey, 1933; Schön, 1983),他们会不断反思自己的话语行为,思索自身行动的内涵及原因,思辨不同的观点。然而,部分教师对于自身课堂话语设计与实践所持的观点和态度根深蒂固,这与他们的生活经历、受教育经历、职业培训经历以及教学观念息息相关(Freeman, 2002; Johnson, 1994; Tsui, 2003)。本研究发现,三位研究对象的教师课堂话语信念与实践主要受个人因素、处境因素以及宏观因素的影响,且这三种因素在教师的认知层面以一系列微妙的方式产生冲突与协调,并通过话语设计最终呈现出上述表格所描述的话语实践特征,衍生出教师课堂话语极具个体差异性的创生及嬗变模式。构成影响教师话语信念的这三种因素呈现复杂系统特性,且对于教师的影响在层面及程度上都体现出较大的个体化差异。在下面的章节中,本研究将详细阐释个人因素、处境因素以及宏观因素的内涵及其对教师的课堂话语信念与实践所产生的影响。

8.3　教师课堂话语信念与实践的影响因素

国内外针对外语教师信念的研究主要集中在对教师信念与行为之间的关系及相互影响方面(如 Thompson, 1992; Richardson, 1996; Borg, 2003; Mansour, 2009; Basturkmem, 2012; 项茂英,郑新民,邬易平,2016; 黄磊,蒋玲,张春梅, 2017; 朱彦,束定芳,2017; 景飞龙,2018; 王祥,2019),较少有研究直接从教师的课堂话语层面进行信念及实践的探索。应用语言学研究与教育研究有着深度的合作与对话,但外语教育及外语教师发展研究始终有着语言学科属性不明显的缺陷。本研究从话语研究出发,借语义波为视角,试图在前人针对外语教师信念与实践的探究上进一步凸显其语言研究属性。外语教师在课堂上所使用的话语与其他学科有所不同,其课堂话语兼具教学内容与教学工具的作用,兼有工具性和人文性的特征。因此,外语教师的课堂话语实践是外语教师的语言观、教学观以及语言教学观在话语层面的直观反映。教师信念是一个十分复杂而多变的信念系统(Rokeach,1968,1973;Ball-Rokeach et al.,1984),其中包含着课堂话语信念在内的诸多信念,并对其课堂话语实践产生影响。社会环境是教师认知能力发展的源泉(Vygotsky,1978;Lantolf,2006),教师的语言观、教学观以及语言教学观通过认知活动与社会及物质环境互动而得到发展,是一个逐渐内化而形成相对稳定的认知结构与态度体系的过程(Vygotsky,1978)。

从研究发现上来看,三位研究对象课堂话语实践都颇具特色地表征出其背后所隐含的教师教法,呈现出复杂和动态的特征。在文献综述以及理论框架中,本研究已经从理论层面论证了教师的课堂话语、教师教法及其教师信念层层表征且相互影响的关系。本研究的真实数据进一步对其进行了证实,课堂话语实践从语言层面对教师的个人教法以及教师信念进行表征,教师的话语实践受到其话语信念的影响,而教师话语信念与实践作为一个整体又在很大程度上受到个人因素、处境因素及宏观因素的影响。研究数据显示,三位研究对象进行课堂话语实践时,均在不同程度上对课程的知识传递目标及累积建构有一定预期,其预期及设计原则或来自国家标准,或受到标准化考试影响,或源于自身的学习与教学经验。教师针对此种预期对承载教师课堂话语的个人教法进行不断调整,以努力完成与内在信念统一的同时适应外部环境的需求。三位研究对象在自己的教学环境中面临一系列挑战,其课堂话语行为及教师信念与教学规定、同事教学风格、学校文化、教育技术、教学资源、学生的学习能力和态度、社会期许、自身身份认同、个人教学能力、个人教师知识等多方面因素产生互动。本节将分别详细阐述这三种因素的内涵及其对教师课堂话语信念与实践产生的具体影响。

8.3.1　个人因素

本研究数据显示,三位研究对象的课堂话语信念、设计与实践均有不同程度的偏差。相对来说韩老师与吴老师较为明显,在上一节的表格中本研究已进行了详细展示。如韩老师虽有想要改变自己偏传统教学层面的课堂话语实践的想法,在话语设计中有所体现,但没有在实际的教学活动之中有效地实施;而吴老师虽不断改进自己的课堂话语设计与实践以适应现实情境,但在话语信念层面也相对依旧坚持自己的观点。从这两位老师身上可以看出,教师课堂话语信念对其话语设计与实践起到重要影响,信念层面的改变是话语设计发生变化以及话语实践得以有效实施的关键,这与前人关于教师信念的研究结果(如Grossman et al., 1989;Kagan, 1990;Kagan, 1992a;Prawat, 1992;Nespor, 1987;Pajares, 1992;Borg, 2003;Tsui, 2003;Lloyd, 2005;Beyer & Davis, 2008;Liljedahl, 2011;Bryan, 2012)相吻合。我们可以看到,杨老师的信念很顺利地发生了转变,这也导致杨老师在三位研究对象之中,课堂话语信念、设计及实践层面相对较为契合。三位研究对象课堂话语信念层面受到个人因素、处境因素及宏观因素的共同影响,本研究将首先阐述个人因素对三位研究对象课堂话语信念的影响。

前人研究表明,教师信念在很大程度上与其成长经历、受教育经历以及教学经历息息相关,个人的教学、研究、生活、学习等经历在很大程度上对教师信念产生影响,并最终影响教师的实践教学(Evertson & Weade, 1989;Martin, 1989;Pajares, 1992;Burns, 1992;Calderhead, 1996;Williams & Burden, 1997, 2000;Borg, 2003;Tsui, 2003;郑新民,蒋群英,2005;Farrell & Kun, 2007;Fives & Buehl, 2017),教师课堂话语信念也是如此。需要指出的是,个人因素的形成在很大程度上也与研究对象过去所经历的现实处境与社会文化背景相关,本研究将这种过往的"处境"与"现实"归入个人因素,其原因在于,在时间发展上,这些"处境"与"现实"都已经过去,并已内化成了研究对象本体论、认识论以及方法论的一部分,成了研究对象个人经历的一部分,且带有极强的个人特色,属微观层面影响因素。而下面章节中的处境及宏观因素,在时间线性上,均指"当下"教师所处的具体教学环境以及宏观社会文化背景。

本研究发现,教师虽然会积极从信念层面对课堂话语进行建构,但是在话语实践中依然会遵循一种话语行为上的"惯性"。而这种"惯性"正与教师个人过往经历高度相关。研究数据表明,三位研究对象成长于完全不同的环境之中,有着不同的学习及生活经历,形成了不同的学习和教学观念,也因此诞生了不同的课堂话语信念。他们在生活经历及经验上的个体差异极大地影响了他们课堂话语实践背后的教学推理及决策。如第五章所述,早期基础教育经历对韩老师的课堂话语信念有着深远的影响。韩老师生逢变革时代,自小便见证了巨大的变革与动荡,经历了相对刻板封闭的教育。时代对韩老师起到了潜移默化的作用,儿时的教育使得她对事物的认识趋于结构化与层级化,自上而下的信息传达及交流模式也在其心中留下了难以磨灭的印记。话语作为结构化、带有权利特征的本体存在于韩老师的认识之中。也正因如此,韩老师十分重视学习努力程度以及知识体系的构建,并认为学生的学习需要有正确的方针引导。韩老师正式接触英语学习时,是英语被忽视搁置多年后逐渐恢复的时期。由于历史原因,这一时期的英语教学带有浓重的早期俄语教学法流派的印记。韩老师英语启蒙教师的课堂话语实践模式,在当时行之有效地提高了她的英语水平并获得了她的认同,也对其日后的英语学习起到了很大的促进作用。因此这种课堂话语实践模式深深地印在了她的脑海之中,成为其语言教学观及课堂话语完形的基础。同时,在走上工作岗位之后,韩老师最初接触到的是基础阶段的英语教育,她的课堂话语实践模式经历住了现实教学情境的考验,获得了一定的成功,因此得到进一步的加强与固化,其内心对于这种课堂话语实践模式的认同感也得到进一步加强。总的来说,韩老师的语言教学观在很大程度上是习得的、隐形的、经验式的,其课堂话语信念也呈现出这样的特点。韩老师的话语信念变化过程是一个不断将外在信念与自己信念进行对比取舍的过程,新的课堂话语信念不断与自己原有的信念产生冲突,但相对很难真正进入其信念系统,其课堂话语信念的主体为其早年生活及学习经历中所产生的原有的信念。

相比较而言,杨老师不一样的生活与学习经历,造就了他与韩老师不同的课堂话语信念。首先,他成长于相对较为开放的历史时代,物质、精神生活都较为丰富,社会也在不断变化之中。这就使得杨老师这一代人相对更习惯于面对变化、适应变化。那个时代的教育也进入了稳定发展时期,而且由于家庭整体受教育程度比较高,杨老师在基础教育阶段获得了相对较为优质、全面的教育资源。一方面,由于出身教师家庭,杨老师在受教育阶段获得更多老师的关照与期待,为其打下了良好的认知基础;另一方面,杨老师课外学习及生活体验也相对丰富,尤其在写作和阅读方面打下了坚实的基础,"故事"是他认知发展的关键一环,也形成了杨老师"认为语言是整体""语言是信息的载体"的早期语言观。高考的失利也是杨老师学习经历中重要的一环,经历了高中落后、高考失利而又在大学逐渐赶上的起伏,杨老师在大学中找到了自己最终的职业期许。这一系列的生活变化不仅更进一步深化了杨老师的语言能力与学科素养,更塑造了杨老师积极进行自我反思、协调环境变化以及融合性思考的能力。之后杨老师的出国留学经历,更是在夯实其学科知识的同时,塑造了他的语言教学观。与韩老师相比,杨老师的语言教学观是系统的、显性的。同时在工作之后,杨老师也得到了许多来自家庭的帮助,其语言教学观得以进一步完形。博士阶段的学习是杨老师学习经历中最为重要的一环,其博士生导师是这一阶段的最重要他人。读博本身再次反映出杨老师对自身职业发展所面临挑战的反思与协调。而通过读博,杨老师开始进一步将科研融入自己的语言教学之中,进行教研结合的尝试。同时,其博士生导师的语言观及语言教学观也开始汇入杨老师的教学信念系统,丰富其课堂话语信念。并且博士求学的探索特性也使得杨老师愿意并积极地在教学中进行改变,不断调整自己的课堂话语。韩老师的话语信念变化过程是一个不断将外在信念与自己信念进行补充修正的过程,新的课堂话语信念不断覆盖自己原有的信念而形成更新的信念。

而吴老师则出生于物质条件与精神条件都更为富足的时代。虽然与杨老师相比,吴老师没有从自己的家庭中直接获得有关语言教学的指导与帮助,但她的父母为她提供了极为优越的、沉浸式的早期英语教育。这使吴老师的语言观在一开始就与其他两位研究对象有所差异。相较于韩老师的"英语是改变命运的方法"以及杨老师的"英语是承载内容的载体"的语言观,吴老师认为"英语是沟通情感媒介""贯穿于真实的生活场景与劳动任务之中"。她在基础教育阶段接触到的西方教育模式以及体验式英语学习模式不仅为她打下了扎实的语言功底,更在很大程度上塑造了她的语言观及日后的语言教学观,引发了她对语言相关专业学习的兴趣。而她高中赴美交换以及海外攻读硕士的生活经历进一步对上述信念进行了强化。在国外生活与学习期间,吴老师不仅在理论基础上进一步深化了对社会文化以及语言语用层面知识的掌握,更通过直接接触外国的社会文化,总结出了在之后教学中的"语言生活"课堂话语信念,同时也加强了对语言教育这个行业的憧憬。在走上工作岗位之后,新任教师的身份使得吴老师在主观上十分重视自己的教学,力争以教学内容促进与学生的沟通及共鸣,并通过一系列课堂活动来对其课堂话语进行设计规划,以实现自己的课堂话语信念,让学生能够真正地获得一种语言生活体验。在遇到困难及挑战的时候,吴老师能够积极反思并对自己的课堂话语信念与实践做出调整。与其他两位研究对象不同的是,吴老师的话语信念变化过程是一个不断将外在信念与自己信念进行商榷融合的过程,其课堂话语信念的主体虽还是围绕自己原有的信念形成信念主体,但其信念系统的包容度相对杨老师要好。

总体而言,三位研究对象因其个人学习、生活及教学等经历的不同,在个人层面产生了不一样的语言观及语言教学观,这些观念汇入其信念系统后直接形成三位研究对象的课堂话语信念。教师个体由于生活、学习及教学经历的不同,造成了他们在本体论、认识论以及方法论上的不同认知,直接对其课堂话语信念产生影响。此外上文亦有提及,研究数据显示,在遭遇外界处境的时候,三位研究对象原有的课堂话语信念都在不同程度上开始受到影响并发生改变。下面本研究将针对处境因素对三位研究对象课堂话语信念的影响展开讨论。

8.3.2　处境因素

处境因素包括教师所处的具体校园文化、人际关系、院校级的政策与规则等,属中观层面影响因素,对于教师的教学与发展也有着深厚的影响(Deal & Peterson,1998;Fullan,2001;Griffin,1995;Talbert & McLaughlin,1994;Hargreaves,1994;Jarzabkowski,2002;Wideen,1994)。重视团队合作并且更加开放的学校在参与项目的过程中收到了更加好的效果,而相对封闭的校园文化、更加重视个人的学校则未取得较好成绩(Hart,1994),协作性的校园文化是促使教师领导力发展的必要条件(Talbert & McLaughlin,1994;York-Barr & Duke,2002)。三位研究对象在访谈中都曾提及同事间的课堂观摩学习以及同事之间的交流对其课堂话语在信念与实践层面的影响。韩老师在访谈中提到自己通过与青年教师的交流得以了解到教学科研的前沿动向,她虽然通过与青年同事之间的交流获得了新的信息,并在课堂话语设计上也做出了一定的改变,但在课堂话语实践的变化上却遇到了较大阻力。阻力产生的原因主要在于韩老师内心的信念层面难以发生真正的变化,这与韩老师的个人特质有关,也体现了上一节中所提到的个人因素与处境因素的相互牵制。此外,较好的内部教研交流氛围及外出学习机会,也在一定程度上让教师在接触到新的教学理念及教育理论的同时,敢于对教学不断积极地进行尝试。如杨老师主要吸取来自同事、教学督导以及导师的意见与信息对自己的课堂话语进行调整。与韩老师不同的是,杨老师在课堂话语的信念与实践层面都发生了较为顺利及明显的变化。其原因一方面得益于杨老师成长的多变环境,最主要源于其博士学习经历。虽然面临同样的教学处境,但读博生涯不仅在信念层面让杨老师乐于改变、积极反思、勇于尝试,更在理论层面丰富了杨老师的课堂话语设计,也赋予了杨老师更高的效能感,让杨老师得以将导师、团队以及当下最新的教学方法融入自己的课堂话语设计之中。在杨老师看来,现实处境给教师带来的压力主要包括繁重的授课任务、班主任事务、学科发展不受重视以及外出交流学习机会相对少。而对于杨老师来说,读博以及与更广大外部环境的交流正是他冲破现实处境的一个窗口,也是他从信念与实践层面真正发生改变的契机。吴老师是三位研究对象中最具动态特性的案例,受个人因素影响,其课堂话语信念与实践与其他两位研究对象有着较大的差异。但在处境因素的影响下,其课堂话语实践呈现出双重特征。一方面,遵循自己原有的课堂话语信念,她关注"语言生活""情感交流"以及"任务驱动",强调"用英语"而不是"学英语"。但当她的课堂话语实践遭到学生、同事、督导以及领导的质疑后,吴老师对课堂话语设计与实践做出了较大的调整,其课堂话语大量照搬"大家想要我阐述的东西"以及"大家呈现的方式",其课堂话语设计的主动性开始逐渐淡化。同时吴老师在访谈中提到,经济压力、繁重的教学任务、家庭重任、班主任任务、科研以及职称晋升也给像她这样的青年教师带来了很大压力,几乎无暇顾及教学。

可以看出,虽然教师可能同处一所大学内的一所学院,但其所处的处境因素因为个体差异对他们所造成的影响程度及层面都略有差异,研究对象对相同处境的认知与协调也呈现出一定的差异性。在某些层面上来说,这些差异是由于个人经历的不同而造成的。但从本研究的数据来看,个人差异中的年龄与教龄差异,其实是处境因素所导致的结果有所不同的重要原因。新任教师相对于老教师来说,相对没有太多的教学自主,在对自身课堂话语进行设计的时候难以获得充分的自主权。新任教师由于带有较大的社会期许,希望尽快融入现实处境,因此较容易在课堂话语设计与实践上发生改变。然而,这样的改变依然没有触及教师的课堂话语信念层面。而是因为新任教师本身在话语权力方面的不足而做出的妥协,这样的改变不但难以起到促进教师发展的作用,还可能让教师产生职业焦虑及倦怠等情绪,吴老师就是典型的例子。老教师则会反过来因为自己已有的教学经历而坚守原有的课堂话语信念,很难在课堂话语实践层面做出实质性改变。而处于中间年龄层的教师,相对拥有较大的教学自主,且不太墨守成规,因此在课堂话语的信念与实践改变上具有更好的弹性。

本研究还发现,院系层面的教学理念方针以及教材选用也对教师的课堂话语信念与实践起到较大影响。三位教师的课堂话语设计,都或多或少以课文为基础,有的是基于课文讲解语法知识,有的是基于课文讲解内容脉络及观点,有的是基于课文主体进行任务设计。因此从某种意义上说,教材的选择决定着课堂话语的主题导向。同时,个人因素反过来也对处境因素产生着一定的影响。处境因素中包含着拥有话语权力的参与者的个人观点,督导、老资历的教师以及部门领导个人的语言观、教学观以及语言教学观等信念直接对现实处境起到影响和塑造作用。此外,处境因素对课堂话语信念与实践的影响除了会因个人差异而出现不同反应与效果之外,其系统内部也存在着冲突与协商。由于二级管理制度的施行,院系与大学整体本身的学校文化会产生一定的冲突。随着一些强势一流学科的建设,这种情况在某些院校(如本研究中属于行业类院校的S大学)可能会出现愈演愈烈之势。强势学科所代表的学校文化总体不但难以协助部分院系的发展,在某些情形下甚至会成为其发展的阻碍。这种处境内部的政策及观念冲突,会对教师个体造成较大影响并最终会成为人才流失的隐性原因。而以学校为代表的具体处境,又在一定程度上受到更宏大的外部环境的影响,与外部宏观社会文化环境会在一定程度上出现冲突与协调。下面本研究将对影响教师课堂话语的宏观因素进行分析讨论。

8.3.3 宏观因素

三位研究对象所处的宏观环境也在一定程度上对其课堂话语的信念、设计与实践在深层次产生着相对较为隐性的影响。本研究数据显示,最具显著影响性的宏观因素包括国家语言教育政策、标准化考试、社会意识形态、最新学术成果以及当前技术背景。本研究发现,教师的课堂话语信念与教师的课堂话语设计及实践存在一定的脱节,这也与前人针对教师教学行为与教学信念的相关研究结果相吻合(楼荷英、寮菲,2005;解芳,王红艳,马永刚,2006;Lim & Chai,2008;陈冰冰,陈坚林,2008;Lee,2009;Phipps & Borg,2009;Jorgensen,Grootenboer, Niesche et al.,2010;Liu,2011;Mak,2011)。 教师个人的课堂话语信念与外部处境及宏观境出现的冲突,导致教师对课堂话语的设计做出调整并最终体现在实践层面,这也与前人关于信念以及教学信念的研究形成呼应(Rokeach,1968;Peterson,1986;Prawat,1992)。 文献综述部分已有提及,教师整体信念在很大程度上受到其过往生活、学习、教学及研究经历中国家政策与社会意识形态的影响,其课堂话语信念也是如此。从时间维度来看,过往国家政策以及意识形态影响着教师早期发展并最终形成教师在信念层面的个人特征,教师在过往经历中所受到的这些影响已经内化成教师本身的思维认知及话语实践倾向。而当下的国家政策与意识形态及其未来的走向对教师当下所处的现实处境及个人信念发展改变也起到极大的影响作用。本研究发现,在课堂话语时间、课堂话语主题以及学期授课安排上,三位研究对象也都受制于现行的外语教育政策。对教师课堂话语信念与实践影响最为深远的外语教育政策主要通过考试、教学大纲、教学指南以及国家对教师队伍所提出的具体要求而体现。如本研究中的三位研究对象在课堂话语设计中都加入了不同程度的语法讲解诠释内容,从访谈数据可以得知,他们这种设计的原因都可以归于标准化考试的反拨作用。过往研究提出,我国的英语教学在很大程度上受到宏观政策的影响,关于内容、材料、课堂过程和教学语言的使用都具有一定的意识形态特征(Auerbach,1995;Canagarajah,1999;Hall & Eggington,2000;Phillipson,1992;Tollefson,2000;Zheng,2008)。课堂外部宏观环境中的意识形态在课堂中得以再现,课堂在某种程度上是外部社会秩序的缩影(Pennycook,2000)。教师的认知经由教师对其具体的工作处境以及外部宏观环境的理解和回应而发展(Lave & Wenger,1991;Putnam & Borko,1997),其信念层面也不断因此而改变、发展、完形。教师不完全受到某种特定处境或宏观环境决定性的约束,但也难以在行动层面体现出绝对的自由意志(Fullan, 1991, 2001; Hargreaves, 1994; Wideen, 1994)。教师的课堂话语信念在某种程度上是社会整体话语意志的体现。然而,虽然前人研究十分强调我国政治意识形态对于教师在信念层面的影响作用,在新的研究数据面前,这样的论断稍显绝对。当然,造成这种断言主要在于过往研究所处时代背景以及研究者自身身份的原因。本研究数据显示,许多超越国家层面的意识形态,通过不同的方式,体现在当下的课堂话语之中,在英语课堂教学中尤为明显。一方面,因为时代的发展,很多教师都经历过纯正的西方教育,或是受到西方语言教育的间接影响,如吴老师与杨老师。另一方面,我国在改革开放之后也对西方教学方法持相对较为包容与接纳的态度。此外,随着互联网技术的迅速发展,世界已经趋于扁平。不同的教学方法在网络世界交融,构成人类知识的共同体(Ruggie, 1972)。因此,我国的英语教学在很大程度虽然仍然受到宏观政策等的影响,但这其中已经开始融合不同国家的文化、教育理念、学术成果,并最终体现在了教师的课堂话语信念与实践之中。

除此之外,外语教师的课堂话语实践所面临的挑战及压力还与当前科学技术发展的速度及维度有一定联系,技术的发展为教师的课堂话语带来了新的要求与挑战。三位研究对象都在不同程度上受技术背景影响而对自己的课堂话语进行了相应调整,学校层面也对在线学习与自主学习做出了一定的要求并将其融入了校本教学大纲之中。同时教师课堂话语实践背后的信念也与其所拥有的技术背景及技术教育经历息息相关。辅助外语课堂教学的教育技术在经历着多媒体、互联网、移动通信以及人工智能的层层推动,呈现出极为明显的时代特色。而处于不同时代、成长于不同时代的外语教师对每一个时代的技术有着不同的敏感程度与掌握熟练程度,这也就导致不同层面的技术为不同年龄阶段以及教育背景的教师带来了不同的压力点与兴奋点。技术从某种层面推动着社会演进并对人类的信念及行为进行塑造,这其中也包括教师课堂话语信念与实践。以韩老师为代表的老教师,在生命历程的后半段才接触互联网及移动技术,在其教师信念发展的重要的阶段没有新技术的体验,因此其对新技术的认知相对"游离"在其原有的认知体系外围,在移动辅助教学上遇到了相对较大的阻力。以杨老师为代表的中生代教师,在青少年时代或青年时代接触到互联网及移动技术,在一定程度上适应了新技术,但由于其早期生活及学习经历中没有新技术的存在,因此新技术在一定程度上"附加"在他们的教学活动与设计之中,虽然他们的课堂有一定的在线学习及移动辅助教学成分,但契合度仍有待提升。而以吴老师为代表的青年教师则体现出较为明显的"网络原住民"特征,他们自出生就沉浸于互联网及移动技术之中,新技术几乎完全融入其成长历程,因此也在一定程度上"融入"了其教学活动与设计之中。因此,不断地开发不同的软件、应用及网站来适应网络教学与自主学习的风潮在某种程度上其实是一种资源浪费,且因学习曲线、使用成本、界面友好度等问题相对很难起到较理想的教学效果。应提升教师的主观能动性,充分发挥日常现有软件应用及网络资源的语言教育属性。

总而言之,本研究发现大学英语教师精读课课堂话语信念主要呈现出固守求变型、协调融合型及创新发展型三种模式,其具体阶段性语义波特征呈现出模进式、递进式以及跃进式的变化特征,在关注重点上分别注重话语在概念、语篇与人际方面的功能,分别以解构运用、建构提升以及共情输出为中心。同时,本研究数据显示,教师课堂话语实践在一定条件下会出现双重特征,且双重实践间出现较为严重的割裂现象,这体现了教师课堂话语行为的探索性及矛盾性特征。信念不仅能通过个体行为及言语来进行判断(Rokeach, 1968),个体的话语行为也受到特定的话语信念影响,课堂话语信念包含着个体的语言观、教学观以及语言教学观。信念形成于个体的早期生活,并受环境文化所制约;个体所拥有的话语知识也是话语信念的一部分,且两者在系统内部互相转化。包含话语信念在内的个体不同的信念合成为合集,呈现出个体的态度与价值观,构成个人的信念理论体系(Rokeach, 1968)。教师话语信念以话语设计的形式深度影响教学实践以及教师话语知识、话语计划、话语决策等一切课堂上所发生的话语行为,这与其他教学信念与实践相关研究结果(如 Pajares, 1992; Williams & Burden, 2000)相吻合,与 Fives & Buehl(2017)关于信念的研究所揭示的一样,教师课堂话语信念是其课堂话语实践的源头,对教师自身经验、决策以及行为起到过滤、建构及引导的作用,并以此促进或阻碍其教学实践,既是教师过往发展的结果又是教师进一步发展的动力。教师课堂话语信念具有内隐特性,存在于个体精神层面,指导着教师个体话语行为并从其行为中得以显现;教师课堂话语信念带有个体主观特性,它基于个体语言生活实践而产生,并在其发展过程中构建出个体针对话语的观点及看法;教师话语信念具有动态发展特性,其产生与发展基于与他人及社会的互动;教师话语信念蕴含社会文化特性,随着教师在生命历程中不同阶段与社会文化的互动,其话语信念也会不断发生嬗变,教师通过话语实践不断地将自身话语信念与外部环境进行协商,对自身话语信念进行整合更新。教师的课堂话语信念受到教师个人经历、性格特质、认知倾向以及课堂、学校、社区具体处境,甚至是更宏观的国家、国际文化、技术背景层面的共同影响。同时,上述各因素之间也存在一定的互动影响关系。它们与教师的课堂话语信念、设计与实践共同构成一个复杂系统。结合现有的数据及分析讨论,本研究现对第三章中提出的尝试性概念框架做出修改,得出本研究的理论框架如下(见图 8-6)。

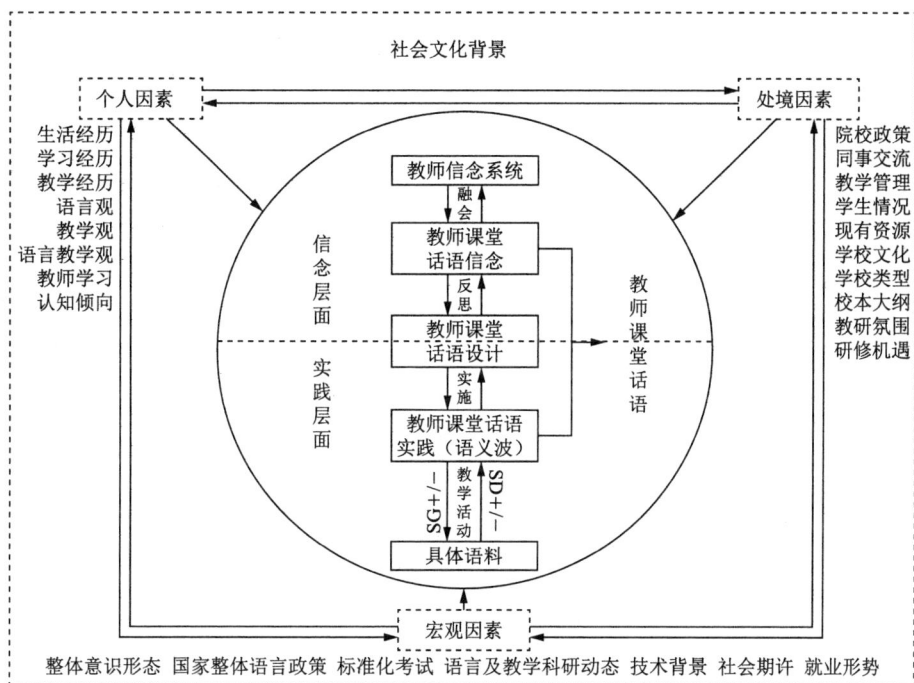

注:SD 与 SG 分别代表语义密度与语义引力,是形成语义波的关键

图 8-6 多重因素共同影响下的教师课堂话语信念与实践

如图 8-6 所示,教师课堂话语信念与教师课堂话语设计相互影响协商而最终影响着教师课堂话语及语义波。教师话语信念主要受个人因素、处境因素及

宏观因素的影响,作为互动整体的教师课堂话语信念、设计与实践也因此受到影响而不断发生改变。其中个人因素主要包括教师的生活经历、学习经历、教学经历、语言观、教学观、语言教学观、教师学习与认知倾向等,处境因素主要包括院校政策、同事交流、教学管理、学生情况、现有资源、学校文化、学校类型、校本大纲、教研氛围及研修机遇等,而宏观因素主要有整体意识形态、国家整体语言政策、标准化考试、语言及教学科研动态、技术背景、社会期许及就业形势等。上述所有因素又全部受到社会文化背景的整体历时影响而不断发生变化,因此整体构成一个复杂系统。教师课堂话语是动态的、非线性的、具有适应性的复杂系统,是教师、处境及宏观环境共同参与建构的过程,受到社会文化背景的影响。教师在课堂上最终形成的课堂话语实践取决于复杂系统中构成要素和主体之间的相互作用,其动态变化不能化约为系统的任一构成要素和主体的行为(Larsen-Freeman,1997)。影响着教师课堂话语的复杂系统中存在着以不同方式相互作用的要素或主体,这些要素或主体会导致不同程度和时间范围内话语组织形式和模式的变化与创生,系统具有很强的开放特性。因此,针对性地从各层面对系统进行可行的干预与调节,能够有效促进教师课堂话语实践并进一步促进英语课堂教学。在下一节中,本研究将尝试性提出英语教师课堂语义波的评价原则及以教师课堂话语提升有效性英语优质课堂教学的建议。

8.4　语义波视域下的英语优质课堂教学促进建议

基于英语教师课堂话语所体现出的语义波特征及复杂特性,本研究将尝试性地从个人、处境以及宏观层面就促进语义波视域下的英语优质课堂教学提出相关建议。

8.4.1　个人层面

在个人层面,应注重教师话语知识基础与话语能力(Teacher's Discourse Competence)的提升(张莲等,2014)。教师一方面要鼓励学生自主对意义与知识进行解构与建构,另一方面要合理地识别学生的最近发展区,适时提供支架予以协助引导,完成知识传递。教师应结合学生的实际情况、教学材料,调整自身的话语的语义密度及语义引力。教师话语能力的提升与教师话语的微观细节高度相关,教师在课堂教学中所呈现的各种符号细节都具有一定的功能、语篇与人际潜势,各种潜势共同影响英语课堂教学的最终效果。这就要求教师需要能够对各种教学材料及现有文本进行有效课堂话语转化,懂得利用线上线下多渠道资源充实自身课堂话语。教师话语应呈现出一定的多模态特征,借助听觉、视觉、触觉等多种感觉,通过语言、图像、声音、动作等多种手段和符号资源进行呈现,并使多种模态话语协同配合以构建话语意义(朱永生,2007;张德禄,2015;朱金兰,陈新仁,2015)。

Fairclough(2003)认为任何语言的使用都置身于一定的互文情境中,与预先存在的话语以及后续话语存在着话语关联,存在互文性(Intertextuality)。学生话语能够与教师话语拥有多大的互文空间就取决于教师话语的可对话性(Dialogicality)和可协商性(Negotiability)。具体到话语实践而言,讲授与会话这两种最主要的教师话语实践形式,就呈现出不同的可对话性与可协商性,从而也导致了学生反馈的不同。在教师进行讲授时,教师话语行为的目的多在于在向学生传递知识、交换信息、解释说明及阐释价值等,一般采取叙述或论证的方式对客体进行描述与阐释。教师在此种情况下应做出去主观化的努力(Fairclough,2003),控制教师课堂话语中"我认为""我觉得"等主观表达,较少使用"可能""或许"等承诺度较弱的情态副词,因为此类表达会在一定程度上淡化客观的事实。而当教师进行进一步论证时,所提供的论据应具有特定的语境,此类语境可以在一定程度上负载教师个人的生活经验与价值理解。教师可通过课堂话语设计,主观对课文中的知识、信息及事件在讲解顺序以及解析程度上进行区分。

教师话语实践除叙述和论证之外的另一种实践形式便是对话,主要在教学评价、预设的教学活动、师生互动以及问答环节出现。在这种话语实践中,教师应注重相对更为平等的意义互动关系的构建。教师提问的开启与反馈形式及内容都影响到学生的知识累积与意义建构。如果教师提出问题是封闭性问题,即答案是被教材或教师预先明确的,那么学生话语几乎被限死;如果教师的提问为开放性问题,没有预设或唯一的答案,学生在话语产出上便会获得更多自由,在参与对话以及建构意义上也会有更大能动性(Long & Sato,1983)。如果教师在师生互动中的评价性反馈局限于二元范式(如"对"或"错"),师生话轮会很快结束;而如果教师采取转述/转问、重启、补充、推演、拓展、举例、等待等方式给出相对较多元、丰富的话语反馈,学生便能进一步深化思考(Cullen,2002)。需要特别注意的是,教师有时在表面上以补充或提问的方式延续师生对话,但实际上其话语没有真正起到回应学生、促发话轮的作用,而是沿着自己所预设的方向推进,更倾向于"操控"而不是"营造"。对学生最近发展区的识别在教师进行课堂话语设计的过程中尤为重要,教师应通过多元的教学活动及任务,进行课堂话语规划与管理,让背景不同、性格各异的学生找到适合自己的表达空间。避免教师自己或学业水平较高、语言表达能力较强的学生在课堂活动中占据主导地位,垄断话语空间。

而在上述两种话语实践中,教师都应当加强自身语义波的建构发展能力。教师在课堂上对任何事物所进行的意义阐释与价值判定都关系到人类所共有的认知背景,教师课堂话语包含着对已存在的知识、逻辑与价值进行情境化阐释与具体化适用,会经历由抽象到具体、由复杂到简单的意义转换,用于描述事物及价值的话语在语义密度及语义引力上也相应发生着变化。教师话语内容经由语义密度与语义引力的变化,产生语义波,发生具体与抽象的转换。将人类知识库中更为成熟与稳定的理论与价值观进行具象化、离散化及实例化的解构,转换为日常生活经验中非结构化的信息;同时又将日常生活经验中非结构化的信息进行抽象化、系统化和理论化的凝练,与人类知识库中更为成熟与稳定的理论与价值观形成呼应。在这个过程中,教师能否构建出合理的语义波,使抽象的概念得以生动展开,让具体的体验提升为理性概念与价值,是教师课堂话语能力提升所面临的重要挑战。学生能否借助教师话语在抽象与具体之间建立联系、自由来回,很大程度上取决于教师的课堂话语语义波变化。

教师在进行概念讲述时(如语法讲解),会使用很多抽象、笼统的词汇,如名词性从句、现在分词。这些语义密度较高的词汇语义引力较小,因此在某种程度上属于"去情境"的表达,具有超越情境的普适性,但因远离学生的日常生活经验而难以在短时间被理解消化。教师需要借助自己的话语,使学生感到这些语义密度较高而语义引力较低的词汇确实与自己的生活息息相关。以语法教学为例,教师需要通过详细展示相关语言成分之间的关系,通过具体时空情境及生活体验对抽象概念进行解构(见图 8-7)。教师要能在这个过程中结合日常生活体验为学生引入话语角度,让学生在一个概念范畴下进行自身生活体验的交换,并且在完成了概念的解构后,要进一步让学生进行总结提升,建构出属于自己的理解。教师话语应起到引导学生由浅及深地进行新意义的阐释以及新知识的建构的作用,将重点放在澄清因果逻辑关系与构建概念与实例的联系之上,而非单纯对概念"是什么"进行描述(Fairclough,2003)。

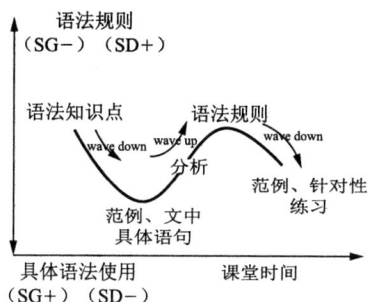

图 8-7 教师课堂话语语义波片段可能性模式

如果进一步将目光放在整体课堂教学之中的话,教师应通过课堂话语将上行波与下行波有机结合,在对知识进行传递的同时,引导学生进行不停地解构与重构,形成一个又一个的语义波。所有的语义波在认识层面不断地组合进一步形成一种堆栈式的语义波集群(见图 8-8)。

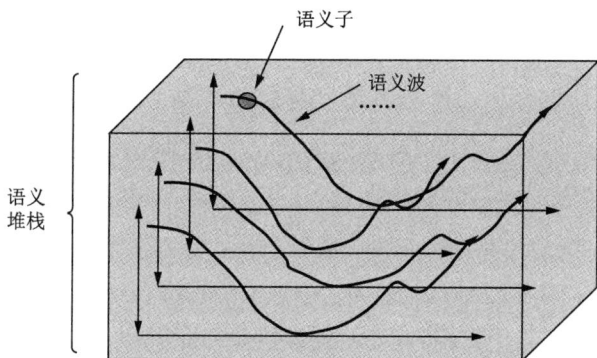

图 8-8 教师课堂话语语义堆栈

如图 8-8 所示,教师针对不同知识所做出的诠释形成一段又一段的语义波,这些语义波中包含了不同类型知识的解构与建构并完成知识建构,最终所有的知识建构在认知层面累积在一起,形成一个立体的课堂话语语义堆栈体系。在这个体系中,教师具体的话语作为语义子以一维方式存在;话语所产生的语义密度和语义引力的变化关联上时间线性形成二维的语义波;而所有语义波片段最终传递给学生在其认知层面进行三维立体结合。

为方便理解,我们可将图8-8中语义堆栈所有片段语义波汇总后再度以时间维度进行约束,表征为二维尺度;加上可能性的课堂话语设计,形成教师课堂整体性话语语义波可能性模式如下(见图8-9)。

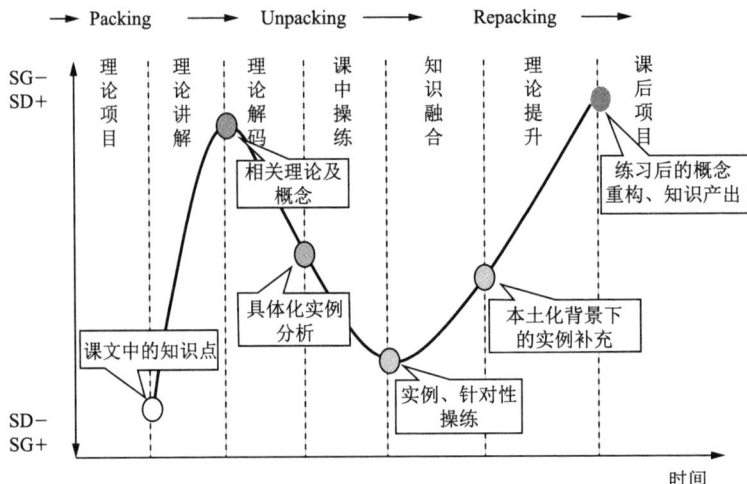

图8-9 教师课堂话语语义波整体性可能性模式

教师课堂话语在不同教学阶段形成阶段性语义波,最终汇总为一个整体后,在时间维度下表征出一个整体性的语义波行进模式。本研究认为,从整体上看,教师针对课堂话语的整体性设计应分为课前、课中、课后三大部分,这三大部分又以不同教学活动所承载的项目组织、理论讲解、具体操练、知识融合、理论提升等具体话语实践形式组成。在这些话语实践中,教师根据现实教学处境对课文中的知识点进行梳理呈现,关联抽象理论及概念并借助具体化的实例分析对其进行解构,再借针对性的实际练习以及本土化语境信息对概念进行重构。教师在这个过程中借助自己的话语对知识进行"打包—解包—再打包",最终完成知识的累积与建构。

不得不加以重视的是,教师课堂教学信念与实践之间存在脱节问题一直是教师教育有效开展的最大障碍(张莲,王艳,2014)。本研究数据也表明,教师自身的课堂话语信念与实践也存在较大差异。单纯以理论输入为基础实现教师学习和发展的思路与做法在现实中存在很大困难(Zhou,2011;袁燕华,2013)。教师应积极借助互联网技术与移动技术,寻求并参与到多维度、多层次的语言教学及研究共同体(包括网络共同体)之中,以获取更多与教师学习及教师发展相关的资源。个体社会资本的数量和质量对个体的发展具有重要影响,而社会资本的来源主要就是看其所属群体的数量和属性(Bourdieu,2008;Coleman,1988;Putnam,1986;Wenger,McDermott & Snyder,2002)。通过在教师学习共同体中与他人交流,教师可以将所学习到的理论进行情景化解构和重构,弥合理论与实践间的鸿沟(Rymes,2009),进而提升自己的课堂话语及语言教学能力。同时,共同体中的学习除了可以促进教师对课堂话语与外语教学之间关系的认识,加强其专业基本素质之外,还可以在一定程度上对教师的职业精神和专业态度进行提升。教师的职业精神和专业态度是其组织、建构有效外语课堂话语的重要因素之一,为其课堂话语的有效创设及其课堂话语能力的良性发展提供基础,使其在反思的主动性、能力发展以及专业基本素质上获得提升(张莲,2016)。

8.4.2　处境层面

本研究数据显示,影响教师课堂话语信念与实践的因素是一个复杂系统,一直与周围环境产生交互作用,具有一定的开放性特征。前文已有提及,处境因素主要包括教师所处的具体校园文化、人际关系、院校级的政策与规则等,对于教师的教学与发展有着深厚的影响(Deal & Peterson,1998;Fullan,2001;Griffin,1995;Talbert & McLaughlin,1994;Hargreaves,1994;Jarzabkowski,2002;Wideen,1994)。协作性的校园文化是促进教师发展的必要条件(Hart,1994;Talbert & McLaughlin,1994;York-Barr & Duke,2002)。教师通过切实所处的教学环境吸纳各种教学资源及教学理念,最终整合到自己的课堂教学中,对其课堂话语产生重要影响。

教师课堂话语的发展不单纯停留在个体认知层面,其课堂话语的产生与变化与其所处的具体处境息息相关。社会文化传统认为语言是一种社会建构,情境会影响个体的话语信念与实践(Vygotsky,1978;Lantolf,2006),教师话语信念与实践的变化发生在教师社会参与的过程中。有利于外语教师课堂话语发展的院校环境,体现在与外语相关的教学及科研设施的完善,对外语教学及科研活动的科学高效的管理,对外语教学与科研的支持,对外语教学及科研系统科学的评价,完善的外语教师发展与提升通道以及完善的奖惩机制等方面。院校处于教师社会网络中的重要节点,与周围的群体、社区、社会、文化乃至政治、经济存在密切互动,这些互动过程会影响教师话语能力的发展。有利于教师进行教学科研及学生进行语言学习的大环境,是教师课堂话语能力发展的重要影响因素。院校层面应建立英语学习、教学及科研支持网,全方位保障大学英语教学。具体可以体现在积极开展教学科研活动,引进专家智库,常年开设讲座与工作坊,与国内外优秀大学共建基于互联网及移动技术的教师学习项目,鼓励外语教师参与科研、攻读学位以及在教学评价与职称评聘上适当予以倾斜支持等方面。院校层面应借助教学改革,逐渐更新部分陈旧的教学观念。具体体现为鼓励教师以教学促科研,以科研反哺教学,将最新学科理论、教学方法及教育技术应用在大学英语课堂教学之中;鼓励教师利用移动技术辅助进行教学及教学管理,形成教师之间、师生之间线上线下多维互动,拓宽教师交流的领域和空间,提升教师自主学习和积极参与教学科研活动的主观能动性。此外,院校还应对自身资源进行整合,以学科教研为载体,以培养和提高教师的教学实践能力和科研能力为目标,将学科教研与师资培训有机结合起来,建立起全体行政人员共同参与、密切配合的教研网络。院校要促进具有高级职称及丰富教学经验的教师与年轻教师的思想交流,提倡同事间互助互动。具有连贯性、实践性及合作性的共同体学习相较于传统的自上而下、一次性、碎片化和断裂式的教师发展培训,更能满足教师专业发展的长期性、系统性等要求(孙钦美,郑新民,2015)。通过集体教学科研活动、互相听课评课等形式,持不同课堂话语信念的教师能够彼此增进了解、促进反思,最终达到共学、互补、共进的良好发展局面。

8.4.3 宏观层面

在宏观层面,教师课堂话语能力的发展需要国家与社会的支持。我国的教学改革往往是以自上而下的形式开展,任何教学上的大规模、深层次改变都离不开国家政策及社会导向的支持。国家及社会层面对大学英语教师课堂话语的影响相对来说是隐性的,但在一定程度上是最深层及最有力的。从本研究的数据也可以看出,国家相关语言教育政策、社会意识形态以及技术背景等的确影响着教师的课堂话语信念与实践。

《大学英语课程教学要求》指出,"大学英语课程不仅是一门语言基础课程,也是拓宽知识、了解世界文化的素质教育课程,兼有工具性和人文性"(教育部高等教育司,2007)。一方面,大学英语教学应致力于夯实学生的英语语言知识基础,培养学生的英语语用能力。另一方面,我国语言教育政策制定机构及部门应充分认识到过分强调语言的工具性及专业性会带来大学英语过度专业英语化和较严重的功利主义倾向等弊端。应将通识教育纳入大学英语教学理念之中,实施以贯通文理学科、实现通识教育、重视学生人文素养培养等为主要目标及内容的大学英语教育。大学英语教学以英语作为媒介与手段,以语言能力提升为基础要求,以提升学生作为世界公民所需的语言素质为最终目的,关注知识的全面性和普遍性,以全人教育思想整体提升学生的人文及科学素养。为此,应将大学英语建设成系列课程,而非当下作为单独一门课而存在。从文化、历史、文学等方面进一步扩充大学英语教学内容,形成由三至四门课共同组成的课程群,实现大学英语对学生语言技能、跨文化交际能力及人文素养的共同提升。

同时,国家应加强外语教师教育,从政策层面扶持外语教师发展。新时代科学技术及学术成果更新速度成迅猛发展之势。要想让学生在学校内学到的知识不至于在毕业后就"过时",首先得确保教师在知识、技能、能力及素养方面时刻走在潮头。国家应从政策层面为教师构建出良好的教学及科研发展途径,为外语教育研究提供尽可能多的科研平台及资金支持;联动企业、高校、科研院所,共同有效为教师提供教师学习与发展的场域;并借助互联网及移动技术,开发教师学习软件、建构教师网络学习社区,多层面、多维度促进教师学习。高校层面的教师教育应同高等教育产生对位与联动,避免高等教育改革如火如荼而相应的教师教育冷冷清清的现象。既然英语教育起到学习文化、认识世界、培养心智的作用(许国璋,1991),在进行语言训练的同时,追求智力发展的最终目标(Stern,1999:84),那么英语教师教育也理应如此。教师教育同样要以语言综合应用能力与教师知识的不断提升与精进为基础,推广全师教育,不断在个人品质、交流能力、文化内涵、能动特性、自我效能、课堂领导力、测评素养、科研素养以及技术素养等方面对教师进行提升,加强教师渴望自我发展的意愿与独立诠释及产出知识的能力。

此外,从事一线教学的教师最了解课堂中所出现的状况和问题,应在完成自己教学任务的同时,积极参与大学英语教学的研究工作,积极以各种科研成果形式向相关部门献计献策以进一步凸显一线教师的能动性,驱动国家及社会层面为语言教学及研究提供相应的关注与支持。

8.5　本章小结

本研究在本章中对三位研究对象的课堂话语信念、设计与实践进行了进一步对比,提炼出了语义波视角下三位研究对象的课堂话语特征,厘清了教师根据一系列具体情况对其课堂话语做出的决策和调整,并进一步提出了影响教师课堂话语信念与实践的三个主要因素。这三个因素不仅以不同方式及程度影响着三位研究对象,它们彼此之间也存在互动,并最终受到社会文化背景的影响构成一个复杂系统。本研究对这些主要因素进行了较为深入的探索,以了解它们如何在特定的情境下相互作用、产生冲突并最终达成协调;并根据研究结果及讨论,就语义波视域下的英语优质课堂教学及教师课堂话语促进提出了建议。

第九章

结　论

9.1　引言

本章对研究进行整体总结。9.2 节对本研究的研究问题进行回答,并以此对本研究的研究发现进行总述;9.3 节对本研究在理论与实践层面的主要理论贡献进行阐述;9.4 节从外语教师个人课堂话语能力建构、中观处境改善、宏观背景处境、教师话语及教法的印刻与石化以及教师话语信念与实践的发展方面对本研究的启示进行详述;最后在 9.5 节中对本研究的局限性进行说明,并对未来研究提出进一步展望与建议。

9.2　主要研究发现

本研究以质性案例探究的方式对云南省某大学的三名英语教师进行为期一年的调查,运用多种数据采集方法,揭示了教师课堂话语信念与实践的形成、协商方式及影响因素。本节将主要对本研究所提出的研究问题进行回答。这些问题围绕着教师课堂话语信念、课堂话语设计、课堂话语实践及其影响因素而展开。为了回答研究问题,本研究通过观察教师的教学组织、教学活动、话语行为、教师角色、学生互动及相关文本材料,对三位教师的课堂话语实践进行了考察。通过对教师个人生活经历、个人学习经历、个人教学经历、教学观念、所经历的教师教育、教师改变以及其所处的具体教学情境与外部宏观环境等方面的调查,对教师的课堂话语信念进行了分析。本研究第三章中的理论框架将教师课堂话语分为课堂话语信念、课堂话语设计与课堂话语实践三个层次,研究的最终结果表明,研究对象的课堂话语包含这三个层次,并呈现出非常动态和复杂的特征。研究问题将在下文中逐一进行回答。

研究问题1:语义波视角下大学英语教师精读课中的教师话语呈现出怎样的特征?

在具体实施课堂话语行为时,教师用不同的话语设计来承载其课堂话语实践,他们不断与环境进行协商,并使话语设计适应实际教学情况。第五章、第六章、第七章从语义波的视角对这些教师课堂话语实践的主要特点进行了呈现,第八章对其进行了讨论和分析,总结如下。

在实际课堂教学中,教师会采用语法及翻译讲解的形式来处理教学中出现的语法及语言点,此部分话语呈现出"理论梳理—方法阐述—例句呈现"模式,以讲解、翻译、提问、诠释的话语行为为主;也有教师采用"主题引导(内容)—脉络梳理(支架)—诠释总结"的模式,以提问、补充、诠释及追问等话语行为加强对课文内容的诠释;或是采取"主题引导—补充诠释—情感交流"以及"例子引导—分析归纳—概念陈述—规则诠释—例子补充"的双重模式,将教师主导的讲解与以学生为主的任务型活动结合。教师主要呈现出诠释、归纳、演绎、提问、补充、追问、评价、情感交流、经验交换等课堂话语行为。教师课堂话语实践的步骤安排主要遵循课本的内容编排顺序分别进行,教材对教师话语实践的影响较大;但教师也会根据具体情况及学生需求,删减或增加内容。教师通过听写、课堂练习、小组练习/讨论、提问、背诵、复述等教学活动让学生参与到学习过程之中并对其进行观测与评价。教师的课堂话语起到资源提供、知识传递、课堂控制、课堂组织、记忆激活、提供反馈、协助、评价、课堂管理决策等作用。三位教师中有两位教师将英语作为主要的教学语言,但在必要时也将汉语作为教学语言使用;汉语多被用来诠释较难的知识点,或是与英语进行比较。

其课堂话语实践存在的主要差异在于,与韩老师相比,杨老师的课堂话语所呈现出的语义波波动幅度较大且同时具有连续性特征。而韩老师及吴老师的课堂话语所呈现出的语义波由于教学模块的设置或是知识点的分割而形成离散的波,相对不具有连续性,互相之间关联不大。不同的波在课堂上以阶段性形式按时间线性展开,表征出不同的知识建构与累积形式。对比三位研究对象的语义波图,可以总结其课堂话语语义波发展特征如下(见表9-1)。

表9-1 语义波视域下研究对象课堂话语特征

研究对象	阶段性语义波特征	关注重点	语义波发展模式	课堂话语功能
韩老师	理论引领、分析讲解,自上而下解构知识	以解构运用为中心	模进式	关注概念
杨老师	文本内容引领、以例带练,解构建构并存	以建构提升为中心	递进式	关注语篇
吴老师	双重特性:体验引领、任务导向,情感驱动产出;理论引领、分析讲解,自上而下解构知识	以共情输出为中心	跃进式	关注人际

三位教师课堂话语整体语义波如图9-1所示。

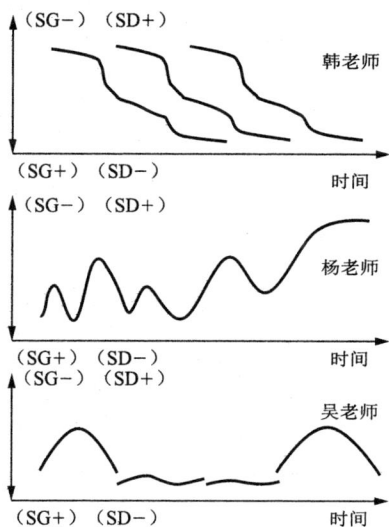

图9-1 三位研究对象语义波图汇总

韩老师的课堂话语注重概念解释,语义波行进模式为模进式。其课堂充分

267

关注教学内容,注重理论阐释,话语语义波片段间组织结构形式高度类似,且在从一段语义波过渡到另一段语义波时,没有体现出很高的相关性。构成其课堂话语的语义波沿袭着类似的波形(语义引力、语义密度变化形式)以及波幅(语义引力、语义密度变化程度)按课堂的时间线性规律性展开,下一段话语的语义波是上一段语义波形式上的重复。而杨老师注重概念归纳提升,语义波行进模式为递进式。杨老师的课堂同样充分关注教学内容,但不同的是他更注重文本解读,课堂话语高度围绕课文内容。虽然他的课堂话语语义波片段间组织结构形式也有一定类似,但其课堂教学设计模块区分不明显,教师课堂话语语义波在过渡中与语篇之间的联系以及语篇内容的发展紧紧相连,下一段语义波在一定程度上依赖上一段语义波所传递与累积的知识与信息。吴老师的课堂话语呈现出双重模式,不同语义波片段以跃进的方式随着时间的推移而不断呈现。吴老师将整个单元的学习分成明显的教学模块,在部分教学模块中,吴老师坚持自己原本的信念,关注语言的具体使用以及语言所承载的文化内涵,注重情感交流与人际交互,以学生为中心采用任务的方式提升学生的语言使用能力与逻辑思维能力;但在部分教学模块,又受其他因素影响而进行了调整,关注语言点,以教师为中心单纯采用讲述的方式对学生进行知识传递。吴老师的课堂话语具有明显的尝试性倾向,不同语义波片段以跃进方式呈现。

总之,教师课堂话语语义波以阶段性形式按时间线性展开并不断发展。教师的课堂话语根据功能的不同,产生了不同的话语范围、话语基调及话语方式。这也就最终导致片段性的语义波不仅本身具有一定特性差异,在其互相联结发展的时候,也呈现出不同的行进模式。结合进一步的访谈数据,本研究总结三位研究对象在教师课堂话语在信念层面有着以下三种特点。

表 9-2　三位研究对象的课堂话语信念特点

研究对象	课堂话语信念特点	描述
韩老师	固守求变型	重视语法教学,重视语言成分的准确性;读写能力是发展听说能力的基础;英语的知识体系是自上而下的系统;教师在教学中应具有权威性和主导性;教学要符合考试要求以应对现实状况;教师的教学风格可以有一定的转变

续表

研究对象	课堂话语信念特点	描述
杨老师	协调融合型	认为语言最重要的属性是信息和意义传递,语言结构为信息传递的表征形式;重视对语言意义的理解,强调从中建构提升理论;归纳能力是演绎能力的基础;英语的知识体系是离散的意义集合;教师在教学中提供引导和帮助;不固定教学风格,以实验性教学助推对教学的理解
吴老师	创新发展型	认为语言最重要的属性是交流属性,情感上的共通与共鸣是交流的前提,也是学习语言的原动力;重视培养学生的学习兴趣,强调以兴趣驱动学生自主学习,从体验中产出语言;师生关系是课堂得以有效进行的重要前提;教师应在教学中带学生体验语言所承载的感受,感受文本所描述的空间;共情能力是文本理解的重要因素;教学计划受外在因素影响较大,尚在发展完善之中

研究问题 2:大学英语教师精读课的教师课堂话语主要受哪些因素影响?

本研究发现,外语教师的课堂话语实践是外语教师的语言观、教学观以及语言教学观在话语层面的直观反映。社会环境是教师认知能力发展的源泉(Vygotsky,1978;Lantolf,2006),教师的语言观、教学观以及语言教学观通过认知活动与社会及物质环境互动而得到发展,是一个逐渐内化而形成相对稳定的认知结构与态度体系的过程(Vygotsky,1978)。

三位研究对象课堂话语实践呈现出复杂和动态的特征,从语言层面对教师的个人教法以及教师信念进行表征。教师的话语实践受到其话语信念的影响,而教师话语信念与实践作为一个整体又在很大程度上受到个人因素、处境因素及宏观因素的影响。研究结果表明,教师课堂话语是复杂的、动态的、不断发展的。教师的课堂话语信念指导着教师对其课堂话语进行设计,并通过教学设计得以呈现。研究数据显示,三位研究对象进行课堂话语实践时,均在不同程度上对课程的知识传递目标及累积建构有一定预期,其预期及设计原则或来自国家标准,或受到标准化考试影响,或源于自身的学习与教学经验。教师针对此种预期对承载教师课堂话语的个人教法进行不断调整,以努力完成与内在信念统一的同时适应外部环境的需求。三位研究对象在自己的教学环境中也面临着许多不可预见的问题及一系列挑战,导致了其课堂话语在信念、设计与实践层面的冲突,其课堂话语主要受到教学规定、同事教学风格、学校文化、教育技术、教学资源、学生的学习能力和态度、社会期许、自身身份认同、个人教学能力、个人教师知识等多方面因素影响。他们一方面持开放态度,与个人、处境及宏观因素不断进行协商,对自己的课堂话语进行调整;另一方面,又因为自身固有的观念或是现实情况而在改变上存在一定的困难。

9.3　研究贡献

本研究的主要贡献包括理论与路径层面、视角与工具层面以及方法与结论方面。首先,本研究沿着前人从教学理论到教学法再到教师个人教法的探索路径,进一步将针对教师的研究细化到课堂教学话语层面。从更为微观的视角出发探索教学、教师与社会的互动关系,以语言为本位对外语教学及外语教师发展进行探索。其次,从合法化语码理论中的语义波角度探讨课堂话语是一个相对较新的前沿,本研究从语义波对教师课堂话语实践进行分析是对其理论在应用层面的进一步发展。再次,本研究结合多种话语分析方式,从社会文化理论出发,深度挖掘了教师课堂话语所呈现出的话语设计与话语信念,探索了其背后的社会文化影响因素,并尝试性提出了语义波视角下大学英语教学及大学英语教师发展的促进模式,及个人因素、处境因素及宏观因素三维影响框架;从辩证和批判的角度审视教师课堂话语这一动态实体,使教师教育工作者以及教育管理者能够从语言的角度更好地理解课堂教学,并为教师发展提供更好的理解、支持与帮助,为课程改革及课程规划提供相关参考。

尽管有研究致力于教师话语或课堂话语,但目前少有研究对教师课堂话语的信念与实践之间的关系进行探究,针对教师信念与实践的相关研究又相对忽视实际的课堂教学实景。以往的教师话语相关研究都致力于对教师的话语实践性行为进行探索,数据的收集、标注及分析方案相对单一,不利于全方位透彻地描述、解读课堂话语与教师认知之间的关系,在帮助教师形成有效教学反思和学习方面有所不足(Korthagen & Kessels, 1999)。本研究通过对文献的梳理,归纳出教师课堂话语实践、教师课堂话语设计、教师课堂话语信念的相互影响架构,并以社会文化理论为基础建构起其动态的影响因素模型,以此形成一个完整的概念框架。在概念框架的指导下,笔者进行了数据的收集与分析以及对研究结果的讨论,并最终根据研究结果建立起比之前的尝试性概念框架更加具体化与情境化的一个理论模型。该模型列出了教师课堂话语的三个层面以及三大影响因素,呈现了教师课堂话语信念与实践的关系,展示了教师如何通过其洞察力、反思与积极的行动贯彻其课堂话语实践,揭示了教师个体在课堂话语实践过程中与其所处的具体处境以及外部宏观环境的复杂互动。

　　本研究采用多种数据收集渠道与方法,以更好地对上述问题的动态性与复杂性进行了解分析,并同时形成三角验证。本研究以访谈、观察、问卷、焦点小组及文本数据为主,采用多重数据标注与分析方式,结合多种理论方法对所收集到的数据进行标注与分析,在教师话语研究方法层面做出了有益尝试。本研究以教师课堂话语下的整体教学流程及教学材料为语境,以教师课堂话语下的教学活动为语场,以教师课堂话语下的教师角色为语旨,以课堂话语的组织形式及作用为语式,对教师课堂话语的转写数据及课堂观察记录数据进行标记、归类、综合,总结出教师课堂话语所显示出的教师个人教法特征,分析出教师课堂话语的主要内容特征及关注点;并在此基础上,以语义波理论为全新视角对教师话语进行描述与分析,在前人研究的基础上进一步关注教师课堂话语中的语义变化及语用,探索其意义传递及知识累积建构的过程;通过对教师课堂话语中语义密度与语义引力的变化,呈现出教师课堂话语在课堂教学情景下的语义波变化特征,从更深层次呈现出了教师课堂话语的组织形式及作用,总结出了教师课堂话语所遵循的模式。此外,本研究不仅探究教师的课堂话语实践,更通过深度访谈及文本数据的收集与分析,对其所持的课堂话语信念进行探索,以确定其话语信念与实践之间的潜在差异与矛盾,探索它们在此基础上所进行的协调与变化,分析其信念与实践之间的动态关系。

　　在第二章与第三章中已有论述,从合法化语码理论的语义波角度探讨课堂话语是一个相对较新的前沿,当下借用语义波理论所进行的外语教学研究有着较大的补充空间。对教师的课堂话语进行分析停留在简单的举例,没有课堂观察数据及语料支撑;教师课堂话语研究停留在传统的交互分析路径(Flanders,

1960,1970; Moskowitz,1971; Fanslow et a1.,1977; Bellack et al.,1966)、话语分析路径(Seedhouse,2004)、批评话语分析路径(Halliday,1978,1994)以及多模态话语分析路径(Kress & Van Leeuwen,2001),仅对话语本身的结构与性质进行探究,鲜有研究从社会文化理论和 Vygotsky(1978)的语言作为一种文化和心理工具的理念出发,深度探讨教师话语所呈现出的教育教学设计、话语实施过程及话语背后的社会文化影响因素。本研究通过建立在文献基础上的初步概念框架,利用多种数据来源和发现所提出的尝试性理论模型及可能建议对上述研究空白进行了填补。本研究采用多重质性个案研究的方式对三位大学英语教师在其精读课上的课堂话语实践、设计与信念进行了全面探索与分析,系统地探讨了影响及塑造教师课堂话语信念与实践的各种因素及其之间的复杂关系,初步提出了语义波视角下大学英语教学及高校英语教师发展促进模式。研究最终所提出的理论框架从不同的角度探讨和考察中国高校英语教师课堂话语的成因、特质和影响因素,尝试性地为教师课堂话语提供了个人因素、处境因素及宏观因素的三维视角,从辩证和批判的角度审视教师课堂话语这一动态实体,增加了我们对复杂的教学话语行为的理解,使得教师教育工作者以及教育管理者能够更好地理解课堂教学,并为教师发展提供更好的理解、支持与帮助,也为未来的课程改革及课程规划提供相关参考。同时,本研究也有助于教师本身对自己的课堂话语及课堂教学行为进行内省,完善自身课堂话语以实现有效英语课堂教学。此外,本研究也是对外语教学研究中案例研究的进一步丰富,可为不同层次的教师、研究人员和教育工作者在开展相关研究时提供一定参考。

综上所述,本研究回应与巩固了以往关于教师课堂话语的研究,在对教师课堂话语的特点进行描述的基础上,分析了其话语的形成以及与环境之间的复杂互动,揭示了外语教师课堂话语的复杂性。如前人研究所述,教学法无法决定外语课堂的有效教学,情境才是最根本的影响因素(Bax,2003)。本研究揭示了教师课堂话语不断适应内外因素而进行改变的渐进过程,教师通过反思不断对自身课堂话语的设计与实践进行调整以实现不同的情境的要求。本研究基于研究对象的生活经历,勾勒出高校英语教师职业发展的框架,揭示了科研、教师学习社区与研究项目组等共同体以及社会文化背景对于大学英语教师发展的促进,强调了终身学习的重要性。

9.4 研究启示

基于高校英语教师课堂话语所体现出的语义波特征及复杂特性,本研究尝试性地从个人、处境以及宏观层面就促进语义波视域下的英语优质课堂教学提出相关建议如下。

9.4.1 外语教师个人课堂话语能力建构

教师个人及教师教育者应注重教师话语知识基础与话语能力的提升(张莲等,2014)。教师一方面要鼓励学生自主对意义与知识进行解构与建构,另一方面又要合理地识别学生的最近发展区,适时提供支架予以协助引导,完成知识传递。教师应结合学生的实际情况、教学材料,调整自身的话语的语义密度及语义引力。教师话语能力的提升与教师话语的微观细节高度相关,教师在课堂教学中所呈现的各种符号细节都具有一定的功能、语篇与人际潜势,各种潜势共同影响英语课堂教学的最终效果。这就要求教师需要能够对各种教学材料及现有文本进行有效课堂话语转化,懂得利用线上线下多渠道资源充实自身课堂话语。教师话语应呈现出一定的多模态特征,借助听觉、视觉、触觉等多种感觉,通过语言、图像、声音、动作等多种手段和符号资源进行呈现,并使多种模态话语协同配合以构建话语意义(朱永生,2007;张德禄,2015;朱金兰,陈新仁,2015)。

同时,教师在进行课堂教学时应做出去主观化的努力(Fairclough,2003);当教师进行阐释与论证时,所提供的论据应具有特定的语境,此类语境可以在一定程度上负载教师个人的生活经验与价值理解。教师应通过课堂话语设计,主观对课文中的知识、信息及事件在讲解顺序以及解析程度上进行区分。

此外,教师应注重相对更为平等的意义互动关系的构建。教师提问的开启与反馈形式及内容都影响学生的知识累积与意义建构。教师应多设计开放性问题,以使学生在话语产出上获得更多自由,在参与对话以及建构意义上也获得更大能动性(Long & Sato,1983);细化话语组织,让学生能进一步深化思考

（Cullen，2002）。教师应通过多元的教学活动及任务，进行课堂话语规划与管理，让背景不同、性格各异的学生找到适合自己的表达空间。应避免教师自己或学业水平较高、语言表达能力较强的学生在课堂活动中占据主导地位，垄断话语空间。

教师应当加强自身语义波的建构发展能力。教师在课堂上对任何事物所进行的意义阐释与价值判定都关系到人类所共有的认知背景，教师课堂话语包含着对已存在的知识、逻辑与价值进行情境化阐释与具体化适用，会经历由抽象到具体、由复杂到简单的意义转换，用于描述事物及价值的话语在语义密度及语义引力上也相应发生着变化。教师话语内容经由语义密度与语义引力的变化，产生语义波，发生具体与抽象的转换。将人类知识库中更为成熟与稳定的理论与价值观进行具象化、离散化及实例化的解构，转换为日常生活经验中非结构化的信息；同时又将日常生活经验中非结构化的信息进行抽象化、系统化和理论化的凝练，与人类知识库中更为成熟与稳定的理论与价值观形成呼应。在这个过程中，教师能否构建出合理的语义波，使抽象的概念得以生动展开，让具体的体验提升为理性概念与价值，是教师课堂话语能力提升所面临的重要挑战。学生能否借助教师话语在抽象与具体之间建立联系、自由来回，很大程度上取决于教师的课堂话语语义波变化模式。教师需要借助自己的话语，使学生感到语义密度较高而语义引力较低的概念确实与自己的生活息息相关；要结合日常生活体验为学生引入话语角度，让学生在一个概念范畴下进行自身生活体验的交换；而在完成了概念的解构后，要进一步让学生进行总结提升，建构出属于自己的理解。教师话语应起到引导学生由浅及深的进行新意义的阐释以及新知识的建构的作用，将重点放在澄清因果逻辑关系与构建概念与实例的联系之上。在此基础上，教师应通过课堂话语将多种类型的语义波有机结合，在对知识进行传递的同时，引导学生进行不停地解构与重构。所有的语义波在认识层面不断地组合进一步形成一种堆栈式的语义波集群（见图9-2）。

如图9-2所示，教师针对不同知识所做出的诠释形成一段又一段的语义波，这些语义波中包含了不同类型知识的解构与建构并完成知识建构，最终所有的知识建构在认知层面累积在一起，形成一个立体的课堂话语语义堆栈体系。在这个体系中，教师具体的话语作为语义子以一维方式存在；话语所产生的语义

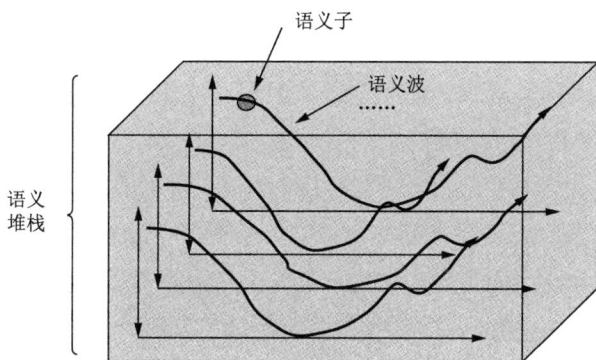

图 9-2 教师课堂话语语义堆栈

密度和语义引力的变化关联上时间线性形成二维的语义波;而所有语义波片段最终传递给学生在其认知层面进行三维立体结合。

本研究建议,教师针对课堂话语的整体性设计应分为课前、课中、课后三大部分,这三大部分又以不同教学活动所承载的项目组织、理论讲解、具体操练、知识融合、理论提升等具体话语实践形式组成。在这些话语实践中,教师根据现实教学处境对课文中的知识点进行梳理呈现,关联抽象理论及概念并借助具体化的实例分析对其进行解构,再借针对性的实际练习以及本土化语境信息对概念进行重构。教师在这个过程中借助自己的话语对知识进行"打包—解包—再打包",最终完成知识的累积与建构。教师课堂话语在不同教学阶段形成阶段性语义波,最终汇总为一个整体后,在时间维度下可表征出一个整体的可能语义波行进模式,如图9-3所示。

另外,教师还应积极借助互联网技术与移动技术,寻求并参与到多维度、多层次的语言教学及研究共同体(包括网络共同体)之中,以获取更多与教师学习及教师发展相关的资源。通过在教师学习共同体中与他人的交流,教师可将所学习到的理论进行情景化解构和重构,弥合理论与实践间的鸿沟(Rymes,2009),进而提升自己的课堂话语及教学能力。共同体中的学习除了可以促进教师对课堂话语与外语教学之间关系的认识,加强其专业基本素质之外,也可以在一定程度上对教师的职业精神和专业态度进行提升。教师的职业精神和专业态度是其组织、建构有效外语课堂话语的重要因素之一,为其课堂话语的有效创设及其课堂话语能力的良性发展提供基础,使其在反思的主动性、能力

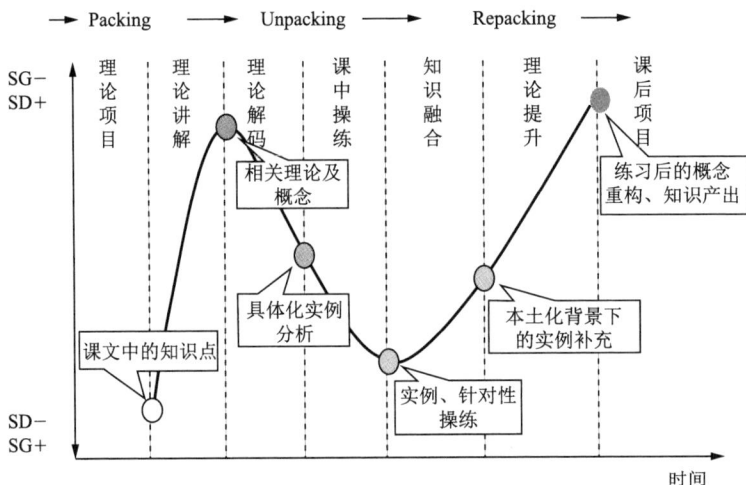

图 9-3　教师课堂话语语义波整体性可能性模式

发展以及专业基本素质上获得提升(张莲,2016)。

9.4.2　外语教师发展中观处境改善

影响教师课堂话语信念与实践的因素是一个复杂系统,一直与周围环境产生交互作用,具有一定的开放性特征。其中包括教师所处的具体校园文化、人际关系、院校级的政策与规则等中观处境因素,对于教师的教学与发展有着深厚的影响(Deal & Peterson,1998;Fullan,2001;Griffin,1995;Talbert & McLaughlin,1994;Hargreaves,1994;Jarzabkowski,2002;Wideen,1994)。 协作性的校园文化是促进教师发展的必要条件(Hart,1994;Talbert & McLaughlin,1994;York-Barr & Duke,2002)。教师通过切实所处的教学环境吸纳各种教学资源及教学理念,最终整合到自己的课堂教学中,对其课堂话语产生重要影响。

有利于外语教师课堂话语发展的院校环境,体现在与外语相关的教学及科研设施的完善,对外语教学及科研活动的科学高效的管理,对外语教学与科研的支持,对外语教学及科研系统科学的评价,完善的外语教师发展与提升通道以及完善的奖惩机制等方面。院校处于教师社会网络中的重要节点,与周围的群体、社区、社会、文化乃至政治、经济存在密切互动,这些互动过程会影响教师话语能力的发展。有利于教师进行教学科研及学生进行语言学习的大环境,是教师课堂话语能力发展的重要影响因素。院校层面应建立英语学习、教学及科研支持网,全方位保障英语教学。具体可以体现在积极开展教学科研活动,引进专家智库,常年开设讲座与工作坊,与国内外优秀大学共建基于互联网及移动技术的教师学习项目,鼓励外语教师参与科研、攻读学位以及在教学评价与职称评聘上适当予以倾斜支持等方面。院校可借助教学改革,逐渐更新部分陈旧的教学观念。鼓励教师以教学促科研,以科研反哺教学,将最新学科理论、教学方法及教育技术应用在大学英语课堂教学之中;鼓励教师利用移动技术辅助进行教学及教学管理,形成教师之间、师生之间线上线下多维互动,拓宽教师交流的领域和空间,提升教师自主学习和积极参与教学科研活动的主观能动性。

此外,院校还应对自身资源进行整合,以学科教研为载体,以培养和提高教师的教学实践能力和科研能力为目标,将学科教研与师资培训有机结合起来,建立起全体行政人员共同参与、密切配合的教研网络。院校应促进具有高级职称及丰富教学经验的教师与年轻教师的思想交流,提倡同事间互助互动。具有连贯性、实践性及合作性的共同体学习相较于传统的自上而下、一次性、碎片化和断裂式的教师发展培训,更能满足教师专业发展的长期性、系统性等要求(孙钦美,郑新民,2015)。通过集体教学科研活动、互相听课评课等形式,持不同课堂话语信念的教师能够彼此增进了解、促进反思,最终达到共学、互补、共进的良好发展局面。

9.4.3 外语教师发展宏观背景促进

教师个人课堂话语能力与其所处中观处境的发展与改善都离不开国家与社会在宏观层面的支持。国家及社会层面对高校英语教师课堂话语的影响相对来说是隐性的,但在一定程度上是最深层及最有力的。一方面,大学英语教学应致力于夯实学生的英语语言知识基础,培养学生的英语语用能力。另一方面,我国语言教育政策制定机构及部门应充分认识到过分强调语言的工具性及专业性会带来大学英语过度专业英语化和较严重的功利主义倾向等弊端。应将通识教育纳入大学英语教学理念之中,实施以贯通文理学科、实现通识教育、重视学生人文素养培养等为主要目标及内容的大学英语教育。大学英语教学以英语作为媒介与手段,以语言能力提升为基础要求,以提升学生作为世界公民所需的语言素质为最终目的,关注知识的全面性和普遍性,以全人教育思想整体提升学生的人文及科学素养。为此,应将大学英语建设成系列课程,而非作为单独一门课而存在。从文化、历史、文学等方面进一步扩充大学英语教学内容,形成由三至四门课共同组成的课程群,实现大学英语对学生语言技能、跨文化交际能力及人文素养的共同提升。

同时,国家应加强外语教师教育,从宏观政策层面扶持外语教师发展。新时代科学技术及学术成果以更新速度迅猛发展。要想让学生在学校内学到的知识不至于在毕业后就"过时",首先得确保教师在知识、技能、能力及素养方面时刻走在潮头。国家应从政策层面为教师构建出良好的教学及科研发展途径,为外语教育研究提供尽可能多的科研平台及资金支持;联动企业、高校、科研院所,共同为教师提供有效教师学习与发展的场域;并借助互联网及移动技术,开发教师学习软件、建构教师网络学习社区,多层面、多维度促进教师学习。高校层面的教师教育应同高等教育产生对位与联动,避免高等教育改革如火如荼而相应的教师教育冷冷清清的现象。既然英语教育起到学习文化、认识世界、培养心智的作用(许国璋,1991),在进行语言训练的同时追求智力发展的最终目标(Stern,1999),那么英语教师教育也理应如此。教师教育同样要以语言综合应用能力与教师知识的不断提升与精进为基础,推广全师教育,不断在个人品质、交流能力、文化内涵、能动特性、自我效能、课堂领导力、测评素养、科研素养以及技术素养等方面对教师进行提升,加强教师渴望自我发展的意愿与独立诠释及产出知识的能力。

此外,从事一线教学的教师最了解课堂中所出现的状况和问题,应在完成自己教学任务的同时,积极参与英语教学的研究工作。以研促教,积极以各种科研成果形式向相关部门献计献策以进一步凸显一线教师的能动性,驱动国家及社会层面为语言教学及研究提供相应的关注与支持。

9.5 研究局限及未来研究建议

综上所述,本研究从语义波的角度深入探索并阐释了中国外语教师课堂话语的特征及影响维度。然而,由于笔者自身的研究倾向所导致的研究设计方面的取舍与斟酌,不可避免地存在一定的局限性。首先,本研究在有限时间内针对三位教师进行深度案例研究,三位教师的案例虽然从一定程度上体现出某种典型性及群体性特征,反映出某种社会现实;但囿于研究属性,本研究的研究结果可能无法充分体现、代表并解决所有英语教师复杂而具动态的课堂话语实践与信念问题。即使同一教师在同一环境下再次教授相同的课程,可能也不会采取完全相同的课堂话语设计。而对于不同的教师来说,他们更不会具有完全一样的课堂话语信念、设计与实践。具体的教学目标、教学材料及教学环境等因素,导致教师必然采取不同的方式进行话语实践。因此,对教师课堂话语信念与实践的特征及内涵进行更为广泛、彻底而深入的了解还需进行大量量化与质性研究相结合的探索,单个的研究(不论是量化还是质性研究),都只是管中窥豹。关于教师为什么以及如何进行课堂话语实践的许多问题仍然有待结合社会学、心理学以及认知科学的研究路径与成果进行进一步考证,针对不同学科、不同处境的教师课堂话语探究也显得十分重要。

其次,本研究以云南省某高校作为研究场地,很难全面反映中国教师课堂话语实践与信念的情况。中国幅员辽阔,各地区在地理、民族、经济、人口、文化、教育等方面存在着巨大的差异。不同的属地背景又或是不同地区的教学环境是否会带来不一样的课堂话语信念与实践值得进一步的探索。因此,未来研究可在沿海地区、偏远地区及少数民族自治区等极具地域特征的地点开展进一步的研究,以更广泛地对教师课堂话语信念与实践进行探索与诠释。

另外,本研究虽采用了多种数据收集与分析方法,以及多重数据标注与分析方式对教师课堂话语相关数据进行探索,但这些方法之间的弥合、协调、适切性和解释力还需更多研究进行进一步的检验与互证。同时,本研究所采取的理论视角中的部分理论尚处在发展阶段。如语义波理论主要从语义引力与语义密度对语篇意义识读及知识累积建构进行探究,将语义引力与语义密度的变化定义为语义波形成的关键,但没有相对客观的数值或尺度标准来对语义引力及语义密度进行更为精确的测量或界定,仅停留在主观分析的层面。这也导致了本研究的分析也不可避免地带有一定的主观特性,在未来研究中或许可以通过实证研究的进一步成果反哺该理论在此方面的不足。

参考文献

1. Abelson，R. P. Differences between belief and knowledge systems[J]. *Cognitive Science*，1979，*3*(4)：355-366.

2. Adamson，B. *China's English: A History of English in Chinese Education*[M]. Hong Kong：Hong Kong University Press，2004.

3. Adamson，B. & Davison，C. Innovation in English language teaching in Hong Kong primary schools：One step forward，two steps sideway? [J]. *Prospect*，2003，*18*(1)：27-41.

4. Ajzen，I. The theory of planned behavior[J]. *Organizational Behavior and Human Decision Processes*，1991，*50*(2)：179-211.

5. Allwright，R. The importance of interaction in classroom language teaching[J]. *Applied Linguistics*，1984，*5*(2)：156-171.

6. Allwright，D. & Bailey，K. M. *Focus on the Language Classroom: An Introduction to Classroom Research for Language Teachers*[M]. Cambridge：CUP，1991.

7. Amidon，E. & Hough，J. (Eds.). *Interaction Analysis: Theory，Research and Application*[M]. Reading，MA：Addison-Wesley，1967.

8. Anders，P. & Evans，K. Relationship between teachers' beliefs and their instructional practice in reading[C]// R. Garner & P. Alexander(Eds.). *Beliefs About Text and Instruction with Text*. Hillsdale：Lawrence Erlbaum Associates，Inc.，1994：137-153.

9. Anfara Jr，V. A. & Mertz，T. N. *Theoretical Framework in Qualitative Research*[M]. Thousand Oaks：Sage Publications，2006.

10. Aragao，R. Beliefs and emotions in foreign language learning[J]. *System*，2011，*39*(3)：302-313.

11. Auerbach，E. The politics of ESL classrooms：Issues of power in pedagogical

choices[C]// J. Tollefson (Ed.). *Power and Inequality in Language Education*. New York: Cambridge University Press, 1995: 9–33.

12. Austin, John L. *How to Do Things with Words*[M]. Clarendon: Oxford, 1962.

13. Bachman, L. *Fundamental Considerations in Language Testing*[M]. Oxford: Oxford University Press, 1990.

14. Bailey, K. M. et al. The language learners' autobiography: Examining the apprenticeship of observation[C]// D. Freeman & J. C. Richards (Eds.). *Teacher Learning in Language Teaching*. New York: Cambridge University Press, 1996: 11–29.

15. Bakhtin, M. *The Dialogic Imagination*[M]. Austin: University of Texas Press, 1981.

16. Bales, S. N. *Effective Language for Communicating Children's Issues*[M]. Washington: Coalition for America's Children with the Benton Foundation, 1999.

17. Ball-Rokeach, S. J., Rokeach, M. & Grube, J. W. *The Great American Values Test: Influencing Behavior and Belief Through Television*[M]. New York: The Free Press, 1984.

18. Bandura, A. *Social Foundations of Thought and Action*[M]. Englewood Cliffs: Prentice-Hal, 1986.

19. Bandura, A. *Self-efficacy: The Exercise of Control*[M]. New York: W. H. Freeman, 1997.

20. Bannink, A. & J. Van dam. A dynamic discourse approach to classroom research[J]. *Linguistics and Education*, 2006, *17*(3): 283–301.

21. Barnes, D. "Language in the secondary classroom" [C]// D. Barnes, J. Britton & M. Torbe (Eds.). *Language, The Learner and The School*. Harmondsworth: Penguin, 1969: 11–77.

22. Barnes, D. & Shemilt, D. Transmission and interpretation[J]. *Educational Review*, 1974(25): 213–228.

23. Barsalou, L. W. Perceptual symbol systems[J]. *Behavioral and Brain Sciences*, 1999(22): 577-660.

24. Barsalou, L. W. Grounded cognition[J]. *Annual Review of Psychology*, 2008(59): 617-645.

25. Basturkmen, H., East, M. & Bitchener, J. Supervisors' on-script feedback comments on drafts of dissertations: Socializing students into the academic discourse community[J]. *Teaching in Higher Education*, 2012(19): 432-445.

26. Bauersfeld, H. Research related to the mathematical learning process[C]// ICMI(Ed.). *New Trends in Mathematics Teaching. Volume IV.* Paris: UNESCO, 1979: 199-213.

27. Bean, T. & Zulich, J. Teaching students to learn from text: Preservice content teachers' changing view of their role through the window of student-professor dialogue journals[J]. *National Reading Conference Yearbook*, 1990(39): 171-178.

28. Bell, J. *Doing Your Research Project: A Guide for First-time Researchers in Education, Health and Social Science (4th ed)* [M]. Berkshire, England: Open University Press, 2005.

29. Bellack, A. A., and Davitz, J. R. *The Language of the Classroom: Meanings Communicated in High School Teaching*[D]. Unpublished PhD thesis, New York: Teachers College, Columbia University, 1963.

30. Bellack, A. A., Kliebard, H., Hyman, R. & Smith, F. L. *The Language of the Classroom*[M]. New York: Teachers College Press, 1966.

31. Bellalem, F. Foreign language teachers' beliefs about school in Algeria within a context of curriculum reforms[J]. *International Journal of Innovation and Scientific Research*, 2014, 7(2): 102-110.

32. Berman, P. & McLaughlin, M. *The Findings in Review(No. 158914HEW)* [R]. Rand Change Agent Study—Federal Programs Supporting Educational Change, 1975.

33. Bernstein, B. *Class, Codes and Control, Volume 1: Theoretical Studies Towards a Sociology of Language*[M]. London: Routledge & Kegan Paul, 1971.

34. Bernstein, B. Vertical and horizontal discourse: An essay[J]. *British Journal of Sociology of Education*, 1999, 2(20): 157-173.

35. Bernstein, R. J. *Beyond Objectivism and Relativism*[M]. Philadelphia: University of Pennsylvania Press, 1983.

36. Beyer, C. J. & Davis, E. A. Fostering second graders' scientific explanations: A beginning elementary teacher's knowledge, beliefs, and practice[J]. *Journal of the Learning Sciences*, 2008, *17*(3): 381-414.

37. Bialystok, E. A theoretical model of second language learning[J]. *Language Learning*, 1978, *28*(1): 69-83.

38. Birdwhistell, R. L. *Nonverbal Communication: A Research Guide and Bibliography*[M]. Lanham: The Scarecrow Press, 1977.

39. Blackie, M. A. L. Creating semantic waves: Using Legitimation Code Theory as a tool to aid the teaching of chemistry[J]. *Chemistry Education Research and Practice*, 2014(15): 462-469.

40. Bloomberg, L. D. & Volpe, M. *Completing Your Qualitative Dissertation: A Roadmap from Beginning to End*[M]. Thousand Oaks: Sage, 2012.

41. Bloome, D., Carter, S. P., Christian, B. M., Otto, S. & Shuart-Faris, N. *Discourse Analysis and the Study of Classroom Language and Literacy Events: A Microethnographic Perspective*[M]. Mahwah: Lawrence Erlbaum Associates, 2006.

42. Bloomfield, L. *Language*[M]. New York: Holt, 1933.

43. Bogdan, R. C. & Biklen, S. K. *Qualitative Research for Education (5th ed.)*[M]. Boston: Allyn and Bacon, 2007.

44. Borg, M. Teachers' beliefs[J]. *ELT Journal*, 2001, *55*(2): 186-187.

45. Borg, M. The apprenticeship of observation[J]. *ELT Journal*, 2004, *58*(3): 274-276.

46. Borg，S. Teacher cognition in language teaching: A review of research on what language teachers think， know， believe， and do[J]. *Language Teaching*, 2003, *36*(2): 81-109.

47. Borg，S. *Teacher Cognition and Language Education: Research and Practice*[M]. London: Continuum, 2006.

48. Borg，S. Research engagement in English language teaching[J]. *Teaching & Teacher Education*, 2007, *23*(5): 731-747.

49. Borg，S. The impact of in-service teacher education on language teachers' beliefs[J]. *System*, 2011(39): 370-380.

50. Borg，S. & Al-Busaidi，S. Teachers' beliefs and practices regarding learner autonomy[J]. *ELT Journal*, 2012, *66*(3): 283-292.

51. Borko，H. & Putnam，R. T. Learning to teach[C]// D. C. Berliner & R. C. Calfee(Eds.). *Handbook of Educational Psychology*. New York: Macmillan, 1996: 673-708.

52. Bourdieu，P. What makes a social class? On the theoretical and practical existence of groups[J]. *Berkeley Journal of Sociology*, 1987(22): 13.

53. Bourdieu，P. *In Other Words*[M]. Cambridge: Polity Press, 1990.

54. Bourdieu，P. *The Field of Cultural Production*[M]. New York: Columbia University Press, 1993.

55. Bourdieu，P. *The Forms of Capital: Readings in Economic Sociology*[M]. Oxford: Blackwell Publishing, 2008.

56. Breen，M. P.，Hird，B.，Milton，M.，Oliver，R. & Thwaite，A. Making sense of language teaching: Teachers' principles and classroom practices[J]. *Applied Linguistics*, 2001, *22*(4): 470-501.

57. Bronfenbrenner，U. Ecological systems theory[J]. *Annals of Child Development*, 1989(6): 187-249.

58. Brophy，J. & Good，T. L. Teacher behavior and student learning[C]// M. C. Wittrock(Ed.). *Handbook of Research on Teaching (3rd ed.)*. New York: Macmillan, 1986: 328-375.

59. Brousseau, B. A., Book, C. & Byers, J. L. Teacher beliefs and the cultures of teaching[J]. *Journal of Teacher Education*, 1988, *39*(6): 33-39.

60. Brown, A. V. Students' and teachers' perceptions of effective foreign language teaching: A comparison of ideals[J]. *The Modern Language Journal*, 2009, *93*(1): 46-60.

61. Brown, C. A. & Cooney, T. J. Research on teacher education: A philosophical orientation[J]. *Journal of Research and Development in Education*, 1982, *15*(4): 13-18.

62. Bryan, L. A. Research on science teachers' beliefs[C]// B. J. Fraser, K. Tobin & C. J. McRobbie(Eds.). *Second International Handbook of Science Education (Vol. 1).* Dordrecht: Springer, 2012: 477-495

63. Bryman, A. *Social Research Methods (5th ed.)* [M]. Oxford: Oxford University Press, 2015.

64. Burns, A. Teacher beliefs and their influence on classroom practice[J]. *Prospect*, 1992, *7*(3): 56-66.

65. Burns, A. *Collaborative Action Research for English Language Teachers*[M]. Cambridge: Cambridge University Press, 1999.

66. Busch, D. Pre-service teacher beliefs about language learning: The second language acquisition course as an agent for change[J]. *Language Teaching Research*, 2010, *14*(3): 318-337.

67. Cabaroglu, N. & Roberts, J. Development in student teachers' pre-existing beliefs during a 1-year PGCE programme[J]. *System*, 2000, *28*(3): 387-402.

68. Calderhead, J. *Teachers' Classroom Decision-making*[M]. London: Holt, Rinehart and Winston, 1984.

69. Calderhead, J. Teachers: Beliefs and knowledge[C]// D. C. Berliner & R. C. Calfee(Eds.). *Handbook of Educational Psychology.* New York: Simon & Schuster, 1996: 709-725.

70. Canagarajah, A. S. *Resisting Linguistic Imperialism in English Teaching*[M].

New York: Oxford University Press, 1999.

71. Candela, A. Students' power in classroom discourse[J]. *Linguistics and Education*, 1998, *10*(2): 139-163.

72. Cassel, R. N. & Johns, W. L. The critical characteristics of an effective teacher[J]. *NASSP Bulletin*, 1960, *44*(259): 119-124.

73. Cazden, C. *Child Language and Education*[M]. New York: Holt, Rinehart & Winston, 1972.

74. Cazden, C. *Classroom Discourse: The Learning of Teaching and Learning*[M]. 2nd ed. Portsmouth: Heinemann, 2001.

75. Cazden, C. B., John, V. P. & Hymes, D. (Eds.). *Functions of Language in the Classroom*[M]. New York: Teachers College Press, 1972.

76. Chaudhuri, S. Witches, activists, and bureaucrats: Navigating gatekeeping in qualitative research[J]. *International Journal of Sociology*, 2017, *47*(2): 131-145.

77. Chaudron, C. *Second Language Classrooms: Research on Teaching and Learning*[M]. Cambridge: CUP, 1988.

78. Christie, F. *Classroom Discourse Analysis: A Functional Perspective*[M]. London: Continuum, 2002.

79. Christie, F. & Macken-Horarik, M. Building verticality in subject English[C]// F. Christie & J. R. Martin(Eds.). *Language, Knowledge and Pedagogy: Functional Linguistic and Sociological Perspectives*. London: Continuum, 2007: 156-182.

80. Christie, F. & Martin, J. R.(Eds.). *Knowledge Structure: Functional Linguistic and Sociological Perspectives*[M]. London: Continuum, 2007.

81. Christie, F. & Maton, K.(Eds.). *Disciplinarity: Functional Linguistic and Sociological Perspectives*[M]. London: Continuum, 2011.

82. Clandinin, D. J. & Connelly, F. M. Teachers' professional knowledge landscapes: Teacher stories—stories of teachers—school stories—stories of schools[J]. *Educational Researcher*, 1996, *25*(3): 24-30.

83. Clarence, S. Surfing the waves of learning? Exploring the possibility of enabling greater cumulative knowledge building through pedagogy using Semantics[C]. Paper presented at HECU7, Lancaster, UK, 2014.

84. Clark, C. M. & Peterson, P. L. Teachers' thought processes[C]// M. C. Wittrock(Ed.). *Handbook of Research on Teaching (3rd ed.)*. New York: Macmillan, 1986: 255-296.

85. Clarke, D. & Hollingsworth, H. Elaborating a model of teacher professional growth[J]. *Teaching and Teacher Education*, 2002(18): 947-967.

86. Coffin, C. Reconstructing "personal time" as "collective time": Learning the discourse of history[C]// R. Whitaker, M. O' Donnell & A. McCabe(Eds.). *Language and Literacy*. London: Continuum, 2006.

87. Cogan, M. L. The behavior of teachers and the productive behavior of their pupils: II. "Trait" analysis[J]. *The Journal of Experimental Education*, 1958, *27*(2):107-124.

88. Cohen, L., Manion, L. & Morrison, K. *Research Methods in Education (7th ed.)* [M]. London and New York: Routledge, 2011.

89. Cohen, L., Manion, L. & Morrison, K. *Research Methods in Education (8th ed.)* [M]. New York: Routledge, 2017.

90. Cole, M. *Cultural Psychology: An Once and Future Discipline*[M]. Cambridge: Belknap Press, 1996.

91. Coleman, J. S. Social capital in the creation of human capital[J]. *American Journal of Sociology*, 1988(94): 95-120.

92. Corbin, J. & Strauss, A. *Basics of Qualitative Research: Techniques and Procedures for Developing Grounded Theory (4th ed.)* [M]. Thousand Oaks: Sage, 2015.

93. Corder, S. P. The elicitation of interlanguage[C]// J. Svartik(Ed.). *Errata: Papers in Error Analysis*. Lund: CKW Geerup, 1973: 36-48.

94. Corey, S. M. The teachers our-talk the pupils[J]. *American Journal of Education*, 1940, *48*(10): 745-752.

95. Coulthard, M. & Montgomery, M. M. *Studies in Discourse Analysis* [M]. London: Routledge & Kegan Paul, 1981.

96. Creswell, J. W. Editorial: Mapping the field of mixed methods research [J]. *Journal of Mixed Methods Research*, 2009, *3*(2): 95-108.

97. Creswell, J. W. *Qualitative Inquiry and Research Design: Choosing Among Five Approaches* [M]. 3rd ed. Thousand Oaks: Sage, 2013a.

98. Creswell, J. W. *Research Design: Qualitative, Quantitative, and Mixed Methods Approaches (4th ed.)* [M]. Thousand Oaks: Sage publications, 2013b.

99. Creswell, J. W. *A Concise Introduction to Mixed Methods Research* [M]. Thousand Oaks: Sage Publications, 2014.

100. Creswell, J. W. & Miller, D. L. Determining validity in qualitative inquiry [J]. *Theory into Practices*, 2000, *39*(3): 124-130.

101. Crump, S. J. *School-centred Leadership: Putting Policy into Practice* [M]. Melbourne: Thomas Nelson, 1993.

102. Cullen, F. T. It's a wonderful life: Reflections on a career in progress [C]// G. Geis & M. Dodge (Eds.). *The Lessons of Criminology*. Cincinnati: Anderson, 2002: 1-22.

103. Curtis, F. D. Types of thought questions in textbooks of science [J]. *Science Education*, 1943, *27*(2): 60-67.

104. Davison, C. Identity and ideology: The problem of defining and defending ESL-ness [C]// B. Mohan, C. Leung & C. Davison (Eds.). *English as a Secondary Language in the Mainstream: Teaching, Learning and Identity*. Harlow: Longman, 2001: 71-90.

105. Denzin, N. *Interpretive Interactionism (2rd ed.)* [M]. Thousand Oaks: Sage, 2001.

106. Dewey, J. *How We Think: A Restatement of the Relation of Reflective Thinking to the Educative Process* [M]. Boston: D. C. Heath and Company, 1933.

107. Dilthey, W. *Hermeneutics and the Study of History*[M]. Princeton: Princeton University Press, 1996.

108. Doll, R. C. *Curriculum Iprovement: Decision Making and Process (9th ed.)* [M]. Boston: Allyn and Bacon, 1996.

109. Dong, A., Maton, K. & Carvalho, L. The structuring of design knowledge[C]// P. Rodgers & J. Yee(Eds.). *Routledge Companion to Design Research*. London: Routledge, 2015: 38-49.

110. Dooley, D. *Social Research Methods (4th ed.)* [M]. Upper Saddle River: Prentice Hall, 2001.

111. Drew, P., Heritage, J. Analyzing talk at work: An introduction[C]// P. Drew & J. Heritage(Eds.). *Talk at Work: Interaction in Institutional Setting*. Cambridge: Cambridge University Press, 1992: 3-65.

112. Eisenhart, M. A., Shrum, J. L., Harding, J. R. & Cuthbert, A. M. Teacher beliefs: Definitions, findings and directions[J]. *Educational Policy*, 1988, *2*(1): 51-70.

113. Elbaz, E. *Teacher Thinking: A Study of Practical Knowledge*[M]. New York: Nichols, 1983.

114. Elbaz, F. The teacher's "practical knowledge": Report of a case study[J]. *Curriculum Inquiry*, 1981, *11*(1): 43-71.

115. Ellis, R. *Instructed Second Language Acquisition*[M]. Oxford: Blackwell, 1990.

116. Ellis, R. *The Study of Second Language Acquisition*[M]. Oxford: OUP, 1994.

117. Ellis, R. *Language Teaching Research and Language Pedagogy*[M]. Malden: John Wiley & Sons, 2012.

118. Engestrom, Y. *Learning by Expanding: An Activity Theoretical Approach to Developmental Research*[M]. Helsinki: Orienta-Konsultit Oy, 1987.

119. Engestrom, Y. Activity theory and individual and social transformation[C]// Y. Engestrom, R. Miettinen & R. L. Punamaki(Eds.). *Perspectives on*

Activity Theory. Cambridge: Cambridge University Press, 1999: 19-38.

120. Engestrom, Y. & Miettinen R. Introduction[C]// Y. Engestrom, R. Miettinen & R. L. Punamaki (Eds.). *Perspectives on Activity Theory.* Cambridge: Cambridge University Press, 1999: 1-16.

121. Erickson, F. Classroom discourse as improvisation: Relationships between academic task structure and social participation structure in lessons[C]// L. C. Wilkinson (Ed.). (Tran.). *Communicating in the Classroom.* New York: Academic Press, 1982: 153-181.

122. Evans, L. What is teacher development?[J] *Oxford Review of Education,* 2002, *28*(1): 123-137.

123. Evertson, C. M. & Weade, R. Classroom management and teaching style: Instructional stability and variability in two junior high English classrooms[J]. *The Elementary School Journal,* 1989, *89*(3): 379-393.

124. Fairclough, N. *Discourse and Social Change*[M]. Cambridge: Polity Press, 1992.

125. Fairclough, N. *Analysing Discourse: Textual Analysis for Social Research*[M]. London: Routledge, 2003.

126. Fairclough, N. Critical discourse analysis in transdisciplinary research[C]// R. Wodak & P. Chilton (Eds.). *A New Agenda in (Critical) Discourse Analysis: Theory, Methodology and Interdisciplinarity.* Amsterdam: John Benjamins Publishing Company, 2005: 53-70.

127. Fanselow, J. Beyong RASHOMON—Conceptualizing and describing the teaching act[J]. *TESOL Quarterly,* 1977(1): 17-39.

128. Farrell, T. S. C. & Kun, S. T. K. Language policy, language teachers' beliefs and classroom practices[J]. *Applied Linguistics,* 2007, *29*(3): 381-403.

129. Feinman-Nemser, S. & Floden, R. E. The cultures of teaching[C]// M. C. Wittrock (Ed.). *Handbook of Research on Teaching (3rd ed.).* New York: MacMillan, 1986: 324.

130. Fenstermacher, G. D. A philosophical consideration of recent research on teacher effectiveness[J]. *Review of Research in Education*, 1978(6): 157–185.

131. Firth, A. & Wagner, J. On discourse, communication, and (some) fundamental concepts in SLA[J]. *Modern Language Journal*, 1997, *81*(3): 285–300.

132. Fives, H. & Barnes, N. Informed and uninformed naive assessment constructors' strategies for item selection[J]. *Journal of Teacher Education*, 2017, *68*(1): 85–101.

133. Fives, H. & Buehl, M. Spring cleaning for the messy construct of teachers' beliefs: What are they? Which have been examined? What can they tell us?[C]// K. R. Harris, S. Graham & T. Urdan(Eds.). *APA Educational Psychology Handbook (Vol. 2. Individual Differences and Cultural and Contextual Factors)*. Washington DC, 2012: 471–499.

134. Flanders, N. *Interaction Analysis in the Classroom: A Manual for Observers*[D]. Unpublished PhD thesis, Ann Arbor: University of Michigan, 1960.

135. Flanders, N. *Analysing Teacher Behaviour*[M]. Reading: Adison-Wesley, 1970.

136. Flick, U. *Designing Qualitative Research*[M]. Thousand Oaks: Sage, 2008.

137. Foucault, M. *L'ordre du Discours*[M]. Paris: Gallimard, 1971.

138. Foucault, M. *The Archaeology of Knowledge and the Discourse on Language*[M]. New York: Pantheon, 1972.

139. Freeman, D. Renaming experience/reconstructing practice: Developing new understandings of teaching[C]// D. Freeman & J. C. Richards(Eds.). *Teacher Learning in Language Teaching*. Cambridge: Cambridge University Press, 1996: 485–497.

140. Freeman, D. The hidden side of the work: Teacher knowledge and learning

to teach[J]. *Language Teaching*, 2002(35): 1-13.

141. Freeman, D. & Richards, J. C. *Teacher Learning in Language Teaching*[M]. New York: Cambridge University Press, 1996.

142. Fullan, M. *The New Meaning of Educational Change*[M]. New York: Teachers College Press, 1991.

143. Fullan, M. *The New Meaning of Educational Change* [M]. 3rd ed. New York: Teachers College Press, 2001.

144. Gadamer, H. *Truth and Method*[M]. New York: Crossroad, 1982.

145. Gage, N. L. *The Handbook of Research on Teaching*[M]. Chicago: Rand McNally, 1963.

146. Gage, N. L. *The Scientific Basis of the Art of Teaching*[M]. New York: Teachers College Press, 1978.

147. Gaies, S. *The Nature of Linguistic Input in Formal Second Language Learning: Linguistic and Communicative Strategies in ESL Teachers' Classroom Language*[M]. Washington D. C. : TESOL, 1977.

148. Gaies, S. *Linguistic Input in First and Second Language Learning*[M]. Mass: Newbury House, 1979.

149. Gass, S. & Mackey, A. *Stimulated Recall Methodology in Second Language Research*[M]. Mahwah: Lawrence Erlbaum, 2000.

150. Gass, S. M. & Mackey, A. *Data Elicitation for Second and Foreign Language Research*[M]. Mahwah: Lawrence Erlbaum, 2007.

151. Geertz, C. Thick description: Towards an interpretive theory of culture[C]// C. Geertz(Ed.). *The Interpretation of Cultures*. New York: Basic Books, 1973: 3-30.

152. Georgiou, H., Maton, K. & Sharma, M. Recovering knowledge for science education research: Exploring the "Icarus Effect" in student work[J]. *Canadian Journal of Science, Mathematics and Technology Education*, 2014, *14*(3): 252-268.

153. Golombek, P. R. A study of language teachers' personal practical

knowledge[J]. *TESOL Quarterly*, 1998, *32*(3): 447-464.

154. Good, T. L. Two decades of research on teacher expectations: Findings and future directions[J]. *Journal of Teacher Education*, 1987(38): 32-47.

155. Good, T. L. & Brophy, J. E. *Looking in Classrooms* [M]. 3rd ed. New York: Harper & Row, 1984.

156. Goodson, I. F. *Professional Knowledge, Professional Lives: Studies in Education and Change*[M]. Maidenhead: Open University Press, 2003.

157. Graham, S. D. Santos & Francis-Brophy, E. Teacher beliefs about listening in a foreign language[J]. *Teaching and Teacher Education*, 2013(40): 44-60.

158. Green, J. L. & Dixon, C. N. Exploring differences in perspectives of microanalysis of classroom discourse: Contributions and concerns[J]. *Applied Linguistics*, 2002, *23*(3): 393-406.

159. Green, T. *The Activities of Teaching*[M]. New York: McGraw-Hill, 1971.

160. Gregg, K. R. Taking a social turn for the worse: The language socialization paradigm for second language acquisition[J]. *Second Language Research*, 2006, *22*(4): 413-442.

161. Gremmo, M., Holec, H. & Riley, P. *Taking the Initiative: Some Pedagogical Applications of Discourse Analysis, Melanges Pédagogiques*[M]. CRAPEL: Université de Nancy II, 1978.

162. Grossman, P. L. *The Making of a Teacher: Teacher Knowledge and Teacher Education*[M]. New York: Teachers College Press, 1990.

163. Grossman, P. L., Wilson, S. M. & Shulman, L. S. Teachers of substance: Subject matter knowledge for teaching[C]// M. C. Reynolds(Ed.). *Knowledge Base for the Beginning Teacher*. Oxford: Pergamon, 1989: 23-36.

164. Grotjahn, R. On the methodological basis of introspective methods[C]// C. Faerch & G. Kasper (Eds.). *Introspection in Second Language Research*. Clevedon: Multilingual Matters, 1987: 54-81.

165. Hall, J. K. & Eggington, W. G. *The Sociopolitics of English Language Teaching* [M]. Clevedon: Multilingual Matters, 2000.

166. Halliday, M. A. K. *Language as Social Semiotic* [M]. London: Arnold, 1978.

167. Halliday, M. A. K. *Introduction to Functional Grammar* [M]. 2nd ed. London/Beijing: Arnold/FLTRP, 1994.

168. Halliday, M. A. K. & Hasan, R. *Language, Context and Text: Aspects of Language in a Social-semiotic Perspective* [M]. Oxford: Oxford University Press, 1985.

169. Halsey, A., Heath, A. & Ridge, J. *Origins and Destinations* [M]. Oxford: Oxford University Press, 1980.

170. Hammersley, M. & Atkinson, P. *Ethnography: Principles in Practice* [M]. London: Tavistock, 1983.

171. Hargreaves, A. *Changing Teachers, Changing Times: Teachers' Work and Culture in the Postmodern Age* [C]. London: Cassell, 1994.

172. Harris, Z. S. Discourse Analysis: A sample text [J]. *Language*, 1952, *28*(4): 474-494.

173. Harvey, O. J. Belief systems and attitudes toward the death penalty and other punishments [J]. *Journal of Psychology*, 1986(54): 143-159.

174. Hasan, R. *Language, Society and Consciousness* [M]. London: Equinox, 2005.

175. Hativa, N. Teaching in a Research University: Professors' Conceptions, Practices, and Disciplinary Differences [C]. Paper presented at the Annual Meeting of the American Educational Research Association, Chicago, 1997.

176. Hativa, N. *Teaching for Effective Learning in Higher Education* [M]. Dordrecht: Kluwer Academic Publishers, 2000.

177. Haynes, H. C. *Relation of Teacher Intelligence, Teacher Experience, and Type of Questions* [M]. Nashville: Vanderbilt University, George Peabody College for Teachers, 1934.

178. Heidegger, M. *Being and Time* [M]. J. Macquarrie & E. Robinson, Trans. New York: Harper and Row, 1962.

179. Henzel, V. Foreigner talk in the classroom[J]. *International Review of Applied Linguistic in Language Teaching*, 1979, *17*(2): 159-167.

180. Herrmann, B. A. & Duffy, G. G. Relationships Between Teachers' Conceptual Understandings, Teacher Responsiveness, and Student Outcomes: Two Exploratory Studies in Teacher Education Settings[C]. Paper presented at the annual meeting of the American Educational Research Association, San Francisco, 1989.

181. Hicks, D. Discourse, learning and teaching[J]. *Review of Research in Education*, 1996(21): 49-95.

182. Hiller, J. H. Verbal response indicators of conceptual vagueness[J]. *American Educational Research Journal*, 1971, *8*(1): 151-161.

183. Hitchcock, G. & Hughes, D. *Research and the Teacher*[M]. 2nd ed. London: Routledge, 1995.

184. Holingsworth, S. Prior beliefs and cognitive change in learning to teach[J]. *American Educational Research Journal*, 1989, *26*(2): 160-189.

185. Hood, S. *Appraising Research: Evaluation in Academic Writing*[M]. London: Palgrave, 2010.

186. Hood, S. Ethnographies on the move, stories on the rise: An LCT perspective on method in the humanities[C]// K. Maton, S. Hood & S. Shay(Eds.). *Knowledge-building: Educational Studies in Legitimation Code Theory*. London: Routledge, 2013: 117-137.

187. Hotelling, H. The teaching of statistics[J]. *The Annals of Mathematical Statistics*, 1940, *39*(3): 348-350.

188. Humphrey, S. & Robinson, S. Using a 4×4 framework for whole school literacy development[C]// K. Knox(Ed.). *To Boldly Proceed: Papers from the 39th International Systemic Functional Congress*. Sydney, 2012a: 81-86.

189. Humphrey, S. & Robinson, S. Resourcing teachers to tide the semantic wave to whole school literacy development[C]. Australian Association for Research in Education Annual Conference, University of Sydney, 2012b.

190. Hymes, D. Models of the interaction of language and Social life[C]// J. Gumperz & D. Hymes(Eds.). *Directions in Sociolinguistics: The Ethnography of Communication*. New York, Rinehart and Winston, 1972: 35-71.

191. Hymes, D. & Farr, M. *Ethnolinguistic Study of Classroom Discourse*[R]. Final report to NIE, ERIC 217 710, 1982.

192. Jarzabkowski, L. The social dimensions of teacher collegiality[J]. *Journal of Educational Enquiry*, 2002, *3*(2): 1-20.

193. Johnson, K. The emerging beliefs and instructional practices of preservice English as a second language teachers[J]. *Teaching and Teacher Education*, 1994, *10*(4): 439-452.

194. Johnson, K. E. *Understanding Language Teaching: Reasoning in Action*[M]. Boston: Heinle and Heinle Publishing Company, 1999.

195. Johnson, K. E. *Second Language Teacher Education: A Sociocultural Perspective*[M]. New York: Routledge, 2009.

196. Joram, E. & Gabriele, A. J. Preservice teachers' prior beliefs: Transforming obstacles into opportunities[J]. *Teaching and Teacher Education*, 1998, *14*(2): 175-191.

197. Jorgensen(Zevenbergen), R., Grootenboer, P., Niesche, R. & Lerman, S. Challenges for teacher education: The mismatch between beliefs and practice in remote Indigenous contexts[J]. *Asia-Pacific Journal of Teacher Education*, 2010, *38*(2): 161-175.

198. Kagan, D. M. Ways of evaluating teacher cognition: Inferences concerning the Goldilocks principle[J]. *Review of Educational Research*, 1990, *60*(3): 419-469.

199. Kagan, D. M. Implications of research on teachers' belief[J]. *Educational*

Psychologist, 1992a, *27*(1): 65-90.

200. Kagan, D. M. Professional growth among preservice and beginning teachers[J]. *Review of Educational Research*, 1992b, *62*(2): 129-169.

201. Kindsvatter, R., Wilen, W. W. & Ishler, M. F. *Dynamics of Effective Teaching* [M]. 2nd ed. New York: Longman, 1988.

202. Kissau, S. Foreign language teaching: An international comparison of teacher beliefs[J]. *Research in Comparative and International Education*, 2014, *9*(2): 227-242.

203. Klenke, K. *Qualitative Research in the Study of Leadership*[M]. Bingley: Emerald Group Pub, 2008.

204. Korthagen, F. A. J. & Kessels, J. A. M. Linking theory and practice: Changing the pedagogy of teacher education[J]. *Educational Researcher*, 1999, *28*(4): 4-17.

205. Krashen, S. D. *The Input Hypothesis: Issues and Implications*[M]. London: Longman, 1985.

206. Kress, G. & Van Leeuwen, T. *Reading Images: The Grammar of Visual Design*[M]. London: Routledge, 1996.

207. Kress, G. & Van Leeuwen, T. *Multimodal Discourse: The Modes and Media of Contemporary Communication*[M]. London/New York: Arnold/OUP, 2001.

208. Kuhn, T. S. *The Structure of Scientific Revolution*[M]. Chicago: University of Chicago Press, 1962.

209. Kuhn, T. S. *The Structure of Scientific Revolution*[M]. 2nd ed. Chicago: Chicago University Press, 1970.

210. Kumaravadivelu, B. Critical classroom discourse analysis[J]. *TESOL Quarterly*, 1999(3): 453-484.

211. Kumaravadivelu, B. *Language Teacher Education for a Global Society*[M]. New York: Routledge, 2012.

212. Kyriacou, C. & Kunc, R. Beginning teachers' expectations of teaching[J].

Teaching and Teacher Education，2007（23）：1246-1257.

213. Lahlali，E. M. *Critical Discourse Analysis and Classroom Discourse Practices*[M]. Munchen：Lincom Europa，2007.

214. Lakoff，G. & Johnson，M. *Metaphors We Live By*[M]. Chicago：University of Chicago Press，1980.

215. Lam，A. *Language Education in China: Policy and Experience from 1949*[M]. Hong Kong：Hong Kong University Press，2005.

216. Lantolf，J. P. Sociocultural theory and L2 development：State-of-the-art Studies[J]. *Second Language Acquisition*，2006（28）：67-109.

217. Lantolf，J. P. Praxis and L2 classroom development[J]. *ELIA: Estudios de Lingüística Inglesa Aplicada*，2008（8）：13-44.

218. Lantolf，J. P. & Poehner，M. E. Introduction to sociocultural theory and the teaching of second languages[C]// J. P. Lantolf & M. E. Poehner（Eds.）. *Sociocultural Theory and the Teaching of Second Languages*. London：Equinox，2008：1-32.

219. Lantolf，J. & Thorne，S. *The Sociogenesis of Second Language Development*[M]. Oxford：Oxford University Press，2006.

220. Lantolf，J. & Thorne，S. Sociocultural theory and second language learning[C]// B. Van Patten & J. Williams（Eds.）. *Theories in Second Language Acquisition*. Mahwah，2007：201-224.

221. Lave，J. & Wenger，E. *Situated Learning：Legitimate Peripheral Participation*[M]. Cambridge：Cambridge University Press，1991.

222. Lederman，N. G. Students' and teachers' conceptions of the nature of science：A review of the research[J]. *Journal of Research in Science Teaching*，1992，*29*（4）：331 - 359.

223. Lee，I. Ten mismatches between teachers' beliefs and written feedback practice[J]. *ELT Journal*，2009，*63*（1）：13-22.

224. Lemke，J. L. Travels in hyper modality[J]. *Visual Communication*，2002（1）：299-325.

225. Leont'ev, A. N. *Activity, Consciousness, and Personality*[M]. Mahwah: Lawrence Erlbaum Associates, Inc., 1978.

226. Leont'ev, A. N. The problem of activity in psychology[C]// J. V. Wertsch(Ed.). *The Concept of Activity in Soviet Psychology.* Armonk: M. E. Sharpe, Inc., 1981: 37–71.

227. Levinson, S. *Pragmatics*[M]. Cambridge: CUP, 1983.

228. Liljedahl, P. The theory of conceptual change as a theory for changing conceptions[J]. *Nordic Studies in Mathematics Education*, 2011, *16*(1–2): 5–28.

229. Lim, C. P. & Chai, S. C. Teachers' pedagogical beliefs and their planning conduct of computer-mediated classroom lessons[J]. *British Journal of Educational Technology*, 2008, *39*(5): 807–828.

230. Lincoln, Y. S. & Guba, E. G. *Naturalistic Inquiry*[M]. Beverly Hills: Sage Publications, 1985.

231. Liu, S. H. Factors related to pedagogical beliefs of teachers and technology integration[J]. *Computers & Education*, 2011, *56*(4): 1012–1022.

232. Lloyd, G. M. Beliefs about the teacher's role in the mathematics classroom: One student teacher's explorations in fiction and in practice[J]. *Journal of Mathematics Teacher Education*, 2005, *8*(6): 441–467.

233. Locke, L. F., Spirduso, W. W. & Silverman, S. J. *Proposals that Work: A Guide for Planning Dissertations and Grant Proposals*[M]. Newbury Park: Sage Publications, 2013.

234. Long, M. H. Training the second language teacher as classroom researcher[C]// J. E. Alatis, H. H. Stem & P. D. Stevens(Eds.). *Applied Linguistics and the Preparation of Second Language Teachers: Towards a Rationale.* Washington: Georgetown University Press, 1983: 281–297.

235. Long, M. H. & Sato, C. J. Classroom foreign talk discourse: Forms and functions of teachers' questions[C]// H. W. Seliger & M. H. Long(Eds.).

Classroom Oriented Research in Second Language Acquisition. Rowley: Newbury House, 1983: 268-286.

236. Loughran, J. J. Effective reflective practice in search of meaning in learning about teaching[J]. *Journal of Teacher Education*, 2002, *53*(1): 33-43.

237. Luk, J. Clasrom discourse and the construction of learner and teacher identities[C]// M. Martin-Jone, A-M. de Mejia & N. H. Hornberger (Eds.). *Encyclopedia of Language and Education. Vol.3. Discourse and Education.* New York: Springer, 2008: 127-134.

238. Lunenburg, F. C. & Irby, B. J. *Writing a Successful Thesis or Dissertation: Tips and Strategies for Students in the Social and Behavioral Sciences*[M]. Thousand Oaks: Corwin Press, 2008.

239. Macnaught, L., Maton, K., Martin, J. R. & Matruglio, E. Jointly constructing semantic waves: Implications for teacher training[J]. *Linguistics and Education*, 2013, *24*(1): 50-63.

240. Mak, S. Tensions between Conflicting Beliefs of an EFL Teacher in Teaching Practice[J]. *RELC Journal*, 2011, *42*(1): 53-67.

241. Mansour, N. Science teachers' beliefs and practices: Issues, implications and research agenda[J]. *International Journal of Environmental & Science Education*, 2009, *4*(1): 25-48.

242. Marshall, C. & Rossman, G. B. *Designing Qualitative Research*[M]. 5th ed. London: Sage Publications, 2010.

243. Martin, G. O. Factors that are Associated with Change in Teachers' use of New Materials and Teaching Strategies[C]. Paper presented at the annual meeting of the American Educational Research Association, San Francisco, 1989.

244. Martin, J. L. *On Notes and Knowers: The Representation, Evaluation and Legitimation of Jazz*[D]. Unpublished PhD thesis, University of Adelaide: Australia, 2012a.

245. Martin, J. L. Instantiation, realisation and multimodal musical semantic

waves[C]// K. Knox(Ed.). *To Boldly Proceed: Papers from the 39th International Systemic Functional Congress*. Sydney: International Systemic Functional Congress, 2012b: 183-188.

246. Martin, J. R. Writing history: Construing time and value in discourses of the past[C]// M. J. Schleppegrell & M. C. Colombi(Eds.). *Developing Advanced Literacy in First and Second Languages: Meaning with Power*. New Jersey & London: Routledge, 2002: 87-118.

247. Martin, J. R. Bridging troubled waters: Interdisciplinarity and what makes it stick[C]// F. Christie & K. Maton(Eds.). *Disciplinarity: Systemic Functional and Sociological Perspectives*. London: Continuum, 2011: 35-61.

248. Martin, J. R., Maton, K. Systemic functional linguistics and Legitimation Code Theory on education: Rethinking field and knowledge structure[J]. *Onomazein*, 2017(SFL): 12-45.

249. Martin, J. R., Maton, K. & Matruglio, E. Historical cosmologies: Epistemology and axiology in Australian secondary school history[J]. *Revista Signos*, 2010, *43*(74): 433-463.

250. Martin, J. R. & Rose, D. *Working with Discourse: Meaning Beyond the Clause*[M]. London: Continuum, 2003.

251. Maton, K. Languages of legitimation: The structuring significance for intellectual fields of strategic knowledge claims[J]. *British Journal of Sociology of Education*, 2000a(2): 147-167.

252. Maton, K. Recovering pedagogic discourse: A Bernsteinian approach to the sociology of educational knowledge[J]. *Linguistics and Education*, 2000b(1): 79-98.

253. Maton, K. Reflexivity, relationism and research: Pierre Bourdieu and the epistemic conditions of social scientific knowledge[J]. *Space & Culture*, 2003(1): 52-65.

254. Maton, K. The wrong kind of knower: Education, expansion and the

epistemic Device[C]// J. Muller, B. Davies & A. Morais(Eds.). *Reading Bernstein, Researching Bernstein*. London: Routledge, 2004: 218-231.

255. Maton, K. Knowledge-knower structures in intellectual and educational fields[C]// F. Christie & J. R. Martin(Eds.). *Language, Knowledge and Pedagogy: Functional Linguistic and Sociological Perspectives*. London: Continuum, 2007: 87-108.

256. Maton, K. Cumulative and segmented learning: Exploring the role of curriculum structures in knowledge-building[J]. *British Journal of Sociology of Education*, 2009, *30*(1): 43-57.

257. Maton, K. Theories and things: The semantics of disciplinarity[C]// F. Christie & K. Maton(Eds.). *Disciplinarity: Functional Linguistic and Sociological Perspective*. London: Continuum, 2011: 62-84.

258. Maton, K. Making semantic waves: A key to cumulative knowledge-building[J]. *Linguistics and Education*, 2013(1): 8-22.

259. Maton, K. *Knowledge and Knowers: Towards a Realist Sociology of Education*[M]. London: Routledge, 2014a.

260. Maton, K. A tall order? Legitimation Code Theory for academic language and learning[J]. *Journal of Academic Language and Learning*, 2014b, *8*(3): 34-48.

261. Maton, K. *Knowledge Building: Education Studies in Legitimation Code Theory*[M]. London: Routledge, 2015.

262. Maton, K. Legitimation Code Theory: Building knowledge about knowledge-building[C]// K. Maton, S. hood & S. shay(Eds.). *Knowledge-building: Educational Studies in Legitimation Code Theory*. London: Routledge, 2016: 1-24.

263. Maton, K. & Doran, Y. Systemic functional linguistics and code theory[C]// T. Bartlett, G. OGrady(Eds.). *The Routledge Handbook of Systemic Functional Linguistics*. Abingdon: Routledge, 2017a: 605-618.

264. Maton, K. & Doran, Y. Condensation: A translation device for revealing

complexity of knowledge practices in discourse, Part 2—clausing and sequencing[J]. *ONOMÁZEIN*, 2017b(Número especial LSF y TCL): 77-110.

265. Matruglio, E. *Humanities' Humanity: Construing the Social in HSC Modern and Ancient History, Society and Culture, and Community and Family Studies*[D]. Unpublished PhD thesis, University of Technology: Sydney, 2014.

266. Matruglio, E., K. Maton & J. R. Martin. Time travel: The role of temporality in enabling semantic waves in secondary school teaching[J]. *Linguistics and Education*, 2013(24): 38-49.

267. Maxwell, J. A. *Qualitative Research Design: An Interactive Approach*[M]. Thousand Oaks: Sage Publications, 2012.

268. McCarthy, M. *Discourse Analysis for Language Teachers*[M]. Cambridge: CUP, 1991.

269. McHoul, A. The organization of turns at formal talk in the classroom[J]. *Language in Society*, 1978(7): 183-213.

270. McKendry, E., Devitt, A. & Moroney, D. Knowledge, belief and practice in language teacher education: Integration and implementation of threshold concepts over a teaching career[C]// R. Land, J. H. F. Meyer & M. T. Flanagan(Eds.). *Threshold Concepts in Practice(Educational Futures: Rethinking Theory and Practice): vol. 68.*. Sense Publishers, 2016: 309-320.

271. McLeod, D. B. Research on affect in mathematics education: A reconceptualization[C]// D. A. Grouws(Ed.). *Handbook of Research on Mathematics Teaching and Learning*. New York: Macmillan, 1992: 575-596.

272. Mehrabian. A. Nonverbal communication[J]. *Encyclopedia of Child Behavior & Development*, 1972, *22*(37): 14-18.

273. Mercer, N. Sociocultural discourse analysis: Analysing classroom talk as a

social mode of thinking[J]. *Journal of Applied Linguistics*, 2004(2): 137-168.

274. Mercer, N. The analysis of classroom talk: Methods and methodologies[J]. *British Journal of Educational Psychology*, 2010(1): 1-14.

275. Merriam, S. B. *Qualitative Research: A Guide to Design and Implementation*[M]. San Francisco: Jossey-Bass, 2009.

276. Miller, G. A., Galanter, E. & Pribram, K. H. *Plans and the Structure of Behavior*[M]. New York: Holt, Rinehart and Winston, Inc., 1960.

277. Miles, M. B. & Huberman, A. M. *Qualitative Data Analysis: An Expanded Sourcebook*[M]. 2nd ed. Thousand Oaks: Sage Publications, 1994.

278. Miles, M. B., Huberman, A. M. & Saldaña, J. *Qualitative Data Analysis. A Methods Sourcebook*[M]. 3rd ed. Los Angeles: Sage, 2014.

279. Mok, W. E. Reflecting on reflections: A case study of experienced and inexperienced ESL teachers[J]. *System*, 1994, *22*(1): 93-111.

280. Morgan, D. L. Focus groups[J]. *Annual Review of Sociology*, 1996(22): 129-152.

281. Morgan, M. *A Corpus-based Investigation into the Relationship Between Propositional Content and Metadiscourse in Student Essay Writing*[D]. Unpublished PhD thesis, University of Nottingham, 2011.

282. Mori, J. & Zuengler, J. Conversation analysis and talk-in-interaction in classrooms[C]// N. Hornberger(Ed.). *Encyclopedia of Language and Education*. Springer US, 2008: 773-785.

283. Moskowitz, G. The classroom interaction of outstanding language teachers[J]. *Foreign Language Annals*, 1971(2): 135-157.

284. Moss, G. Provisions of trustworthiness in critical narrative research: Bridging intersubjectivity and fidelity[J]. *The Qualitative Report*, 2004, *9*(2): 359-374.

285. Negueruela, E. *A Sociocultural Approach to the Teaching and Learning of Second Languages: Systemic-theoretical Instruction and L2*

Development[D]. Unpublished PhD thesis, Pennsylvania State University, University Park, Pennsylvania, 2003.

286. Nespor, J. The role of beliefs in the practice of teaching[J]. *Journal of Curriculum Studies*, 1987, *19*(4): 317–328.

287. Nisbett, R. E. & Ross, L. *Human Inference: Strategies and Shortcomings of Social Judgment*[M]. Englewood Cliffs: Prentice Hall, 1980.

288. Norris, S. *A Theoretical Framework for Multimodal Discourse Analysis Presented via the Analysis of Identity Construction of Two Women Living in Germany*[D]. Unpublished PhD thesis, Georgetown University, UMI, 2002.

289. Nunan, D. *Language Teaching Methodology: A Textbook for English Teachers*[M]. London: Prentice Hall, 1991.

290. Nystrand, M. *CLASS 2.0 and CLASS-EDIT 2.0: CLASS 2.0 User's Manual*[M]. Madison: Wisconsin Center for Education Research, 1988.

291. O'Halloran, K. L. & Jewitt, C. *Multimodal Discourse Analysis: Systemic Functional Perspectives*[M]. London & New York: Continuum, 2004.

292. Oliver, J. S. & Koballa, T. Science Educators' Use of the Concept of Belief[C]. Paper presented at the 65th annual meeting of the National Association for Research in Science Teaching, Boston, Massachusetts, 1992.

293. Orafi, S. M. S. & Borg, S. Intensions and realities in implementing communicative curriculum reform[J]. *System*, 2009, *37*(2): 243–253.

294. Pajares, F. Teachers' beliefs and educational research: Cleaning up a messy construct[J]. *Review of Educational Research*, 1992, *62*(3): 307–322.

295. Pajares, F. Preservice teachers' beliefs: A focus for teacher education[J]. *Action in Teacher Education*, 1993, *15*(2): 45–54.

296. Palys, T. S. & Atchison, C. *Research Decisions: Quantitative and Qualitative Perspectives* [M]. 4th ed. Toronto: Thompson-Nelson Canada, 2008.

297. Patton, M. Q. *Qualitative Research and Evaluation Methods*[M]. 3rd ed. Thousand Oaks: Sage, 2002.

298. Patton, M. Q. *Qualitative Research and Evaluative Methods: Integrating Theory and Practice*[M]. Thousand Oaks: Sage, 2015.

299. Payne, G. & Payne, J. *Key Concepts in Social Research*[M]. London: Sage, 2004.

300. Peacock, M. Match or mismatch? Learning styles and teaching styles in EFL[J]. *International Journal of Applied Linguistic*, 2001, *11*(1): 1-20.

301. Pehkonen, E. Teachers' conceptions on mathematics teaching[C]// M. Hannula(Ed.). *Current State of Research on Mathematical Beliefs V: Proceedings of the MAVI-5 Workshop, August 22-25, 1997*. Helsinki, Finland: Department of Teacher Education, University of Helsinki, 1998: 58-65.

302. Pehkonen, E. Beliefs as obstacles for implementing an educational change in problem solving[C]// E. Pehkonen & G. Törner(Eds.). *Proceedings of the Workshop in Oberwalfach on Mathematical Beliefs and Their Impact on Teaching and Learning of Mathematics*. Oberwolfach: Gerhard Mercator Universitat Duisburg, 1999: 106-114.

303. Pennycook, A. The social politics and the cultural politics of language classrooms[C]// J. K. Hall & W. G. Eggington(Eds.). *The Sociopolitics of English Language Teaching*. Clevedon: Multilingual Matters Ltd., 2000: 89-103.

304. Phillipson, R. *Linguistic Imperialism*[M]. Oxford: Oxford University Press, 1992.

305. Phipps, S. & Borg, S. Exploring tensions between teachers' grammar teaching beliefs and practices[J]. *System*, 2009, *37*(3): 380-390.

306. Pica, T. & Long, M. H. The linguistic and conversational performance of experienced and inexperienced teachers[C]// R. Day(Ed.). *Talking to Learn: Conversation in Second Language Acquisition*. Rowley: Newbury

House, 1986: 85-199.

307. Pike, K. *Language in Relation to a Unified Theory of the Structure of Human Behavior*[M]. The Hague: Mouton, 1954.

308. Pike, K. *Linguistic Concepts: An Introduction to Tagmemics*[M]. Lincoln: University of Nebraska Press, 1982.

309. Pomerantz, A. & Fehr, B. J. Conversation analysis: An approach to the analysis of social interaction[C]// T. A. Van Dijk(Ed.). *Discourse Studies: A Multidisciplinary Introduction*. London: Sage Publications, 2011: 165-190.

310. Popkewitz, T. S. *Paradigm and Ideology in Educational Research: Social Functions of the Intellectual*[M]. London: Falmer Press, 1984. Republished in Routledge Library Edition, 2012.

311. Popper, K. *Objective Knowledge: An Evolutionary Approach*[M]. Oxford: Oxford University Press, 1979.

312. Popper, K. *Knowledge and the Body-mind Problem: In Defence of Interaction*[M]. London: Routledge, 1994.

313. Porter, A. C. & Freeman, D. J. Professional orientations: An essential domain for teacher testing[J]. *The Journal of Negro Education*, 1986, *55*(3): 284-292.

314. Prawat, R. Teachers' beliefs about teaching and learning: A constructivist perspective[J]. *American Educational Research Journal*, 1992, *100*(3): 354-395.

315. Putnam, R. D. *Making Democracy Work*[M]. New Jersey: Princeton University Press, 1986.

316. Putnam, R. T. & Borko, H. Teacher learning: Implications of new views of cognition[C]// G. Biddle & Goodson(Ed.). *International Handbook of Teachers and Teaching Vol. 2*. Dordrecht: Kluwer, 1997: 1223-1296.

317. Putman, R. & Borko, H. What do new views of knowledge and thinking have to say[J]. *Qualitative Health Research*, 2000, *9*(1): 112-121.

318. Richards, J. & Rodgers, T. *Approaches and Methods in Language Teaching*[M]. 2nd ed. Cambridge: Cambridge University Press, 2001.

319. Richards, J., Gipe, J. P. & Thompson, B. Teachers' beliefs about good reading instruction[J]. *Reading Psychology*, 1987(8): 1-6.

320. Richards, J. C. & Schmidt, R. *Longman Dictionary of Applied Linguistics and Language Teaching*[M]. 3rd ed. Harlow: Longman, 2002.

321. Richardson, V. *The Role of Attitudes and Beliefs in Learning to Teach*[M]. 2nd ed. New York: Macmillan, 1996.

322. Richardson, V. Pre-service teachers' beliefs[C]// J. Raths & A. C. McAninch(Eds.). *Teacher Beliefs and Classroom Performance: The Impact of Teacher Education*. Greenwich: Information Age Publishing, 2003: 1-22.

323. Riley, P. Discourse networks in classroom interaction: Some problems in communicative language teaching[J]. *Mélanges CRAPEL*, 1977: 53-68.

324. Roberts, C. M. *The Dissertation Journey: A Practical and Comprehensive Guide to Planning, Writing and Defending Your Dissertation*[M]. 2nd ed. Thousand Oaks: Corwin Press, 2010.

325. Roe, W. S. How good a teacher are you[J]? *The Clearing House*, 1943, *17*(6): 362-365.

326. Rokeach, M. *Beliefs, Attitudes, and Values: A Theory of Organization and Change*[M]. San Francisco: Jossey-Bass, 1968.

327. Rokeach, M. *The Nature of Human Values*[M]. New York: Free Press, 1973.

328. Rokeach, M. *Understanding Human Values: Individual & Social*[M]. New York: Free Press, 1979.

329. Rokeach, M. Some unresolved issues in theories of beliefs, attitudes, and values[J]. *Nebraska Symposium on Motivation*, 1980(27): 261-304.

330. Rossman, G. B. & Rallis, S. F. *Learning in the Field: An Introduction to Qualitative Research*[M]. Thousand Oaks: Sage Publications, 2003.

331. Ruggie, J. G. Collective goods and future international collaboration[J].

American Political Science Review, 1972, *66*(3): 870-894.

332. Rymes, B. *Classroom Discourse Analysis: A Tool for Critical Reflection*[M]. Cresskill: Hampton Press, 2009.

333. Sacks, H., Schegloff, E. & Jefferson, G. A simplest systematics for the organization of turn taking in conversation[J]. *Language*, 1974(50): 696-735.

334. Saldaña, J. *The Coding Manual for Qualitative Researchers*[M]. Los Angeles: Sage Publications, 2009.

335. Salerno, A. & A. Kibler. Understanding how pre-service English teachers adopt stance toward academic teaching inquiry[J]. *Linguistics and Education*, 2014(28): 92-106.

336. Sapir, E. *Language: An Introduction to the Study of Speech*[M]. Brace: Harcourt, 1921.

337. Sarangi, S. & Candlin, C. N. Making methodology matter[J]. *Journal of Applied Linguistics*, 2004(2): 101-106.

338. Saussure, F. *Course in General Linguistics*[M]. Edited by Charles Bally and Albert Sechehaye, in collaboration with Albert Riedlinger. Translated by Wade Baskin. New York: McGraw-Hill Book Company, 1966.

339. Schoenfeld, A. *How We Think: A Theory of Goal-oriented Decision Making and its Educational Applications*[M]. New York: Routledge, 2011.

340. Schommer, M. Synthesizing epistemological beliefs research: tentative understandings and provocative conclusions[J]. *Educational Psychology Review*, 1994, *6*(4): 293-319.

341. Schön, D. *The Reflective Practitioner: How Professionals Think in Action*[M]. New York: Basic Books, 1983.

342. Schwandt, T. A. *Dictionary of Qualitative Inquiry*[M]. 2nd ed. Thousand Oaks: Sage, 2001.

343. Searle, J. R. *Speech Acts: An Essay in the Philosophy of Language*[M]. Cambridge: Cambridge University Press, 1969.

344. Searle, J. R. *"What is Speech Act?" in the Philosophy of Language*[M]. Oxford: Oxford University Press, 1971.

345. Seedhouse, P. *The Interactional Architecture of the Language Classroom: A Conversation Analysis Perspective*[M]. Maiden: Blackwell, 2004.

346. Seidman, I. *Interviewing as Qualitative Research: A Guide for Researchers in Education and the Social Sciences*[M]. New York: Teachers College Press, 2013.

347. Selinker, L. Interlanguage[J]. *International Review of Applied Linguistics*, 1972(10): 209-230.

348. Shavelson, R. J. & Stern, P. Research on teachers' pedagogical thoughts, judgments, decisions, and behavior[J]. *Review of Educational Research*, 1981, *51*(4): 455-498.

349. Shay, S. Conceptualizing curriculum differentiation in higher education: A sociology of knowledge point of view[J]. *British Journal of Sociology of Education*, 2013, *34*(4): 563-582.

350. Shepherd, M. The discursive construction of knowledge and equity in classroom interaction[J]. *Linguistics and Education*, 2014(28): 79-91.

351. Shulman, L. S. Knowledge and teaching: Foundations of the new reform[J]. *Harvard Educational Review*, 1987(57): 1-22.

352. Shulman, L. S. Teacher development: Roles of domain expertise and pedagogical knowledge[J]. *Journal of Applied Developmental Psychology*, 2000, *21*(1): 129-135.

353. Sigel, I. E. A conceptual analysis of beliefs[C]// I. E. Sigel(Ed.). *Parental Belief Systems: The Psychological Consequences for Children*. Hillsdale: Erlbaum, 1985: 345-371.

354. Silverman, D. *Doing Qualitative Research: A Practical Handbook*[M]. 4th ed. London: Sage, 2013.

355. Simpson, M. & Tuson, J. *Using Observation in Small-scale Research: A Beginner's Guide* [M]. Revised Edition. Glasgow: SCRE, University of

Glasgow, 2003.

356. Sinclair, J. & Brail, D. *Teacher Talk*[M]. Oxford: Oxford University Press, 1982.

357. Sinclair, J. & Coulthard, M. *Towards an Analysis of Discourse: The Used by Teachers and Pupils*[M]. Oxford: Oxford University Press, 1975.

358. Skehan, P. Task-based instruction[J]. *Language Teaching*, 2003(36): 1-14.

359. Skott, J. Contextualising the notion of belief enactment[J]. *Journal of Mathematics Teacher Education*, 2009a, *12*(1): 27-46.

360. Smith, B. Metacultural positioning in language socialization: Inhabiting authority in informal teaching among Peruvian Aymara siblings[J]. *Linguistics and Education*, 2014(25): 108-118.

361. Smith, B. O., Meux, M. O. & Coombs, J. A. *Study of the Logic of Teaching*[M]. Chicago: University of Illinois Press, 1970.

362. Smith, M. L., Edelsky, C., Draper, K., Rottenberg, C. & Cherland, M. *The Role of Testing in Elementary Schools*[M]. Los Angeles: Center for Research on Educational Standards and Student Tests, University of California, 1989.

363. Snow, C. Mothers' speech to children learning language[J]. *Child Development*, 1972, *43*(2): 549-565.

364. Solomon, D., Rosenberg, L. & Bezdek, W. E. Teacher behavior and student learning[J]. *Journal of Educational Psychology*, 1964, *55*(55): 23-30.

365. Spada, N. & Frohlich, M. *COLT Observation Scheme*[M]. Sydney: National Centre for English Language Teaching and Research, Macquarie University, 1995.

366. Spalding, D. A. Instinct, with original observations on young animals[J]. *Macmillan's Magazine*, 1873(27): 282-93.

367. Spandling, R. *Components of Observed Teacher-pupil Transactions in*

a Sample of Elementary School Classrooms[M]. Chicago: American Educational Research Association, 1963.

368. Spillane, J. P., Reiser, B. J. & Reimer, T. Policy implementation and cognition: Reframing and refocusing implementation research[J]. *Review of Educational Research*, 2002, *72*(3): 387-431.

369. Stern, H. H. *Issues and Options in Language Teaching*[J]. Shanghai: Shanghai Foreign Language Education Press, 1999.

370. Stevens, R. The question as a measure of efficiency in instruction: A critical study of classroom practice[J]. *American Journal of Education*, 1912, *20*(10): 48.

371. Stoddert, T. The role of teachers' personal learning experience in changing their mathematics instruction[C]. Paper presented at annual meeting of American Education Research Association, New Orleans, USA, 1994.

372. Swain, M. The output hypothesis: Theory and research[C]// E. Hinkel(Ed.). *Handbook of Research in Second Language Teaching and Learning*. Mahwah: Lawrence Erlbaum Associates, 2005: 471-483.

373. Swain, M. Languaging, agency and collaboration in advanced second language learning[C]// H. Byrnes(Ed.). *Advanced Language Learning: The Contributions of Halliday and Vygotsky*. London: Continuum, 2006: 95-108.

374. Talbert, J. E. & McLaughlin, M. W. Teacher professionalism in local school contexts[J]. *American Journal of Education*, 1994, *102*(2): 123-153.

375. Thibault, P. J. *Social Semiotics as Praxis: Text, Social Meaning Making and Nabokov's Ada*[M]. Minneapolis: University of Minnesota Press, 1991.

376. Thompson, A. G. Teachers' beliefs and conceptions: A synthesis of the research[C]// D. A. Grouws(Ed.). *Handbook of Research on Mathematics Teaching and Learning*. New York: Macmillan, 1992: 127-146.

377. Tsui，A. B. *Understanding Expertise in Teaching：Case Studies of ESL Teachers*［M］. New York：Cambridge University Press，2003.

378. Valsiner，J. & Van der Veer，R. *The Social Mind: Construction of the Idea*［M］. Cambridge：Cambridge University Press，2000.

379. Van Dijk，T. *Handbook of Discourse Analysis*［M］. New York：Academic Press，1985.

380. Van Dijk，T. *Discourse as Structure and Process of Discourse Studies: A Multidisciplinary Introduction. Volume I*［M］. London：Sage Publications，1997.

381. Van Dijk，T. Critical discourse analysis［C］// D. Tannen，D. Schiffrin & H. Hamilton（Eds.）. *Hand Book of Discourse Analysis*. Oxford：Blackwel，2001a：352–371.

382. Van Dijk，T. Multidisciplinary CDA：A plea for diversity［C］// R. Wodak & M. Meyer（Eds.）. *Methods of Critical Discourse Analysis*. London：Sage Publications，2001b：95–120.

383. Van Lier，L. *Interaction in the Language Curriculum: Awareness，Autonomy and Authenticity*［M］. New York：Longman，1996.

384. Van Manen，M. Romantic roots of human science in education［C］// J. Willinsky（Ed.）. *The Education Legacy of Romanticism*. Waterloo：Wilfrid Laurier University Press，1990：115–140.

385. Vico，G. B. *The New Science*［M］. Translated by Thomas G. Bergin and Max Harold Fisch.（First published in Italian. A paperback edition was published in 1961 by Doubleday）. Ithaca：Cornell Univ. Press，1725.

386. Vorster，J. & Quinn，L. Towards shaping the field：Theorizing the knowledge in a formal course for academic developers［J］. *Higher Education Research & Development*，2015，*34*（5）：1031–1044.

387. Vygotsky，L. *Mind in Society: The Development of Higher Psychological Processes*［M］. Cambridge：Harvard University Press，1978.

388. Walsh，S. *Characterizing Teacher Talk in the Second Language*

Classroom[D]. Unpublished PhD thesis, The Queen's University of Belfast, 2001.

389. Walsh, S. *Investigating classroom discourse*[M]. London: Routledge, 2006.

390. Walsh, S. *Exploring Classroom Discourse: Language in Action*[M]. New York: Routledge, 2011.

391. Wells, G. Reevaluating the IRF sequence: A proposal for the articulation of theories of activity and discourse for the analysis of teaching and learning in the classroom[J]. *Linguistics and Education*, 1993, 5(1): 1-37.

392. Wenger, E., McDermott, R. A. & Snyder, W. *Cultivating Communities of Practice: A Guide to Managing Knowledge*[M]. Brighton: Harvard Business Press, 2002.

393. Wertsch, J. *Vygotsky and the Social Formation of Mind*[M]. Cambridge: Harvard University Press, 1985.

394. Wertsch, J. Mediation[C]// In H. Daniels, M. Cole & J. Wertsch(Eds.). *The Cambridge companion to Vygotsky*. New York: Cambridge University Press, 2007: 178-192.

395. Wertsch, J., del Rio, P. & Alvarez, A. (Eds.). *Sociocultural Studies of Mind*[M]. Cambridge: Cambridge University Press, 1995.

396. Wheelahan, L. *Why Knowledge Matters in Curriculum: A Social Realist Argument*[M]. London: Routledge, 2010.

397. Wideen, M. *The Struggle for Change: The Story of one School*[M]. Bristol: Falmer Press, 1994.

398. Widowson, H. Discourse analysis: A critical view[J]. *Language and Literature*, 1995, 4(3): 157-172.

399. Williams, M. & Burden, R. L. *Psychology for Language Teachers*[M]. Beijing: Foreign Language Teaching and Research Press, 2000.

400. Willig, C. *Introducing Qualitative Research in Psychology: Adventures in Theory and Method*[M]. New York: Open University Press, 2008.

401. Wilson, M. & Cooney, T. J. Mathematics teacher change and development: The role of beliefs[C]// G. C. Leder, E. Pehkonen & G. Törner (Eds.). *Beliefs: A hidden Variable in Mathematics Education?* Dordrecht: Kluwer, 2002: 127-148.

402. Wittgenstein, L. *Philosophical Investigation*[M]. Oxford: Oxford Blackwell Publisher Inc., 1958.

403. Woods D. *Teacher Cognition in Language Teaching: Beliefs, Decision-making and Classroom Practice*[M]. Cambridge: Cambridge University Press, 1996.

404. Woolfolk, A. E. & Brooks, D. M. Nonverbal communication in teaching[J]. *Review of Research in Education*, 1983, *10*(1): 103-149.

405. Yin, R. K. *Case Study Research: Design and Methods*[M]. 2nd ed. Thousand Oaks: Sage, 1994.

406. Yin, R. K. *Case Study Research: Design and Methods*[M]. 5th ed. Thousand Oaks: Sage, 2013.

407. York-Barr, J. & Duke, K. What do we know about teacher leadership? Findings from two decades of scholarship[J]. *Review of Educational Study*, 2004, *74*(3): 255-316.

408. Yuan, R & Lee, I. Pre-service teachers' changing beliefs in the teaching practicum: Three cases in an EFL context[J]. *System*, 2014(44): 1-12.

409. Zhang, F. & Liu, Y. A study of secondary school English teachers' beliefs in the context of curriculum reform in China[J]. *Language Teaching Research*, 2014, *18*(2): 187-204.

410. Zheng, X. *Pedagogy and Pragmatism: Secondary English Language Teaching in the People's Republic of China*[D]. Unpublished PhD thesis, The University of Hong Kong, China, 2005.

411. Zheng, X. & Borg, S. Task-based learning and teaching in China: Secondary school teachers' beliefs and practices[J]. *Language Teaching Research*, 2014, *18*(2): 205-221.

412. Zheng，X. & Davison，C. Changing Pedagogy：Analyzing ELT Teachers in China[M]. London & New York：Continuum，2008.

413. Zhou，Y. Understanding teachers as experiential learners：A case study[C]. Symposium Presentation at the 16th World Congress of Applied Linguistics in Beijing，2011.

414. 边振华．谈教师的课堂教学语言[J]．基础教育研究，2009(2)：29.

415. 蔡基刚．大学外语教学改革和争议暨外语教学的学科性探讨[J]．外语电化教学，2012a(1)：6-10.

416. 蔡基刚．全球化背景下我国大学英语教学目标定位再研究[J]．外语与外语教学，2012b(3)：5-8.

417. 岑运强．语言学基础理论[M]．北京：北京师范大学出版社，1994.

418. 常晨光，陈瑜敏．功能语境研究[M]．北京：外语教学与研究出版社，2011.

419. 陈冰冰，陈坚林．大学英语教学改革环境下教师信念研究(之一)——大学英语教师信念与实际课堂教学情况分析[J]．外语电化教学，2008(2)：14-20.

420. 陈涵平．教师言语美[M]．广州：中山大学出版社，2004.

421. 陈丽萍，曾苹．教师信念研究对英语教师发展的启示[J]．大家，2011(16)：216-217.

422. 陈小英．汉语课堂话语模式分析及其教学启示(未出版的博士论文)[D]．广州：暨南大学，2005.

423. 程明喜，马云鹏．澳门小学数学教师教学信念的质化研究[J]．数学教育学报，2018，27(2)：41-45.

424. 程雯，谢翌，李斌，周小华．学校文化：涵养教师信念的母体[J]．教育科学研究，2017(4)：35-40.

425. 董晓敏．近三十年来教师语言研究述评[J]．南京师范大学文学院学报，2007(1)：180-183.

426. 窦岩．大学外语教师的教师信念与教学行为研究[J]．外语教学理论与实践，2015(3)：42-48，26，95.

427. 冯江鸿．课堂话语研究方法述评［J］．外语研究，2012（5）：49-55．

428. 冯契．哲学大辞典［M］．上海：上海辞书出版社，1992．

429. 风笑天．社会性研究方法［M］．北京：中国人民大学出版社，2009．

430. 冯宗祥，王鹏．英语教学法与大学英语教学的现状和未来［J］．陕西师范大学学报（哲学社会科学版）：1999（S1）：15-18．

431. 伏春宇．大学英语教师信念与教学行为失调原因［J］．河北理工大学学报（社会科学版），2011（6）：81-84．

432. 高巍．课堂教学师生言语行为互动研究［J］．教育研究与实验，2009（9）：43-49．

433. 顾泠沅，周卫．课堂教学的观察与研究——学会观察［J］．上海教育，1999（5）：14-18．

434. 过传忠．谈教师的语言修养［J］．人民教育，1982（10）：57-58．

435. 郭林花．英语专业教师课堂指令性言语行为研究［J］．山东外语教学，2005（5）：40-43，53．

436. 郭启明，赵森林．教师语言艺术［M］．修订本．北京：语文出版社，1998．

437. 郭晓娜．教师教学信念研究的现状、意义及趋势［J］．外国教育研究，2008（10）：92-96．

438. 韩平平．新手教师与专家教师课堂教学评价语言比较研究（未出版的博士论文）［D］．石家庄：河北师范大学，2012．

439. 何安平．基于语料库的英语教师话语分析［J］．现代外语，2003，26（2）：161-170．

440. 黑玉琴．跨学科视角的话语分析［M］．北京：北京大学出版社，2013．

441. 洪汉鼎．当代西方哲学两大思潮（上）［M］．北京：商务印书馆，2010．

442. 胡启海．英语专业教师教学言语行为的顺应性研究［J］．外语学刊，2010（7）：110-112．

443. 胡青球．优秀英语教师课堂话语特征分析［J］．山东外语教学，2007（1）：54-58．

444. 胡青球，埃德·尼可森，陈炜．大学英语教师课堂提问模式调查分析［J］．外语界，2004（6）：22-27．

445. 黄焕,刘清堂,朱晓亮,王胜明,高桂平. 不同教学风格的课堂话语特征分析及应用研究[J]. 现代教育技术,2013(2):27-30.

446. 黄磊,蒋玲,张春梅. 师范生 TPACK 游戏教学的效果:教师信念的调节作用[J]. 电化教育研究,2017,38(12):99-105.

447. 黄琳. 中国大学英语教学研究三十年发展状况分析(1983—2012)[J]. 外语界,2014(6):57-65.

448. 黄明明. 略论教学语言的幽默风格[J]. 无锡教育学院学报,2003(4):37-41.

449. 黄淑琴. 教师否定和异议的表达策略及语用分析——以中学语文阅读教学为例[J]. 课程•教材•教法,2009(8):28-33.

450. 黄小苹. 课堂话语微观分析:理论、方法与实践[J]. 外语研究,2006(10):53-57.

451. 黄媛媛. 高校教师课堂言语行为性别差异研究(未出版的博士论文)[D]. 大连:辽宁师范大学教育学院,2009.

452. 金爱冬. 数学教师信念变化特征及其影响因素研究(未出版的博士论文)[D]. 长春:东北师范大学,2013.

453. 金爱冬,马云鹏. 国内外教师信念问题研究综述[J]. 延边大学学报(社会科学版),2013(1):75-83.

454. 蒋同林,崔达送. 教师语言纲要[M]. 北京:华语教学出版社,2001.

455. 姜美玲. 教师实践性知识研究[M]. 上海:华东师范大学出版社,2008.

456. 姜秋霞,权晓辉. 翻译研究与论文写作——翻译学硕士研究生学位论文写作问题分析[J]. 中国翻译,2008(2):20-25.

457. 教育部高等教育司. 大学英语课程教学要求[M]. 上海:上海外语教育出版社,2007.

458. 景飞龙. 移动辅助语言教学新视野——中国内陆高校英语教师信念与实践探究(未出版的博士论文)[D]. 上海:上海外国语大学,2018.

459. 康金旭. 初中语文教师课堂言语行为研究——基于塞尔言语行为分析系统[D]. 兰州:西北师范大学,2013.

460. 李德顺. 价值学大辞典[M]. 北京:中国人民大学出版社,1995.

461. 李海涛．教师语言行为研究[M]．成都：四川大学出版社，2004．

462. 李克东．教育技术学研究方法[M]．北京：北京师范大学出版社，2002．

463. 李珉．未来教师口语技能培养工程的实践与思考[J]．语言文字应用，1993(12)：43-49．

464. 李默涵，张峰荣．论教学语言的基本特征及审美特征[J]．丹东纺专学报，2003(12)：57-58．

465. 李如龙．谈教师的语言修养[J]．语言文字应用，1993(4)：1-8．

466. 李森．课堂教学活动话语权力的反思与重建[J]．当代教育科学，2003(1)：6-7，19．

467. 李燕．润物细无声——谈语文教师课堂言语行为的暗示作用[J]．现代语文，2006(8)：96-97．

468. 李战子．多模式话语的社会符号学分析[J]．外语研究，2003(5)：1-8．

469. 李战子，陆丹云．多模态符号学：理论基础，研究途径与发展前景[J]．外语研究，2012(2)：1-8．

470. 凌步程．试论语言表达的三个层次及其在教师口语课教学中的运用[J]．语文建设，1997(9)：41-44．

471. 廖肇银．破解农村教师语言规范化问题的思考[J]．江西金融职工大学学报，2010(1)：123-125．

472. 林一钢．教师信念研究述评[J]．浙江师范大学学报：社会科学版，2008，33(3)：79-84．

473. 刘成，谈玉光．当前我国大学英语教学面临的问题及其对策[J]．外语与外语教学，2003(9)：25-27．

474. 刘娜．教师课堂角色类型研究[J]．教育评论，2009(8)：66-68．

475. 刘世清，姚本先．课堂教学中的话语现象探析[J]．当代教育论坛，2004(2)：56-58．

476. 刘学惠．外语教师教育与发展的概念重构和研究发展[C]// 吴一安等(编)：中国高校英语教师教育与发展．北京：外语教学与研究出版社，2008．

477. 刘永兵，林正军，王冰．基础英语课堂话语语料库的建构与研究功能[J]．

当代外语研究,2010(8):17-21.

478. 刘运航,丁伟. 语义波三维图像在学科知识与教学设计评估中的应用——以职前教师"原电池"教学为例[J]. 化学教学,2018(10):34-39.

479. 刘云杉. 教师话语权力分析[J]. 南京师范大学学报(社会科学版),1997(3):69-73.

480. 楼荷英,寮菲. 大学英语教师的教学信念与教学行为的关系——定性与定量分析研究[J]. 外语教学与研究,2005(4):271-275.

481. 罗国莹. 教师课堂角色类型研究[J]. 江苏社会科学,2007(12):132-135.

482. 罗载兵. 语义波的分形谐振研究(未出版的博士论文)[D]. 重庆:西南大学,2017.

483. 罗载兵,蒋宇红. 语法隐喻的语义波建构模式[J]. 外语研究,2015(3):24-29.

484. 罗载兵,杨炳钧,李孝英. 论语义波的三维分形模型:合法化语码理论与系统功能语言学的界面研究[J]. 外语与外语教学,2017(2):48-60,148.

485. 吕国光. 教师信念及其影响因素研究(未出版的博士论文)[D]. 兰州:西北师范大学,2004.

486. 马晓琴,陶相荣. 城乡结合部中小学教师语言素质的现状分析[J]. 陕西教育学院学报,2010(9):122-125.

487. 欧阳林舟. 课堂教学话语研究(未出版的博士论文)[D]. 长沙:湖南师范大学,2005.

488. 宋其蕤,冯显灿. 教学言语学[M]. 广州:广东教育出版社,1999.

489. 孙钦美,郑新民. 共同体视域下高校英语教师个性化学习的个案研究[J]. 外语界,2015(5):88-96.

490. 唐树之. 教师口语技能[M]. 长沙:湖南师范大学出版社,2000.

491. 汤燕瑜,刘绍忠. 教师语言的语用分析[J]. 外语与外语教学,2003(1):19-23.

492. 王恭志. 教师教学信念与教学实务之探析[J]. 教学研究信息,2000,8(2):84-98.

493. 王红艳,解芳. 大学英语教师的教学信念与教学方法个案研究[J]. 哈尔滨学院学报,2009,30(1):133-137.

494. 王慧霞. 国外关于教师信念问题的研究综述[J]. 宁波大学学报(教育科学版),2008,30(5):61-65.

495. 王佳. 专家型教师与非专家型教师教学言语行为对比的实证分析(未出版的博士论文)[D]. 大连:辽宁师范大学,2010.

496. 王蓉. 大学英语教师的反馈话轮交际策略:比赛课堂与常规课堂的比较[J]. 解放军外国语学院学报,2014(7):74-83.

497. 王祥. 六十年来国内"教师信念"研究的可视化分析[J]. 黑龙江高教研究,2019,37(2):103-109.

498. 韦琴红. 视觉环境下的多模态化与多模态话语研究[M]. 北京:科学出版社,2009.

499. 文秋芳,俞洪亮,周维杰. 应用语言学研究方法与论文写作[M]. 北京:外语教学与研究出版社,2004.

500. 吴本虎. 教学中的言语交际:教育心理语言学研究(未出版的博士论文)[D]. 上海:上海外国语大学,1992.

501. 武怀堂. 思想教育心理学[M]. 北京:华夏出版社,1987.

502. 吴康宁,程晓樵,吴永军,刘云杉. 教师课堂角色类型研究[J]. 教育研究与实验,1994(4):1-8.

503. 吴一安等. 中国高校英语教师教育与发展研究[M]. 北京:外语教学与研究出版社,2008.

504. 夏纪梅. 大学英语教师的外语教育观念、知识、能力、科研现状与进修情况调查结果报告[J]. 外语界,2002(5):35-41.

505. 项茂英,郑新民,邬易平. 国外语言教师信念研究回顾与反思——基于对6种应用语言学期刊的统计分析(1990—2014)[J]. 外语界,2016(1):79-86.

506. 肖红武,笑姣娣. 教师言语的有效交际与英语教学效率[J]. 教学与管理,2010(9):120-121.

507. 肖正德. 基于教师发展的教师信念:意蕴阐释与实践建构[J]. 教育研究,

2013,34(6):86-92.

508. 解芳.优秀英语教师教学信念个案研究[J].华北煤炭医学院学报,2009,11(1):125-127.

509. 解芳,王红艳,马永刚.大学英语教师信念研究——优秀教师个案研究[J].山东外语教学,2006(5):84-88.

510. 谢晓燕.英语专业课堂教师母语使用的数量、功能和原因调查[J].现代外语,2011,34(3):271-278.

511. 辛涛,申继亮.论教师的教育观念[J].北京师范大学学报(社会科学版),1999(1):14-19.

512. 邢思珍,李森.课堂教学活动话语权力的反思与重建[J].教育科学研究,2004(12):13-15.

513. 徐翠.英语教师教学信念——关于三本院校的个案研究[J].中国外语:中英文版,2009(6):93-96.

514. 胥国红.(2008).外语教师课堂话语与教师发展:多模态话语分析[C]//张莲.国家社科基金项目"外语课堂话语研究与教师发展"中期报告.

515. 许国璋.许国璋论语言[M].北京:外语教学与研究出版社,1991.

516. 徐辉,谢艺泉.话语霸权与平等交流——对新型师生观的思考[J].教育科学,2004(6):49-51.

517. 徐泉.高校英语教师信念影响因素研究(未出版的博士论文)[D].上海:华中师范大学,2011.

518. 徐泉.英语教师的教学信念构成与特征[M].北京:光明日报出版社,2012.

519. 徐蔚.试论高校英语教学法中的自立与引进[J].解放军外语学院学报,1998(1):69-71.

520. 颜奕,罗少茜.高校外语教师反思性语言教学研究——一项关键事件问卷调查[J].中国外语,2014,11(2):4-9,38.

521. 杨海燕.课堂教学情景中教师言语评价行为的研究(未出版的博士论文)[D].上海:华东师范大学,2003.

522. 杨诗雅,陈冬纯.语义波理论对外语教师话语的解释力研究[J].牡丹江大学学报,2018,27(4):58-61.

523. 杨欣.教学语言艺术[M].成都:巴蜀书社,2009.

524. 姚晓南.关于学术史研究几个理论问题的辨识——兼谈世界华文文学学术史研究有关的学理现象[J].华南师范大学学报(社会科学版),2008(6):52-58.

525. 叶澜.更新教育观念,创建面向21世纪的新基础教育[J].中国教育学刊,1998(2):6-11.

526. 叶澜.21世纪社会发展与中国基础教育改革[J].中国教育学刊,2005(1):2-7.

527. 叶澜等.教师角色与教师发展新探[M].北京:教育科学出版社出版,2001.

528. 叶立军.数学教师课堂教学行为比较研究(未出版的博士论文)[D].南京:南京师范大学,2011.

529. 叶奕乾,孔克勤.个性心理学[M].上海:华东师范大学出版社,1993.

530. 殷宝媛,于纪明.信息技术教师的教育信念形成因素分析[J].现代教育技术,2008,18(5):73-75.

531. 俞国良,辛自强.教师信念及其对教师培养的意义[J].教育研究,2000(5):16-20.

532. 袁燕华.多元互动英语教师校本教育模式:理论与实践(未出版的博士论文)[D].上海:上海外国语大学,2013.

533. 战菊.大学英语教师的叙事分析:信念及其构建[J].中国外语:中英文版,2010(5):68-76.

534. 张德禄.多模态话语分析理论与外语教学[M].北京:高等教育出版社,2015.

535. 张德禄,覃玖英.语义波理论及其在教师课堂话语分析和建构中的作用[J].外语教学,2016,37(2):52-55.

536. 张德禄,秦双华.马丁论跨学科性[J].当代外语研究,2010(6):13-16,27.

537. 张凤娟,刘永兵.影响中学英语教师信念的多因素分析[J].外语教学与研究,2011,43(3):400-408.

538. 张莲. 高校外语教师专业发展的制约因素及对策:一项个案调查报告[J]. 中国外语,2013(1):81-88.

539. 张莲. 基于课堂话语研究的外语教师学习与发展:理据、议题和方法[J]. 山东外语教学,2016,37(3):47-54.

540. 张莲,王艳. 通过课堂话语分析促进外语教师学习:一项实证案例研究[J]. 外语与外语教学,2014(3):36-41.

541. 张莲等. 社会文化理论视域下的外语课堂话语研究与教师发展[R]. 北京:北京外国语大学,2014.

542. 张锐. 国内外教师口语研究与课程设置[J]. 语言文字应用,1994(5):27-33.

543. 张锐,朱家钰. 谈教师语言艺术[J]. 课程·教材·教法,1991(3):43-46.

544. 张晓凤. 国内教学话语权研究现状评析——基于2000—2013年中国知网数据的定量分析[J]. 黑河学刊,2015(5):100-102.

545. 张宜敏. 构建语义波实现再语境化——一项基于SFL和LCT的累积式英语阅读教学模式探索[J]. 外国语文,2017,33(2):132-139.

546. 赵昌木. 论教师信念[J]. 当代教育科学,2004(9):11-14.

547. 赵庆红,徐锦芬. 新世纪我国大学英语教学改革实证研究状况及发展趋势分析[J]. 外语界,2011(1):30-37.

548. 赵晓红. 大学英语阅读课教师话语的调查与分析[J]. 外语界,1998(2):18-23.

549. 郑新民. 教师信念对英语课堂教学的影响[J]. 中小学外语教学,2004,27(5):6-10.

550. 郑新民,蒋群英. 大学英语教学改革中"教师信念"问题的研究[J]. 外语界,2005(6):16-22.

551. 周晓虹. 社会学理论的基本范式及整合的可能性[J]. 社会学研究,2002(5):33-45.

552. 周星,周韵. 大学英语课堂教师话语的调查与分析[J]. 外语教学与研究,

2002(1):59-68.

553. 朱金兰,陈新仁. 优秀教师多模态英语课堂话语的语用分析 [J]. 山东外语教学,2015,36(1):44-49.

554. 朱彦,束定芳. 任务型语言教学中的教师信念和教师主导话语研究 [J]. 现代外语,2017,40(1):125-136,147.

555. 朱永生. 多模态话语分析的理论基础与研究方法 [J]. 外语学刊,2007(5):82-86.

556. 朱永生. 论语义波的形成机制 [J]. 外国语,2015,38(4):48-57.

557. 佐藤学. 课程与教师 [M]. 钟启泉,译. 北京:教育科学出版社,2003.

附　录

附录1　知情同意书

知情同意书

本研究是与"大学英语教师课堂话语实践与信念"相关的质性研究,主要采用课堂观察及访谈形式的形式,由上海外国语大学语言研究院博士生姚洋开展。

我已经阅读并理解与研究有关的信息,并对有关问题进行了确认。我已充分考虑到参加这项研究可能产生的风险。我明白我可以在提前告知研究者的前提下随时退出本研究。

我知晓有资格查看我在本研究中提供的信息的个人及组织,并了解项目结束后的数据呈现方式。

我了解在研究过程中遇到问题可以与之进行确认的个人与组织。

我同意参加本项研究。

参与者:

日期:　　　　年　　月

签名:

研究者：

日期： 年 月

签名：

附录2 访谈提纲

本研究设计了两轮深度访谈,但根据实际需要对部分研究对象进行了追访以及非正式访谈,在此仅呈现经设计的两轮访谈以做示例。

第一轮访谈提纲

目的:了解研究对象的生活和职业背景,了解教师在教学、科研、教师学习中的理念和行动,就课堂观察提出相关问题。

个人学习经历

您的本科、硕士、博士都是在哪里读的?

当时学的是什么专业?

为什么选择这个专业?

请您简单概括下您的这几所母校。

这些学校的环境氛围对您的学习和成长有什么影响?

有没有哪些重要他人在您的求学过程中曾对您产生较大的影响(任课老师、同学、导师等)?

工作经历

您为什么会选择教师这个职业?

您是哪年参加工作的?

初入职的时候有没有过(教学、科研、生活上的)困惑?

高校教师有很多身份,以下活动您最喜欢哪一项,教学、科研、学生工作?请简单说明原因。

您认为教师是一个需要"终身学习"的职业吗? 为什么?

您在工作之后有没有什么巨大的变化? 导致这些变化的原因您觉得是哪些?

有没有哪些重要他人在您的工作过程中曾对您产生较大的影响？

家庭状况

可以简单介绍下您的家庭状况吗？

您成长于一个怎样的家庭？

父母或其他家庭成员对您的教育是怎样的？

有没有哪些重要家庭成员在您的生活、学习与职业生涯中曾对您产生较大的影响？

您目前的家庭状况对您教学、学习或工作方面有没有什么影响？

教学

能否用您自己的话简单描述一下您现在的授课类型与授课对象？

您对您的授课类型与授课对象有没有特别满意或是不满意的地方？请简单描述。

针对您的授课类型与授课对象，您主要以什么原则对您的教师课堂话语进行设计？

您通过哪些教学活动或步骤承载或实现您的课堂话语安排？

您的课堂话语主要集中在什么内容上？

您认为教师课堂话语主要有什么作用或是为了实现什么目标？

您认为教师应当如何权衡课堂话语中的中英文比重？

能否用您自己的话简单总结一下您的课堂话语呈现模式？

您的课堂话语主要受到哪些方面的影响？

您的课堂话语设计坚持什么样的理念？

你的课堂话语设计主要源于哪些渠道或是经由怎样的方式进行设计的？

您的海外学习经历对您的课堂话语设计有什么影响吗？

您会经常反思自己的课堂话语内容或呈现方式吗？

您是否会通过课堂教学和学生反馈获得启示？如果有，请简单说明。

科研

您入职之后都有哪些科研成果？

您认为撰写学术论文、申报科研项目对您来说是游刃有余还是充满困惑？

对您的教学是产生积极影响还是消极影响？

您入职后的科研选题都有哪些来源呢？跟教学实践有无一定的关联？

您如何看待"教研结合"这一理念？

教师学习

您是如何看待"终身学习"这一理念的？

您有没有参加过一些短期或者长期的教师培训活动？能否描述一次您印象较深的经历？

您的周围有没有一些学习共同体助力您的科研和学习，比如正式的教师教学或研究小组、线上的网络共同体或三五个研究兴趣相近的同事？这些活动给予您的启示是什么？会影响到您的教学、科研和职业发展吗？

在您上述经历中，有没有哪些重要他人或重要事件曾对您产生较大的影响？

第二轮访谈提纲

目的：实践、信念及环境的互动

社会环境

您认为目前总体看来，教师的课堂话语设计有没有一定桎梏？如果有，是哪些？

社会整体经济、文化与政治环境是否对您的教学及课堂话语起到一定的影响？能否举例说明？

大学英语教学改革和高校人事改革（绩效评定）是否会影响您的教学？

您对当下的教师职业发展环境是否满意？

您关注现行的外语教育政策吗？这些政策对您的课堂话语有哪些影响？

您关注您所属学科最新的科研成果与信息吗？这些科研成果与信息对您的课堂话语有哪些影响？

当下科学技术的发展有没有对您的课堂话语内容或呈现方式产生影响？如果有，能否举例说明？

学校环境

能否简要介绍一下您目前所处学校的环境(学校类型、学校文化、教学管理、学生情况、政策、教研氛围等)?

在您看来,学校有没有给教师创造一个舒适的工作学习环境及合理的发展平台?

您所在学校有没有给教师提供进修和提升的渠道? 如果有,能否举例说明?

您目前对于学校给予的薪资待遇是否满意?

在您的学校,外语类教师的职业发展如何?

您所在部门的同事之间有没有互相交流? 有没有专门的互相交流的平台?

课堂环境

您认为目前学校的教学条件(教室、教具、多媒体设备、相关教学管理等)如何?

您的课堂一般有多少学生? 他们的专业背景与外语水平是怎样的?

您认为您的学生生源如何? 学生的反馈会影响到您的教学么?

您对课程的教材满意吗? 您的授课是完全忠于教材还是部分匹配?

您是否会对课堂教学做出调整? 导致这些调整的原因通常是什么?

个人背景及理念

您的家人支持和理解您的工作吗? 他们有没有参与到您的工作之中为您提供帮助?

您会把工作(备课、科研、阅卷)带回家中吗?

您会就工作内容与家人商讨?

能否详细谈谈您的学习和职业生涯中对您影响特别大的人?

能否详细谈谈您的学习和职业生涯中对您影响特别大的事?

您可以简单描述下您的个人特征吗? 这些个人特征对您的职业发展有什么样的影响?

能否简要地描述一下您的成长历程? 它对您的职业发展有什么样的影

响？

在您看来，语言是什么？

在您看来，教育意味着什么？

能否用简单描述一下您对语言教学的看法及理念？

附录3　课堂观察记录表

课堂观察记录表

课堂观察人：_____　　观察持续时间：_____　　序号：_____

教师姓名：_____　　授课时间：_____　　地点：_____

授课主题：_____

课堂环境描述：_____

_____

_____

教学辅助工具及材料：_____

补充说明：_____

教学内容：

时间	教学内容	活动设计	教师话语	备注

后记：_____

附录4 大学英语教师课堂话语叙事问卷

大学英语教师课堂话语叙事问卷

尊敬的老师：

您好！

本问卷旨在了解您作为一名大学英语教师在课堂上所实施的话语行为及话语相关信念，希望能为英语教师提供教学、科研和职业发展方面的参考。您的个人信息及问卷内容将严格保密，问卷所收集的内容仅供研究之用。请根据您的实际情况和真实想法作答，将正确的选项勾出，补全叙事问卷的空白处。如感觉所留空白不够填写您的想法，可另附页或在问卷任何其他空处进行补充并标记，难以回答的问题可直接留空。由衷地感谢您支持本研究！

上海外国语大学博士研究生 姚洋 电子邮箱：yaoyang@shisu. edu. cn

下列问卷内容包含您的个人经历、课堂话语实践、课堂话语信念以及开放式观点四个方面的主要内容，请您逐一阅读完成。

（一）个人经历

（1）基本情况：我于_____年出生于_____（地点），父母职业为_____、_____。我的英语学习启蒙是在____岁，_____（所就读的学校或其他学习场地）。当时我的情况是_____。我接下来继续在_____（地点）进行英语学习，当时的学习情况总体而言_____。其中令我印象深刻的人或事是_____

_____

_____。

后来考虑到_____的原因，大学报考并就读了英语专业。大学学习总体而言_____

_____。主要遇到的困难是_____

_____。当时对我来说印象最深的人或事是____

_____

_____。

　　我于_____年参加工作,主要工作经历是(可以填写您的工作单位、不同工作种类如所承担的教学任务等)_____

_____

_____。在教学中令我印象最为深刻

的人或事是_____

_____

_____。我在教学中主要面对_____

_____的困难,我主要通过_____

_____

_____方式来解决这些问题。在我解决问题的过程中_____

_____

_____对我来说起到决定性的促进与

帮助作用。

　　(2)科研活动是教师发展的必备元素,它对我的教学及职业发展至关重要。

　　A. 完全不同意　　B. 不同意　　C. 模棱两可　　D. 比较认同　　E. 完全认同

　　(3)我具有开展科研的能力,能积极参与论文撰写、课题申报和教师研讨等

活动。

　　A. 完全不同意　　B. 不同意　　C. 模棱两可　　D. 比较认同　　E. 完全认同

　　(4)科研活动:对我来说印象最为深刻的科研经历是(时间、地点、内容)___

_____

_____。我主要在_____

_____方面遇到了困难。后来我通过_____

_____发现了存在的主要问题是_____

_____。我在_____

_____的帮助或启发下,通过_____

_____的行动,改变了当时的状况。这次活动

在_____方面给我的启发、帮助

尤其重要。

（5）教师学习至关重要，我愿意一直保持学习的状态来满足我的职业要求。

　　A. 完全不同意　B. 不同意　C. 模棱两可　D. 比较认同　E. 完全认同

（6）我具有一定的学习能力，能通过阅读书籍、同学生与同事探讨、参加比赛、访问学习等方式提升自己的职业素养。

　　A. 完全不同意　B. 不同意　C. 模棱两可　D. 比较认同　D. 完全认同

（7）教师学习经历：我主要有＿＿＿＿＿＿＿＿＿＿＿＿＿＿＿＿＿＿

＿＿＿＿＿＿＿＿＿＿＿＿＿的教师学习经历。对我来说印象最为深刻的教师学习经历

是（时间、地点、内容）＿＿＿＿＿＿＿＿＿＿＿＿＿＿＿＿＿＿＿＿＿＿＿

＿＿＿＿＿＿＿＿＿＿＿＿＿＿＿＿＿＿＿＿＿＿＿＿＿＿＿＿＿＿＿＿＿＿

＿＿＿＿＿＿＿＿＿＿＿＿。我主要在＿＿＿＿＿＿＿＿＿＿＿＿＿＿＿＿＿

＿＿＿＿＿＿＿＿＿＿方面遇到了困难。后来我通过＿＿＿＿＿＿＿＿＿＿＿

＿＿＿＿＿＿＿＿＿发现了存在的主要问题是＿＿＿＿＿＿＿＿＿＿＿＿＿＿＿

＿＿＿＿＿＿＿＿＿＿＿＿＿＿＿＿＿＿＿＿＿＿＿＿＿＿＿＿＿＿＿＿＿＿

＿＿＿＿＿＿＿＿＿＿＿＿＿＿＿＿。我 在＿＿＿＿＿＿＿＿＿＿＿＿的 帮

助或启发下，通过＿＿＿＿＿＿＿＿＿＿＿＿＿＿＿＿＿＿＿＿的行动，改变

了当时的状况。这次活动在＿＿＿＿＿＿＿＿＿＿＿＿＿＿＿＿＿方面给我的

启发、帮助尤其重要。

（二）课堂话语实践

（1）我对英语课堂教学充满热情，会对我的课堂教学话语进行改善。

　　A. 完全不同意　B. 不同意　C. 模棱两可　D. 比较认同　E. 完全认同

（2）我具有运用教学话语改善课堂教学的能力，能够通过不同类型的话语呈现方式改善教学。

　　A. 完全不同意　B. 不同意　C. 模棱两可　D. 比较认同　E. 完全认同

（3）我的课堂教学话语显示出我＿＿＿＿＿＿＿＿＿＿＿＿＿的个人特征。

（4）课堂话语实践一：有次教学经历使我印象深刻，那是（教学活动的时间、地点、内容）＿＿＿＿＿＿＿＿＿＿＿＿＿＿＿＿＿＿＿＿＿＿＿＿＿

＿＿＿＿＿＿＿＿＿＿＿＿＿＿＿＿＿＿。我遇到了＿＿＿＿＿＿＿＿＿＿＿

＿＿＿＿＿＿＿＿＿＿方面的困难。我通过＿＿＿＿＿＿＿＿＿＿＿＿＿＿＿

_____发现了我课堂话语存在的_____
_____问题。我通过_____
_____的行动,改变了上述状况。这次
活动在_____方面给我的启
发、帮助尤其重要。

　　课堂话语实践二:有次教学经历使我印象深刻,那是(教学活动的时间、地
点、内容)_____
_____。我遇到了_____
_____方面的困难。我通过_____
_____发现了我课堂话语存在的_____
_____问题。我通过_____
_____的行动,改变了上述状况。这次活动在_____
_____方面给我的启发、帮助尤其重要。

　　(三)课堂话语信念
　　(1)我认为教师的课堂话语应主要集中在_____
_____等教学环节之中。在中文与英
文作为教学语言的选择上,我认为应当_____。
教师的课堂话语应当起到_____
_____等主要作用。
　　(2)我对课堂话语的设计主要考虑到_____
_____几个方面的因素,其中_____
_____对我影响最大。
　　(3)我对英语课堂教学充满热情,我愿意对我的课堂教学话语进行改善。
　　A. 完全不同意　B. 不同意　C. 模棱两可　D. 比较认同　E. 完全认同
　　(4)我曾经对我的课堂话语做出过_____
_____
_____方面的改善,导致这些改变的主要原因是_____
_____
_____

_____ 。

（5）教师角色：我认为当前社会对于大学英语的认识与期待可以概括为___

_____

_____ ，我个人认为大学英语教

师承担着_____的责任。大学英语教师在课堂上应该扮

演_____者、_____者、_____者、_____者以及_____者的角色。

（四）开放式观点

（您认为其他有关大学英语教师课堂话语的内容，可另附页）

_____

_____

_____

问卷到此结束。再次衷心感谢您对本研究及本次调查的大力支持！请留
下您的基本信息及联系方式。

姓名：

电话：

电子邮箱：

附录5 教师访谈转写示例（节选）

受访者：韩老师

受访地点：韩老师家客厅

受访时间：2018 年 10 月 20 日 9:30

访谈目标：了解研究对象的生活和职业背景，了解教师在教学、科研、教师
学习中的理念和行动，就课堂观察提出相关问题。

访谈持续时间：9:30—12:10

访谈内容：

（注：以下 R 为研究者，H 为韩老师；正式转写出的访谈内容相较原始记录
有所删减整理）

R:您的本科、硕士、博士都是在哪里读的？

H:我没有博士学位，我的硕士是工作后才去修读的。在做大学教师之前，我是做中学教学工作的。我在中学工作时教学能力比较强，手下的学生成绩也都比较好。差不多应该是工作了十年后，我作为单位骨干参加单位的进修。当时进修班上的很多同学都开始攻读硕士，于是我也就萌生了读硕士的想法，联系了当时进修时的几位老师咨询后，我便在他们的帮助下开始报考，经过努力，我考上了 A 大学的在职硕士。我的本科是在 H 省师范大学读的，本科毕业后就分到刚才说的那个中学工作。

R:当时学的是什么专业呢？

H:本科是英语教育，硕士是英语语言文学。

R:为什么选择这个专业？

H:我最早在初中接触的英语学习，当时我们应该叫十年制学校初中课本。嗯，你等一等，我拿给你看，在我书柜里，我现在还留着（起身进房拿书，不一会便出来了）。你看这几本，全日制十年制学校初中课本（试用本）英语，对吧？那时候有位老师很负责，我基础打得很好。之后也看到身边有很多人因为英语而受益嘛，有在国外打工的，就是感觉这个英语能给人带来很好的生活。当然，我们那个时代读书，还有一个很重要的就是家国情怀，你看这教材内容就知道了。那时还有那种希望自己能够学好英语，可以报国、建设祖国的想法。高中时候，英语越来越受到大家的关注。当时电视上还有一些学英语的节目，我隔壁有个叔叔就经常看，还会买一些材料自学。后来他出国务工了，在当时还赚得很多的。我那会儿天天去他家蹭电视看，他也慷慨地借我一些资料和课本。那个时候我对英语的兴趣已经越发浓烈了。等到我考大学的时候，英语已经很热门了。很多人都开始自学英语、参加考试。有的为了出国，有的为了考试，身边已经有人开始出国留学。我也对国外的世界越来越感兴趣，英语这个专业，感觉就是能给人改变命运、远走高飞的感觉。所以后来我就选择了这个专业。至于硕士的话，当时做的是这一行，自然就是顺着继续读下去了。

R:请您简单概括下您的这几所母校的情况。

H:硕士的学校说实话其实印象不算太深，因为是在职读的，只是偶尔去，做毕业论文的时候去得比较多一点。不过我硕士的学校也算是给我提供了一个很好的平台,认识了很多人,最终也让我成了一名大学教师。相对来说,本科学校给我留下的印象较深。我所在的大学的学习比我自己想象中紧张太多了,一般都是认为考上大学了,学的又是英语专业,应该是阳春白雪,坐而论道嘛。其实根本没有,学习任务很重,老师要求很严格。可能是老师考虑到人家基础并不是太好,同时我们未来又要去做别人的老师的原因吧。当时我家里不富裕,还要节衣缩食地买收音机、磁带和一些习题集来不断提升自己的听力水平,还是过得挺艰苦的。

R:这些学校的环境氛围对您的学习和成长有什么影响?

H:我在高中是语法基础打得不错,后来到大学后通过大量的阅读及句子分析训练,进一步提升了自己的英语水平。这种大量的阅读和句子分析主要来自大学期间的泛读课,那个老师很负责。他第一是要求学生每周读完一本英文原版名著,第二是会当堂给大家做句子成分分析。直到现在我都还能背出很多名著选段,当时看过的内容现在很多都还记忆犹新。Blow, winds, and crack your cheeks! Rage! blow! You cataracts and hurricanoes, spout. Till you have drenched our steeples, drowned the cocks! You sulphurous and thought-executing fires, Vaunt-couriers to oak-cleaving thunderbolts, Singe my white head! And thou, all-shaking thunder, Strike flat the thick rotundity o' the world! Crack nature's molds, all germens spill at once. That make ingrateful man! (经查为 King Lear, Act III, Scene II)你看是吧? 多少年都不背了我还能记得很多。这种看似笨拙的严格教育方式,给我们养成了良好的学习习惯,也形成了很好的积累。除了这个,当时还有教育学与心理学课程对我影响较大。师范大学嘛,都是师范生,因此大家都需要修教育学与心理学课程。当时我觉得这些课都十分新奇,尤其是心理学,有种十分神秘的感觉,我们都以为学了心理学就可以知道别人心里在想什么。通过这两门课的学习,我了解了很多教学方面的理论与原理以及心理学方面的知识,对我日后的教学反思起到了引导作用,也让我更倾向于从理论知识中吸取营养来对教学进行设计。

R:有没有哪些重要他人(任课老师、同学、导师等)在您的求学过程中曾对您产生较大的影响?

H：上面不是说到泛读老师，他算是一位对我影响较大的老师。除了这位老师以外，我的英语启蒙老师对我影响也很大。

R：能否简单说说您的这位老师，以及您与这位老师的一些事情呢？

H：这位老师是我的初中英语老师，不过有意思的是，他其实并不是学英语出身。他最开始是学俄语专业的，大学毕业后也是担任俄语教员。后来响应党的号召去华东地区的一家外国语学院进修了几年英语后改当的英语老师。现在回想起来，他的教学方式其实是带有很重的苏联风格，也就是说十分重视系统知识的传授，很强调教师的主导作用，而且还认为教育是上层建筑的一部分。他极为注重教师在教学中的权威性和主导性，在教学过程、教学内容、教学原则及教学方法上十分强调系统性与统一性。他认为语言与语言教育都是层层分级的，语言学习需要各个击破。当时我们上课的步骤一般是这样，由老师带读单词开始，接着对课文进行切合原意的翻译与讲解，然后是课文中重点句子的结构分析，接着是语法项目练习与翻译练习，有时候还会要求我们背诵课文。当时大家最害怕的就是老师经常布置的小段落翻译任务。老师会要求我们依据字词句段的顺序，层层对需要翻译的段落进行翻译、注解，同时还要我们对所翻译出来的材料进行英汉平行对比，并要求分析英汉表达之间的差异。当时老师经常说的一句话就是"语法为纲、自觉对比"，要求我们通过分析理解所学材料的内容及含义。不过害怕归害怕，正是老师的这种教学方法为我打下了坚实的语法基础与写作功底，奠定了我后来的道路。

R：您为什么会选择教师这个职业呢？

H：其实当时想得并不多，既然是师范大学毕业，出来自然是当老师。而且时代不一样，我们那时候是包分配。不过，当时我考师范大学，是高中的老师给的建议，家里也觉得做老师比较体面，所以选择了考师范大学。

（节选自韩老师访谈录）

附录6 数据编码样表节选(韩老师部分访谈数据编码节选)

韩老师部分访谈数据编码节选

原始资料	一级编码	二级编码	三级编码
当时的儿歌有很多都是关于阶级教育的,带有浓重的时代印记	意识形态塑造	生活经历	个人因素
韩老师那时最喜欢的节目是中央电视台播出的一个叫《跟我学》(FOLLOW ME)的情景会话英语教学节目,当时那位叔叔在家自学英语,常常会收看这个节目	英语兴趣萌芽	生活经历	
小学学习是断断续续完成的,根本无法保证正常持续的基础教育	时代造成教育缺失	学习经历	
当时的教学模式主要是由老师带读单词开始,接着老师会对课文进行切合原意的翻译与讲解,然后是课文中重点句子的结构分析,接着是语法项目练习与翻译练习,有时候还会要求学生背诵课文	英语启蒙教育模式	学习经历	
我的教学都是层层递进、步步为营的,力争逐步逐级提升学生英语水平	教学总体风格与原则	教学经历	
我会把初高中语言点,编制成教辅材料,融入新生入学第一年的课堂教学之中,以巩固学生的基础	补基础促大学英语教学	教学经历	
通过进修我进一步开阔了视野	进修收获	教师学习经历	
读完硕士我就进了大学任教	获取学位得调动	教师学习经历	
老师从某种意义上就是知识的传播媒介	对英语教师角色的看法	教学观	

原始资料	一级编码	二级编码	三级编码
我带的班四、六级通过率都很高,领导也多次在全院大会上表扬我,这让我更认可自己的教学	领导表扬	院校政策	处境因素
自主学习的监督之类的事我没有太上心,我对电脑操作不太熟悉	不熟悉电脑影响教学	技术背景	
毕竟现在所有的这些新方法、新工具都是我们读书那会儿没有接触过的,完全运用自如有一定难度,教着教着就走回自己的老套路了	新工具、新方法不熟悉	技术背景	
经常和青年教师打交道让我能以最简单的方式了解到教学科研的前沿动向	接触青年教师	同事交流	
之前一位专家来我们学校讲学,说我的课堂话语呈现方式比较陈旧,学生在课上的参与度不足	专家提出教学意见	专家引领	
现在的学生,大多数对高中英语语法都没有一个基本的掌握,所以语法的专题讲练是非常有必要的	学生语法水平	学生情况	
我们学校大多数学生都是理科生,基础亟待在大学的第一年补好	教学考虑学生专业背景	学生情况	
从往年的考试情况来看,既是重要的考点,又是学生经常会出错的部分	考试易错点决定教学	国家整体语言政策	宏观因素
虽然现在没有直接的语法题考查学生的语法,但语法词汇以及篇章理解是整个考试成功的关键	考试考点影响学习	国家整体语言政策	
我最近也在看一些书,学习其他国家和地区的教学方法	关注他人教学方法	语言及教学科研动态	
现在有些教材常浮于浅表,很多关键性的知识都没有直接地涵盖在学习进度中	教材内容上的缺陷	语言及教学科研动态	
家长把学生送到你手里,你就要有东西给他们	回应家长期待	社会期许	